U0439710

2019年度教育部人文社会科学研究青年基金项目"国家亲权理念下校园欺凌教育干预体系的构建研究"(19YJC880112)成果

罪错少年教育矫正的价值取向及其实现

杨岭 著

A Study on the Value Orientation and Its Realization of Correctional Education for Juvenile Delinquents

中国社会科学出版社

图书在版编目（CIP）数据

罪错少年教育矫正的价值取向及其实现／杨岭著．—北京：中国社会科学出版社，2020.5

ISBN 978 - 7 - 5203 - 6280 - 1

Ⅰ.①罪… Ⅱ.①杨… Ⅲ.①青少年犯罪—监督改造—价值取向—研究—中国 Ⅳ.①D669.5

中国版本图书馆 CIP 数据核字（2020）第 059424 号

出 版 人	赵剑英
责任编辑	孔继萍
责任校对	李　剑
责任印制	郝美娜

出　　版	中国社会科学出版社
社　　址	北京鼓楼西大街甲 158 号
邮　　编	100720
网　　址	http://www.csspw.cn
发 行 部	010 - 84083685
门 市 部	010 - 84029450
经　　销	新华书店及其他书店

印　　刷	北京君升印刷有限公司
装　　订	廊坊市广阳区广增装订厂
版　　次	2020 年 5 月第 1 版
印　　次	2020 年 5 月第 1 次印刷

开　　本	710×1000　1/16
印　　张	25
插　　页	2
字　　数	370 千字
定　　价	138.00 元

凡购买中国社会科学出版社图书，如有质量问题请与本社营销中心联系调换
电话：010 - 84083683
版权所有　侵权必究

序

罪错少年教育矫正活动是人为的社会实践活动，充满着价值色彩并为实现一定价值追求而存在，不能摆脱价值的影响。价值取向之于教育矫正活动具有先行性，价值取向的合理化关系到教育矫正本质的彰显和目的的有效实现。对罪错少年教育矫正价值取向的研究，是我们不容忽视和回避的重要问题。相比教育矫正实务类研究，当前学术界对教育矫正价值取向的关注和研究仍然有限。此外，现实中出现不少因价值取向的模糊或偏误而引发的实践迷茫。理论和实践的困境都对罪错少年教育矫正价值取向研究提出了需求。

因而，基于深化教育矫正原理研究尤其是价值论研究的需要、教育矫正研究中教育学科式微的追问、教育矫正效果欠佳引发的反思以及教育矫正特殊性发展的要求，杨岭同志广泛收集、深入研究国内外相关的理论与实践资料，自 2015 年起用三年时间完成研究，有较高的学术水平和理论创新，后又经过两年的修改和打磨，进一步深化与拓展研究，形成了这部有学术价值的著作。

《罪错少年教育矫正的价值取向及其实现》基于"教育学"基本框架，综合教育学和法学等理论探究罪错少年教育矫正的价值取向及其实现，沿着教育矫正价值取向的"文献综述→基本概念→历史嬗变—现实困境→理论重构→实现进路"研究主线，研究思路和脉络清晰，研究方法运用恰当。第一，厘清教育矫正价值取向的基本问题，涉及教育矫正基本内涵和本质的讨论，对教育矫正价值取向的基本原理性问题的探讨；第二，梳理罪错少年教育矫正价值取向的历史嬗变，为罪错少年教育矫正价值取向的重构和回归寻求历史的根基；第三，剖析罪错少年教育矫正价值取向的迷惘和纠结，对教育矫正现实中抽象性的、复杂性的价值取向问题，重点考察罪错少年教育矫正价值的冲突、矛盾和迷茫；第四，基于罪错少年教育矫正价值取向历史嬗变，以及当前价值取向的诸多矛盾和迷茫，研究价值取向重构，提出和论证罪错少年教育矫正的应然价值取向；第五，对罪错少年教育矫正如何回归和实现应然价值取向，罪错少年教育矫正实践提出改革建议。作者所提的实施对策，有的已被实践证明为正确可行的，有的对策或构思，虽然还有不尽完善之处，但有理有据，既有理论深度，又具可操作性，对于教育理论研究和司法实务实践，都具有重要的参考价值。

作为一本学术著作，研究的创新在于：一是研究视角有创新。对罪错少年以及矫正问题，当前研究多基于社会学的"失范"或法学的"犯罪、刑事司法政策"等，但是对罪错少年的教育矫正，不能忽视教育视角。基于此，全书以教育学为主要研究视角，结合刑法学、社会学、犯罪学、哲学等学科相关理论，根据多学科的逻辑来反思对罪错少年矫正的问题，将教育学的基本理论尤其是以教育哲学的思维对罪错少年的矫正领域进行探究。二是研究内容有突破。侧重基本的原理性问题的讨论。运用教育思维，由教育矫正的价值取向出发，深入探究罪错少年矫正应有的价值取向，研究内容超越了以往矫正具体技术、策略的研究，是对矫正的一种新层面、深层次的反思和探索。

毕宪顺
2019 年 12 月

目 录

绪 论 …………………………………………………………………… 1
  第一节 研究缘起 …………………………………………………… 1
  第二节 研究意义 …………………………………………………… 5
    一 理论意义 ……………………………………………………… 5
    二 实践意义 ……………………………………………………… 5
  第三节 研究综述 …………………………………………………… 6
    一 罪错少年教育矫正的相关研究综述 ………………………… 6
    二 教育和矫正价值取向相关研究综述 ………………………… 18
    三 现有研究反思 ………………………………………………… 31
  第四节 研究思路与方法 …………………………………………… 33
    一 研究思路 ……………………………………………………… 33
    二 研究方法 ……………………………………………………… 36

第一章 教育矫正价值取向的基本问题 ……………………………… 38
  第一节 教育矫正的内涵与本质 …………………………………… 39
    一 教育矫正的内涵 ……………………………………………… 39
    二 教育矫正的本质 ……………………………………………… 64
  第二节 教育矫正的价值与价值取向 ……………………………… 80
    一 教育矫正的价值 ……………………………………………… 80

二　教育矫正的价值取向 …………………………………… 88
　　三　教育矫正价值取向的作用 ……………………………… 96

第二章　罪错少年教育矫正价值取向的历史嬗变 ………… 99
　第一节　西方罪错少年教育矫正价值取向的历史
　　　　　变迁与演进 …………………………………………… 99
　　一　混沌孕育阶段：以罚为教，报应惩罚主导 ………… 100
　　二　萌芽发轫阶段：教罚并重，社会功利主导 ………… 102
　　三　发展完善阶段：教主罚辅，多重取向交织 ………… 107
　第二节　中国罪错少年教育矫正价值取向的演变与发展 …… 114
　　一　孕育萌芽阶段：惩罚劳役重视恤幼，阶级统治取向 … 114
　　二　引入借鉴阶段：学习西方教育取向，剧变中的纠葛 … 115
　　三　建设探索阶段：重政治与劳动改造，社会控制取向 … 118
　　四　发展推进阶段：保护为主惩罚为辅，综合治理取向 … 123
　第三节　罪错少年教育矫正价值取向嬗变的特征
　　　　　与中西比较 ………………………………………… 127
　　一　历史嬗变的特征规律 ………………………………… 127
　　二　历史嬗变的中西比较 ………………………………… 135

第三章　罪错少年教育矫正价值取向的困境 ……………… 145
　第一节　社会功利取向与人的教育、自由保护之迷惘 …… 145
　　一　教化和惩罚工具化与人的教育之冲突 ……………… 146
　　二　教育矫正规范向度和价值向度的矛盾 ……………… 150
　第二节　惩罚矫枉过正的"保护"取向与自由的有序
　　　　　引导之纠结 ………………………………………… 152
　　一　国家亲权缺失，保护性监护乏力 …………………… 153
　　二　对临界行为"一放了之"，教育矫正制度缺位 …… 155
　　三　家庭、学校、社会教育"规制链"的断裂 ………… 160

第三节　报应惩罚取向与人的自由复归之疏离 …………… 165
　　一　福柯理论视野下的惩罚与规训矫正 ………………… 166
　　二　矫正机构封闭监禁方式与复归社会的悖论 ………… 170
　　三　教育矫正强制力与人的主体彰显之矛盾 …………… 178
　　四　教育矫正制度惩罚取向与优先保护的冲突 ………… 188

第四章　罪错少年教育矫正价值取向的重构：以教统罚复归人的自由 ……………………………………………… 193

第一节　"人"的解读：待感化和挽救的不自由人 ………… 194
　　一　身体受监禁或限制的不自由人 ……………………… 195
　　二　自由异化与行为失序的不自由人 …………………… 197
第二节　自由复归的释义：身体和心灵自由二重性 ………… 215
　　一　身体自由恢复和社会回归 …………………………… 220
　　二　标签效应自我框定的突破 …………………………… 223
　　三　自控自律自治状态的恢复 …………………………… 227
　　四　责任承担和行动能力塑造 …………………………… 230
　　五　自由秩序的重构 ……………………………………… 234
第三节　"以教统罚复归人的自由"的内涵与要义 ………… 236
　　一　教育：复归人自由的必由之路 ……………………… 237
　　二　复归人自由的教育矫正意蕴 ………………………… 245
　　三　"以教统罚"的深刻蕴涵 …………………………… 253
　　四　"以教统罚复归人的自由"的内在要求 …………… 265
第四节　"以教统罚复归人的自由"的边界与限度 ………… 275
　　一　以公共意识坚守为原则，不损害他人和社会利益 … 276
　　二　以社会公平正义为准则，平衡加害人与受害人保护 … 277
　　三　以规则和伦理道德为标准，遵循法律边界和基本底线 … 278
　　四　以秩序为基本保障和要求，实现矫正与社会有序运行 … 279
第五节　"以教统罚复归人的自由"确立的必然性 ………… 291

一　理论基础 ……………………………………………… 291
　　二　传统积淀 ……………………………………………… 305
　　三　客观现实 ……………………………………………… 313
　　四　未来趋势 ……………………………………………… 314

第五章　罪错少年教育矫正价值取向的实现进路 ……………… 319
　第一节　罪错少年教育矫正价值取向实现的制度优化 ……… 320
　　一　规制国家公权力膨胀，保护少年自由免受损害 ……… 321
　　二　规制少年非理性"自由"，依法引导自由和责任 …… 329
　第二节　罪错少年教育矫正价值取向实现的机制构建 ……… 335
　　一　内部驱动机制 ………………………………………… 336
　　二　外部推动机制 ………………………………………… 339
　　三　内外联动机制 ………………………………………… 341
　第三节　罪错少年教育矫正价值取向实现的策略选择 ……… 344
　　一　教育矫正内容重视生命体验与心理教育，
　　　　重塑自由灵魂 ………………………………………… 345
　　二　教育矫正手段凸显个人内省与关系修复，
　　　　实现积极自由 ………………………………………… 349
　　三　教育矫正模式推进分层分类与注重适切，
　　　　满足个体需求 ………………………………………… 355
　　四　教育矫正管理引导自我管束与适度开放，
　　　　助推复归社会 ………………………………………… 358
　　五　教育矫正环境强化观护帮扶与隔阂破除，
　　　　维护自由成长 ………………………………………… 366

参考文献 ………………………………………………………… 369

后　　记 ………………………………………………………… 392

绪 论

第一节 研究缘起

罪错少年教育矫正不仅成为刑罚学、犯罪学、监狱学、教育学、心理学等学科研究的内容，同时成为一种社会治理与社会控制的策略，也是世界各国共同的实践课题。从古至今，人们就致力于对罪错少年教育、感化与保护的种种努力。

尽管韦伯曾提出社会科学方法论价值无涉，强调科学研究的中立性与客观性，不应涉入价值判断与取舍。他极力反对带有价值评判的科学研究。然而，在实践过程中，任何政策措施的运用都和决策者与执行者的价值判断有着千丝万缕的联系。因此，20世纪中后期人文社会科学领域开始走出实证主义范式，关注价值问题，研究由原先的价值无涉和中立向价值涉入转变。价值取向的问题逐渐成为了社会科学实践中不可忽视的问题，是教育政策制定和教育实践的方向性问题。任何教育实践都避免不了价值取向抉择的问题。在实践中我们需要顾及实践者的价值偏好，也就是价值取向。教育策略的价值取向不单呈现了教育实践主体的价值偏好和追求，也体现了其基本利益的诉求与需要。对罪错少年教育矫正本身是带有价值取向的，这也是我们不容忽视和回避的重要问题。从教育发展史以及刑罚史来看，教育矫正很早就带有自身价值取向，尤其是涉及教育矫正政策制度的方向性、价值性的思考成为法学界关注的一大重点。但是学术界对法哲学研究、刑罚价值取向研究、矫正实务领域研究相对丰富，对教育矫正价值取向的关注仍然有限。加上当前教育矫正价值取向更多呈现工具价值取向，无论是司法矫正、学校教育、家庭教养还是社会帮扶教育都表现出明显的效用价值特点，教育矫正价值取向在现实中出现不少迷离和困境。因而，罪错少年教育矫正价值取向问题的探究成为一项迫切需要深入研究的课题，本书对罪错少年教育矫正价值取向的探究，是基于以下几方面的思考。

第一，基于深化教育矫正原理研究的需要。罪错少年教育矫正是一项富有研究价值的议题，尽管法学对于教育矫正相关的法律政策和制度研究以及心理学、社会学等对罪错成因分析和相关对策的讨论不少，然而时至今日，我们对于教育矫正的相关理论相比西方国家仍然很不系统，相关研究多局限于教育矫正实务类的探索，比如罪错少年的成因剖析，在此基础之上提出相关的教育矫正对策建议。基本理论的相关讨论相对有限，基于价值哲学的角度对教育矫正方向性的反思尤显不足。深化教育矫正原理研究，构建教育矫正理论体系，亟须加强对教育矫正价值取向的系统研究。对罪错行为的教育矫正应该坚持的最为根本的价值追求是什么，在教育和惩罚、自由与规制二者之间进行取舍以保持二者的平衡，这是当代教育矫正所无法回避也不可能回避的问题。基于此，我们有必要在教育矫正自由、教育和惩罚等取向上展开反思、辨析和深入讨论，厘清教育矫正价值取向的特征与价值实现，为罪错少年教育矫正的价值选择提供有益的探索。

第二，基于矫正研究中教育学科式微的追问。相比刑法学、犯罪学等学科，教育学科在矫正领域中对诸多问题的解释不足、研究深度不够，对罪错少年的教育矫正模式实效性难有保证。诸多教育理论尚可运用于普通教育的解释，而对于罪错少年教育矫正的解释难以获得普遍认可。教育学者真正关心和长期致力于罪错少年教育矫正研究的屈指可数，在教育矫正研究领域中，教育学科主体意识尚未完全觉醒。

本书基于教育立场探讨教育矫正价值取向和实践策略，是基于教育学科的自主意识和学科使命感。教育学学科的发展不单要关注普通教育，更加有责任研究和关注罪错少年矫正这一特殊的教育领域，提高教育学者的责任感和使命感。教育学需要基于社会公共生活，进一步反思社会问题，实现教育之善和社会公众的福祉。面对罪错少年教育矫正的实践现实，需要透过现象看本质，在理论指导下进行实践，并深入反思这一切究竟是怎么发生的，把握其运行的基本规律，追问教育矫正何以会持久地存在，以及其未来的发展方向。教育矫正实践和研究的诸多问题都需要教育学来指导和回答。尤其是罪错少年教育矫正实践是否是一种正常合理的价值选择，其存在和发展的根据与根本的价值取向，均不能离开教育学在矫正实践中的反思、研究和运用。总之，基于教育立场研究矫正，对其实践进行省思，逐步地提高研究人员的教育学学科意识，增强自身的责任感，是预防教育矫正领域因其他学科的影响和交叉融合而引发学科危机的必然要求。

第三，基于教育矫正效果欠佳的省思。罪错少年实质是儿童世界与成人世界的博弈，是儿童对成人的反抗和挑战。当前罪错少年在自己的世界里对成人强加的外部控制呈现出反抗，在新生代少年面前，成人世界的约束、纪律规则等概念略显苍白，这是否是当前自由教育过度带来的不良后果，需要引起我们的深思。教育矫正如何充分地保障少年自由成长的需要，同时维持好一定的秩序，是摆在我们面前的重要课题。

教育矫正出现的诸多问题以及教育矫正困境不能不引起我们反思，教育矫正应对基于何种立场，是刑罚的立场还是教育立场，社会立场还是个人自由发展立场，自由在教育矫正领域依据是什么，教育和惩罚何为重，教育、惩罚和人的自由有什么内在逻辑，自由的边界在哪里。除了惩罚、秩序等导向，未来的教育矫正还需何种理想和取向，只有重新对教育矫正根本性、方向性、本质性的问题予以审视，对本体和工具价值取向之积极性、局限性进行反思，平衡社会与个人之关系，为罪错少年教育矫正重塑符合教育精神和社会秩序的价值取向，才能保证教育矫正有长足发展。[①]因而，以理论阐释和实践向度为主线，探讨罪错少年教育矫正价值取向，重新检视教育矫正应然价值，借以回答罪错少年教育矫正所要追求的价值以及如何实现其价值诉求等问题，具有重要的理论和实践意义。

第四，基于教育矫正特殊性发展的要求。教育矫正逻辑起点是人。罪错少年作为教育矫正的对象，其罪错行为是因为正常教育活动中自由人丧失的一个表征，而教育矫正是为了重归人的自由。此外，教育矫正对象相比其他教育活动更加特殊。而价值取向问题贯穿于教育矫正实践过程，它不仅仅是教育矫正理论体系的基础，也是教育矫正实践的重要衡量标准，深刻左右着教育矫正呈现的状态以及矫正实践活动。唯有对教育矫正价值取向进行深入反思、科学定位和重构，才能摆正和引领教育矫正未来发展方向，以价值取向为突破口对矫正实践进行反思和调整。

作为一种特殊形式的教育，教育矫正实践中看似是每个个体自觉做出的对法律法规、纪律准则、外在规范、惩罚训诫、行为塑造等活动过度追求、对外部控制的偏移，但这是否是我们对教育矫正本质认识和把握的偏误，这种在现实中呈现出来的对教育矫正价值取向的偏离将把我们导向何处，未来的教育矫正价值取向究竟应该如何重新定位与构建才能契合于教育矫正特殊性发展需要并逐步引

[①] 杨颖东：《失衡与反拨——我国学校教育价值取向的偏差反思和调整》，博士学位论文，华东师范大学，2014年。

导我们走出误区。① 在这一系列连续性的反思和发问之后,"教育矫正价值取向"开始由模糊到清晰,逐渐成为本书的研究对象和关键词汇。

第二节　研究意义

一　理论意义

对当前罪错少年教育矫正的实践进行观念层面、价值层面的反思,为教育矫正寻找教育学基本理论的根基和哲学前提,寻求教育矫正理论的提升。从教育学的视角来看,教育矫正最终是为了人的自由个性发展,期望引导人更加自觉、自律与自由。基于这样的价值追求,任何教育矫正必须避免对人的自由本性的扭曲、对自我的胁迫与对人的基本权利的损害。但是,教育矫正又兼有报应惩罚、秩序维护等价值追求,如何平衡这些关系,是个迫切而有价值的课题。本书探讨了教育矫正中的价值取向与其实现问题,对应然价值取向展开了论证,并探讨价值取向自由的边界、教育和惩罚的冲突和调节。不单将教育矫正视为一种具体的、可操作的教育技术,而是把它当成一种特殊的教育,是教育的重要构成部分。从教育矫正本质出发,探讨其基本原理特别是价值取向问题,本书对教育矫正的探究是基于"教育学"基本框架以及刑法学视角,力求通过批评性的反思,呈现教育矫正的价值取向,呈现其复杂特性,探讨其教育价值取向的内涵、偏误与重构。

二　实践意义

对罪错少年教育矫正价值取向的讨论,对教育矫正实践的方向有所帮助,有助于教育矫正朝更加正确、合理的方向发展。罪错少

---

① 杨颖东:《失衡与反拨——我国学校教育价值取向的偏差反思和调整》,博士学位论文,华东师范大学,2014年,第3页。

年教育矫正是一个客观的范畴，因而理想的价值追求和制度设计要受到客观现实所限制，从而造成愿望的难以实现。在不同的社会形态下，各国国情不同，对教育矫正的价值追求和实现策略也存在着较大不同，任何矫正制度的产生和运用均需要了解实际情况，因而在研究教育矫正价值追求时，必须基于现实，并通过现实进行检验。[1] 从根本上说，教育矫正以人为核心构成，教育矫正的价值取向最终要落实到矫正的具体实践中。罪错少年教育矫正的研究离不开并服务于客观现实。本书基于人性致力于重构教育矫正价值取向，强调教育矫正的实践的人学思想，为推进教育矫正实践的发展提供一定的理论指导，有助于引导教育矫正基于现实并通过现实进行检验，在一定程度上有助于教育矫正实践的科学化和合理化。

第三节　研究综述

学术研究是渐进式地向前发展的漫长过程，作为探求真理的过程同时是一个继承与创新的艰辛过程，研究问题的提出和研究思路的拓展均离不开前人的研究基础。

一　罪错少年教育矫正的相关研究综述

（一）"矫正"词汇渊源

"矫正"来源于西方国家，是个外来的术语，这一概念多指对罪犯的治疗、改造、矫治、挽救与恢复。在称谓上，美国多用"教诲""教化"，朝鲜倾向于用"教化"，日本、英国则使用"矫正"一词，我国的称谓较为多样，有"教育改造""改造教育""教育矫正""特殊教育"等。[2] 近年来西方国家涌现出许多关于少年犯

---

[1] 王泰：《现代监狱制度》，法律出版社2003年版，第3页。
[2] 姚建龙：《矫正学导论：监狱学的发展与矫正制度的重构》，北京大学出版社2016年版，第180页。

矫正的相关著作，矫正的研究成果丰富，比如，克莱门斯的《矫正导论》、卢辛·莫林的《论监狱教育》等，这些研究者长期深入地对少年犯罪与矫正问题进行探究，综合运用实验法、追踪调查研究、人种志等研究方法，提出了富有指导意义与实践价值的矫正措施与教育策略。另外还出现从心理学范式研究罪犯矫正问题，涌现出不少罪犯心理矫治方面的研究成果，比如班杜拉的《认知心理学》等。他们以认知心理学、人格心理学、行为矫正技术为研究切入点，对犯罪矫正进行深刻的探索。进入20世纪20年代，伴随犯罪矫正治疗模式的兴起和发展，研究者们把少年罪犯视为不正常的病人，希望能够通过医学治疗达到矫正的目的。20世纪中后期，对少年犯罪矫正的实证研究发展迅猛，并逐步向世界各地扩展。然而，到20世纪末期，随着暴力犯罪愈演愈烈，监狱人满为患，受"马丁逊炸弹"的影响，人们开始对矫正是否有效进行质疑，关于犯罪少年矫正的相关研究不再那么受到推崇，犯罪刑罚的主题历史性地重演了"刑罚报应主义"，大有偏重惩罚轻视教育矫正之势。但总体来说，西方国家对少年犯罪矫正还是侧重于保护，希望通过社会力量引导罪错少年回归社会，因而出现不少少年犯罪社区矫正研究。[1]

（二）犯罪少年矫正研究

国外关于犯罪矫正出现不少经典理论，如边沁、福柯、涂尔干、韦伯等人从不同视角提出关于监禁矫正的理论。边沁研究了罪犯狱内功利行为；福柯在《规训与惩罚》《不正常的人》《癫疯与文明》等作品中批判性地探讨了规训、权力等问题；涂尔干探究了监狱劳动、分工与社会团结，他对于纪律培养、自由、秩序与道德教育等方面也有诸多论述；凡勃伦论证了歧视性对比与狱内罪犯劳动消极状况的成因；霍华德在《监狱的国家》中提出监狱矫正的制度与策略构想，他将劳动与教诲作为感化罪犯的重要手段，主张缩

---

[1] 高杰：《未成年犯矫正教育研究》，硕士学位论文，江西师范大学，2011年。

短刑期制度引导罪犯重新回归社会，并且他力主改革监狱的各项生活制度，改善罪犯的生活和条件等，其思想产生了广泛而深远的影响；美国监狱学家克莱门斯·巴特勒斯在《矫正导论》一书中论述各种矫正措施，探究了监狱行刑矫正模式，对矫正制度与矫正模式进行了系统的归纳；德国著名犯罪学家李斯特主张教育刑主义，认为人之所以犯罪是受到了个人因素和外在环境的影响，刑事政策要立足于个人。对犯罪人进行刑罚的目的不在于对其进行单纯的惩罚，而要基于刑罚个别化，加强对其进行教育矫正，预防违法犯罪，帮助犯罪人重新适应社会。

国内学者们在罪犯矫正、监狱学、矫正学等领域取得了较为丰富的研究成果。① 关于少年犯罪矫正理论研究，国内一批学者长期致力于青少年犯罪、少年犯的矫正研究，各自从不同的学科视角进行切入，并取得了学术研究的较大建树，产生了一定影响，出现不少有理论深度与学术影响力的学术成果②，对少年犯教育矫正的原理有了较大突破，对少年犯矫正实务给予了指导。这些著作有些涉

---

① 比如，潘国和的《分类改造学》（1992），金鉴主编的《监狱学总论》（1997），张苏军的《中国监狱发展战略研究》（2000），王泰的《现代监狱制度》（2003），夏宗素的《矫正与康复》（2005），于爱荣《罪犯改造质量评估》（2004）、《矫正技术原论》（2007）、《矫正质量评估》（2008），郭建安等《社区矫正通论》（2004），冯建仓《国际人权公约与中国监狱罪犯人权保障》（2006），吴宗宪《当代西方监狱学》（2005）、《罪犯改造论——罪犯改造的犯因性差异理论初探》（2007）、《社区矫正导论》（2011）、《监狱学导论》（2012），史景轩等《外国矫正制度》（2012），张婧《监狱矫正机能之观察与省思》（2010）、《海峡两岸社区矫正制度建设研究》（2016），姚建龙《矫正学导论》（2016）等。

② 如罗大华《青少年违法犯罪心理分析》（1982），许华应《青少年违法犯罪问题初探》（1984），鲁加伦《中国未成年犯改造研究》（2000），陈慈幸《青少年法治教育与犯罪预防》（2002），贾洛川《中国未成年违法犯罪人员矫正制度研究》（2003），刘强《美国犯罪未成年人的矫正制度概要》（2005），张利兆《未成年人犯罪刑事政策研究》（2006）和《未成年犯矫正研究》（2012），雍自元《青少年犯罪研究》（2006），张桂荣、宋立卿《违法犯罪未成年人矫治制度研究》（2007），马柳颖《未成年人犯罪刑事处遇制度研究》（2009），沈玉忠《未成年人犯罪特别处遇研究》（2010），戴相英《未成年人犯罪与矫正》（2012），张远煌《中国未成年人犯罪的犯罪学研究》（2012）、《未成年犯矫正研究》（2012），宋远升《少年犯罪对策论》（2013），廖明《未成年人刑事司法制度》（2013），谢安平、郭华《未成年人刑事诉讼程序探究》（2015），贾宇《未成年人犯罪的刑事司法制度研究》（2015）等。

及少年教育矫正的制度设计,有些涉及教育矫正的具体策略和方法。然而,国内学者在研究少年犯罪矫正时,或许是专业和工作背景的不同,与机构内矫正(主要是监禁矫正)以及社区矫正的关注点有别;或许是教育矫正的理解还有待加深,对教育矫正基本理论的整体性研究较为薄弱。少年犯罪的矫正研究分为机构内矫正研究和社区矫正研究,因而呈现出部分学者偏向于探究少年犯罪的机构内矫正(研究集中在监狱矫正)的管理和矫正模式,而其他学者则将关注点投注到社区矫正具体策略、方法。也有研究者从刑法学理论视角,对教育矫正中的刑罚制度进行研究,将矫正只视为刑罚执行,研究所得结论难免片面。极少有学者从系统、整体的角度研究矫正,迄今,尚未能够有效整合法学、教育学等学科观点构建起完整的教育矫正理论体系。

关于犯罪少年矫正的相关研究,重点集中在以下几个方面。

其一,少年犯罪矫正的刑事政策问题一直是学者们关注的兴趣点所在,也是少年犯罪矫正研究重点。西方社会对少年犯罪刑事政策研究多从未成年人自身的特殊性出发,立足于儿童保护,采取宽缓的刑事制度策略。一些著名的刑法学学者,如日本的大谷实、森本益之等,也对少年犯罪的矫正制度、政策、策略进行了较为深入的探究,他们所著的《刑事政策学》均将少年犯刑事政策设有专门章节进行讨论,国外少年犯罪矫正多基于少年重返社会,关爱和保护儿童生命成长,采用非监禁手段,值得我们借鉴。国内也出现了许多少年犯罪矫正的刑事司法政策探讨,比如,通过刑事政策视域的学理解释,提出未成年人犯罪的刑法处遇建议;[①] 基于刑法学概念下的未成年人犯罪,围绕刑罚制度,比较与借鉴未成年人犯罪的处遇措施;[②] 立足于未成年犯罪矫正的制度提出矫正制度配套改革

[①] 徐岱:《未成年人犯罪的刑法处遇——刑事政策视域下的学理解释》,《吉林大学社会科学学报》2006年第6期。

[②] 张旭:《未成年人犯罪的处遇措施:比较与借鉴》,《人民检察》2006年第5期。

的策略;① 基于向度关系分析未成年人收容处遇;② 针对我国未成年犯监禁处遇制度的评价,包括其价值与缺陷的分析,提出扩大开放式处遇、拓展社会教育资源、健全劳动教育与职业培训等对策研究;③ 基于刑法的视角提出未成年人行为及心理矫正的措施。④

其二,对罪错少年矫正的具体方法研究出现过分类矫正、强制医疗、管理矫正、社会帮扶、激励矫正、教育矫正、心理矫治、宗教矫正、劳动矫正等。国外针对罪错少年的矫正十分重视实证和纵向研究,强调循证矫正,研究结果可验证和评价,具有较高的实践应用价值。因此,国外罪错少年矫正研究大多关注于矫正对策本身,针对矫正模式和方案进行创新。⑤ 国内犯罪未成年矫正具体策略多从管理学、教育学、心理学等方面提出相应的对策。如江西省未成年犯管教所课题组提出要创新未成年罪犯教育改造的观念、手段以及评价体系,并分别给出具体的对策建议。⑥ 于爱荣以激励理论为基础,探讨了未成年罪犯矫正中四位矫正激励。⑦ 冯宇平提出基于未成年罪犯的特殊身心发展特征,在教育矫正思想改造中要注重心理转化,有效运用激励手段,增强矫正的效果。⑧ 胡配军认为未成年犯管教所必须提高未成年犯矫正的动机,最大限度地激发出其矫正的积极性,借助奖励和惩罚策略,借鉴心理学理论,激励未

---

① 王小燕:《未成年犯矫正制度研究》,硕士学位论文,湖南大学,2007年。
② 王利荣、蔡伟文:《未成年人收容处遇的现实阻却——从向度关系视角》,《青少年犯罪问题》2012年第2期。
③ 冯卫国、李健:《未成年罪犯的监禁处遇:制度现状与完善路径》,《青少年犯罪问题》2012年第3期。
④ 章洁:《基于刑法的视角提出未成年人行为及心理矫正的措施》,《法制与社会》2014年第35期。
⑤ 段炼炼:《青少年犯罪预防与矫正——以道德思维理论为基础》,博士学位论文,鲁东大学,2015年。
⑥ 江西省未成年犯管教所课题组:《创新未成年犯教育改造模式的实践与思考》,《中国司法》2007年第1期。
⑦ 于爱荣:《四位矫正激励——基于未成年犯的视角》,中国长安出版社2009年版。
⑧ 冯宇平:《论激励在未成年犯思想教育改造中的应用》,《长春师范大学学报》2005年第6期。

成年犯改正不良习惯，转化其思想。① 在矫正策略上，学者们极其强调对未成年罪犯心理矫正与心理健康干预，郭金亮等人则通过实证研究提出对青少年罪犯心理矫治，宏观心理矫治主要关注家庭、学校、社会因素；中观心理矫治上提出了区分效应、再认效应、激励效应、相容效应；微观心理矫治提出不同违法犯罪类型的不同矫治手段。② 邬庆祥针对违法少年教育矫正提出要综合考虑社会化程度、亚文化、社会适应性、心理等因素，根据分类矫正思想，对7类典型违法少年的矫治方法进行了探讨。③ 郭世杰认为由于实践仍停留于起步摸索阶段，省思当前矫治措施，发现存在重宏观而缺乏有针对性的矫治策略的问题。对青少年罪犯进行有效矫治，应当实现由"宏大法治"向"具体而微"转向。④ 有关学者还特别考察了团体心理咨询（马立骥等，2009）、艺术设计（李杉，2011）、心理剧（何艳丽、赵山明，2012）、"房—树—人"绘画技术（李瑞等，2012）、电影疗法（余青云、张高波，2010）等技术在犯罪青少年心理健康干预中的作用与意义。⑤

其三，对犯罪少年的矫正不单包含监禁矫正，社区矫正也是一种重要的形式，社区矫正相关理论主要围绕以下几点。第一，社区矫正基础理论问题的研究，主要包括社区矫正必要性、法理基础、社区矫正的性质、社区矫正的价值、社区矫正的机能、社区矫正理念等。第二，少年犯社区矫正的社会视角，多主张整合现有的司法和社会资源，引入社会力量，完善少年社区矫正制度。⑥ 研究内容多涉及少年犯社区矫正过程中社会支持系统构建问题。研究视角多

---

① 胡配军：《论未成年犯的矫正激励》，《青少年犯罪问题》2008年第3期。
② 郭金亮、聂凯：《青少年犯心理矫治模式建构》，《求索》2005年第3期。
③ 邬庆祥：《违法少年的分类心理矫治方案》，《思想·理论·教育》2005年第9期。
④ 郭世杰：《青少年罪犯心理矫治方式探索》，《河南公安高等专科学校学报》2009年第6期。
⑤ 张坤：《我国犯罪青少年心理健康研究述评》，《青少年犯罪问题》2012年第6期。
⑥ 苏明月、金日鑫：《构建"少年社区矫正"的独立话语权——以整合现有资源角度为出发点》，《中国青年研究》2016年第3期。

从社会控制论和行刑社会化理论切入。学术界也看到了未成年犯社区矫正人员容易由于身份原因受到社会排斥，逆境遭遇容易引发其负面情绪，进一步带来社会适应问题，因此，对未成年犯社区矫正人员要联合家庭、学校、社工等力量，培养其抗逆能力。① 第三，还有学者关注少年犯社区矫正当前的现实问题、困境并提出相应的对策。② 比如对少年犯社区矫正进行实地调研，分析其不足之处，并借鉴境外的有益经验，提出明确帮教人员选拔标准、提升社区矫正工作者的整体素质、丰富矫正项目种类、规范分类管理、发挥社会监督力量等对策。③ 还有不少研究关注少年犯社区矫正的风险、效果、质量评估。第四，有学者关注立法与制度层面，比如，司法部《关于改进和完善我国社区矫正制度的研究报告》涉及犯罪少年社区矫正制度，对建立和完善相关法律制度提出了建议。黄延峰认为恢复性司法与未成年犯社区矫正存在诸多契合之处，在目的、价值基础等方面具有共通之处，并归纳出恢复性司法的调解模式、会议模式、愈合小组模式。在此基础上，提出未成年犯社区矫正应当融入恢复性司法理念，实现二者的有机融合。④ 陈立毅在分析我国少年犯社区矫正制度立法和实践现状的基础上，提出对少年犯进行社区矫正需要结合少年身心发展特点，有针对性地进行，并从法律体系、适用范围、工作队伍建设、矫正项目、经费投入、监督机制等方面提出对策建议。⑤ 张勇认为可将社区矫正制度结合未成年人

---

① 张学军、刘广淇：《未成年社区矫正人员抗逆力培养研究》，《青少年犯罪问题》2015年第6期。
② 匡敦校：《中国未成年人社区矫正的问题及对策》，《中国青年社会科学》2015年第1期；肖干、侯习敏：《未成年犯社区矫正的困境摆脱》，《重庆社会科学》2015年第8期；许晓娟、张京文：《论未成年犯罪人社区矫正中被忽略的问题》，《法学杂志》2013年第9期。
③ 王静美、金小红：《未成年犯社区矫正实证研究——以湖北省为例》，《青少年犯罪问题》2015年第2期。
④ 黄延峰：《恢复性司法视域下未成年犯社区矫正研究》，《学术探索》2014年第10期。
⑤ 陈立毅：《我国少年犯社区矫正制度研究》，《东南大学学报》（哲学社会科学版）2014年第S1期。

劳动教养制度，从而构建出开放式的社区矫正，增强对未成年犯矫正效果。①

综上所述，尽管近年来国内对犯罪少年教育矫正取得了一定的进展，然而从整体来看，与西方国家相比我国关于犯罪少年矫正的理论建设还很不成熟，研究多局限于刑事法律制度以及行刑社会化等，对于从教育学视角开展犯罪少年矫正的研究还有待加强。

(三) 不良与严重不良行为少年教育矫正研究

西方发达国家在不良行为少年矫正领域的探究较为活跃，矫正方法的提出始于 20 世纪初，到 20 世纪 60 年代受到重视并得到广泛应用。对于不良行为矫正基础理论最有名、影响最广的当属心理学的几大流派的观点，比如行为主义流派的经典条件反射论（以巴甫洛夫为代表）、以斯金纳为代表的操作条件反射论、以艾里斯为代表的认知行为矫正理论和以班杜拉为代表的社会学习理论。到了 20 世纪 80 年代，矫正更是得到了更高的关注，从心理学相关研究论文中以及临床心理治疗上，行为矫正占据了重要的位置。②

国内学者们对不良与严重不良行为少年教育矫正的研究多主张对少年的认识要实现转变。比如，运用标签理论研究问题少年的形成过程，问题少年形成与社会制度环境以及代际文化冲突、支持系统功能等存在密切的关联，对问题少年的认识要以一种更加包容、开放的心态。③ 对其认识需要科学和全面的把握，从家庭、学校、社会、个体四维度认识不良行为的形成。④ 基于布迪厄的资本理论，不良少年是在家庭、学校、社会复杂关系网中被建构与生成的，不良行为并非出现了"问题"或"疾病"，而是一个建构性的概念，不良少年形成与社会有着绕不开的关系，其关键因素在于教育资本

---

① 张勇：《未成年人劳动教养的社区矫正模式》，《青少年犯罪问题》2013 年第 5 期。
② 王娜娜：《道德失范型问题大学生教育矫正研究》，硕士学位论文，鲁东大学，2015 年。
③ 刘芮希：《"问题少年"形成过程的标签理论分析——基于四川省崇州市"问题少年"的基线调研》，《天府新论》2008 年第 S2 期。
④ 张成：《浅谈"问题学生"及其形成原因》，《现代教育科学》2010 年第 8 期。

分配与"惯习"。① 对不良少年的研究要由病理学向人本学转变，才能走出困境。② 总体而言，在不良少年教育矫正的策略探究上，强调教育的自由与人本理念，注重教育引导转化手段的运用，成为基本的共识，然而其实践操作性有待进一步增强、层次有待进一步提高、功能有待进一步强化、实效性有待进一步保障。

基于心理学视角对少年不良行为成因的研究同样聚集了不少研究成果。比如，问题行为与感恩③，与亲子关系、朋友关系④等均存在着关系。我们从中均可以看出环境在不良行为形成中产生深刻的影响，尤其是由亲子和同伴关系所构成的关系网对人的深刻影响。此外，儿童家庭功能与其问题行为也有着绕不开的关联。⑤ 基于心理咨询与治疗实现对"问题少年"的新认识，应认识到问题少年是具有潜力、独特而发展中的个体，深刻反思了传统"理论假设"出发的教育转化。⑥

国内研究者们对不良行为少年教育矫正路向，多主张采用教育引导转化手段。陈慧、沙靖宇等学者提出管理和预防方面的策略。李晓凤、佘双好认为对青少年偏差行为进行教育矫正需要扩展学校

---

① 苏春景、赵翠兰：《从布迪厄的资本理论看"问题学生"的生成》，《中国特殊教育》2010年第8期。

② 胡宜安：《从病理学走向人本学——问题学生研究的困境与出路》，《现代教育科学》2011年第7期。

③ 喻承甫等：《青少年感恩与问题行为的关系：学校联结的中介作用》，《心理发展与教育》2011年第4期。

④ 田菲菲、田录梅：《亲子关系、朋友关系影响问题行为的3种模型》，《心理科学进展》2014年第6期。

⑤ 陈京军等：《农村留守儿童家庭功能与问题行为：自我控制的中介作用》，《中国临床心理学杂志》2014年第2期；胡宁等：《家庭功能与青少年问题行为关系的追踪研究》，《心理发展与教育》2009年第4期；李晓巍等：《流动儿童的问题行为与人格、家庭功能的关系》，《心理发展与教育》2008年第2期。

⑥ 武永江：《"问题学生"教育转化的新思路——基于"问题学生"的主观框架理念》，《中国特殊教育》2006年第11期。

社会工作辅导的介入空间。① 方双虎提出课堂问题行为矫正策略包括权威制止、消退、强化不相容的反应、与家长合作、行为矫正、集体连坐、心理辅导、自我矫正等。② 黎茂昌对于拯救问题少年的思考来源于电影《心灵捕手》，通过分析电影中心理医生尚恩对问题少年威尔的心理拯救，逐步地运用心理咨询成功建立信任关系、矫正其不良行为。③ 肖建国提出"问题大学生"教育转化的实践策略。④ 夏国栋认为对校园欺凌的治理重在教育预防⑤，陈志华同样指出杜绝校园欺凌事件的发生关键在于改善教育。⑥

工读学校主要是针对不良行为与严重不良行为的"问题少年"进行教育、矫正、转化、挽救，预防其违法犯罪的专门学校。工读教育作为矫正少年不良行为，教育转化问题青少年学生的重要形式，其真正的理论研究始于20世纪后期。综观工读教育研究史，我们可以从早期工读教育的相关理论研究成果⑦窥见工读教育理论发展脉络，找寻到我国工读教育理论探索历程。通过梳理相关理论研究成果，发现一直以来对工读教育研究多聚焦于问题和对策的泛泛而谈，对其基本理论问题研究不足且缺乏深度，总体而言，工读教育的概念、本质、价值等研究相对薄弱。关于工读教育的价值和功能，尽管研究者们的提法各有差异，然而对于"教育、矫正、干预不良行为，预防违法犯罪"等价值却得到了普遍性的认同。夏振

---

① 李晓凤、余双好：《青少年偏差行为研究——兼论学校社会工作辅导的介入空间》，《当代青年研究》2004年第3期。
② 方双虎：《论课堂问题行为及其矫正》，《当代教育科学》2004年第4期。
③ 黎茂昌：《拯救问题少年的〈心灵捕手〉》，《电影文学》2014年第3期。
④ 肖建国：《"问题大学生"教育转化的实践选择》，《东北师大学报》（哲学社会科学版）2014年第1期。
⑤ 夏国栋：《校园欺凌重在教育预防》，《中国教育学刊》2017年第5期。
⑥ 陈志华：《改善教育杜绝校园欺凌》，《中国教育学刊》2017年第5期。
⑦ 比如，赵延龄《工读教育十年》（1987），王耀海和高大力《工读教育改革之路》（1996），杨安定和江晨清《世纪之交的工读教育》（1996），赵延龄《工读教育十年》（1987），江晨清《中国工读教育》（1992），高妙根《工读学校学生的教育与管理》（2000），夏秀荣和兰宏生《工读教育史》（2000）等著作。

明提出工读教育的预防和补救双重职能，一重职能是预防不良行为少年违法犯罪，此职能面向的是未来，对未发生之事的预防；另一重职能则面向过去与当下，着重对已发生之事的补救与当下状态的改变，在于对已有违法和轻微犯罪行为的少年进行教育转化，矫正其不良行为、严重不良行为。[1] 总体上看，学者们的基本观点为，工读教育要为青少年犯罪早期干预、控制和教育矫正提供服务，提出工读教育是社会治安综合治理系统的重要组成部分，与社会其他系统历来存在着相互配合、互相关联的联系。[2] "工读教育在教育、感化、挽救失足青少年、稳定和维护社会秩序、保障问题青少年家庭幸福、促进社会和谐等方面发挥了重要作用。"[3] 工读教育的功能为"弥补家庭教育不足和普通教育的缺陷，提供特殊的教育环境以及专业化的社会服务"[4]。工读教育需要肩负起教育与矫治未成年人不良行为的责任，然而当前工读学校一味向普通学校靠拢，偏离了工读学校的基本定位，唯有重新定位工读学校，才能促进工读教育更好地发挥矫治不良行为少年的作用。[5]

从工读教育研究成果总体上看，相比以往的研究有不小的推进，无论从成果数量或质量均有了较大提高。研究范式由最初侧重工读教育实践经验的总结与现状描述逐步地向侧重科学化、实证化与规律剖析、方向反思等深层次问题研究转向，专业化、科学化特征不断凸显。然而当前的理论研究还需要进一步探讨，解决研究中存在的几点不足：一是工读教育研究停留在微观与中观层面，而宏观层面的工读教育研究相对薄弱，且工读教育国际比较研究缺乏；二是工读教育基本理论研究相比实践研究较为薄弱；三是工读教育

---

[1] 杨安定、江晨清：《世纪之交的工读教育》，上海教育出版社1996年版，第164页。
[2] 同上书，第189页。
[3] 高妙根：《我国工读教育的历史地位及展望——写在我国工读教育创立50周年之际》，《教育发展研究》2005年第21期。
[4] 鞠青：《中国工读教育研究报告》，中国人民公安大学出版社2007年版。
[5] 张良驯：《对工读学校"去工读化"现象的研讨》，《中国青年研究》2016年第4期。

多学科视角研究欠缺，缺乏研究深度。这是未来工读教育需要加强和推进的地方。

尽管劳动教养制度已被废除，近两年再无相关研究，当前理论界也鲜有再用此概念，然而不少学者曾对不良行为少年或违法少年的劳动教养进行过探讨。研究重点主要集中在对劳动教养制度的问题、困境与改革方向，具体对策、存废讨论等，包括劳动教养制度废止后刑事司法政策的调整、违法行为的处遇、惩治与矫正等问题。第一，劳动教养制度的困境与改革策略。涉及理念、制度、技术三方面[1]。第二，劳动教养制度的存废之争。对劳动教养制度的存废之争进行讨论的基础之上，针对劳教制度的尴尬地位，进一步构想违法行为矫治法的设计思路，点出了法律制定过程中的若干关键性问题。[2] 第三，劳动教养废止后的矫正制度设计。相关研究带有前瞻性，劳动教养废止后罪刑结构和刑法需要做出相应的调整，刑事制裁体系需要发生相应的变革。[3] 同时，原劳动教养对象需要进行类型化分流与处置，保安处分走向法治化[4]等。

收容教养作为一种特殊的教育矫正，尽管近年来缺乏相应的执行场所而逐渐被废置，然而其研究成果也不少。形成的观点主要有：明确收容教养对象及法律性质，[5] 关注收容教养犯罪少年行为性质的认定和审理，[6] 需要进一步完善收容教养的制度，[7] 完善相

---

[1] 魏晓娜：《走出劳动教养制度的困局：理念、制度与技术》，《法学》2013年第2期。

[2] 李晓燕：《论劳动教养制度的废存及违法行为教育矫治法的制定》，《法学》2013年第3期。

[3] 何群、姚毅奇：《吴志华劳动教养制度废止后我国刑事制裁体系的变革》，《西南交通大学学报》（社会科学版）2016年第2期。

[4] 时延安：《劳动教养制度的终止与保安处分的法治化》，《中国法学》2013年第1期。

[5] 李英娟：《收容教养对象及法律性质分析》，《社会科学战线》2007年第3期。

[6] 张敏、皮宗泰：《浅谈收容教养犯罪少年行为性质的认定和审理》，《行政法学研究》1994年第2期。

[7] 胡学相：《论收容教养制度》，《法商研究》1992年第4期。

关立法完善,① 注重收容教养程序正当性②,等等。

二 教育和矫正价值取向相关研究综述

（一）教育价值取向的国内外研究

国外很早就开始了关于教育价值取向的讨论,并且不同时代以及同时代不同学者均给出了多种解释。比如,古希腊追求智慧人的培养;中世纪教育追求的价值取向是宗教人的教育;到了启蒙运动时期,卢梭等教育家倡导教育的价值取向是追求自然,培养自然人成为教育最根本的追求;17世纪,教育家斯宾塞、赫尔巴特注重科学知识在教育中的作用,人的理性是教育的最高价值。

从斯宾塞开始,教育矫正取向问题受到了更加广泛的关注,美国学者杜威将教育的价值取向划分为内、外两种,此外,德国的斯普兰格等人提出教育具有文化的价值取向以及人格的价值取向,其中,人格的价值取向是教育追求对个体的人格完善,培养健全的人。③ 19世纪,法国教育社会学家涂尔干也讨论过教育的价值取向问题,他提出,教育本质在于促进人社会化,国家和社会通过教育逐步促进他们顺利地实现社会化。教育要实现社会赋予的神圣职责,发挥其社会价值。④ 桑德尔提出教育追求"公共善"⑤。教育同时追求自然善,教育要实现仁和真的统一。西方国家关于教育价值取向的探讨不同流派存在着截然不同的观点,比如有将自由主义当成教育的价值追求的,还有追求实用主义的,强调教育要追求社会

---

① 薛晓蔚：《论收容教养的立法完善》，《山西大学学报》（哲学社会科学版）1998年第4期。

② 马贵翔、黄国涛：《收容教养程序正当性探析》，《青少年犯罪问题》2016年第3期。

③ 薛忠祥：《当代中国教育的应有价值取向研究》，博士学位论文，山东师范大学，2009年。

④ 阎光才：《教育的功能、功用到功效——20世纪西方公共教育政策价值取向的演进逻辑》，《比较教育研究》2002年第3期。

⑤ M. Sandel, *Liberalism and the limit of Justic*, Cambridge: Cambridge University Press, 1982, pp. 81-96.

实际问题的解决，倡导教育的民主。还有后现代主义基于人的不确定性注重个性和多元。①

西方在教育价值取向上两大对立的著名观点分别是个人本位论和社会本位论。前者的代表人物有卢梭、裴斯泰洛齐等，后者以迪尔凯姆、凯兴斯泰纳等人为代表。个人本位的价值取向主要的观点是教育追求人的自然天性的发展，而社会本位的价值取向注重教育为国家和社会服务。

国内关于教育价值取向的研究历来是教育学原理，尤其是教育哲学的重要关注点。通过对教育价值取向的经典理论和观点的总结、梳理可以发现，尽管教育界对价值取向问题研究颇多，但是其关注点较为零散，分散在课程与教学、思想政治教育、公民教育、道德教育、体育教育、教育评价、高等教育、农村教育、学前教育、职业教育、创业教育等。而大教育立场下价值取向理论研究还较为薄弱，相关研究成果相比教育学其他研究领域还比较有限，并且对教育价值取向的探讨难有定论，基本还处在人言人殊的发展阶段。关于教育价值取向研究有学者立足价值哲学对教育价值取向的基本性问题进行研究（吴黛舒，2002；桂建生，2003；等），有的从历史角度尤其是教育政策变迁视角梳理教育价值取向的嬗变（冯建军，2009；邵彦敏、金鑫，2016；等），有的从比较的视角探讨不同价值取向的优劣（张东娇，2004；季飞，2009；等），有的则立足教育实践描述教育价值取向（赵艳平，2003；等），有的结合新形势、新背景谈教育价值取向的重构问题（刘济良，2003；黄复生，2003；陈延军，2014；等）。②

我国教育价值取向主流观点是将其分为教育的社会和个人两种价值取向。其中，教育的社会价值取向主张教育要适应社会要求，

---

① 曾文婕、毕燕平：《西方教育哲学研究新进展》，《比较教育研究》2014 年第 1 期。
② 杨颖东：《失衡与反拨——我国学校教育价值取向的偏差反思和调整》，博士学位论文，华东师范大学，2014 年。

关注经济、政治等其他社会子系统（以迪尔凯姆、凯兴斯泰纳、孔德、纳托尔等人为代表）；教育的个人价值取向主张人是教育的出发点，强调教育的个体价值，促进教育对象的主体性发展（以卢梭、爱伦·凯等人为代表）。此外，还有提出国家、集体、个人三大价值取向。如王卫东、石中英提出国家、社会和个体三主体[①]，它们分别关注的是政治人培养、组织人培养和教育对人切身物质与精神利益的满足。高水红提出个人属性、群体排斥与国家支配是教育公平分析的三种路径。[②] 从内容维度划分，教育价值取向又被分为外在价值与内在价值（又称工具价值取向与本体价值取向），前者强调教育为社会培养人才，服务于某种目的，后者追求受教育者的内在智慧，强调对个人主体地位的尊重，教育为推进人的发展和完善。已有不少学者关注到教育工具价值取向的弊端，工具理性视角下教育存在着功利化现象。[③]

还有根据教育内容划分出人文主义与科学主义价值取向，人文主义教育价值取向强调教育的个性化，主张以古典学科为教育内容，反对教育的工具化倾向，抨击教育的标准化、模式化以及人才培养的流水线生产。科学主义价值取向则强调科学的重要作用，主张教育目的、教育内容、方法手段等要关注科学的利用，从而为社会服务，倡导科学教育，反对古典学科。

此后，学者们开始逐步关注不同价值取向的融合问题，尝试改变原先相互对立的取向，从整体、系统的角度关注教育价值取向问题。有研究者提出科学与人文的深度融合，还有从人的可持续发展出发，提出人本主义、人的全面发展、人文教育、人的生命成长等价值取向，逐步关注人与环境、个体与社会、社会与自然生态、本

---

① 王卫东、石中英：《关于建国后教育价值取向问题的思考》，《江西教育科研》1996年第4期。

② 高水红：《个人属性、群体排斥与国家支配——教育公平分析的三种路径》，《教育研究与实验》2016年第6期。

③ 张兴峰：《教育功利化现象审视：工具理性的视角》，《教育发展研究》2008年第21期。

体与工具的融合，因而先后出现可持续发展价值取向、生命关怀价值取向等。还有不少学者提出多元价值，倡导教育社会价值与个人价值的统一，主张教育既要关注社会利益，同时要关注个人的合理需求以及基本权利。①

叶澜教授作为国内较早关注教育价值取向的学者，她曾经就社会工具价值取向的根源、教育价值取向的思维方式问题进行了深刻的思考。叶澜认为价值取向的偏差是造成教育危机的不可忽视的因素，回归教育政策发展历程，国内历来较为关注教育的社会价值取向，决策人员更多考虑的是社会需要，教育产业化、经济化倾向严重。与工具性价值的推崇形成鲜明对照的是，教育中人的主体地位则未受到同等的关注，根据党和国家的教育政策解读出教育价值取向出现严重偏差，甚至教育有迷失其本真的危险。② 她还提出建立"生命·实践"教育学派以及新基础教育理念。③ 有学者立足于西方国家人文主义哲学的深入研究，讨论了我国人文主义教育的价值取向。④ 有的则通过对文化传递模式历史变迁的研究，提出了复制、适应、创新三种教育价值取向⑤，还有将科学精神培养视为世纪转换中国教育价值取向的应有定位⑥，而影响教育价值取向的因素主要有，教育相对独立地位、人类社会实践、教育意识⑦，还有学者

---

① 杨颖东：《失衡与反拨——我国学校教育价值取向的偏差反思和调整》，博士学位论文，华东师范大学，2014年。
② 叶澜：《试论当代中国教育价值取向之偏差》，《教育研究》1989年第8期。
③ 叶澜：《"生命·实践"教育学派——在回归与突破中生成》，《教育学报》2013年第5期。
④ 王坤庆：《论人文主义教育的价值取向》，《高等教育研究》1999年第5期。
⑤ 张义兵：《文化传递模式与教育价值取向：一种社会学分析》，《南京师大学报》（社会科学版）2000年第5期。
⑥ 毛亚庆：《论世纪转换中国教育价值取向的历史定位》，《教育理论与实践》2001年第4期。
⑦ 吴黛舒：《影响教育价值取向的因素分析》，《齐鲁学刊》2002年第1期。

提出基础教育培养目标的价值取向是"成人"而并非"成才"①，"新基础教育"价值取向是追求真实的生命成长②，21世纪我国教育的价值取向为走向人文化的教育③，教育目的的人类性、时代性、民族性、文化性价值取向维度④，多元化背景下现代教育价值取向重构的策略，其中文化价值不容忽视⑤等观点，学者们基本上认同我国教育改革要实现社会和个人统一。

总之，关于教育的追求从教育理论萌生之前历来在教育界存在很大争议。伟大教育家们对教育的研究和讨论都不能脱离这一根本性问题，但是多数对于"人的培养"这一根本活动存在共识。培养人也成为教育的本体价值，人的发展成为了教育的根基。人是教育的立足点与逻辑起点。教育的根本追求是人的全面自由发展。从中国古代孔子提出"修身"到西方教育家夸美纽斯、怀特海、杜威等对教育与人的探讨，都能看到人和教育的关系讨论。教育的根本追求，历史上存在社会本位与个人本位的争论。当前对于这一争论多主张二者的折中，普遍认可教育要推进人的全面发展同时促进社会的进步，潘懋元先生所提的教育内外部规律也看到了社会和个人在教育上的结合。我国教育目的就提出"全面发展的人""社会主义建设"等字眼。教育社会目的和个人目的归根到底是相互统一的。社会是由人组成的社会，人不能脱离于社会，同时社会发展不能不依靠人的发展。而人的自由全面发展同样包含着人的个性化与社会

---

① 许邦兴、丁茂华：《"成人"抑或"成才"——基础教育培养目标的价值取向》，《西北师大学报》（社会科学版）2012年第6期。

② 李家成：《追求真实的生命成长——对"新基础教育"价值取向的体悟》，《教育发展研究》2003年第3期。

③ 刘济良：《走向人文化的教育——新世纪我国教育的价值取向》，《教育理论与实践》2003年第7期。

④ 袁利平：《试论教育目的的价值取向：一种另类的视角》，《上海教育科研》2006年第3期。

⑤ 季海菊：《多元化背景下现代教育价值取向的哲学思考》，《南京社会科学》2007年第12期。

化，一个充分社会化的人才能称之为全面、自由的人。教育的规律也在于通过各种手段促进人的发展，因此教育本身带有理想的色彩，难以在短时期内见效，正是在这种目标牵引下，教育实践逐步地向前发展。①

通过对教育价值取向的理论梳理，回顾价值取向线索，可知价值取向是教育基本理论问题研究人员的一大研究兴趣点。并且我们容易总结出这样的规律，教育价值取向的理论研究正在逐步地走出二元对立，不再纠结于教育社会价值取向与个人价值取向的取舍问题，而是开始思考教育本身的特殊之处，开始建构不同的价值取向，尝试整合、预设、重构教育的价值取向，然而，对不同的价值取向尤其是相互矛盾对立的取向如何进行整合，该由谁整合，基于什么进行整合，如果这些问题得不到突破，教育仍不能超越教育与受教育的框架，教育价值取向理论研究也就实现不了新的突破和创新。教育矫正作为一种特殊形式的教育实践，同样存在由于价值取向的过度工具化、社会化和功利化而面临自身特色、教育特殊性丧失，容易陷入湮没自身、迷失自我的境地。

(二) 矫正价值取向相关研究

矫正价值取向的研究相比普通教育价值取向的研究，不管从研究的成果数量，还是从研究的系统性、研究深度来说，均落后了一大截。并且国内外相关研究多散落在矫正制度、犯罪人处遇等方面的研究，尤其是国内关于矫正基本原理的讨论本来就相当薄弱，对于矫正价值取向的研究更是零星而不系统。

1. 矫正价值取向国外经典犯罪理论的观点

尽管国外并没有直接相关的理论或流派探讨矫正的价值取向问题，但是国外关于犯罪学、刑罚学的相关讨论颇多，甚至形成了很多理论流派，这些犯罪学理论流派对于犯罪人的惩罚和矫正问题进

---

① 张学敏、陈星：《教育逻辑和管理逻辑的背离与契合——兼论教育饱受诟病的缘由》，《东北师大学报》（哲学社会科学版）2018 年第 1 期。

行了不少研究,在当时乃至现今都产生了广泛的影响。

第一,古典学派报应取向评析。

作为一种源头最远、路程最长且至今生命力最旺盛的惩罚论,古典学派报应取向蕴含着惩罚的公平、正义、人人平等的原则,同时也包含了近代刑法的理性化组成因素。首先,以报复惩罚为刑罚和矫正的依据;基于古代学派报应取向,一个人违反了规则将必须接受相应的惩罚。规则的至高性被坚实地捍卫着,这是报应主义、威吓主义关于惩罚正当性论述时都极力强调的。惩罚是对着规则的违反而言的,而所谓违反规矩总是相对于特定的善恶标准,借用报应主义"罪刑法定"原则,对罪错少年的管理、教育、惩罚需要由规矩来规定。

但是,这一刑罚目的论偏向于"惩前",重视对已然的罪错行为的打击,而忽视"毖后",不注重如何预防犯罪和对犯罪问题的治理,既不符合人类人道的时代精神要求,同时难以充分调动全社会同犯罪作斗争的积极性,因此古典学派报应主义理论的影响后来逐渐减弱了。

古典学派报应取向同少年刑事司法、儿童保护等理念背道而驰,存在着诸多矛盾性,重点体现为:一是报应主义所倡导的惩罚的痛苦性和少年刑事司法与未来教育矫正发展方向对少年的人道、保护、宽容等理念存在矛盾。报应主义通常和一般预防主义联系在一起,不可避免地带来刑罚和矫正的严苛性和残酷性,对于罪错少年进行严厉惩罚,尽管短时期内或许能够对于罪错行为有所遏制,但是难以从根本上进行转变。国家在报应主义取向下变成了一个"祸害者",[①] 管教人员成为变相的"加害人",这实质上是违反伦理道德的,难以引导少年向良善和美好的方向成长。二是报应主义所倡导的是一种形式的正义,通过报复惩罚以立竿见影地实现正

---

① 顾肖荣等:《体系刑法学——刑罚论》,中国法制出版社2012年版,第21页。

义,而少年刑事司法和教育矫正注重的是实质的正义,我们从世界各地少年刑事司法和对罪错少年的教育矫正实践看,各国都将重点放到了对报应主义刑罚的改革上。并且,想要实现社会的正义,单纯追求平等和均衡仅仅是其中一部分。分配正义的彰显、对不同个体的区别对待,这对于正义同样必不可少。因此,报应主义所追求的正义相当片面和刻板。三是报应主义所倡导的是刑罚的消极反应,给人带来痛苦从而"教育"和震慑他们不犯罪,这本身的效果能否长久是令人怀疑的。人性、德性如何在报应主义中得以彰显更是饱受质疑。而未来对罪错少年的处遇和教育矫正要发挥社会的职责,强调对犯罪的积极、自觉的应对。四是报应主义声称人是自由的、理性的个体,可以选择犯罪也可以选择不犯罪。对其犯罪行为处以相应的刑罚,正是承认了人的自由和理性。既然犯罪是个体综合考量和评估后做出的选择,那么犯罪人也必须为自身的行为选择承担后果。刑罚处遇和矫正是尊重其自由意志的体现。然而各项研究均表明了罪错少年的行为往往是不成熟的,个体是不具备或者说不完全具备自由和理性的能力,这在理论基础方面是站不住脚的。尤其是对于过失犯罪的少年来说,自由意志说显然并不能成立。[①]

第二,古典学派一般预防取向评析。

预防论又分为诸多的派系和观点,比如一般预防论和特殊预防论,分别以费尔巴哈、贝卡利亚等和高尔曼、边沁等为代表。一般预防取向侧重于矫正的单一方面目标。而特殊预防论者比如边沁关注到刑罚和矫正的二重目标,提出可以通过教育和矫正等直接的方法来防止犯罪,这对应的是特殊预防;还可以通过间接的方法对犯罪进行一般性的预防,这对应的是震慑,这种威慑论面临着诸多的攻击和讨论,其原因,一是,它过于注重威慑,人在犯罪预防中受到了权利的侵害,同时仅仅将惩罚作为攻击来使

[①] 姚建龙:《转变与革新:论少年刑法的基本立场》,《现代法学》2006年第1期。

用，不可避免地产生许多恶果；二是，预防论难以解释和应对激增的犯罪率与重新犯罪率问题，显得束手无策；三是，预防论重在通过震慑来预防和治理犯罪，难免会陷入重刑主义的泥潭，与人类未来刑事司法改革尤其是未成年人刑罚和矫正的变革不相符合。尽管预防论扭转了将刑罚和矫正仅仅视为对犯罪报复惩罚的观点，将视野由过去的行为转向了今后的警醒，相比报应惩罚论是一个质的飞跃与发展，直至今日，仍存在很多拥护者，在实践中也都还能看见这一理论的影响。

功利主义预防论与报应主义惩罚论二者均在某种层面上阐释了矫正，然而各自也拥有自身的局限性。报应主义推崇正义，关注惩罚和矫正中人的权利，但是它未将个人和社会进行有机关联，忽略了人是社会中的人，承担着社会的责任，需要履行自身义务；而功利主义关注到了人和社会的关系，推崇个体对社会的责任，但是它忽略了正义，由此容易带来人对规则和方案的被动遵守。所以仅立足于社会或人来看待惩罚是片面的，惩罚唯有在报应主义和功利主义的有机整合下方能寻找到平衡点。报应主义面向过去，功利主义则展望未来，二者需要相互补充，克服彼此的不足，吸收彼此的积极成分。

第三，实证学派社会防卫取向评析。

实证学派社会防卫取向认为矫正的目的并非威吓、震慑公众，而是帮助人获得新生，因此，教育成为刑罚的目的，通过对人的改造来预防人重新犯罪，所以国家必须将重点放在对人的教育改造上，使他们顺利地回归社会，此外，对于那些尽管尚未犯罪但是具有一定犯罪风险和倾向的虞犯进行保安处分。实证学派教育改造论与报应惩罚取向和一般预防取向的区别在于，古典学派的报应惩罚取向偏重于惩罚报复维护公平正义，矫正的手段和内容均带有很强的惩罚性。预防论偏重于震慑，用严刑峻法和残酷的惩罚和矫正方式来对一般公众进行威慑和警告。① 而教育改造论则注重对犯罪人和虞犯的教育,从而促进了刑罚和矫正的价值取向从原先的报复惩罚、震慑、威吓等工具性取向逐步地转向了教育改造取向,从根本上体现了价值追求上的飞跃和升华。然而,教育改造论对刑罚教育目的的过度强调和偏重,已有不少学者对此进行了质疑,认为其丧失了刑罚的作用。尤其是进入 20 世纪 70 年代后期,在美国,冈约翰·肯尼边、马丁·路德金被刺杀等政治事件的发生,监狱连续发生暴乱,以及"马丁森炸弹"对矫正效果的质疑,教育改造论一度遭到了怀疑,使报应主义得以重新复活,新社会防卫思想随之盛行。教育改造取向注重发挥刑罚的教育功能,而完全看不见刑罚本身带有的痛苦属性,偏离刑罚的重要特性。教育刑罚取向下对犯罪人的过度优待,也难以保障法律和社会秩序的运行。②

社会防卫思想是教育改造思想的延续,以李斯特、菲利、普林斯等人为代表,他们认为刑罚和矫正不单单要实现教育的目标,更为重要的目标取向在于防止具有社会危险性的高风险的人危害社会,必须保护和防卫社会免受犯罪的危害,因此,刑罚和矫正的价值取向在于社会防卫,从本能报应惩罚进一步转向社会的防卫、重在对社会的安全和秩序进行维护。社会防卫取向是与古典学派报应取向相对立的,基于对人类社会与秩序保卫的基础上提出的,最初由犯罪实证学派在 19 世纪提出。提出对人的刑罚和矫正不能关注个体,而要立足于社会,并且以社会利益的最大化为原则。矫正要以保护社会为价值追求。刑罚和矫正要致力于寻找到有效的方法保障社会公众的生命、安全、财产等权益,矫正的方法可以包括对人身危险性高的矫正对象进行隔离、延长矫正期限,等等。社会防卫取向下对罪错少年的矫正考虑是基于其反社会人身危险性,对世界

---

① 谢望原:《台、港、澳刑法与大陆刑法比较研究》,中国人民公安大学出版社 1998 年版,第 238 页。

② 顾肖荣等:《体系刑法学——刑罚论》,中国法制出版社 2012 年版,第 22、27—28 页。

各地的罪错少年处遇措施和矫正实践产生了广泛而深远的作用,然而这一取向过分重视社会防卫,忽略了"人"这一根本性要素,与现代社会对人的重视、对人权的保护相悖离。

第四,实证学派康复治疗取向评析。

犯罪实证学派康复治疗取向认为犯罪并非自由意志的结果,而是被决定的,因此把焦点放在了对罪犯的治疗和改造上,而不是古典学派所倡导的对其行为进行惩罚。在罪犯矫治领域出现了康复矫治理念,矫正成为治疗。[①] 在进步主义运动的浪潮下,法院作为一种慈善的治疗性机构而存在,而不带有惩罚的性质。并且这一取向把儿童保护和社会犯罪的控制进行有机结合,发展出了福利模式,克服少年儿童受到成人的刑事司法的伤害和惩罚,从中剥离出来,充分尊重少年的特殊性,给予其个别化的矫治和各种福利待遇,以此拯救少年儿童。[②]

实证学派康复治疗取向的理论依据在于将犯罪人当作病人,其犯罪行为来源于疾病。因此康复治疗取向旨在把矫正机构变成治疗犯罪人疾病的医院,而不是监狱或学校,试图促进犯罪人通过治疗实现康复,使其身心等冲突得以恢复,变成一个健康的人。其主要的矫正手段是精神病的治疗、各种心理病理分析、身体的检查和疗愈等,通过对不同犯罪人进行分类矫正和康复性心理治疗来实现,在实证研究的基础之上各类心理咨询和治疗的方法得到了广泛运用。但是20世纪70年代之后,康复取向面临着诸多的质疑和否定,不少矫正机构也放弃了这一取向。其原因在于,犯罪人并不将自身视为有疾病或不健康的人,他们的主要诉求在于刑满释放、获得人身自由,对于自身心理和行为的治疗并不感兴趣甚至有抵触的

---

① [美]理查德·霍金斯等:《美国监狱制度——刑罚与正义》,孙晓雳、林遐译,中国人民公安大学出版社1991年版,第226页。
② [美]巴里·C.菲尔德:《少年司法制度》,高维俭等译,中国人民公安大学出版社2011年第2版,第4—5页。

情绪；此外，这一取向过高估计医生、专家的能力，试图将犯罪人进行强制性的治疗来实现思想、行为的转化和犯罪的预防与治疗，是不切实际的。封闭式监禁环境、强制性的方式、惩罚式的刑罚语境下难以真正发挥治疗的效果，这也决定了从根源上是不可实现的。并且有不少经验研究也得出结论，康复治疗对于降低犯罪人重新犯罪率并没有发挥功效，其可靠性难以令人信服。在康复治疗的实践中，治疗的专家、医生等人员也越来越清楚治疗收效不大。①

台湾学者林宪认为，就精神医学的立场来看，在青少年犯罪者中，我们只能对其中30%的人定下确实的精神科诊断，而且其中约有一半的人是属于智能不足者，绝大部分的人是无法诊断的。尽管在他们之中有不少人可能在将来会发展出反社会人格等疾病来，但是由于青少年的人格结构正处于发展时期，所以我们不能就此据下诊断。有少部分的犯罪行为是由于精神病患或智能不足等病态因素所造成的，然而精神病患因为精神病性冲动或者智能不足者因为缺乏自我控制力和判断力而犯罪的情形毕竟不是很普遍的现象，就算是有这种情形，在他们的犯罪成因中也多半重叠了一些家庭、社会因素。②

2. 矫正价值取向国内相关理论研究

法是教育矫正的重要保障，法哲学视角下的价值研究与矫正价值取向的研究有着绕不开的关系。关于法的价值取向研究，从学理上研究刑事司法制度的目标追求，刑事诉讼法学目标包括秩序、公正、效益诸项内容；③此外，自由和安全作为价值目标是辩证统一

---

① ［美］克莱门斯·巴特勒斯：《矫正导论》，孙晓雳等译，中国人民公安大学出版社1991年版，第21—22页。
② 林宪：《青少年虞犯行为的形成》，《健康世界》1985年第2期。
③ 陈光中等：《市场经济与刑事诉讼法学的展望》，《中国法学》1993年第5期。另见陈光中、徐静村《刑事诉讼法学》，中国政法大学出版社2002年版，第42—43页。

的关系。① 法的价值目标有法的秩序价值、正义价值、公平价值、自由价值、效率价值等。② 价值的实现有赖于正义与平等、自由、秩序、效率等关系的厘清。③

刑罚学视角下的矫正目标取向研究。研究内容重点从犯罪史、刑罚发展变迁梳理监狱矫正、罪犯改造的基本目标取向,从刑法学理上对监狱、行刑等问题进行了深刻的反思。形成的基本观点有,监狱带有惩罚机能④,监狱行刑中可用复合正义的理念克服报应正义的缺陷。⑤ 公正、人道、效益是行刑的三大价值目标。⑥ 罪犯教育价值分为内在与外在、理想与现实、直接与间接、相对与绝对、正与负、个体与社会。⑦ 还有一些相关理论不再列举。总体而言尽管起步晚、探讨有限⑧,但是这些研究成果成为探究罪错少年教育矫正的理论基础。

少年犯教育矫正价值取向与原则的研究。作为国内研究罪犯改造的专家,也是研究少年犯社区矫正的学者,贾洛川(2006)基于生命的立场,将拯救生命作为对未成年犯矫正的价值取向⑨,应该说关注到了人。同时他提出对少年罪犯实施"人文化矫正"的断想,基于对少年的关爱,对其进行帮助和矫正。⑩ 挽救生命作为未

---

① 左卫民:《价值与结构——刑事程序的双重分析》,四川大学出版社1994年版,第54—57页。
② 杨震:《法价值哲学导论》,博士学位论文,黑龙江大学,2001年。
③ 周文华:《法的正义价值及其实现》,博士学位论文,中国社会科学院研究生院,2003年。
④ 韩玉胜、刘崇亮:《监狱惩罚机能及其限制》,《中国监狱学刊》2009年第6期。
⑤ 狄小华:《复合正义和监狱行刑》,《南京大学法律评论》2003年第20期。
⑥ 孙龙:《浅论监狱的行刑价值》,《法制与社会》2011年第19期。
⑦ 贾洛川:《罪犯教育学》,北京大学出版社2016年版,第87—89页。
⑧ 叶春弟:《论监狱功能的边界》,博士学位论文,华东政法大学,2014年。
⑨ 贾洛川:《未成年犯改造的价值新取向:拯救生命》,《青少年犯罪问题》2006年第5期。
⑩ 贾洛川:《对青少年罪犯实施"人文化矫正"的断想》,《青少年犯罪问题》2012年第1期。

成年犯改造教育价值取向也在学界有一些讨论;① 学者提到,未成年犯罪人矫正要遵循惩罚与成长、说服与管束、教育与训练、控制与疏泄、改造与娱乐等原则。②

三 现有研究反思

通过以上对罪错少年教育矫正的研究以及对相关价值取向谈论的梳理,可以发现有一些亟待我们进行反思的问题,突出表现在以下几点。

第一,教育矫正一般原理需加强研究,教育矫正价值取向问题存在研究空间。尽管教育矫正是近年来少年违法犯罪研究、刑罚学、少年心理健康教育研究等领域的核心主题之一,出现了不少有关教育矫正的研究成果,研究者们基于心理学或者教育学探讨教育矫正的具体策略方法,涉及学校、家庭、社会的矫正策略,应该说对教育矫正的实践产生了一定的影响,并且对于教育矫正理论研究的深化也有所裨益,但是,对教育矫正价值取向的思考和研究不多。个别对教育矫正讨论和思考缺乏系统化的研究,仅涉及了教育矫正原理性问题的初步认识,在刑事司法政策的讨论上有一些涉及了对罪错少年处遇和教育矫正价值取向问题。从价值论层面对教育矫正进行深入研究以及其他教育矫正原理的探讨成为今后理论界需要突破的方面。教育矫正价值取向问题是教育矫正研究的根本和重要议题,是深化教育矫正的理论研究和推动教育矫正实践改革的重要指导。

第二,学术视野欠开阔,"就矫正论矫正"的教育矫正研究思维方式有待突破。从心理学、法律制度和文化等角度谈论教育矫正是重要的,教育矫正理论的研究和实践的探讨都离不开这些支撑性的学科。同时,我们也必须正视其不足。具体而言,"就矫正论矫

---

① 杨欢:《论未成年犯的改造》,天津大学出版社2013年版,第26—28页。
② 吴宗宪:《未成年犯矫正研究》,北京师范大学出版社2012年版,第24—30页。

正"的实践取向的研究往往在教育矫正中容易造成对方向性问题缺乏反思,带来实践层面在错误的方向上越走越远而不自知,对教育矫正意义和根基缺乏认识和省思。未来的研究一方面要注重对其现象和经验的描述和总结,另一方面要关注其价值合理性,对深层次问题进行深入反思。因此,开展教育矫正研究要重视形式和实质的关注。不光重视教育矫正的措施、策略、效果等的改进,更要思考其存在的根基以及未来的走向,追问教育矫正价值取向之所在,这也成为将来研究需要突破的。

第三,教育学与犯罪学从分野逐步走向互补协作,但是教育矫正价值取向多学科研究困难,教育学与法学研究方法难以嫁接,教育学立场下的讨论较为薄弱。罪错少年教育矫正本身是一个多学科的研究领域,然而当前的研究仍然比较浅薄,理论发展不够深入,尤其是"自由"与"秩序"、"教育"与"惩罚"等价值的矛盾仍然没有得到较理想的揭示、解释和分析。法学、教育学等多学科观点和研究方法融合困难,教育矫正领域中自由与秩序价值的冲突与消解仍缺乏系统的理论分析和现实考察,整合多学科理论研究罪错少年教育矫正价值取向还没有引起我们足够的重视和反思。对秩序等工具价值的过分倚重容易带来对教育和人的忽视,造成自由权利受到压制甚至侵害,也会导致教育矫正陷入误区等。同时对教育矫正中司法层面的讨论和研究是保障教育矫正回归教育立场的重要基础。从政治范畴到刑事司法范畴再到教育范畴,通过法学与教育学的合理嫁接对教育矫正及其自由与秩序问题进行深入探究,进而提出教育矫正的思路和建议,这都是教育矫正研究的重要方向和目标。

总之,当前我们对教育矫正的相关研究还比较薄弱,我们还未形成对教育矫正的深刻、全面的认识,对教育矫正的内容、教育矫正的方法和途径等仍存在很多困惑,导致在实践上的无所适从,对少年的暴力犯罪倾向如何进行疏导、教育,如何培养自由少年,如何进行少年犯罪预防,等等,我们在认识上还存在很多空白。观念上、认识上的滞后,导致了我们在对少年进行教育、矫正和犯罪预防中效果不理想、流于形式、浅尝辄止。再加上,少年犯罪的诱因是复杂和多种多样的,作为人的存在的少年也是复杂难懂的,少年犯罪的预防也是一个系统工程,教育矫正的展开并不能杜绝少年犯罪。但是,培养具有自我控制能力、富有责任感的自由少年是预防少年违法犯罪的一个历久弥新的话题,值得广大学者深入研究下去。

第四节 研究思路与方法

一 研究思路

理论是实践的先导。罪错少年教育矫正理论研究发展直接影响实践的方向与具体措施的效果。罪错少年矫正技术尚存研究空间,对于提高矫正成效和质量,推进矫正科学化水平具有一定价值,然而教育矫正抽象层面的理论研究同样不可忽视。伴随教育矫正的开展,不少深层次的先导性问题成为阻碍其发展的关键因素。本书立足价值哲学层面研究价值取向的基本理论问题,为教育矫正相关法律法规、制度政策、实践活动的设计奠定扎实的基础,基于教育哲学对罪错少年教育矫正进行价值哲学的省思。[①] 对矫正实践进行理论的提升,反思其实然状态价值取向,关注教育矫正应然状态,丰富教育矫正相关理论,有助于指导矫正实践。为此,本书依照如下的研究思路展开。

首先,厘清罪错少年教育矫正价值取向相关的基本问题。概念和本质问题的讨论是教育矫正的理论起点。在研究罪错少年、教育矫正的内涵和本质基础之上,进一步探究教育矫正价值取向

[①] 杨志成:《新中国基础教育政策价值取向演变:政策生态学视角》,教育科学出版社2015年版,第2页。

的蕴涵，包括内涵、特征、原则，以及教育矫正价值取向的作用。人在实践活动中不可避免地受价值取舍的影响，并需要遵循着一定的价值原则，人所要达到的目标均是为了实现一定的价值，实践活动从某种层面上说也是价值实现的活动，达到一定程度的价值是人实践活动的内驱力，可以说，人的一切实践活动均是在一定的价值取向导引下而产生、维持和发展的。教育矫正作为一项实践活动，也是为了实现一定的价值取向。教育矫正是一种特殊形式的教育，是为发现、揭示和实现一定的教育价值的实践活动，教育矫正应当关注内在教育品性，探究其价值取向的基本理论问题，重塑合理的价值取向，使之沿着有序、高效的方向持续地发展。所以本书以价值取向为基本研究视角，将价值作为教育矫正理论的研究基础，并且根据价值的特性，对其探讨着眼于教育矫正实践动态的思索。

其次，梳理罪错少年教育矫正价值取向的历史嬗变。教育矫正必须基于历史的逻辑，克服盲目性、避免重蹈历史的覆辙。只有基于历史传统和文化特质，才能为我国罪错少年教育矫正价值取向的重构和回归寻求历史的根基。[①] 基于此，本书结合了政治学、刑法学的视域对教育矫正历史变迁进行历史考察，涉及刑事司法政策、具体教育矫正方向与策略等的演进，结合历史背景，审视其价值取向的变化过程，力图将教育矫正价值取向通过权力关系等政治因素探究得以更加深刻地呈现，帮助我们获得现实性的认识，从而在实践中更加有效地认识和协同教育矫正价值取向上的偏差，帮助实现教育矫正的价值追求，更好地推进教育矫正为罪错少年个体需要与国家社会需要服务。[②]

[①] 杨志成：《新中国基础教育政策价值取向演变：政策生态学视角》，教育科学出版社2015年版，第1页。

[②] 杨颖东：《失衡与反拨——我国学校教育价值取向的偏差反思和调整》，博士学位论文，华东师范大学，2014年。

此外，剖析罪错少年教育矫正价值取向面临的困境。对教育矫正中抽象性、复杂性的价值取向问题，通过教育矫正的价值矛盾冲突的考量，针对迷惘与诸多纠结，剖析教育矫正中的逻辑关系，挖掘教育矫正背后的价值矛盾问题。基于理论联系实际，强化描述性、解释性、评价性的特征，将抽象的价值问题具体化。本书对教育矫正价值取向中存在的主要问题进行讨论，有助于进一步引发我们的反思，提高对价值取向重构的认识，使得理论研究更加具有根据。

再次，重构罪错少年教育矫正的价值取向，论证"以教统罚复归人的自由"是其应然取向。基于罪错少年教育矫正价值取向历史嬗变以及当前价值取向的迷惘和诸多纠结，重点论证"以教统罚复归人的自由"的丰富内涵以及它何以能够成为教育矫正价值取向。著名的休谟问题将以往"是"与"不是"命题转为"应该"与"不应该"价值命题，然而，这一价值命题的根据与逻辑并未得到有力的论证，因此，自休谟问题之后，事实与价值关系命题成为了困扰我们的不解之谜。应然与实然也成为了学术研究的一对相对的术语。教育学语境下的应然与实然二者关系体现在教育理论建构以及教育实践等问题，依照传统"是"与"非"、"有"与"无"二元对立思维，应然与实然也存在着不可调和的矛盾。然而，实质上，应然与实然二者是相互对立、辩证统一的关系，教育矫正研究必须结合应然与实然的视角，关注二者的关系，应然表现的是价值属性，而实然体现的是客观属性，应然是在实然的基础上产生，二者"你中有我，我中有你"，不可分割。另一方面，教育理论所建构的应然状态与教育实践中呈现的实然状态，永远具有一定的差距，存在一定的张力。本书正是基于教育矫正应然与实然的关系，结合二者之张力，探讨教育矫正价值取向问题。

最后，研究罪错少年教育矫正价值取向的实现进路。基于人的自由复归对罪错少年教育矫正实践提出改革建议。对罪错少年教育矫正价值取向的关注重视本体论和方法论的结合。本体论是哲学中关于"是什么""如何存在"等根本性问题的回答；而方法论重点探究方法的形成与发展变化、方法的性质、不同方法的彼此联系等。本体论与方法论是两种不同的体系与思维方式。将本体论和方法论的思维融入对罪错少年教育矫正价值问题的探究，将罪错少年教育矫正的价值取向与价值实现方法结合起来，既克服了基于经验的简单描述性研究，进一步提升研究的高度，同时有益于提高方法的实效性，将罪错少年的教育和矫正从哲学层面找到相应的指导。[①]罪错少年教育矫正价值取向的实现探究基本立足点在于，教育矫正是纠正罪错少年不良行为，促进其正常、健康成长的一种活动，人对于自身解放、实现全面自由发展是一切教育存在的不懈动力，也是教育矫正追求的最高理想，教育矫正要挖掘而非阻碍和压制人的潜能，帮助人复归自由是矫正的根本目标，实现人的自由发展成为教育的最终追求。教育矫正的价值取向成为了实践活动中内在的、根本的尺度。教育矫正的价值尽管带有正义、秩序、公正等，但教育矫正不是一种规制、强迫、驯化和惩罚人的外部干预，而是基于人、引导人、为了人、发展人、提升人的人性化教育。

二 研究方法

（一）文献法

除了各类公开发表的期刊论文与出版的各类书籍之外，网络数据库等电子资料也成了本书文献资料收集的重要来源，文献涵盖了中英文的理论研究成果，大量有关教育矫正、罪犯矫正、青少年犯罪、教育价值取向、少年越轨、价值哲学、犯罪预防与矫正等中文论文资料，以及英国、美国等西方国家有关教育矫正的英文资料。在文海中进行取舍，提炼资料，获取支持性论证。此外，通过考察

---

① 李奎：《自我公民教育研究》，北京理工大学出版社2012年版，第15页。

罪错少年教育矫正的相关法律制度、政策，并结合理论思辨，提出教育矫正价值取向的研究架构。

(二) 历史研究法

基于文献研究的基础上，整理与分析中外历史上对罪错少年教育矫正的重要理念和实践，积极借鉴国内外已有研究成果，梳理人类对罪错少年教育矫正的历史变迁，呈现出规律性特征，展示教育矫正嬗变中的连续性与历史性。研究过程中，通过对教育矫正价值取向的历史考察得出自由与秩序是教育矫正价值取向的基本维度结论，分析"自由""人"等要素在教育矫正发展史中的动态变化，掌握基本的历史线索，把握教育矫正逻辑的联系以及少年罪犯矫正的发展规律。通过对其历史的考察，能够借古知今，有助于帮助我们进一步认识和理解当前对罪错少年教育矫正的现实图景，把握其本质和规律，并将中西教育矫正的特征进行对比分析，在把握共通点的同时，研究其在不同文化背景下的特殊性。此外，通过历史的考察，能够以史为鉴，预知和展望未来教育矫正的趋势。

(三) 比较研究法

研究梳理西方罪错少年教育矫正价值取向的变迁，与中国罪错少年教育矫正价值取向变迁的梳理形成了对比。基于西方和中国传统文化的不同，梳理和考察西方、中国对罪错少年教育矫正价值取向的区别，基于变迁发展中的特殊性，重点根据文化的不同与不同时期价值取向形成了对比。①

---

① 高金锋：《反思与抉择——中国基础教育改革价值取向探讨》，博士学位论文，华东师范大学，2012年。

第一章

教育矫正价值取向的基本问题

矫正已成为了国际社会广泛运用的刑罚方式。尽管如此,教育矫正的概念和本质问题一直存在着诸多难以达成共识的解释,既有来自教育学的解读,同时刑事司法领域也早就开始使用"矫正"这一词语,比如社区矫正、罪犯矫正等。所以进一步探究教育矫正的基本概念、内涵,研究其本质尤其是教育矫正价值取向等根本性问题,无疑具有重要价值。[①]

教育矫正价值取向威慑论、报复论和改造论者等各自的价值选择和观点不一。在少年刑事司法以及矫正实践中,当教育矫正实践与法律制度必须在冲突着的价值追求之间选择时,我们是否认同和采纳一种主张追根究底取决于我们认为教育矫正的实质是什么。教育矫正概念是探究罪错少年教育矫正价值追求和实践逻辑的一个基础性和必要性的问题,并且它是一个内容深刻、含义丰富的概念,人们对于其的理解与认识,同样是逐步发展和深化的。当我们对教育矫正的概念进行判断和界定时,首要之处在于把握教育矫正概念的哲理性内涵,从而从立足宏观视野更加深刻地加以理解。[②]

[①] 王敏:《矫正基本原理研究》,博士学位论文,西南政法大学,2010年。
[②] 王泰:《现代监狱制度》,法律出版社2003年版,第2页。

第一节 教育矫正的内涵与本质

认识教育矫正价值取向的前提在于对教育矫正内涵和本质的把握，需要全方位地理解教育矫正的对象与基本规律。本节涉及矫正的对象包括罪错少年的界定与身心发展特征阐述与矫正的释义，论述作为刑罚执行实践的矫正与作为特殊教育形式的矫正以及矫正与改造、矫治的区别，在此基础上，需要阐述教育矫正的丰富内涵，包括教育矫正的内容、教育矫正的基本规律、教育矫正的要素与系统、中国罪错少年教育矫正的形式与分类，以及教育矫正和刑罚的关系。以此为基础，通过教育哲学与矫正基本原理的讨论，深刻把握教育矫正的本质，这成为教育矫正价值取向问题探究的根本和基础。

一 教育矫正的内涵

探究教育矫正的内涵和本质，需要从教育矫正的对象入手，廓清罪错少年的基本内涵和特性，因而，需要结合对罪错少年的深刻认识，才能更加科学、合理、全面地把握教育矫正的本质和内涵。

（一）矫正的对象

尽管教育矫正的对象包括成年人，也包括未成年少年，但是成年人多偏向于强调改造、矫正。而未成年少年侧重于教育矫正。而本书所指"教育矫正"直接指向罪错少年，因而将罪错少年作为教育矫正对象进行概念和内涵上的把握。

中国自古就有"少年"一词，梁启超认为少年是尚未完全成立的人，相比于壮年，他们正逐步地独立。[①] 少年指一个人在生长发育的过程中所达到的年龄阶段的概称。一般行为科学专家为了研究

---

① 梁启超：《少年中国说》，中国言实出版社2017年版，第1—2页。

方便，通常把人的生长顺序分为婴儿期、幼儿期、儿童期、少年期、青年期、成年期、壮年期及老年期等几大阶段。① 随着生长发育和成熟的快缓，不同个体差别较大。但每一个人自出生以后，在生长发育的过程中，均必须经过一定的生长顺序。少年介于儿童与青年之间，一方面遗留着儿童期的幼稚，另一方面在生理上却有青年期的成熟。由于身心常不能保持平衡，并且在此阶段中好奇心特别强烈，理智不能控制感情，因此容易染上恶习，甚至触犯法律。② 少年处于特殊时期，是身心发生着剧烈的发展变化的狂风暴雨时期，是人格形成与塑造的过渡阶段，是由未成年人不成熟状态逐步向成年人成熟状态飞跃的时期。由于少年面临身体与心理的剧烈变化，深受外界环境影响，容易产生各种身心的冲突和危机，极易出现罪错行为。世界各国对少年年龄的规定存在着较大的不同，年龄从七八岁跨到18岁。③《未成年人保护法》将成年人与未成年人的年龄分界线定位于18周岁，很明显，少年在未成年人这一范围之内。少年的最大年龄可划到18周岁。此外，《刑法》第十七条规定对刑事责任年龄进行了相关规定。其中，"儿童期（不满14周岁）无刑事责任；年幼少年期（14周岁以上16周岁未满者）相对负刑事责任；年长少年期（16周岁以上18周岁未满者）完全负刑事责任，但是能够减轻处罚"。④ "工读生招生年限为12周岁以上到17周岁。收容劳动教养人员一般为年满16周岁未满18周岁。"⑤ 因而将"少年"的年龄下限定位12周岁是符合法律惯例的。台湾省"少年事件处理法""少年福利法"中将"少年"概念界定为12周

---

① 胡竹菁：《中国人个体社会化的几个概念辨析》，《心理学探新》2011年第2期。
② 刘作揖：《少年事件处理法概论》，台湾三民书局1982年版，第34—35页。
③ 康树华：《犯罪学》，群众出版社1998年版，第583页。
④ 姚建龙：首届问题青少年教育矫正管理国际学术研讨会上的报告《中国少年司法的历史、现状与未来》。
⑤ 姚建龙：《刑事法视野中的少年：概念之辨》，《青少年犯罪问题》2005年第3期。

岁以上未满 18 周岁的人。① 姚建龙教授对于"少年"概念的年龄界定，应该说得到了较广泛的认可，他将"少年"这一概念分为广义与狭义两种理解。狭义的少年年龄界定参照刑法的规定，指 14 周岁以上不满 18 周岁的人；广义的少年年龄范围幅度较大，通常指 12 周岁以上不满 18 周岁的人。② 因此，本书对少年年龄的理解，采用关于广泛意义上的少年年龄界定。

1. 罪错少年的界定

少年罪错（juvenile delinquency）在西方世界法律概念界定有广义和狭义之分。从广义上来说，罪错主要指少年的身份违法行为以及违法犯罪行为（Bynum，Thompson，2007）。而狭义上的少年罪错主要指少年违反了刑法所禁止的行为，身份违法不包括在内（Bartol，2005）。这一法律定义被广泛地适用于西方一些国家以及美国的某些州。少年罪错在日本类似的概念为"少年非行"，日本"非行少年"依少年法的定义，是对 14 周岁以上未满 20 周岁的犯罪少年、触法少年与虞犯少年而言，非行即指不良行为，简单地说是反社会行为，比如，偷窃、偷车、恐吓、伤害、械斗、飙车、吸毒、酗酒、抽烟等，既有单独行为，也有集团行动。③ 使用"少年非行"概念，体现了少年保护的思想，有别于成人犯罪，避免了标签化的消极影响。④ 中国学者对西方犯罪学文献中的"delinquency"一词争议颇多，存在诸多翻译，有将其译成"不良行为"（曹余曦，2010；庄西真，2003）的，也有借鉴中国台湾地区译为"罪错"，也有"青少年犯罪"一说，比如国内《青少年犯罪问题》刊物名称被翻译为"Issues on Juvenile Crimes and Delinquency"。本书采用"罪错行为"这一译法。中国法律规定未满 18 周岁为未成年

---

① 郑鸿鹄、张莉：《关于刑事责任年龄的思考——刑事责任年龄的界定不能脱离本国国情》，《四川警察学院学报》2010 年第 1 期。
② 姚建龙：《刑事法视野中的少年：概念之辨》，《青少年犯罪问题》2005 年第 3 期。
③ 曾坤阳：《日本的非行少年》，《师友月刊》1996 年第 344 期。
④ 康树华：《青少年犯罪与治理》，中国人民公安大学出版社 2000 年版，第 15 页。

人，另外根据最新修改的刑法第十七条规定刑事责任年龄为14周岁。因此，在中国，少年犯罪法律定义应该是14周岁到18周岁少年犯罪行为。此外，虽然中国的法律并无身份违法这一概念，但《预防未成年人犯罪法》（2013）对严重不良行为做出了明确的规定，本书将预防未成年人犯罪法标明的严重不良行为、严重的治安行政违法行为、低龄触法等归列到罪错行为。罪错少年作为行为主体实施的罪错行为多集中于暴力伤害、侵犯财产等行为，虽然国家先后出台了直接与少年保护相关的《未成年人保护法》和《预防未成年人犯罪法》等法律法规，但犯罪的低龄化问题同样是个值得关注的问题。所以，在中国，少年罪错的定义主要包括12周岁至18周岁少年不良行为、违法或轻微犯罪以及违反刑法、应当受到刑罚处罚的犯罪行为。① 可通俗地将其划分为不良行为少年与犯罪少年，其中不良行为既包括《预防未成年人犯罪法》规定的一般不良行为，也包括严重不良行为。

罪错少年根据行为轻重与所应受惩罚的严重程度，参照姚建龙教授的观点，大体可分为四类。第一类为**犯罪少年**。犯罪行为"通常以刑法为依据，构成刑法上犯罪的少年"②。少年实施了刑法所禁止的行为，比如抢劫、强奸、绑架、故意伤害、故意杀人、重伤、轻伤、流氓斗殴、强行索要、小偷小摸、入室盗窃等，具有较严重的社会危害性，通常人身危险性也较高，应当受到刑事处罚，需要由国家进行司法的判决和矫正。这类少年从法学上看主要特征在于，达到刑事责任年龄、严重社会危害性、较高人身危险性、应受到刑罚处置，等等。对这类少年的判决处遇、行刑和矫正主要以《刑法》《刑事诉讼法》《监狱法》《社区矫正法》等为指导和依据，这些法律文件通常有专门的部分对犯罪未成年人进行规定。此

---

① 高云娇、余艳萍：《我国流动儿童社会支持和罪错行为的状况及关系的研究综述》，《青年探索》2012年第3期。

② 姚建龙：《犯罪后的第三种法律后果：保护处分》，《法学论坛》2006年第1期。

外，对犯罪少年的矫正通常包括监禁矫正和社区矫正，二者共同构筑起对犯罪少年的矫正体系。第二类为触法少年。这个概念发源于日本，触法少年的行为已经触犯了刑法，但是由于未达到刑事责任年龄，不予刑事处罚①，因而通常不被认为是犯罪。包含着达不到刑事责任年龄14周岁的低龄触法行为。同时包含着《刑法》第十七条所规定的年满14周岁未满16周岁不予刑事处罚的触法行为。第三类为违警少年。违警行为在很多时候往往被表述为"严重不良行为"。② 违警行为的危害性主要体现为破坏了社会公共秩序；这类少年与犯罪少年和触法少年相比危害性程度更低，还未达到刑事犯罪的严重程度，多数违反的内容涉及警察的职责。比如《预防未成年人犯罪法》明确规定了严重不良行为的种类："纠集他人结伙滋事，扰乱治安；携带管制刀具，屡教不改；多次拦截殴打他人或者强行索要他人财物；传播淫秽的读物或者音像制品等；进行淫乱或者色情、卖淫活动；多次偷窃；参与赌博，屡教不改；吸食、注射毒品；其他严重危害社会的行为。"③（第三十四条规定），这些行为里通常有严重治安违法行为，也已经严重危害社会。第四类为虞犯少年。虞犯重点指有犯罪之虞的人，通常基于一个人的品性与他所处的环境，能够预见到这个人从事犯罪行为、触犯刑法有较大的可能性。虞犯少年主要指的是带有不良行为，很容易犯罪，甚至有些行为已经达到违法程度的这类少年。"虞"本身就带有预测和担忧的成分。虞犯行为在英美法系国家被称为"身份罪错"，通常是成年人可以做而少年因其身份不能做。日本、中国台湾等地区均有相关法律对虞犯少年做出规定，比如台湾地区《少年事件处理法、保安处分执行法一百题》提出，虞犯少年需要满足两个要件，一是

---

① 姚建龙：《论〈预防未成年人犯罪法〉的修订》，《法学评论》2014年第5期。
② 同上。
③ 全国人大常委会办公厅：《中华人民共和国预防未成年人犯罪法》（最新修正本），中国民主法制出版社2013年版，第10页。

虞犯事由通常是非犯罪性的不良行为，适合使用保护处分；二是虞犯性，基于行为人已有的不良行为，而判断他有较高人身危险性，需要重点进行犯罪的预防。各国少年法大部分将虞犯事由与虞犯性予以确定，作为虞犯的成立要件。① 这类虞犯少年往往因具有逃课、逃学、离家出走、出入不良场所等不良行为而具有犯罪的风险，但是尚不足以对其进行刑事处罚，因为这类少年的不良行为还没有达到刑事犯罪的严重程度。

对"罪错少年"的理解和认识，从不同视角出发会得到不同的结果。在现实中，我们对罪错少年的认定，大体是基于社会中人的行为常态、结合统计学规律进行判定，一些少年由此被标签化为"罪错少年"。但从教育学和心理学的视野来看罪错少年，会产生新的理解。教育学与心理学视野下的罪错少年是在特定的人生发展阶段，面临无法独立解决的人生困惑，与同一发展阶段的群体表现不同，因而罪错少年概念也是动态变化的。

2. 罪错少年的身心发展特征

少年时期是一个身心剧变的生命阶段。少年时期的一个非常重要的发展阶段和转折时期就是青春期了。在这一阶段，少年的身体发育非常迅速，并逐渐走向成熟，童年的特征日渐消退。与此同时，心理上也出现了"狂风暴雨"般的变化，少年正处于展示他们个性的"狂飙突进运动时期"②，个人的成长正进行着质的突破和飞跃，自我意识得到了巨大的发展。这个阶段的少年购票时要像成人一样正常购买全票了，也不被称为儿童了，是一个迈出幼童阶段走向成人第一步的时期。他们因身体的快速生长发育而被当成大人，又经常不被允许加入大人的活动，处于孩子与成人的过渡阶

---

① 考用月刊社：《少年事件处理法、保安处分执行法一百题》，台湾五南出版社1988年版，第11—12页。

② [美]玛格丽特·K.罗森海姆、富兰克林·E.齐姆林等：《少年司法的一个世纪》，高维俭译，商务印书馆2008年版，第344页。

段，半个孩子或半个大人，因而也充满了许多不安定、内心矛盾和冲突的事情。美国儿童心理学家霍尔认为，当儿童的发展进入少年阶段，他们的心理将变得敏感、敏捷、敏锐，对于外界刺激的反应速度非常快速和强烈，接受和吸收能力很强。少年的时空观、纪律观、道德意识等均发生着深刻的变化，是一种质的飞跃。同时身心剧变的少年阶段是一个适合接受训练和教育，逐步地适应外在环境，接受改变并内化为习惯的发展时期，成为了教育的关键时期。在这个"外部机械训练时代"的少年期，主要的教育方式是重复性地、单纯地、机械地进行练习，霍尔认为这与中世纪教育是相类似的，随着生物的进化，少年期也是中世纪的一种复演。[①] 罪错少年具有普通少年身心发展的特点，同时又有其特殊性。少年整体表现出幼稚性，身心发展不成熟。尽管处于过渡期的少年阶段，个体的认知、情感等均发生着剧烈的成长变化。

从认知过程来看，少年时期认知能力发展随着其生活阅历的增多和受教育程度的提高有了从量到质的变化，言语能力得到了较大提升，认知水平有了较大增长，观察能力、概括能力、记忆力均得到了发展，抽象思维能力开始得以发展并逐渐走向成熟。但是由于少年的社会经验不足，人生阅历浅，因而少年全面地认识和把握问题的能力弱，是非对错识别能力不足，思维呈现明显的片面性和不稳定性，遇事容易偏激、立场模糊。[②] 不少罪错少年在世界观、人生观和价值观方面或多或少存在偏差，个人享乐主义、无政府主义自由观等都表现了其认识能力的不成熟。郭开元对未成年犯调查研究表明，59.9%被试缺乏信仰；对"公正、友善、诚信"等主流价值观念认同的比例明显低于普通未成年人。例如，认同"公正"的

[①] [美]斯坦利·霍尔：《青春期：青少年的教育、养成和健康》，凌春秀译，人民邮电出版社2015年版，第5页。

[②] 张大均、郭成：《青少年心理健康教育》，重庆出版社2006年版，第8页。

被试比例为 50.7%，而普通未成年人比例为 80.6%。①

从人格特征看，少年期是一个可塑性较强的人生阶段，家庭、学校、社会以及同伴影响都深刻地塑造着他们的人格发展，因而其个性发展具有较强的可改变性。少年时期个性最重要的特征在于，个性可塑性大，然而其稳定性低，深受来自自我内在因素和外在环境因素的双重影响，少年期成为了人个性成型的关键期，开始逐步发展独立人格与心理特征。心理学人格方面的研究多次证明，个体的人格特质在 18 岁之内基本成形，到 25 岁步入稳定期，往后改变是非常困难的。其中，12—18 岁是人格形成和发展的关键期，可塑性和变化的可能性在这一时期最明显。受独立人格发展的影响和自我的发展变化，出现第二次反抗期。3 岁以后的孩子因为身体发育，行动自由，于是无视成人的命令，追求自主和自立，这时期是第一次反抗期。第二次反抗期被看作是孩子们想要在心理上独立起来的时期。成人世界将其称之为反叛期。少年开始意识到老师、家长等周围人对自己的态度，他们不再对儿童时期感兴趣的东西产生兴趣了，儿童的稚嫩、天真渐渐地消退，开始思考自身问题，烦恼增多，或许他们有时还会觉察到自己的诸多变化，意识到自己开始更多地考虑个人的事情了。这是一个身体发育快、心理变化大的时期，一个周围大人与社会公众对少年的态度以及少年对自身与外部世界的意识都发生变化的时期，一个开始追求自主自立的叛逆时期。②

罪错少年人格发展明显特点在于有潜在的或者正在形成的犯罪人格，少数犯罪少年尽管带有临时性犯罪人格，但往往这样的人格结构还不稳定，因而能够通过矫正和教育进行改变。心理学不少实验研究表明，罪错少年整体自尊水平与同龄人相比明显较低，低自尊和抑郁情绪有显著负相关，低自尊容易引发其他负面情绪，甚至

---

① 郭开元：《中国未成年犯的群体特征分析》，《中国青年社会科学》2015 年第 1 期。
② 杨丽珠：《儿童青少年人格发展与教育》，中国人民大学出版社 2014 年版。

造成人格的扭曲。章皎洁等人经对300名男性少年犯研究发现,在押少年犯具有精神质(P)和神经质(N)人格特质,其中有精神质人格特质的达到40.3%,有神经质人格特质的达到25.3%,远高于一般人群12.5%的比例。①

从心理冲突看,罪错少年独立自主心理需求的增大和其认识能力有限存在着冲突。罪错少年与普通少年群体一样,具有摆脱成年人控制的心理,随着身心的发展,他们迫切地渴望获得独立,与成年人对其的干涉始终处于一种博弈状态。但是罪错少年对自主和独立的追求和其认识能力的不足形成一对矛盾。② 比如,罪错少年往往我行我素,难以接受规劝,广泛地接触社会,与同伴交往,这些变化均可能对其产生积极的作用,同时也极易带来负面作用。罪错少年容易因自身的生活经历不足而缺乏对信息的辨别能力,从而深受外界蒙骗,此外,其思维不完善,容易存有偏见,缺乏辩证全面看待与分析问题的能力。因此,正是这一对矛盾容易带来少年因自主独立意识的膨胀而违法犯罪。此外,罪错少年的理想自我和现实自我常常处于不一致状态,二者矛盾带来了自我意识的不统一,理想自我对自身将来发展状态所产生的预设与个人现实的发展形成较大落差,由此带来了少年的诸多苦恼。为了缓解这种痛苦,个体的自我意识很容易发生扭曲,或将自我意识矛盾归因于外在环境因素,或发展形成反社会的自我。

从情绪情感看,罪错少年在情绪情感方面发展较为复杂,涉及社会需要的高级情感取得了稳定发展,总体来看,情绪冲动不稳定,情感丰富而复杂。其情绪和情感逐渐走向成熟,尤其是情感内容更加具有丰富性,但是和成年人相比,情绪容易冲动、不稳定,带有内隐、文饰、曲折等特征。尤其是进入专门矫正机构的犯罪少

---

① 章皎洁等:《男性青少年罪犯的人格特征比较研究》,《神经疾病与精神卫生》2007年第4期。

② 罗大华、何为民:《犯罪心理学》,中国政法大学出版社2007年版,第324—325页。

年，由于原有生活受到强制性的改变，普遍伴有情绪问题，并带有相应的外显行为反应，如果遇到不良的外部刺激，极容易在冲动、感情用事的作用下出现非理智行为。在意志特征上，罪错少年普遍克服困难的毅力不强，独立性与心理自制性有待进一步提高，自我控制能力不强，部分罪错少年意志力发展畸形，带有较强的冒险、蛮干、侥幸的心理。

从道德心理看，罪错少年同样存在着道德发展滞后、自律与他律矛盾等诸多问题。皮亚杰是首位系统探究儿童道德判断、道德情感发展的心理学者，基于对偶故事研究儿童道德。作为儿童心理学大师、认知心理学巨匠和儿童道德发展研究的先驱，他创造性地提出道德认知发展的三个阶段①，一是无律阶段，从出生到 5 岁，在行为上依靠感官，依靠于想象理解规则，缺乏对规则的深刻认识，不具有道德的规范性，立足于自我采取行动。因此，其行为和道德发展呈现出"无规范"的特点；5 岁之后。逐步进入了他律阶段，这个阶段儿童的道德行为深受权威影响，并将之作为不可更改的绝对准则，逐步地习得社会规范和习惯，道德意识不成熟，还不具备自主判断的能力，通常是被动接受和服从权威与规范。这一阶段一直持续到 8 岁。此后进入自律阶段，8—12 岁，此阶段的儿童开始学习思考，能开始基于自身动机进行道德的判断，逐渐地关注人际互动，行为的后果和动机逐步地联系起来，道德理性也日趋成熟，开始有能力进行一些自主的判断，尽管不能独立判断，但多了很多自己的思考，不盲目地服从于权威或规则。② 因此，根据皮亚杰的理论，12—18 岁少年大体处于他律和自律的阶段，道德他律与自律并存，自律逐渐发展。因罪错少年的心理和道德发展相比普通同龄人滞后，因而自律的意识和能力还较弱。发展心理学家科尔伯格同样是儿童道德发展研究的专家，在皮亚杰的基础上，他提出道德的

---

① ［瑞士］皮亚杰：《皮亚杰教育论著选》，卢濬译，人民教育出版社 2015 年第 2 版。
② 苏荣裕：《学校推动道德教育之重要性》，《休闲保健期刊》2012 年第 7 期。

发展规律，道德随着年龄和经验的增长而不断发展和成熟并存在不同的发展阶段，基于"故事两难法"与大量研究提出三大水平、六个不同阶段的道德认知发展理论。① 随着年龄的增长、思维能力的提高，其道德认知的发展水平逐渐由受外部所影响的他律向关涉自我的道德自律进行转变。②

罪错少年道德判断发展处于科尔伯格道德认知发展阶段理论的以功利性相对主义阶段，根据台湾学者沈六的研究，追求享乐、利益，人际关系是一种"利益的交换"，重视行为对个人的利害关系。在他们看来，凡是自我的需求与利益的符合，他们就会列入"善"；反之就被视为恶。行动的出发点和目的是工具导向性的，同样是为了自我需求的满足，尽管有时候会满足他人需求，但主导性的动机仍在于他们自身。对于规则秩序的遵守、遵纪守法目的也是以奖惩为导向。他们的行为动机多数是为了获得奖励、免于惩罚。对自由的理解是自我和自利，自由就是只要能够有助于自身需求和利益的满足，就可以去做任何喜欢的事。他们也很少能够考虑到责任，符合切身利益或者当预知能够有好的回报，就会为他人负责。③

（二）矫正的释义

矫正含有正曲使直、匡正、纠正、改正等意，将有反社会行为（越轨、悖德、违法以及犯罪）或者反社会倾向的人转化为社会正常成员的过程。④ 矫正既能够作为一种刑罚执行实践，同时是一种特殊的教育形式。不同视野下的矫正具有不同的内涵。

1. 作为刑罚执行实践的矫正

刑事司法领域的矫正多作为刑罚的一种执行方式，主要指司法

---

① ［美］科尔伯格：《道德发展心理学》，郭本禹等译，华东师范大学出版社2004年版，第172页。
② 苏荣裕：《学校推动道德教育之重要性》，《休闲保健期刊》2012年第7期。
③ 沈六：《犯罪青少年的道德判断》，《公民训育学报》1993年第3期。
④ 姚建龙：《矫正学导论：监狱学的发展与矫正制度的重构》，北京大学出版社2016年版，第3页。

机关对罪犯或者有违法犯罪之虞的人通过各种方式手段进行思想上的改造、心理与人格的重塑以及不良行为的矫正等,转化不良思想、重塑行为模式,帮助其重新社会化,使之向社会顺利回归,成为正常的社会成员,包含监禁矫正、社区矫正等模式,矫正内容一般有行为训练、心理咨询、思想教育和药物治疗等。西方的矫正多通过制度化的形式出现,矫正通常由专门的机构对判决后的矫正对象进行各种监禁和处理。比如,加拿大、美国等国家将"教育矫正"(correctional education)泛指对所有置身刑事司法体系(criminal justice system)中的犯罪嫌疑人或服刑人员提供的教育。教育矫正的对象也极为广泛,既包含各种类型矫正机构,也包含社区矫正、假释以及受管束对象等。西方国家经过了改造、矫治后进入了矫正,因而可以看出矫正经历了跌宕起伏的发展变迁过程。

因此,狭义上的矫正被视为一种刑罚执行实践,多与国家刑事司法政策有着紧密的联系,是以国家专门机构为主体,以社会组织、社工、志愿者等为支持,对罪犯开展不良心理或恶习的矫正,帮助其重新回归社会。根据执行场所的不同,在我国矫正一般被分为社区矫正和监禁矫正两种方式。倘若将矫正场所设定在社区内,则成为社区矫正;而将罪犯监禁于诸如监狱、未成年犯管教所等特定机构,称为监禁矫正。社区矫正相较监禁矫正具有更大的灵活性和开放性,但不管哪种形式的矫正,均是国家行刑活动。[①] 中国大陆对罪错少年的矫正主要有未成年犯管教所、戒毒所、工读学校等矫正机构。教育矫正重点通过科学文化教育、法制教育、职业培训、心理辅导与干预,教育与转化触犯刑法或有触法之虞的对象,着重干预其反社会行为,将其培养成社会守法公民。当然,教育矫正的内涵不限于此,它富有较宽的外延。广义的教育矫正是指对一

---

① 王敏:《矫正基本原理研究》,博士学位论文,西南政法大学,2010年。

切与特定的社会阶级或教育者的要求、期待不相符合的行为习惯、思想观念、道德品质进行转变的活动。

作为刑罚执行实践的矫正分为监禁矫正和社区矫正。而刑罚的执行不可避免地带有惩罚的成分，对罪错少年的报应惩罚通常基于对人的自由的限制甚至剥夺，在刑罚上体现为自由刑的执行。自由刑成为了当前最广泛和常见的刑罚方式，尤其是在国家对生命刑的严格控制的背景下，自由刑在国家成人刑罚体系乃至未成年人刑事司法中占着较重的分量。常见的自由刑包括各种以剥夺或限制人身自由为特定的刑罚，分类包括"终身、有期、短期""定期、不定期"等。[1] 中国常见的自由刑有无期徒刑、有期徒刑、拘役、管制等[2]，而在西方社会称之为监禁。对罪错少年进行监禁矫正通常指在未管所等类似于"监狱"的专门执行机构所进行的剥夺自由的强制性矫正。

通过剥夺和限制自由的关押、监禁等形式在人类古代社会就已经出现，比如中国古代西周时期就有了"圜土"这一监禁形式。古代西方国家的教会、法庭同样存在各种监禁的形式，但未必是刑罚体系的一部分。严格意义的自由刑作为刑罚体系的部分是在近代形成。以监禁为特征的自由刑取代传统社会残酷粗暴的肉刑与生命刑，应该看到其在人类刑罚史上的进步意义，同时代表着人类社会文明程度的提高。监禁矫正相比以往以身体残害为特征的肉刑，将血腥、暴力、恐怖的行刑场面转为更加人道、富有温情的监禁，因而突出了刑事司法谦抑精神，体现了人道主义精神。它通过监禁矫正的理性惩罚来达到报应的正义，以及实现犯罪预防的效果。由于自由刑所规定的刑期时间跨度较大，广泛地适用于多种犯罪处遇。自由刑的主要特征有三点：一是它通过时间长短来代表刑罚轻重，通过侵害行为与惩罚二者的平衡，以实现刑罚的正义。尽管人的伤

---

[1] 李贵方：《自由刑的比较研究》，吉林人民出版社1992年版，第65页。
[2] 敦宁：《自由刑改革的中国路径》，人民出版社2014年版，第10页。

害行为的严重程度和刑期长短之间对应关系是否科学合理，还需要进一步验证。但是，以刑期来反映罪错行为的社会危害性，在一定程度上体现了法的公平和正义，契合了等量报应惩罚思想，这是自由刑的量的要素。二是自由刑的质的要素，即它或长或短地限制和剥夺人身自由，带给人痛苦感受。尽管它不像生命刑一样摧残人的肉体，但是自由的剥夺对人来说是一种惩罚，在这一过程中与人身自由相关的权利享受也相应地受到影响。比如，受到自由限制和剥夺之后，人不能自由地过正常人的生活，其学习、生活、工作、人际交往、家庭等诸多方面受到不同程度的限制。三是它具备矫正和改善的作用，重点体现为通过剥夺罪错少年人身自由进行监禁矫正，以思想政治学习、劳动改造、心理咨询和辅导等方式对其进行改造，帮助他们重新获得自由、顺利回归社会。

2. 作为特殊教育形式的矫正

矫正是一种特殊形式的教育。教育学视野下的教育矫正同样体现教育活动的性质、本质、基本规律及其培养人的终极目标。教育矫正相较普通教育，最明显的地方在于教育对象的不同。矫正的对象多是普遍教育下失败的、需要接受特殊教育的个体，因而教育矫正是普通教育的一种补偿形式。在本层面上，矫正并非一个孤立的范畴，也非限定在冰冷的"刑罚"框架下，而是教育体系的重要组成部分，是一种特殊形式的教育。对受教育者而言，教育矫正是构成社会守法合格公民的需要，包含着丰富的教育内容，涉及思想、心理、劳动等，是对普通教育的进一步拓展、丰富与补充。因此，教育不单要包含对正常人群的普及性教育，不单局限于正规的学校教育的范畴，还应包含对越轨特殊群体的教育矫正。教育学范畴的矫正通过帮扶、辅导、干预等手段系统地影响和改变受教育者思想与行为方式的策略、方法和手段。

通常来说，教育学和法学对教育矫正的认识有所不同。以法学的立场看教育矫正，其包含教育矫正以及刑事司法政策与矫正制度两个层面。教育矫正是在回归社会理念支配下,以刑事司法政策为保障,重点指为违法犯罪人重塑新的思想和行为,以矫正设施为基础,整合政府、学校和社会各界等力量,通过监禁关押、社会帮扶、劳动教育、文化教育、心理矫治、感化教育和职业技术培训等矫正手段,实现对违法犯罪人员的思想和不良行为习惯矫正的活动。关于罪错少年教育矫正制度,境外一般可划分为几类:从法律地位划分,有司法矫正模式以及福利模式;从监管程度划分,有监禁矫正模式与非监禁矫正模式;从教育矫正执行/主管部门分,存在着由国家法定机构为主体的司法矫正、机构模式、社区矫正等以及社会民办矫正机构、家庭和学校的矫正等;从矫正手段与方式划分,有医疗康复模式、社会服务模式、赔偿模式等。① 不管如何分类,从根本属性上区分,可以划分为刑事和非刑事矫正,前者通常由国家法定机关实施,多涉及刑罚及其执行,主要针对触犯刑法的少年;后者以不良行为与轻微违法犯罪少年为主要矫正对象。自罪错少年矫正制度产生至今,世界各个国家和地区都努力地进行实践探索,改革和创新本国罪错少年教育矫正制度模式。②

3. 矫正与改造、矫治的区别

从世界矫正发展历程看,基本可以划分为三个不同阶段,经过了改造、矫治、矫正的演变。在第一阶段,改造的主要追求在于试图把犯罪人改造成好人,令人去恶从善。主要采用的方式是思想、宗教等教育以及劳动的改造,对应的法律制度是累进处遇制。到了第二阶段,使用的是矫治的概念,矫治的追求在于试图把犯罪人治疗成为一个健康的人,矫治采用的方式重点放到了心理的治疗。在第三阶段,才真正出现了矫正的概念,追求的目标更加多样和全面,面向的是一个全面的人,帮助其重新融入社会,经过重新社会

---

① 林准等:《中国少年犯罪与司法》,世界知识出版社1993年版,第260页。
② 金春彪:《违法犯罪未成年人矫治制度研究——以工读教育为视角》,硕士学位论文,复旦大学,2008年。

化成为合格公民。矫正的方式同样是多样的，包含着职业的培训、思想教育、法制教育、心理咨询和辅导等。尽管只是用词之差，背后却反映了理念、目标、制度等根本性的差别，有着不同的价值追求。①

第一，矫正与改造的区别。

矫正与改造是两个不同概念，其内涵具有较大差别。对此理论界有一个逐步的认识过程，20世纪90年代以前着重二者的差别，后逐渐地进行了融合和统一。矫正重在对罪犯行为的矫正，而改造重点强调对思想的转化，甚至带有政治改造的意图。一般来说，西方常用"矫正"这一概念，比如，西方国家有"矫正法""矫正局"等名词；而将改造看作中国监狱制度特有词汇，中国对罪犯的改造来源于马克思主义理论，意为一种改变旧的、创造新的实践活动，通过实行强制性监管劳动和思想教育，转变罪犯的世界观、人生观，基于劳动改造和思想改造等将犯罪分子转变成为新人。我们从劳动改造学的相关辞典与学术著作中都可见到改造的相关解释。而矫正这一来自西方的概念，重点包括对罪犯的教育感化、心理矫治、行为矫正、不良心理倾向的干预、职业技术教育等手段，帮助违法犯罪人员进行再社会化，重新习得融入社会的能力，顺利地向社会回归。矫正重点强调对偏离的事物进行纠正引导其回归。尽管"矫正"与"改造"二者存在一定的区别，然而从根本上说二者存在着相通之处。"改造"一词受中国意识形态影响，难免带有政治色彩与阶级烙印，重在对犯罪分子的反动思想进行改造，强调由旧人到新人、由"罪人""恶人"改变为"善人"，由反革命分子到社会主义人民，但欠缺了不少矫正和教育技术上的解读；矫正则有更为丰富的含义，其范围更加广泛，在某种程度上甚至被当成"监狱"概念进行使

---

① 翟中东：《矫正的变迁》，中国人民公安大学出版社2013年版，第3页。

用，比如社区矫正，是法学界较偏爱的一个概念。

刑法学认为罪犯矫正是一个渐进的历程，从最初的报应刑法思想，发展到实证学派所强调的罪犯矫正理念，也得益于实证学派的影响，监狱由原先惩罚性质的场域转变为对罪犯进行教育矫正的机构，监狱在西方国家以及中国香港、中国台湾等地区多被称为矫正机构，逐渐成为了一个国际通用词汇，相比"改造"，"矫正"一词更加广泛，含义更加丰富，立场更加客观、中立，因此，矫正替代改造，大大有助于监狱工作的国际发展，为不同国家和地区开展合作提供了便利，在更广范围上得到接受。

第二，矫正与矫治的差异。

矫治（treatment）由有残缺的病人治疗为健康人，由生理或心理有缺陷的不正常人转变成为一个健康的正常人。20世纪二三十年代出现在矫正领域。20世纪初心理学、精神病学、医学研究成果纷纷被引入监狱，引发了改造犯罪人中对科学化和证据化的推崇。受龙勃罗梭为代表的实证犯罪学的影响，罪犯改造被罪犯矫治替代。矫治语境下的罪犯被视为病人，被当作需要治疗的不正常人，强调对罪犯进行病情的诊断，全方位了解病人的病情，并且根据罪犯病情开出相应的药方，对症下药，对罪犯个体进行治疗，突出心理咨询、行为疗法在治疗中的作用，相信能够通过治疗把罪犯转变成健康的人。而矫正不同于矫治，不仅把犯人当成病人，除了运用心理咨询与治疗外，还广泛地运用劳动技术教育、思想教育、文化教育、行为矫正技术、回归社会帮扶等方法对矫正对象进行教育。

矫正与矫治除了在人的理解、追求目标等存在着区别外，内容和方法上也存在不同。矫治较侧重于行为的纠正、健康的恢复，而矫正包含范围更高，还包含着思想的改造。在传统行刑执法中，干警偏重于对罪犯进行改造，转化其不良思想观念、塑造其行为习惯。随着现代科学的发展尤其是医学、心理咨询技术的突飞猛进，对罪犯的改造基于康复的理念引入了心理咨询、心理治疗等方法，重视对有人格障碍、精神疾病或毒瘾等犯罪人实施临床的诊治。矫治这一概念带有强烈的治疗与恢复的色彩，重在通过心理纠正行为、转化思想。

从改造、矫治到矫正，体现了现代矫正理念的转变，彰显了监狱文明的进步。监狱并非单纯的刑罚执行机构，也不是简单的治疗机构，而是一个以教育人为根本宗旨的、帮助罪犯重新回归社会的机构。鉴于人的复杂性，单一方式的矫正注定要失败的。只有综合传统的改造方法以及现代化的矫治手段，整合多种方式，才能实现矫正效果的提高。

（三）教育矫正的含义

本书结合教育矫正的法学视野与教育学视野，认为教育矫正既包含矫正的政策、制度安排，同时也包含矫正的措施策略。教育矫正是以特定设施为主要条件的一种特殊教育形式，是以实现矫正对象再社会化为本质，系统地影响和改变矫正对象的思想观念与行为方式的策略、方法和手段。[①] 教育矫正涉及内外两个维度，从内在维度看，要培养罪错少年的反思精神，以及自省、自觉和自律的能力；从外在维度看，要完成社会化，修复被破坏的社会关系，成为一个遵循社会规范的参与者，平衡社会个体关系，引导其学会与人合作、共处、沟通、协商，顺利回归与融入社会；实现一定的惩罚与震慑功能，维护社会的稳定与秩序，保障社会的公平正义等。重视教育矫正内在维度并不意味着外在维度的否定，要立足于正当而不是从应当的视角来观照教育矫正。"正当"带有"正义""合理"等意蕴，而"应当"含有"必须""绝对命令""刚性强制"等色彩。教育矫正以不侵犯罪错少年的正当权利为首要前提，侵犯了人的正当权利的教育矫正就成为了一种不合

[①] 高莹：《矫正教育学》，教育科学出版社2007年版，第8页。

理、不人道的实践。秩序的目的在于规约和匡正教育矫正的主体间的交往互动,维持矫正场域的秩序和社会的秩序,确保教育矫正活动顺利、有序地进行。

1. 教育矫正的内容

教育矫正的常见内容有,针对思想意识价值观念等的思想政治教育、针对知识素养的文化教育、针对法律意识和信仰的法制教育、针对社会交往和融入的社会服务、针对心理转化和心理修复的心理咨询与辅导、针对劳动技能的职业技术教育等,应该说内容是多样的。其中,思想教育重点在于对于不良的思想观念进行改造,包含着规则意识培养、道德修养、人生观、价值观教育。罪错少年还处在思想观念的形成阶段,存在着不少非理性的、不成熟的思想,因此,迫切需要进行思想政治教育,以爱国主义教育、中国传统文化教育等为具体形式,逐步提高其思想道德素质;文化教育重点在于提高罪错少年的文化知识水平,不少罪错少年尚未完成义务教育,许多罪错少年更是因逃课、逃学或辍学而不能接受到普通学校的教育,文化素养有待提高;劳动与职业技术教育重点考虑到罪错少年在社会的生存与谋生,改变其"好吃懒做、好逸恶劳"等不良习气,树立自立自强、艰苦奋斗的美德,通过职业技能的培训,帮助其掌握一技之长,为将来回归社会做准备。参加职业学习,接受职业培训,经考试考核合格的,同样能够通过正规途径获取相应的国家职业资格证书,为求职就业增添砝码。在实践中,教育矫正的这些内容的实施与最终效果尚存在不少问题。各地对罪错少年的矫正也积极地探索和创新教育模式,基本的趋势在于,采用多种教育矫正手段,综合不同教育矫正的内容,走向综合性的教育矫正模式改革。[①]

[①] 岳平:《特殊类型罪犯矫治》,中国法制出版社2012年版,第151—152页。

2. 教育矫正的基本规律

罪错少年教育矫正是由强制性的矫正向自觉性的教育转变过程，是一个必然的客观过程，规则向自由过渡是基于辩证唯物主义出发的合乎规律性的表现，也成为了罪错少年教育矫正需要经历的两个不同阶段。毛泽东同志认为强迫是一种必经阶段，只有经过这一阶段，才能逐步由外转内，实现人的自觉。[1] 第一，强制性的矫正和教育是重要且必要的，因为，罪错少年群体是对社会有一定"危害"或"潜在危害"的群体，其对社会的治安稳定以及社会成员利益的损害是受其主观意识支配，因而对罪错少年进行教育矫正需要从主观意识入手，而罪错少年的思想意识以及具体行为短时间内不会自发、自觉地进行转变，需要通过一定的外部强制性手段，对其思想意识形成冲击，帮助其对自身行为反省和改造，重新反思自我的罪错行为，进一步调整、控制和转变行为。因此，强制性的教育矫正是自觉教育的前提，特别是对于罪错程度严重的行为，缺乏了强制，自觉教育难以实现。[2] 第二，强制性矫正向自觉教育是一个充满着矛盾斗争甚至是反复的漫长过程。罪错少年被接受处遇，其错误思想意识不可能马上转变，要经过反复的斗争。这一教育矫正过程是充满着矛盾、抗争的缓慢过程，对多数罪错少年而言，这是一个不得已的接受矫正和教育的过程。第三，走向自觉的教育是罪错少年在强制力作用下，其思想斗争逐渐减弱，不断向自觉转化。自觉教育矫正是罪错少年发挥其主观能动性，体现在能够控制和支配行为，自觉抵御各种不良思想和文化的影响，自觉参与教育矫正活动，对自己的罪错行为有着清醒的认识，能够自省、认错、认罪。当然，走向自觉，并非意味着少年人格、心理、能力等各方面完全成熟，不犯错误，而是愿意接受教育，积极学习，逐步完善，这其中不免会有反复，然而经过教育引导，能及时意识到。

---

[1] 贾洛川：《罪犯教育学》，北京大学出版社2016年第2版，第58页。
[2] 同上。

这些都成为自觉教育的体现。①

3. 教育矫正的要素与系统

教育矫正中涉及多种不同要素，彼此之间交错复杂、相互作用、互为依存，共同推进矫正实践整体的有序运行。第一，教育矫正涉及的管教者与罪错少年，一方作为实施教育矫正的主体，另一方是接受教育矫正实践以及认识的主体，二者互为存在，缺少了罪错少年，民警、管教人员、教师等存在的价值将大打折扣；而缺少了实施教育矫正的主体，罪错少年的教育、矫正、管理就无从谈起。因此，如果只有单独一方，教育矫正这项双向实践活动均无法顺利开展，并且二者在教育矫正中因地位和作用方式有异，需要在整体的矫正活动中才能得以联系，统一在教育矫正的整体框架中运行。第二，教育矫正各要素互动关联，矫正目的在其中占据着核心地位。矫正目的从整体上牵制着矫正的实施，影响矫正内容、方法的选择；相反，矫正内容与方法的失当，同样将阻碍矫正目的的达到。此外，矫正实施中涉及的要素底下还包含着诸多更加具体细致的要素，比如，矫正方法又包含着心理咨询与辅导、社会教育、劳动教育、集体学习等。如果各法杂乱无章，未能纳入统一整体设计中，彼此协调不畅，运行困难重重，就难以发挥出整体效应。② 第三，教育矫正是一个有秩序的系统。教育矫正的秩序是推进矫正实践有序开展的基础。教育矫正制度所构建起的秩序是维护矫正有序发展的需要，是引导个体行为有序化的前提。教育矫正的失序或秩序的不稳定势必带来矫正实践的失范，甚至造成混乱的局面，个体行为的有效引导和合理规制难以实现，个体的生命自由潜能难以开发。针对当前教育矫正尚未形成良性秩序的状态，迫切需要进一步整合和重构教育矫正的秩序，推进教育矫正的有序发展，扭转因失序所带来的个体行为的失范和无序。由规制与制度所构建和维护的

---

① 贾洛川：《罪犯教育学》，北京大学出版社2016年第2版，第65页。
② 同上书，第58页。

秩序有助于将教育矫正自由理念进一步地转变成为现实，保障教育矫正实践的最大化效益。与社会秩序构建的规律相同，教育矫正秩序的运转需要一套有效的规制，离不开系统化的体制、制度、机制和规则，有效引导看似保护权利、保障自由实则混乱失序的教育矫正和个人成长的环境。只有在良性秩序的维护和保障下，罪错少年的理性才能得以发展，才能学会如何在规则下生存，才能在秩序的有效规制下进行个体的自由选择，逐步地实现个体间、个体与社会间关系的稳定、和谐、有序发展，从而推进社会秩序的自发形成。需要强调的是，制度性成为了教育矫正秩序的根本，秩序价值追求的一大方向在于促进和形成有序的教育运行状态，给予个体保护性的强有力的力量，有效规范和约束人的非理性冲动与失序行为，实现个体行为与社会运行的秩序化。①

4. 中国罪错少年教育矫正的形式与分类

中国当前现存的较为正规和系统的、由法定矫正主体对罪错少年的教育矫正大体包含着以下几种形式。

第一，虞犯少年一般不良行为的教育矫正。我国《预防未成年人犯罪法》将不良行为归为几大类：旷课、夜不归宿；携带管制刀具，屡教不改；打架斗殴、辱骂他人；强行向他人索要财物；偷窃、故意毁坏财物；参与赌博或者变相赌博；观看、收听色情、淫秽的音像制品、读物等；进入法律、法规规定未成年人不适宜进入的营业性歌舞厅等场所；其他严重违背社会公德的不良行为。② 针对这类少年的干预主要通过：未成年人的父母或者其他监护人履行保护、教养职责、学校加强监管、强化教育、社会治安与社会环境的改善。当前我国对一般不良行为的教育矫正多体现为法治教育、

---

① 刘春梅：《教育秩序：个体行为秩序化形成的制度需要》，《河南师范大学学报》（哲学社会科学版）2011年第3期。
② 全国人大常委会办公厅：《中华人民共和国预防未成年人犯罪法》（最新修正本），中国民主法制出版社2013年版，第6页。

道德教育，比如检察院、法院举办"法治进校园"互动，学校对不良行为少年学生的惩戒和教育。

第二，触法少年、违警少年严重不良行为教育矫正。针对这类严重不良行为少年的矫正方式通常有工读教育、训诫、治安处罚、司法教育、家庭、学校、社会教育等，在西方国家通常带有"福利""保护"等性质，而非"惩罚"的性质。其中，工读学校是一种专门学校。1955年首家工读学校在北京试点，1981年国务院第60号文件明确对办好工读学校进行了指示，但是工读学校标签化效应以及矫正对象之间交叉感染等问题，使得工读学校争议颇大。[①]2006年"未保法"把工读学校改为专门学校，作为非司法性、非刑罚性的一种矫正方式。《未成年人保护法》《预防未成年人犯罪法》均有相关条款涉及这类少年，法条中称之为"严重不良行为的未成年人/学生"。针对违警少年的教育矫正主要是通过行政机构进行的非刑罚性质的矫正，包括劳动教养，时限通常为1—3年，以及政府针对未满16周岁不予刑事处罚时所采取的收容教养措施。主要的矫正方式包括，强制教育、劳动改造、心理和身体治疗；针对毒瘾者的强制戒毒，等等。[②]但是因在理论界饱受争议以及在实践中的诸多问题，劳动教养早已被废除。收容教养在对罪错少年进行强制教育矫正实践中也存在不少问题加之缺乏执行的场所而逐渐消减。

第三，犯罪少年的教育矫正。主要包括的形式：一是犯罪少年监禁矫正。对犯罪少年的监禁矫正通常在刑罚执行的场所中进行，在我国通常是未成年犯管教所（之前也被称为少年犯管教所）。未管所作为一种专门化的监禁矫正机构以剥夺自由为要义。20世纪

---

① 向帮华、孙宵兵：《中国大陆工读学校现状及对策研究》，《中国特殊教育》2009年第7期。

② 赵俊、方芳：《非刑罚少年处遇比较论》，《南昌大学学报》（人文社会科学版）2010年第2期。

50 年代出台的《劳动改造条例》就提出建少管所。重点以省市为基本单位建立的专门管教少年犯的强制性的矫正机构，关押和管教 13 周岁至 18 周岁的少年犯，开展思想的改造、文化学习、职业技能训练、道德和行为习惯的教育，并基于其生理的生长特征从事轻微劳动，除此之外，在学习和生活各层面都制定了适合少年年龄特征的规定。1994 年《监狱法》将"少年犯管教所"改为"未成年犯管教所"并强调"教育改造为主"①。二是犯罪少年社区矫正。犯罪少年的社区矫正是一种非监禁矫正，为了缓解监狱压力同时克服监禁矫正对人复归社会的负面影响而出现的，同样是由国家机关主导实施的、依托于社会的一种刑罚执行方式。2003 年社区矫正试点开始。随着行刑社会化理念和实践的深入发展，国家出台了《社区矫正实施办法》等文件对社区矫正做出了明确规定，不少条款直接涉及对少年的社区矫正。社区矫正包含着惩罚性和恢复性二重功能，通常分为入矫、常规和解矫三个教育阶段。社区矫正有助于缓解监禁矫正对服刑少年犯的伤害，基于保护的立场，有助于促进其顺利地回归社会。重点内容在于，思想转化教育、社会关系恢复、社区服务、社会适应性帮扶等。近年来我国对犯罪少年社区矫正的趋势在于，以行刑的社会化理念为指导，由社区矫正机关对其进行心理、危险性因素的评估，进行分类教育，尝试个别化矫正，引入社区矫正志愿者对其进行监督、教育、帮扶和管理。②

5. 教育矫正和刑罚的关系

刑罚和教育在本质上有着很大的不同。服刑的刑期长短通常由《刑法》所规定，通过刑事司法程序对服刑期进行判定，主要根据行为的侵害程度、社会危害性、个人认罪悔罪态度等，通常是根据

---

① 《中华人民共和国监狱法》，http://www.fmprc.gov.cn/ce/cgvienna/chn/dbtyw/yffzwt/crimelaw/t780865.htm，1994 年 12 月 29 日。

② 杨鸿台：《预防与矫治准老年人违法犯罪的社会政策制订与立法完善》，《犯罪研究》2014 年第 3 期。

正义报应观，罪责重则惩罚重，刑期长；反之轻罪则刑期短。然而教育矫正的时间并不能总是同刑期相统一，可能部分矫正对象很快就醒悟了，矫正和教育一段时间过后，能够顺利回归社会，但碍于刑期，必须根据法定程序继续服刑接受矫正；还有部分矫正对象可能在刑满释放的时候，重新犯罪、破坏秩序的风险仍然较高，但刑期满不能不释放。尽管经过法定程序对矫正效果理想的罪犯能够进行减刑，然而为了维护社会的公平、正义，对减刑适用范围和条件限制较多。不管制度设计如何完善，罪犯服刑的刑期与教育矫正时间存在冲突不易消解，因而因长期监禁所产生的不良人格以及对矫正效果的不良影响确实存在。监禁矫正中存在着根据矫正对象表现，给予不同待遇的分级处遇。矫正效果好的对象，能够获得更多会见的机会，争取更大的自由度；而矫正效果不好的对象，则享受的自由度低，与家人、社会联系的机会少。尽管这种分级处遇能够调动起矫正积极性，然而，分级处遇同样有一些违背教育规律、阻碍教育矫正自由价值追求的问题，比如，矫正效果好的对象本身社会适应程度较好，增进其自由度、与社会联系多，使其重新社会化更加容易；而矫正效果差的对象本身社会融合较差、复归社会的能力较弱，又不能得到与外界交流的机会，隔绝程度高，由此带来的马太效应不容忽视。因而我们可以看到，教育学立场的教育矫正与法学、管理学立场的行刑存在着一些差距，这也成为了以法学和管理学方式对人实行矫正难以达到预期目标的关键所在。

但是，教育矫正和刑罚存在着契合性。西方国家的哲学家、教育家们提出过影响后世的一系列关于教育的主张。比如，苏格拉底提出产婆术，重视教育的引导作用，认为，教育的过程是一个引导人形成美德的过程；柏拉图同样持美德可教的观点。从诸多教育观，我们可以看到这些教育理论背后所暗含的教育培养人的基本追求。培养人是教育的属性，应该说得到了较为广泛的认同。教育实践的目的性使得教育同人的价值观念有着脱不开的联系。一方面，教育深受人的价值观念与社会价值观的影响,教育受其指引;另一方面,教育对人的价值观的形成与社会核心价值观的引导又发挥着关键性的作用。

教育矫正的对象是价值观的形成和心理发展带有缺陷的人。教育矫正的一大目标在于重新塑造人的认知和价值选择。教育矫正和人的道德关系密切。教育对人的塑造和改造发挥着重要作用。将教育学的基本理论运用于对矫正对象人格缺陷或价值观念偏离等方面的修复和再造,符合刑罚的教育学逻辑。

刑罚是一种特殊形式的教育,刑罚的执行、矫正的开展均不能脱离教育学的根本规律。将教育基本原理运用于刑罚,是现代文明法治社会的必然要求。然而,由于矫正对象多数是带有一定的缺陷、自我控制能力弱、责任意识不强的个体,因而教育的难度较大、教育矫正的要求更高。教育矫正必须兼顾刑罚的基本规律,同时要回归教育的基本立场,结合教育学逻辑。对于犯了罪的矫正对象而言,人民警察是矫正的主要执行人员。教育、改造、劳动等实践构成了刑罚执行的具体表现,普遍地存在于刑罚的实践之中,而这一过程则蕴含着深刻的教育学规律。①

二 教育矫正的本质

客观世界的事物固然是变动不居的,但是在它的内部确存在一个贯穿全体的、比较不变的性质,这种隐藏在事物内部的、一贯的、根本性的性质就是事物的本质。本质有助于人们脱离事物具体的形象进行创新。按照一般的通俗的话来说,所谓本质就是事物最原本的样子。只有明了本质,人才能够从具体的现象之中抓住根本,找到关键点。本质与现象相互对立同时又互为统一。一切事物均包含着现象和本质,体现事物的表里关系。认识只有从现象上升

---

① 张东平:《论监狱行刑机能的教育理性》,《安徽大学法律评论》2014 年第 2 期。

到本质，才能更加深刻。科学认识的关键点也在于由表及里，由外向内，透过事物的表面现象而认识其本质，从具体化的形象的感性认识中把握住事物发展的基本规律进而上升到抽象性的对本质的理性认识。比如，教育现象、犯罪现象以及其他社会现象等是错综复杂的，就这些问题的研究和讨论必然要涉及本质问题的探寻。而相应学科的任务就是要从这些现象的背后，把握住最根本性的东西，穿越复杂的现象探求本质的关联。[①]

本质是教育矫正的"元问题"，是教育矫正价值追求必须牢牢把握的根本，成为教育矫正理论研究与实践活动的基石。教育矫正的本质是自身合法性基础、教育矫正活动不同于其他实践活动的质的规定性问题。这种不同也非简单的形式方面的区别，而是质的差异、根本属性上的不同。

教育矫正的本质是什么，这一问题是一个本源性的，最基本的、最主要的问题。甚至可以说，离开了这一根本问题，教育矫正理论体系的建设与实践活动的开展不可能形成，对教育矫正价值取向的探究大概也因根基的丧失而失去了可能性。因为教育矫正理论研究的出发点是其本质问题，同时又以这一问题的解决为归宿点。社会公众、矫正实务工作者、普通的理论研究者对这一问题多是盲目地、武断地、主观地去理解，因而，迄今，仍然不能得出一个清晰而正确的观点。教育矫正的本质何在，其区别于其他教育形式的特殊性是什么，这些问题涉及教育矫正的基本立场。随着刑罚理念和教育的悄然变革，教育矫正本质、内涵、特征等争论一直未停歇，人们对其本质的认识仍然比较模糊，有学者立足于刑事司法政策，将其视为刑罚执行的方式；有的则基于教育的立场，认识它是一种对象特殊的教育设计。这些观点各有道理同时存在局限。教育矫正的应然与使然的距离似乎将成为其经久不衰的课题。[②]

[①] 张栗原：《教育哲学》，生活·读书·新知三联书店1949年版，第128页。
[②] 邓猛：《关于特殊教育本质的多维探讨》，《现代特殊教育》2015年第18期。

当前理论界对教育矫正的本质问题探讨有限，主要存在这么几种观点：① 一是将强制性视为教育矫正的本质，认为教育矫正所涉及的对象特殊，并且大多实践场所是在特定的矫正机构中，和刑事司法活动有着绕不开的关联，因而教育矫正大多均带有强制性；二是将生产性视为教育矫正的本质，劳动改造被广泛地运用于罪犯改造中，成为了国家矫正和教育罪犯、促进其顺利回归社会的重要手段；三是基于法学视角将教育矫正隶属于国家刑事司法活动，矫正往往依托于刑罚的执行；四是教育矫正是一种转化、挽救、培养人的活动，也可以说它是一种人的教育，比如夏宗素（2002）认为教育矫正的特殊性在于转化人、挽救人，和普通教育区别在于带有补偿的性质。②

以上几种观点各有其合理性和缺陷。"强制说"看到了教育矫正的一个重要的特征，但不能将强制视为教育矫正的本质。我们知道刑事司法领域的诸多执法活动带有一定的强制性色彩，比如刑事诉讼中，常常需要采取一些强制性的措施，对人身自由进行一定的限制和控制。这些刑事强制措施基本上均具有强制性特点，因而强制性并不是教育矫正区别于其他事物的根本属性，不足以将教育矫正与其他活动区分开，因而不能视强制为其本质。"生产性说"看到了劳动改造在教育矫正中的重要作用。劳动生产是教育矫正的必要条件，是一种手段、途径、外部形式、重要影响因素，但是生产性并非是教育矫正的充分条件，不能将外在的形式视为其本质。并且伴随着教育矫正的发展以及现代刑罚制度的推进，生产劳动在教育矫正中的地位和作用将会有较大变化。因而，将劳动生产性视为教育矫正的本质，必不符合教育矫正未来发展趋势。"司法活动说"关注到了教育矫正的归属问题，但是教育矫正属于司法或教育活动，必然导致了法学与教育学的争执不休，谁都说服不了谁，因而

---

① 高莹、毛一华：《矫正教育学》，教育科学出版社2007年版，第56页。
② 夏宗素：《矫正教育学》，法律出版社2002年版，第24—25页。

得不到广泛的认同。"转化挽救培养人说"对"人"给予了高度关注，应当说相比前几种观点，较为合理。①

本书认为，教育矫正的本质在于，它是一种修复式、补偿式的再教育，是对不自由人的转化引导，助人自由发展、向社会复归，最终获得身体和心灵自由的实践。因而，教育矫正包含着社会和人两个层面的内容。

从<u>社会层面</u>说，教育矫正身处社会之中，发挥着一定的社会功用。教育矫正通过调节个人与社会的关系，实现二者的平衡，促进个人与社会同质发展，达到良性互动。教育矫正绕不开国家刑事司法，否则很容易变成"未长牙齿的"教育，难以保障其正常开展。强制性是其基本保障，而生产劳动是其重要手段。首先，教育矫正服务于上层建筑。上层建筑由价值体系构建而成。正因为如此，教育矫正带有服务于上层建筑的职能。其次，教育矫正引导和塑造社会成员。教育矫正的昨日、今日与明日都是一种具有特殊规定性的实践活动，它通过教育矫正的惩罚功能对社会成员起到震慑和警醒的作用，进一步规范和强化社会群体成员的观念与行动从而培养符合社会规范的人。作为预防犯罪、维护社会和谐稳定的特殊工具，教育矫正的过程具有鲜明的治理色彩，客观上促进社会的有序发展。最后，教育矫正规约和整合特定共同体的运行秩序。教育矫正旨在维系与形成一定的秩序，教育矫正一方面是秩序形成的动力，另一方面成为维系秩序的坚强卫士。教育矫正通过教化、惩罚等多种手段，提高成员对共同体的归属和认同度，进一步加强群体向心力和协同力，增进共同体的稳定性。作为一种控制手段，教育矫正强化社会的规范体系，平衡多方利益，为维系社会运行发挥联动作用。秩序成为了教育矫正的一大目标追求，并且是评估与判断教育矫正效果的重要标准。②

---

① 高莹、毛一华：《矫正教育学》，教育科学出版社2007年版，第56页。
② 王学俭、郭绍均：《思想政治教育本质问题再探讨》，《教学与研究》2012年第12期。

从人的层面来说，教育矫正立足人，追求人的自由，蕴含着一种"理想人格"。教育矫正对象是有待教育的独特个体。教育矫正以特殊的少年儿童为对象，这一群体带有严重不良行为具有犯罪风险甚至已出现犯罪行为，区别于正常群体，多有心理或行为的问题。但基于标签理论观点，我们通过正常、异常的简单两分化，将其归入"异常"人。所以教育矫正对象是具有某些独特个性特质的少年，需要获得帮助和教育，与其他少年并无本质差别，唯一的差异之处在于为什么需要帮助以及需要什么样的帮助。

教育矫正的根本属性和宗旨是促进少年自由成长。教育矫正旨在改变罪错少年，这种改变是个别化的，针对不同个体的罪错行为、思想意识等进行转化，而非整齐划一的纠正。教育矫正的基本立足点在于怎样影响人以及如何重新塑造人。它更接近于通过反思不断尝试和修正教育实践，形成教育过程，而非精确的一套模式化运行的机制。因而教育矫正的结果是丰富和多样的，而不是机械化的矫治和康复。教育矫正将教育、学习、矫治、康复等元素融为一体，教育关乎少年的成长。"康复"或者"不再出现罪错行为"并非教育矫正之最终目的。观照当下教育矫正的现实，面对矫正效果不佳的多方责难，分层分类矫正方式或许是一个不错的选择，有助于清晰地为每一个独特的自由个体呈现教育矫正内容，基于不同对象选择特色化的教育矫正方法，基于人的主体性发展需要进一步增强教育矫正的针对性、特色化和实效性。尤其是凸显了教育矫正是建立在"人"的基础上的一项实践活动。教育矫正的任务不仅在于宣传与维护法律意识形态的合理性和规则的合法性，而且还在于塑造人的灵魂、提高人的品德、转化人思想和行为，着眼于人的精神培养，帮助人顺利再社会化，恢复身体自由的同时走向心灵的觉醒。因而，教育矫正一方面是法律规则和社会秩序的体现，另一方面还是人性的回归和人性的彰显。①

　　普通教育的目的在于促进教育对象社会化，帮助人自由成长，而教育矫正作为一种特殊类型的教育，服务于特殊需要的少年，是一种促进矫正对象再社会化的活动，是对社会化失败的一种补偿式的教育，这是其有别于其他活动的特殊的本质属性。教育矫正是一种特殊形式的再教育，教育矫正要实现人的诸多品质的重新塑造，完成人的重新社会化。教育成为矫正的一种重要手段，重点是通过教育以实现对人的罪错行为的矫正，所以教育矫正实践不可避免地存在着教育的属性，只是这种教育是非常特殊的一种教育形式，重点体现于人（包括教育矫正者和矫正对象）的特殊性以及教育目标、教育内容、教育环境等的特殊性。它是对人的再教育，正常人群在普通教育中遭遇"教育失败"，教育矫正对其进行一种修复和弥补。因此尽管矫正对象的知识起点不同，但都接受着再教育，并且是为实现某种专门任务（将矫正对象的不良思想和行为进行转化，使其成为新人）而进行的实践，以教育和改造为中心，重点针对矫正对象思想的转化来实现对犯罪的预防和控制。当然，教育矫正作为特殊的再教育，带有强迫性，整个实践过程是由被动走向自觉的过程，同时这一过程充满着艰辛、曲折和反复，是一个渐进和漫长的过程，这也成为了其重要特征。②

　　教育矫正的适应和超越以及二者的关系。教育矫正为秩序服务体现了其适应性本质，同时，它还带有超越的意蕴。适应与超越是贯穿教育矫正的主线，是其本质的重要范畴。超越成为了教育矫正的内在追求，体现教育之基本内核，而且成为一种内在性价值。黑格尔提出教育本质在于人的自我实现与解放。尽管适应成为了教育矫正的重要职责和体现，但是教育矫正最终要由外在走向内在，要

---

　　① 刘基、汪玉峰：《"人性"还是"党性"——分层视域下对思想政治教育本质的追问》，《理论与改革》2011年第6期。
　　② 臧福太、王悌：《教育改造学》，吉林人民出版社1987年版，第20页。

实现对适应的超越。适应多表征为存在,是教育矫正改变自身适应环境的过程,是不得不做的事情;而超越指向精神的诉求,是对适应的跨越和提高,将教育矫正由不得不做的事上升为想做的事。适应和超越二者密切相关,不可截然分割,正如斯宾塞对教育推崇实用价值,但是他并不否认教育的超越性追求,"教育为完美生活做准备"实则是一种超越性的理想,和生命哲学对人的关注相一致。绅士教育的代表洛克尽管抨击教育的适应性,注重德性,重视精神层面的追求,但是其绅士教育思想带有实用理念,这实际也是适应的一种体现。

(一)与成年人矫正的根本性区别

罪错少年教育矫正与成年人矫正的本质差异在于教育矫正对象责任能力的不同。这种责任的能力很大程度受生理学差异的影响。作为教育矫正对象,罪错少年和成年人之间在年龄、心理发展情况、社会化程度等都存在着根本性的不同。其中,生理差异是直接的影响性因素,包括神经系统、内分泌系统、遗传基因等因素;心理发展成为了少年与成年人差异的重要基础,包括自我控制能力、思维能力、情感发展、人格特质等;而社会化标志着人由生物人向社会人转变的过程,包含着语言、规范的学习、文化价值观的习得等。

行为能力和自身所享有的自由度也是罪错少年与成年人的一大差异。刑法中刑事责任年龄的确定通常遵循生理年龄与精神疾病状况这两大标准。尽管少年的精神健康,然而由于其社会化与心智发展不成熟,影响了少年对外界事物以及自身行为的认知和判断,不可避免地存在很多非理性的成分,对自身行为的后果缺乏准确的预见,对社会规范和法律缺乏足够的认识,不能全面理解规范的意义。对于少年来说,与成年人相比,有时候游戏或者幻想中的世界和现实并无明确界限,少年罪错的动机有时候能够在他们的嬉闹、运动、探险、恶作剧等活动中找到。

霍尔提出心理的复演说，将少年时期视为中世纪的复演，他还提出"危机理论"，认为青春期给予少年自己的特点，塑造了少年鲜明的身心特征，与成年人有着很大的不同，这是一次和过去的决裂、一种超越、一种新生，风暴期对人的影响巨大并足以延续人的一生。① 我国犯罪学家皮艺军同样提出"青春期危机"论，在这一时期，人原先的心理秩序被打破，容易出现较大心理波动，这种心理动荡容易带来人的情绪和心理上的困扰，出现异常行为，对自身与社会其他个体产生威胁。②

（二）与普通少年教育的根本性区别

从少年身心成长的角度审视，随着少年身体的生长发育，其身心发生着剧烈的变化，他们逐步将对外部世界探索和开发的注意力和兴趣转移到自身内心，积极进行自我的探索，探寻自身奥秘。少年心理发展处于埃里克森人格发展八阶段中的第五个时期"自我同一性和角色混乱"的矛盾阶段，少年受到原始本能冲动的作用以及社会要求的影响而容易面临诸多的问题与困惑，最容易出现的是"角色混乱"的危机。③ 该阶段的少年借由各种方式构建自我同一性。少年自我意识得到了显著发展，这就要求对罪错少年的教育矫正和普通教育方式与手段应当区别对待，对少年的教育或矫正需要更加凸显少年发展的主体地位，基于此开展相应的矫正活动。④ 并根据少年身心特点实施，有别于普通教育。

罪错少年教育矫正与普通教育相比，存在着较大特殊性，其中较为突出的是强制性。尤其是对于犯罪少年的监禁矫正而言，更是带着绝对的强制性。罪错少年教育矫正是针对社会化失败的个体进

---

① ［美］斯坦利·霍尔：《青春期：青少年的教育、养成和健康》，凌春秀译，人民邮电出版社2015年版，第5页。
② 岳平：《特殊类型罪犯矫治》，中国法制出版社2012年版，第130页。
③ ［美］埃里克·H. 埃里克森：《同一性：青少年与危机》，孙名之译，中央编译出版社2015年版，第189—191页。
④ 佘双好：《青少年社会教育的本质与内涵》，《中国青年研究》2007年第12期。

行再社会化的补偿式的过程。这一过程充满着思想意识的矛盾和争斗，甚至对于国家人民民主专政而言带有强制性、政治性的改造。而普通教育的社会化教育尽管偶尔也受到社会的制约，通常还受到教育对象个人的影响，社会化教育需要建立在人的自觉意识前提下，因而普通教育框架下的社会化教育是自愿、自觉的过程，自由度较高。而罪错少年的再社会化教育很多情况是非自觉、非自愿的，自由度少了很多，尤其是犯罪少年监禁矫正带有强制性和一定的惩罚性，通过国家机器由专职的人民警察和执行者进行管制和矫正，规训其同旧的思想意识和行为模式进行决裂，促进外在规则重新进行加工和内化，这一过程充满着各种辅助性的策略、方式等。

因此，迪尔凯姆赋予了教育矫正社会性和强制性的特性。"对儿童的教育历来是一个不断强迫的过程，带着强制性的、控制的色彩。少年儿童的行为方式并非天生，罪错少年也并非天生的犯罪人，依靠自然力量难以收到好的教育效果，而要通过外在的强制力量"，"与其让年轻人自我成长、自发教育，不如让长辈对其进行教育，而这一过程必然带有强制性因素"①。他非常强调少年儿童对规范的学习，注重少年自我控制能力的培养，并认为只有懂得了尊重规范，才能内化规范，自我控制、自发成长和自我规约的习惯才能逐步地得以形成。但是他反对非常明显强加于儿童、只为完成任务的规范，因此，迪尔凯姆同时强调这种规范应当是道德的规范。②

所以，规范性是教育矫正的本质属性和基本特征。需要明确的是，规范性并非等同于规训性的，否则教育矫正就会沦为驯化，逐渐远离"教育培养有德行的人"的基本精神。通过教育矫正引导其学习和遵守规范，帮助罪错少年领悟到行为规范对人和社会的存在

---

① ［法］爱弥尔·涂尔干：《道德教育》，陈光金等译，上海人民出版社2001年版，第182页。
② 胡春光、董泽芳：《规范还是规训？——对中小学行为规范教育的反思》，《教育学术月刊》2013年第7期。

富有深刻的意义：一旦人从强制性的社会约束中脱离，失去了自我控制能力，行为毫无规范可言，陷入"自由散漫"，那么他就离兽类不远了，逐渐地远离了"成为一个自由主体性的人"。缺乏合理的社会规范体系的支持，自由与规约失衡，人脱离了自我控制与自发秩序，带来的结果往往是毁灭性的。非但难以获得人真正的自由，社会秩序难以实现，还可能造成人不知不觉中被迫陷入一种可怕的奴役状态，被束缚在人自我的内在欲望之中，在"自由的谎言"下成为欲望的奴隶。[①]

因此，规范的限制本身并不违背教育矫正自由价值，甚至还成为了一股价值实现的积极力量，成为一种人最终获得自由与解放的力量。只有受规范的合理引导，学习调节自我的行为和外在规范的关系，更好地进行自我控制、自我调节和自我指引，才不会迷失或缺乏方向。缺乏了必要的外在限制和内在的自我控制能力，人的自由复归就无从谈起。整个社会将处于一种失范混乱的不自由状态中，个人的自由容易侵犯他人自由权利的享受，矛盾冲突不可避免，最终造成个人也将失去自身存在与自由的环境。[②]

罪错少年教育矫正充满着复杂性和特殊性。罪错少年的教育矫正产生和存在于特殊的条件下，因而教育矫正的目标追求和具体任务并未等同于普通教育。普通教育的定位和过程并不带有刑罚的惩罚意味，同社会秩序、国家治安缺乏直接性的关系。普通教育更多是引导和教育人作为社会个体，怎样和社会和谐共存，积极互促。而罪错少年教育矫正需要考虑社会、国家等因素，要为国家政治稳定、社会和谐服务，建立在刑罚的基础上，还带有预防、惩罚、治理犯罪的工具价值，这些都决定了对罪错少年的教育矫正带有较强的特殊性。

[①] 胡春光、董泽芳：《规范还是规训？——对中小学行为规范教育的反思》，《教育学术月刊》2013 年第 7 期。

[②] 同上。

对于监禁矫正来说,还带有刑罚的性质,将犯罪少年强行地关押于机构中,剥夺和限制其人身自由,同社会相互隔离,迫使其失去继续危害社会的客观条件,而普通教育的过程绝对不具备这种刑事的惩罚性质。因此,教育矫正对于预防和治理犯罪,震慑社会成员,实现社会控制,维护社会秩序发挥着重要作用。

罪错少年教育矫正的过程是一个转化"不自由"旧我,重新塑造自我,实现人的自由复归的复杂过程。借助于一定的强制性、规制化手段,引导罪错少年重新认识自身的思想和行为,强化规则意识、责任意识,促进其积极作为。通过劳动、职业技能的学习、文化学习、法制教育等,重新进行社会化教育。因此,这一过程注定了比其他的教育过程复杂,涉及社会规范的重新习得,个人行为模式的重新塑造。人的心理和行为的形成是一个漫长的复杂过程,人与法治本身同样是交错纵横的结构系统。外加教育矫正的惩罚性质,这一过程需要利用强制与温情感化等方式,艺术性地进行,最终才能促进教育矫正对象人格的恢复,真正地恢复自由,更加积极地投入社会生活中。①

(三) 教育矫正的双重性格

教育矫正遵循着教育基本逻辑。教育带有内在价值与外在价值,教育的内在价值在于进一步发展人的生命,促进人的成长,过上更加美好的生活,而外在价值在于促进社会文明进步。教育对人的培养,实现人的全面、自由发展是其存在和发展的根基,是最为根本的价值追求,也是其内在价值。社会的进步与发展通常基于人的成长与发展的前提下,所以,教育内在价值是促进人的自由发展,关涉人这一根本。教育的外在价值建立在内在价值基础上,需要以内在价值的实现为前提,教育促进社会发展的外在价值是其内在价值的深化和拓展。教育内在和外在价值成为密不可分的统一

---

① 苗伟明:《再社会化与罪犯改造——再社会化在罪犯改造活动中的特殊性及其表现》,《青少年犯罪问题》2003 年第 5 期。

体，二者的矛盾对立，带来了教育与人的关注点徘徊在个人与社会需要上，并带来了两种对立的思维方式。然而，恩格斯早就提出，自然与社会是人类生存、实践与表现自己的环境的两个重要组成部分，因而教育价值问题必须综合其内在价值与外在价值，不能将人与他所处的自然与社会绝对地对立。①

教育矫正带有权力与权利的双重性格。教育矫正的权力性格更多的是关注国家和社会的安全和稳定与秩序的需要，着重通过教育矫正的权力性以维护和实现社会良性之序。而教育矫正的权利性格关注的则是人的基本权利问题，涉及人的自由的获得和维护。

1. 教育矫正的权力性格

权力是国家的本质。在各种国家主义中，有的学说对权力观念极为强调，而有的学说则不那么强调权力性格。强调权力观念的，通常以性恶说为根据；不强调权力观念的，通过以性善说为根据。性恶说立足于"人类性质为私欲"的心理观；性善说则立足于"人类性质为他爱"的心理观。例如，柏拉图之国家观属于前者；亚里士多德之国家观则隶属后者。柏拉图以为人类存在永久的矛盾，即人类对理性这条"百头之大蛇"永远争论不休。②

"权力"一说并非政治学的独特术语，而是涉及其他领域。在教育领域中，传统教育基本都看到了人是教育的对象，然而教育中的人由始至终是社会性的存在，处于错综复杂的社会关系中。权力在教育中渗透着，影响到教育的方方面面，从教育目标的制定、教育内容的选择再到教育手段和方法的利用，无不体现着权力的影响力。唯有了解权力意志在教育领域中的作用，我们方能彻底地明白教育中现存问题的根源。③

权力代表着一种引导性的力量，意味着行动的能力。教育的权

---

① 罗崇敏：《教育的逻辑》，北京师范大学出版社2013年版，第7页。
② ［日］五来欣造：《政治哲学》，郑肖崖译，上海华通书局1929年版，第43页。
③ 徐巍：《教育何以关涉权力》，《教育学报》2014年第1期。

力性格有助于营造和构建良性的教育秩序,维护参与者的权利,激发教育力量的释放。权力性格代表着教育有能力去做它应该从事的实践。教育权力性格过强,容易带来权力的扩张,产生权力的暴力,而教育权力性格过弱,又同样造成教育的无力甚至失序。

教育的权力性格重点体现在以下几个方面①。首先是合法性教育矫正内容的确立。内容的安排是教育矫正的基本载体。内容的选择并非绝对的中立,而是带着一定的价值判断,哪些教育矫正被选择进行传授和研究创新,往往取决于其是否能够为统治阶级服务,是否能够服务于社会的发展。通过对教育矫正的筛选、传承、创新,契合于统治阶级利益的内容被保留下来了,反之则被舍去。正如普通教育学中教育内容选择,阿普尔认为它们是某个集团或某人对知识合法性的见解。这种决策代表着社会中权力的拥有与分配。②其次,表现于教育矫正过程的方式方法。福柯的"规训说"深刻地揭示了教育矫正过程中权力的微观渗透。在教育矫正过程中,从身体的控制再到心灵的规训,无处不彰显着权力的力量。矫正流程的设计和操作也并非完全中立,而是受掌握着教育矫正权力的人员左右。权力在教育矫正实践内部各方面进行着渗透。再次,表现在教育矫正法律制度中权力的配置。在整个教育矫正系统中,通过法律法规、政策、制度等方式规定着哪些人对教育矫正具有什么样的权力,谁能够对教育矫正进行干预和管理。权力通过对机构运行的干预,影响着教育矫正的运行和发展。从矫正的监管到矫正队伍建设再到教育矫正方式方法的改革等,无一不渗透着权力的影响。教育的这种权力性格体现着国家和矫正机构作为教育权力拥有者的意志。最后,体现于教育矫正的社会功效,教育矫正具有"社会控制"的一面。

---

① 徐巍:《教育何以关涉权力》,《教育学报》2014 年第 1 期。
② [美]迈克尔·W. 阿普尔:《文化政治与教育》,曲囡囡、刘明堂译,华东师范大学出版社 2008 年版,第 24 页。

教育矫正的权力性格还体现在，教育矫正中管教人员与矫正对象并非作为单纯的、平等的人而存在，而是充满着由法定身份所带来的权力的控制。尽管人的平等性在教育矫正过程中是不可或缺的，但是这种理想的关系并非教育矫正现实的常态。在教育矫正实践中，教育矫正管教人员与罪错少年都具备法律和社会所赋予的特定身份。一个成年人何以成为管教人员，是我们的社会将这一身份给了他，对其充分地信任，委托其对罪错少年进行相应的教育、矫正和管理。同样地，一个少年为何会成为矫正对象呢，并非是某个人指定的最终结果，而是我们的法律和社会赋予的。成年人和未成年人有了教育与被教育的关系。因此，作为社会的委托者/代表的管教人员具备了教育权力。① 这也成为了管教人员与罪错少年二者关系的前提。我们可以做一个假设，如果管教人员并不具备这种权力，那么罪错少年凭什么必须在或许他反感的管教人员的引导和管理下进行所谓的改造呢，所以，这里面本身就蕴含着权力的不平等。无论多么理想化、平等、民主的关系，管教人员与罪错少年二者关系的不平等一直是存在的，并且管教人员拥有教育矫正的权力是教育矫正实践顺利开展的基础和前提。如果管教人员放弃对自身教育权力的行使，对少年行为进行无限放任，作为复杂性存在的少年必然会"释放"出自身内在的恶的一面，其行为的严重程度足以达到引发社会群体矛盾、扰乱社会秩序的地步。以学校教育矫正为例，少年学生之间常常存在着矛盾，从近年来广受关注的校园欺凌事件可见，单靠少年自己难以解决，这时候就需要教师和管理人员进行干预，通过对冲突双方或各方及时地调解和劝导，根据法律法规、校规校纪等进行处理。在这一过程中，教师何以能够如此，正是由于他具有教育的权力。因此，教育矫正中要注意到这种权力性格的存在，关注到关系的不绝对平等。放弃教育矫正权力性的一

---

① 吴康宁：《理想师生关系只是"平等"吗？》，http://www.sohu.com/a/224662120_387092，2018年3月1日。

面，放弃对权力的合理有效行使，由此构建的关系更像伙伴或朋友关系，并非理想的一种关系。

2. 教育矫正的权利性格

权利涉及要求、诉求、自由、利益等。① 密尔提出过"伤害原则"规定了人的权利边界，只要不直接伤害到他人，这里多指只要不侵犯到他人权利，人都不应当受到干涉。这一原则也能作为教育的一条基本的底线。教育矫正不能侵犯到参与者的权利，关涉其中的教育矫正者与对象双方权利神圣不可侵犯。② 教育矫正的权利性格要能促进人的个性解放，尊重其主体地位，发挥其自主能力，帮助罪错少年实现自我教育与自我塑造，基于自由意志和自由精神，能够根据处境做出理性的判断与明智的选择。平衡自由与责任的关系，采取积极的行为模式，对自己也对他人和社会负责，而这种境界的达到必须基于对罪错少年主体地位的充分尊重，对人之为人的重视。在学校教育矫正或监禁矫正的实践上，否定或忽略罪错少年的主体地位，将其视为刑事执法客体，视为一个需要解决的"社会问题"，背后均隐含着对人的尊严的漠视。

在罪错少年教育矫正实践中，管教人员作为强势地位的权力主导方，越不注重罪错少年的主体地位，作为弱势地位矫正对象的罪错少年将会更加以非理性方式与之博弈，进行反抗。冷漠回避、敏感自卑、破坏纪律、伤害自己、抗拒劳动、寻衅滋事、暴力攻击、越狱逃跑……这些都是尊严受到伤害的极端反抗、发泄，也是符合人的心理规律的必然反应。当矫正对象的尊严不受尊重时，试图将其矫正成为尊重他人、遵守社会规范的人，就成为了一个无稽之谈，结果只会更不将别人的尊严、基本权利放在眼里，更加无视社会的秩序和谐运行。不受尊重的压抑心灵总有一天会进行巨大的反

---

① 蔡春：《在权力与权利之间：教育政治学导论》，北京师范大学出版社2010年版，第98—99页。

② 吴科达：《什么是教育？——基于权利和理性的思考》，《天府新论》2012年第2期。

弹，所以教育矫正的权利性格要求充分地尊重矫正对象的主体性，重视人的存在。尽管罪错少年曾经犯过错误，思想和行为也存在诸多不成熟之处，但是同样应当受到尊重。要给予他们人的尊严，令他们感受到来自社会的善意和诚意，进一步地调动他们积极自我改造、重新回归主流社会的信心与勇气。这就需要为罪错少年主体性发挥创造一定的条件。比如，给予罪错少年一定的参与狱内日常事务管理的机会，在法律法规允许的框架中，通过自行设定内部管理办法，推选自我管理的人员，并且在学习、劳动等过程中尽可能渗透这种自我管理的理念。管教人员适时加以引导，基于自由尊重的基础上提高他们自我管理的实效性，强化自由与自主的能力，不断地增强他们进行自我教育、自我转化和自我管理的能力。只有逐步提高对矫正对象主体地位的重视程度，才能逐步地帮助其尽快从监禁走向人身自由的恢复，得到心灵的解放，成为自己的主人，并逐步产生对社会其他个体尊重、关爱和宽容的内心品质。①

权力性格与权利性格实质体现了法律制度与道德教化的相辅相成，如同鸟儿的两翼。罪错少年的教育矫正需要维持法律制度的权力性的一面以及道德教化权利性的一面，使二者相统一。让法律成为一种刚性的道德，用道德引导法律，道德成为一种柔性的法律。德与法均成为人类行为的基本规范。道德注重的是良心，重视人的权利，强调由内心向外生发，体现为人的自律。相反地，法律强调的是对法和规则的重复贯彻，重视权力的行使和义务的履行，强调由外向内的规范过程，体现为他律。二者共同走向了人的善，规范人的行为。②

---

① 贾洛川：《监狱行刑与青少年罪犯尊严保障》，《青少年犯罪问题》2013 年第 1 期。
② 郭秋勋：《青少年违反伦理道德规范之归因及辅导对策》，载法务部司法官学院《刑事政策与犯罪研究论文集》，1999 年，第 240 页。

第二节 教育矫正的价值与价值取向

一 教育矫正的价值

价值是个体或群体在对特定事物的判断，涉及行为上的不同抉择。谈起价值，或许更多的会令人联想到经济学领域中的商品价值。事实上，商品价值关乎劳动力，是价值存在的一种形式，也是不同商品能够进行交换的基础。商品价值是价值的一种具体、特殊的形式。想要从特殊中升华为一般，需要从价值哲学的高度进行把握。价值与主客体关系密切相关，而价值主体与价值客体同样密不可分。事物是否有价值通常由人做出判断，看其是否符合自身的需要。主体通常为人、群体、社会、人类，有时表现为人的集合体，比如集体或国家。人类的实践活动，归根结底，均是为了追求一定的价值目标与实现一定的价值。人的主体性地位受到了广泛的认同和强调，尤其是教育界，"人的主体性教育"已成为了一种理念。而客体是主体实践的对象，客体是进入人类实践活动的客观现实，包含着认识的对象和人所改造的对象。客体既有自然也有社会以及人本身。主客体关系成为了现代哲学的热点和重点问题。主客体之间是相互关联的，不可分离，在人类实践中互为依存，共同发展，这也是马克思主义实践论的重要内容。在主客体的这对关系中，二者辩证统一，一方面主体居于主导，作为承担者具有能动性，基于自身目的与需要，在中介的作用下，让客体服从于自身需要的满足；另一方面客体存在着自身固有的属性和功能，以符合和达到主体的目标与需要，主客体之间存在着改造和被改造的关系。价值关系涉及价值主体与价值客体的关系及二者的利益，在这一对关系中主体对客体存在着需要，客体是否能够满足主体的需要，影响着关系的状态。价值关系反映主体目的、需要、诉求与客体的功能、效用二者间的关系。立足于关系来看价值，它具备这几个突出的特征：一是价值不能单独存在，而要依靠于关系，价值主体和价值客体同时存在，相互关联，密不可分，价值要依赖于事物间的关系；二是价值带有正反两面性，价值根据等级存在着相互竞争与被抉择的特质，人基于价值观进行价值的排序和取舍；三是价值随着人思想观念和人生的改变而出现变化，因而带有主观的色彩和成分。面对同一事物，不同人或许产生截然不同的认识。[①]

教育矫正价值是教育矫正的属性与主体（个体、群体、类）的需要之间的一种特定关系，指向教育矫正效用性的判断。[②] 教育矫正价值关系到教育矫正对社会和人的发展所起到的作用。教育矫正是具有一定的价值关涉的活动，因而教育矫正带有一定的价值色彩，不但要回答教育矫正是做什么的问题，还要回答做了什么、能够做什么、应该做什么的问题。[③] 教育矫正的价值是国家、社会及其一般成员所需要的，即通过人的重新塑造、惩罚犯罪、预防犯罪、保护法益，维护现存政治、经济和社会正常发展的需要。公正、自由、秩序和效益，是现代社会维系其生存和发展所需的最基本条件，更是教育矫正价值内涵的重要组成部分。认识教育矫正的多重价值对科学准确地定位教育矫正、发挥教育矫正的职能具有重要的意义。[④]

教育矫正具有多重价值，归结起来，教育矫正主要包含着维护专政统治、刑罚执行、预防和减少犯罪、维护社会秩序、社会减压、抑恶扬善、维护正义、形成罪感文化、转化犯罪亚文化、净化文化、完善人格、塑造个性心理品质、完成人的主体性确认等价值意蕴。

---

① 陈建华：《教育知识价值取向研究》，黑龙江人民出版社 2001 年版，第 8 页。
② 陈理宣：《教育价值论》，四川大学出版社 2003 年版，第 12—16 页。
③ 高莹：《矫正教育学》，教育科学出版社 2007 年版，第 56 页。
④ 张晶：《社会主义和谐社会：认识监狱价值的新视域——论当下监狱的多重价值》，《中国司法》2007 年第 3 期。

(一) 教育矫正带有维护专政的价值意蕴

矫正的原始机构——监狱最初是一种国家对犯罪人进行惩处的机构，带有暴力和惩罚性。在很长一段时间中，人们对监狱和矫正的认识都停留在阶级斗争的思维中。马克思国家学说是我们认识监狱和矫正的科学依据，监狱随着阶级和国家的出现自然而然地产生。因此，暴力、对立、镇压等成为了认识矫正的起点和最初的追求。比如，1954年《劳动改造条例》就充满着政治的"味道"，强调政治改造，改造机关成为了国家的一种机器，是"人民民主专政的一种重要工具"。罪错少年的行为对社会进行了一定的破坏，同时对国家的政权带来一定的影响。因此，在矫正中，国家并未完全放弃对罪错少年的威吓以及必要的惩罚，这是矫正在国家语境中不能忽视的一种重要属性。从古至今，监狱的惩罚基本属性并未发生过彻底的转变。对罪错行为的国家专政的工具价值，刑法学、监狱学等相关理论研究存在着许多论述。

(二) 教育矫正带有刑罚执行的价值意蕴

矫正机构通常充当着刑罚执行的职能，比如，监禁矫正通常依托于自由刑的执行，而社区矫正也是一种将服刑人员放置于社会中进行刑罚的执行方式。以刑罚执行的视域研究矫正问题，成为了当前对矫正问题研究最广、最为成熟的一个领域，尤其是法学界基于刑罚执行视角对矫正问题的研究有着源远流长的历史。矫正在国际刑罚史存在着深刻的理论基础。矫正成为了现代文明、法治社会刑罚执行机构的重要功能与基本属性，刑罚执行机关担负着对犯罪人进行矫正、惩罚的任务。与过去政治专政工具价值相比，这是一次巨大的思想跨越。

监狱并非刑罚执行的唯一机关，公安机关、检察院、法院等部门也承担着部分相关职责，尤其是少年警察、未检部门、少年法院等出现直接针对少年进行教育矫正，同时家庭、社会组织等也参与教育矫正，但是当下我国最主要的矫正主体是法定矫正机构。对犯罪人进行刑罚、将判决付诸实施，是一种刑事司法活动。哪些人需要接受矫正、矫正多长时间等需要通过法律进行设定，在国家专门机关的判决下才能开展。因而刑罚的执行主要是矫正的专门机构以法院的判决为标准，依法依规进行。矫正的合法性存在和刑罚执行的唯一的、正当的理由在于执行法院的决定，充分地遵从刑事判决。虽然在实践中，给予了刑罚执行机关和执行人员一定的弹性，比如能够为犯罪人提供申诉的机会。但是从整体而言，矫正机构是作为刑罚的执行机构而出现，即使法院的判决有误，那也同刑罚的执行无关，同矫正并无直接性的关系。

（三）教育矫正带有预防和减少犯罪的价值意蕴

从犯罪学的视角看，罪错少年教育矫正因带有一定强制性和剥夺性而带有犯罪惩罚的色彩。教育矫正带有剥夺和威慑的价值，通过对其自由剥夺和强制性的矫正而带来痛苦，通过对犯罪少年或有犯罪之虞少年的这种惩罚和教育，达到预防犯罪、治理犯罪的功能，同时对其他人起到震慑的效果。此外，对罪错少年的教育矫正能够对被害人或家属进行一定的心理补偿，平复其受害情绪，维护被害人的权益，这又是教育矫正尤其是其所带的惩罚性所具有的价值，预防被害人因对加害人的仇恨得不到释放，正义难得伸张而进行私自报复或反社会，防止被害人"恶逆变"。总之，犯罪学视角下罪错少年教育矫正带有预防与减少犯罪的价值意蕴。既包含了对一般人的犯罪预防，通过矫正和惩罚威慑、教育公众，预防一般社会公众违法犯罪；也包含了对罪错少年的个别预防，这种个别预防是通过个别化教育矫正发挥功效。针对不同个体通过教育和矫正，转变其犯罪心理和行为，预防和控制严重不良行为少年犯罪，防止犯罪少年回归社会后重新犯罪。①

（四）教育矫正带有维护社会秩序、社会减压等的价值意蕴

社会学语境下罪错被称为"越轨"或"失范"，少年罪错行为

---

① 张全仁、张鸥：《监狱行刑的功能与目的》，《中国法学》2000年第4期。

是一种特殊的社会现象，犯罪问题在社会学界被视为一种社会问题。罪错行为是一种人类行为，关涉人和人的关系。就社会学观点来说，罪错行为是一种偏差/失范行为，偏离了社会规则、扰乱了行为规范而带来失序，破坏了社会关系，而需要社会控制机构以各种方式加以制裁的反社会行为。① 放眼国际社会，从古至今越轨都成为了任何一个国家和地区不可避免的社会现象，其根源在于人类社会存在着相互依存又相互排斥的矛盾，尤其是转型时期社会发生着剧烈的变革，这种矛盾更加凸显。

从社会学视角看，矫正带有社会教育属性，针对正常社会化失败的个体而进行的一种强制性的再社会化教育。社会依据社会生活所制定的规范通过采取强制性措施，将破解社会规则的越轨者进行管制，通过再学习，促进其重新回归正常的社会生活。矫正机构对矫正对象进行再社会化的基本方向和目标在于，通过强制的手段进行社会化的一种再教育或补偿教育，帮助其进一步弥补社会化的欠缺，转变其认知和行为，进而提高其社会适应能力，习得社会规范，增强自觉性，顺利地回归社会，重新融入社会，提高社会责任担当意识，产生新的思想观念和行为模式，这一过程通常发生于全面的控制和监管下。矫正依靠强迫的手段，帮助矫正对象获得同社会主流规范一致的思想意识和行为规范。恢复性司法的一大重要理念在于进一步修复受损的关系以及罪错行为对社会所造成的破坏性消极后果，通过和解、服务、对话、进一步减少与社会的对立，恢复受到破坏的社会关系，追求社会的无害正义，这一司法理念和矫正模式就是社会学基本理论的生动运用。

（五）教育矫正带有抑恶扬善、维护正义的价值意蕴

少年罪错行为从伦理道德层面来说是一种恶，多数为非正义的行为，而对罪错少年的教育矫正对于道德的进化具有促进作用，有

---

① 宋国城：《谈少年之虞犯及触法事件——以少年事件处理法为中心》，《师友月刊》1998年第374期。

助于推进社会伦理道德发展。通过对矫正对象的道德教育和思想转化对道德意识产生积极的影响，通过善恶矛盾的转化进一步提高矫正对象明辨是非的能力。罪错行为作为一种道德之恶是对人类伦理道德价值的背离，是反人类良善本性的，虚假、丑陋、罪恶等成为了人类发展和社会进步的毒瘤。通过教育矫正对罪恶进行深入剖析和转化，逐步实现引导人走向良善的价值目标，通过对罪错行为的教育预防、矫正、惩罚等实现正义、公平、良善等价值。①

对于少年罪错行为的受害人包括其家属而言，罪错少年所实施的行为不仅造成了其生命、安全、财产等方面的损害，还对其心理带来了伤害。受害的经历给他们带来了诸多愤怒、痛苦等不良情绪，如果得不到有效的平复，势必出现"恶逆变"，产生新的罪错行为，在愤恨不平心理的驱使下出现过激行为。教育矫正通过对罪错少年的惩罚，能够抚慰和平复受害人的消极情绪，转化其愤怒和报复的心理，化解社会的仇恨，维护了社会公平，伸张正义，给社会民众一个交代，平息民愤。预防受害人及家属对罪错少年进行私自报仇，有助于受害人通过严肃的法律和矫正制度中感受到自己的权益受到国家和法的保护，增强对法的认可，提高安全感和正义感，引导社会公众向善，形成正义社会。②

教育矫正带有正义的价值意蕴，正义包含着权利和义务的分配公平，强调个人的责任付出与权利回报的平衡，通过立法确立权利的界限，以贡献为参照标准，实现合理公平，平等地对待社会每一个成员，给人其所应得。第一，维护社会公平正义。功利主义刑罚观认为预防犯罪是刑罚的根本目的，主张通过刑罚一方面剥夺犯罪者危害社会、阻止其继续犯罪的可能，另一方面震慑其他社会成员，促使其惧怕刑罚而不敢违背刑法，保障社会正义的维持和运

---

① 许发民、于志刚：《论犯罪的价值及其刑事政策意义》，《中国人民大学学报》1999年第5期。

② 顾肖荣等：《体系刑法学——刑罚论》，中国法制出版社2012年版，第6页。

转。国家通过程序化刑事司法方式对秩序的破坏者进行惩罚,从而保持刑罚权力处于高速运行,向社会发出警示:社会人人必须遵守规则,维护公理正义,否则将受到严厉的惩罚,规则对每个人是公平的。第二,修复受破坏的正义。犯罪是对社会正义的破坏,国家启动刑罚权对少年的罪错行为进行惩罚和矫正,通过一定的处遇措施和矫正手段,对罪错少年进行"惩治",践行报应主义刑罚理念,在此过程中,通过一系列诸如社会调查、裁定判决、行刑、赔偿等方式修复受到破坏的秩序,对犯罪被害者来说,有助于其心理得到必要的安抚、预防"以血还血、以牙还牙"式的私人报复行为,实现理性的报复,维护社会正义。

（六）教育矫正带有形成罪感文化、转化犯罪亚文化、净化文化的价值意蕴

通过教育矫正劝人向善,帮助人基于道德良知产生一种内心上的自我忏悔,对自身的罪错行为产生一种不安,从而实现减少"恶心、恶行",增强"善心、善行"愿望。罪感文化与宗教的忏悔文化、向善的倡导有着异曲同工之妙。面对着人的贪欲和内心的黑暗魔鬼,通过爱、自我救赎等帮助人顺利地过渡。西方宗教文化所强调的罪文化对人的价值观产生着深刻的影响,人通过自我的反省和矫正,试图不断地接近上帝。罪错少年教育矫正的一个隐性的价值在于引导和形成罪感文化,逐步地推进犯罪亚文化的转化,最终达到文化的净化与发展。在教育矫正中通过悔罪教育,引导罪错少年进行真心地悔过与对被害人真诚的道歉和弥补等,逐步营造出一种罪感文化。罪感文化是一种具有影响力的力量,能够鼓励人主动地承认自己的错误,敢于自我剖析和悔过,引导人自觉地约束自我的恶行,通过罪感机器的自动、有效运转,预防和矫正人的犯罪。[①]

---

① 《民族文化探索之——西方罪感文化》,http://chinazy2046.blog.163.com/blog/static/13969912820109112336528,2010年10月11日。

（七）教育矫正带有完成人的主体性确认价值意蕴

人学是立足于哲学最高层次对自身的反思，重点探究人是什么、怎样做人等根本性问题，不光涉及和人相关的自然科学，比如对人的身体机能、神经的学问，还包括人文学科、社会科学。人学涉及人面向自己、反思自己，促进自身精神的提升，引导和帮助迷失的人回归本性。基于人学的观点，人是自然、社会、精神的存在。任何人都是社会的主体，作为社会中的人参与社会的劳动，进行着人际交往和互动，成为重要一员，在社会生活中均扮演着重要的责任。作为主体的人的实践本质是一种成为自己的活动，是人对自身的逐步超越，是一个不断完成人的主体性确认的过程。主体性带有独立自主性，同时具有积极能动的特点，尽管有时这些特点受到外在管控而被遮蔽了，但是人的主体性特质仍然鲜明、生动地体现于人的行动中。① 人的本性在于追求自由，矫正中人的主体地位的确认，是基于人学的逻辑。黑格尔曾言，之所以对人进行惩罚，就是承认人之为人的表现，就是承认了人的自由存在，惩罚就是对人的自主选择和人的理性的肯定。矫正的目的在于帮助犯罪人早日重获自由，因而矫正的重要价值是，帮助矫正对象经过了教育、改造而获得自由，通过暂时性的限制自由，最终实现获得自由，这是人身方面的自由，此其一。其二是心灵层面的自由，通过教育重塑人格，获得精神上的提升，成就有自控能力、有责任能力的自由人。

（八）教育矫正带有完善人格、塑造个性心理品质的价值意蕴

心理学是人对自身的认识，包含人格心理、认知等，涉及人的心理规律的科学。人的心理是通过长期的社会实践活动、社会交往并且在环境的影响下而逐步形成的具有鲜明特色的知、情、意系统。心理学对人的罪错行为的解释在于，个体的不良心理在外在环

---

① 陈志尚：《人学原理》，北京出版社2005年版，第145页。

境的催化下，产生了危害其他个体与社会的行为。所以对罪错少年的教育矫正重点在于，通过对其人身自由的限制，隔断其与不良外界刺激的关联，帮助其矫正不良的心理，修复自身的人格，重新塑造与构建人自身的认知、情感、意志和行为系统，养成良好的个性品质与健全人格。因而心理咨询理念成为了教育矫正的基本理念，心理矫正技术也成为了教育矫正的一种核心技术。

心理学语境中教育矫正的本义在于，清晰地对少年的罪错行为进行解剖，进一步认识矫正的对象，揭示罪错少年作为人的基本特征，弱化了对罪错少年进行矫正的政治判断。心理学语境下教育矫正重点要追求教育矫正的管教人与罪错少年互信关系的建立，进一步实现心理层面的真正接纳，帮助罪错少年真正参与到对自身思想和行为的认知、反省和转化，帮助罪错少年恢复并保持心理的健康，矫治其犯罪心理，将原先敌意、逆反、戒备、敏感等不良心理逐渐消解，增强教育矫正的效果，从根源上达到罪错少年的心理成长，实现行为矫正和灵魂塑造的最终目标。[①]

二 教育矫正的价值取向

价值取向是指人们在实践活动中进行价值判断和选择过程中表现出一定的倾向性。价值取向关涉实践发展的方向，是基于对价值认识的基础上的一种判断。人类的社会活动是在意识的指引下带有方向性的实践，背后均带有一定的目的，同时它也是一种创造价值的实践。影响人的活动的诸多因素中最基本的是实践主体的价值取向。人的实践活动实质上是带着个人价值取舍、价值判断的过程，充满着爱恨、褒贬、是非等价值色彩。人的行为在价值取向指引下进行，是具体价值取向综合作用的结果，是基于不同取舍基础上的选择。面对同样一件事不同人的决定与策略可能完全不同，根本上

---

① 吴宗宪：《中国服刑人员心理矫治》，法律出版社2004年版，第147页。

是源于人的价值取向千差万别。决定和策略从某种程度上可以说是基于不同价值取向而进行的价值选择，主体的价值取向不同，具体行动的取向各异。

价值取向不同于价值标准。标准是准则、依据，而取向是一种方向性、倾向性，代表了一种追求。价值标准是价值取向的内在根据和前提存在，涉及由价值指标构成的价值系统，是一种内在性的尺度，作为一把衡量标尺更多与人的价值观念相关，影响着价值的选择和价值评价。价值取向是外在性的表现，具有主观抉择、灵活的特点，是较为固定的标准在具体实际活动中的运用。主体遵循何种价值标准，直接影响到他外在行为的价值取向。心理学将它作为一种人格的倾向进行研究，而文化学的探究则视其为社会文化倾向。美国洛奇赤提出价值取向分为工具与终极价值。价值取向也区别于价值意向，意向多指与心理活动密切相关的一种行为反应倾向。人们基于价值标准对某种价值产生意向，而后才在行动上具有一定的取向。有些价值取向的形成是经过深思熟虑的精心判断和取舍而形成的，另一种则是无意识、不经过周密判断而做出的。价值取向的影响性因素主要有价值标准、价值判断、经验、兴趣爱好、性格特点、习惯定式等。[①] 人具有怎样的价值取向，就会偏向于选择怎样的行为、开展什么样的活动。价值取向是否正确关系着人的行动策略，影响着实践的最终结果。唯有价值取向正确了，才能帮助人做出正确的判断，才能指引人更好地预见未来、追求价值目标、开展实践活动，从而充分地满足人的需要。

（一）教育矫正价值取向的内涵和特征

教育矫正价值取向作为价值取向在教育矫正领域的运用，是在现实的教育矫正实践过程中，价值主体（国家、矫正官、教育者等）基于切身利益、需要、兴趣与动机，结合身处的环境，并在对

---

① 唐日新等：《价值取向与价值导向》，中南工业大学出版社1996年版，第1—8页。

矫正对象认识的基础之上进行一种价值判断和理性选择。在教育矫正中，通过主体的能动作用，在复杂的关系中进行权衡从而选择行动方向。因此，教育矫正价值取向是一个主体选择的行为，是选择行为带来的结果。其影响因素有主体对教育矫正的认识、主体自身需求与教育矫正的外在条件。这种价值的选择有可能是基于正确的认识和判断基础上的理性抉择，也或许是在模糊的甚至是错误的价值认识下非理性的或被迫的选择。前者是高度自觉做出的，而后者则是不自觉、无意识的被动行为，二者均可能造成价值取向上的偏误。此外，教育矫正价值取向隐藏于矫正实践中，在现实中深刻影响、支配人的行为，左右着对罪错少年的矫正观念。教育矫正价值取向能够借由矫正实践得以进行观察、解释与剖析。①

由于教育矫正是一种特殊形式的教育，是教育系统的重要组成部分，教育矫正价值取向是"教育价值取向"的一个下位概念，同样是价值系统的子系统。教育矫正价值取向是指人们在教育矫正这一特殊的教育领域基于价值观，通过实践活动所表现出来的价值抉择和结果，是教育矫正的起点，也是其最终的落脚点，涉及人对教育矫正的价值与功能的认识、判断与选择。具体表现在，当同时存在不同教育矫正方案或主体具有不同的目标、意向的时候，主体基于自身需求和利益诉求，在外在环境的作用下，对某一方向、政策或具体的某种方案做出的选择，是教育矫正主体对教育矫正价值认定依据基本判断上的自觉不自觉的抉择。②

教育矫正价值取向作为一个导向性的重要因素，对教育矫正的整个过程均发挥着作用，它决定、主导教育矫正的方向，并调整教育矫正的具体措施，引导其实践方向，以及对教育矫正最终的实践效果进行评价。所以对教育矫正价值取向的反思在教育矫正理论研

---

① 杨颖东：《失衡与反拨——我国学校教育价值取向的偏差反思和调整》，博士学位论文，华东师范大学，2014年。
② 同上。

究中是不可或缺的，它是整体性对教育矫正问题进行考察的基本路径。否则，将容易造成教育矫正理论和矫正实践陷入一种片面性、孤立性的"头痛医头，脚痛医脚"的局面，削弱教育矫正的作用。

教育矫正价值取向不同于教育矫正的目标。"目标"通常是指人在思维的指引下有意图的行为或活动。所有人类行为和目标的设定都是为了有助于实现其他事物或人本身的价值。目标通常还关乎行动的工具。教育矫正目标涉及改造和实现什么样的人的总要求，反映教育矫正主体的需要。我们需要在语境中让人们能更精确地指定他们想干什么。目标要求人集中注意力，努力朝着一个方向前进，目标失败是有可能的。教育矫正的价值取向是对目标本身的追根和超越，教育矫正不仅是一个活动，而是一个价值实现的过程。通过价值取向的凝练，成为一定的价值目标。① 同时，教育矫正价值取向与理念相区别，价值取向代表着一种倾向性和方向性，带有指引意义，而理念涉及人的观念和思想。二者同时又相互联系。理念本身也带有价值取向，比如国家提出五大发展理念，有不少学者致力于对这五大发展理念价值取向的研究；同时价值取向的实现也需要理念的转变和重塑，逐步地走向既定的价值目标。只有在理念重塑中，教育矫正才能真正实现价值，以理念形态转换价值取向，以价值形态贯穿实践，是教育矫正点亮罪错少年价值并以之确认自身价值的主要形式。②

教育矫正价值取向与教育矫正实践息息相关，二者相互影响。教育矫正价值取向所要回答的问题是超越与实践的价值哲学问题，直面我们需要何种价值的教育矫正、什么样的教育矫正才是有价值的等根本性问题，教育矫正实践体现和实践何种价值，我们需要的

---

① CMHamm, *Philosophical Issues in Education: An Introduction*, Abingdon-on-Thames: Routledge Falmer Press, 1989, p. 45.
② 王培峰：《特殊教育哲学——本体论与价值论的研究》，山东人民出版社 2012 年版，第 111 页。

教育矫正向什么方向发展，才能更好地满足人的需求，彰显其最大价值等。教育矫正价值取向是教育矫正实践的关键指引、重要动力，也是其衡量的落脚点与归宿。教育矫正价值取向与教育矫正价值观有所区别，同时关联互动。价值观主要是抽象的、静态的，是价值取向的重要基础；而价值取向是把抽象观念转化为动态的、具体的矫正实践的过程，是生成性与流动性的。[①]

教育矫正价值取向是在教育矫正实践活动中生成与逐步趋近的一种积极意义关系，涉及价值主客体之间的关系。如果教育矫正具备某种属性能够满足价值主体的需要，是否就意味着价值就完全生成了，一定能最终实现这种价值吗？答案当然是否定的，教育矫正的功能不能保证最终价值的实现。功能更多指事物的一种能力或影响，而价值体现的是一种主客体的关系范畴。事物兼具价值和功能，二者相关联。其中，价值是功能的表现，而功能成为价值的基础，教育矫正有着怎样的功能往往又决定了其会有怎样的价值。但是，功能和价值不能直接画等号，二者并不同步，功能对于不同主体有着不同的意义。教育矫正要考虑主体的需求（这里的主体不单单包含个人主体还包括社会主体、群体主体、国家主体），教育矫正是否具有价值取决于教育矫正的功能能否满足主体的需要、能否发生实践活动。作为一种有计划、有目的的活动，教育矫正只有当自身具备一定属性并且功能能够得以发挥，才能够满足价值主体的需要，价值才能生成。[②]

教育矫正价值取向基本特征主要体现在以下几点。第一，教育矫正价值取向外表为主观选择，实则是不自觉的客观产物。尽管价值取向从国家到个人的选择呈现出主观性的色彩，但是，价值取向是在客观的实践场域中逐步形成的一种历史的自然抉择。第二，教

[①] 李伟言、柳海民：《中国传统人性论对德育价值取向的预制及其批判》，《东北师大学报》2005年第4期。

[②] 李合亮：《关于思想政治教育价值认识的哲学审视》，《教学与研究》2014年第3期。

育矫正价值取向留存着历史的印记。教育矫正价值取向是在漫长的历史长河中，逐渐积累与沉淀而形成的，最终成为了人们矫正实践的定式。随着人类社会发展的历史背景和特征的不同，以及教育矫正主体对矫正对象、罪错行为与教育矫正认识的变化，教育矫正中的价值取向也会随之发生相应的变迁和转轨。所以对教育矫正价值取向的探究不能脱离历史性的考察，必须立足于历史，着眼于具体的时代特征，研究其发展脉络，厘清其历史规律。[①] 第三，教育矫正价值取向扎根于实践。教育矫正价值取向不同于抽象的价值观，也并非仅作为理想性的存在，更不是静态僵硬的，而是充满着真实性和现实性，在流动着的具体教育实践中得以显现与实现，随着教育矫正理念的发展革新而自然生成和调整，成为教育矫正的灵魂，因此，对罪错少年教育矫正价值取向的考察，需要拓展视野，不能单纯停留在理论层次，而需要在真实的矫正实践中进行审视，逐步明确不同价值取向在教育矫正实践上的呈现，掌握其动态生成过程和规律，从而进一步地了解和研究教育矫正价值取向的深刻含义。第四，教育矫正价值取向不可避免的带有一定政治色彩。价值取向是关乎多主体的价值需求，但是究竟满足于哪一类群体的需求，并且价值需求的满足和实现是由哪一类群体决定与主导，这就涉及了政治层面的东西。教育矫正价值取向的选择与践行实质是协同不同利益主体价值冲突的过程，是一个带有政治色彩的过程。教育矫正实践中的主导型价值取向之所以得以形成和维持，归根结底是不同的权力关系在背后发挥作用。[②]

(二) 教育矫正价值取向的基本原则

教育矫正价值取向应当遵循的基本原则有很多，但归结起来，要着重把握以下几条。第一，遵循传统与立足现实的融合。教育矫

---

① 杨颖东：《失衡与反拨——我国学校教育价值取向的偏差反思和调整》，博士学位论文，华东师范大学，2014 年。

② 同上。

正总是基于特定的社会存在，而其价值取向是社会客观存在的反映，不自觉地深受历史文化的影响。教育矫正价值取向不能照搬苏联模式，盲目模仿西方的刑事司法政策也并非明智之举。我们对教育矫正价值取向进行抉择时，不论对于管教人员还是国家刑事司法政策均需要考虑社会历史的条件，遵循历史的客观规律，尊重传统的基础之上立足现实，兼顾现实国情、社情，坚持历史传统和客观现实的统一。第二，付出与回报的统一。付出与回报问题涉及"效率"。教育矫正价值取向要在选择中估计代价，通过对代价的衡量，判定选择的优劣；此外，实现相同价值的结果，不同主体评估和决定采用何种选择和实现的取向也不同。辩证法认为，万事万物均包含利和弊，并且利弊往往相互转换、矛盾统一，并不存在只有利而无弊或只有弊无利的事物。古人云："众人皆知利利而病病，惟圣人知病之为利，利之为病也。"[①] 付出代价与收获价值是一个利弊交融的复杂关系，因而，教育矫正价值取向要在付出代价和收获价值中进行权衡，经过充分论证而做出理性的判断。每一种价值抉择都需要付出一定的代价。[②] 在现实的教育矫正实践中，价值和代价也并非同步。取得同样的价值，不同主体在实践中的付出或许截然不同，这就是因为教育矫正的主体能够在实际的教育矫正实践活动中进行理性评估和判断，发挥智慧，权衡中选择付出代价较小的价值或者探寻和摸索代价较小的方式和方法。在价值的选择中，一般有两种情况：一是在不同的价值之间的取舍。不同价值的取舍也非常难以判断。如历史上的保护与惩罚、报应主义与功利主义价值之争的选择就从未停止，难以取舍。二是价值与代价之间的权衡。凡是有价值的事并不一定都必须干，只追求目标的达到和价值的取得，而忽略付出的代价，这绝非科学和明智的行为。为了达成目标、出成绩，不惜付出沉重的代价的事情，比如为了降低重新犯罪率，对

[①] （汉）刘安：《淮南子》，许慎注，陈广忠校点，上海古籍出版社2016年版，第450页。
[②] 陈理宣：《教育价值论》，四川大学出版社2003年版，第104页。

"天生犯罪人格"的罪犯进行了大量的矫正工作，诸如此类的现象在我们的教育矫正实践中确实还存在。① 第三，遵循客观规律与人的主观能动的结合。教育矫正合目的性体现着人的基本需要，关涉人的愿望和追求，教育矫正价值取向要服务于一定的目的，而教育矫正价值取向的合规律性正是其科学性的体现和要求，教育矫正必须基于客观规律，立足于科学。合规律性首先要立足于对教育矫正主体、客体的价值属性与主客体价值关系的正确认识，对教育矫正中价值实现规律、教育矫正客观环境的准确把握。缺乏了对教育矫正价值的认识，把握不住其科学的、客观的规律，做出正确的价值判断和进行明智的价值选择就无从谈起。主要体现在两点：一是对客体价值认识不清，对教育矫正把握不明，要么强加没有的价值属性导致实践的失败，要么是客体自身价值属性未被发觉，或被忽视，从而造成了教育矫正主体需要得不到满足或者未被激发。二是对主体目的和需要的忽视，片面地关注客观规律，容易造成教育矫正中主客体的脱节、规律性和目的性的割裂。第四，本体价值与工具价值的整合。本体自身就蕴含着一种价值的判定与设定，罪错少年教育矫正的本体价值涉及其最为根本性的、最本源的价值设定问题。这里的本体并非等同于形而上学哲学所指的超验的理念世界，而是积极借鉴其合理惩罚，基于罪错少年作为人的权利深层次地对教育矫正的价值、意义等问题进行探究，涉及教育矫正价值的根本性追求，提供了研究罪错少年教育矫正的深层次思考方式，有助于引领人们在教育矫正价值的丛林中整体把握，指明最为根本性的方向。这种对教育矫正本体价值的探究涉及其最为本真的功能和教育矫正价值实现的最为根本的依据。与中外传统哲学探讨世界的本体不同的是，此本体并非指向物本源，而是关乎人在教育矫正实践中的思维和价值设定，指明在罪错少年教育矫正中最为重要、最深层

---

① 陈理宣：《教育价值论》，四川大学出版社 2003 年版，第 101—105 页。

的价值。面对罪错少年教育矫正的价值丛林，追问其价值本体，并非是超验的理念世界，而是基于罪错少年教育矫正的实践，确立起其价值存在的根本依据。① 工具价值涉及一种利他性价值，关键点在于提供条件、手段、方式方法给他者主体实现价值生成，服务于他者主体，而自己却非它自身的目的。例如，牛马等牲口为人类所服务和利用而并不是出自于它们自身的目的。② 当然，工具价值的"工具"一词与日常所理解的工具是有所区别的，日常所说的工具指一种手段和方法或者一件器皿。工具价值的工具除此之外，还有着更丰富的含义。工具价值更多指代教育矫正的外在价值，也就是教育矫正为社会服务的一面。

三 教育矫正价值取向的作用

（一）合理定位教育矫正目标的必然要求

教育矫正价值取向是罪错少年教育矫正目标的依据，缺乏教育矫正价值取向或者价值取向不明确会导致教育矫正目标的不正确、不科学。教育矫正目标代表了对罪错少年进行教育矫正所要达到的目的，规定了罪错少年教育矫正的总体要求，是教育矫正效果好坏的评判标准。教育矫正的根本目的是什么，罪错少年出现的行为哪些行为可以被列入问题行为，什么样的状态算是实现了教育矫正的目标，这些问题如果得不到解答，势必造成罪错少年教育矫正实践的种种问题，带来教育矫正价值导向上的混乱，教育矫正目标的模糊、教育评判的不明确，影响到罪错少年教育矫正效果的提升。价值取向研究成为了对罪错少年教育矫正的深层次探索。价值取向问题是力图确认最终能对教育矫正进行把握、解释，提升价值与意义的原则和根据。这种企图并非无中生有，也不是无病呻吟，而是对

---

① 孔海燕：《青少年犯罪预防的关怀本体论》，博士学位论文，鲁东大学，2016年。
② 张云霞、崔越峰：《内在价值、工具价值、系统价值辩证关系初探》，《河南师范大学学报》（哲学社会科学版）2011年第2期。

教育矫正本性与状态的理性把握，是表征其矛盾性或悖论性的理论，反映了人对教育矫正的期许和向往。因此，厘清罪错少年教育矫正标准、明确其价值取向是科学定位教育矫正目标的必然要求。[①]

（二）选择适合教育矫正内容的迫切需要

教育矫正价值取向的实现与目标的确立具体在教育矫正实践中，体现为教育矫正内容的选择。教育矫正内容关涉用什么去对罪错少年进行教育矫正的问题。对罪错少年进行教育矫正要教什么，这与罪错少年教育矫正价值取向密不可分，如果教育矫正价值取向不明确，或者不科学，或者出现了偏差，势必影响到罪错少年教育矫正内容。我们对教育矫正内容选择的评定是基于教育矫正目标的，而最深层次的还是教育矫正价值取向问题。比如，在现代社会，随着中国国际化进程的不断推进，平等、自由竞争、博爱等词汇进入了教育矫正，我们的教育矫正改变了以往"平铺直叙""填鸭式"内容呈现形式，转变为尊重罪错少年这一教育矫正的主体，另外，我们在教育矫正中倾向于寻找能够符合教育矫正价值取向，有助于达到教育矫正目标的教育内容。

（三）科学评价教育矫正效果的基本准绳

罪错少年教育矫正效果的好坏需要通过评价，而评价需要根据教育矫正价值取向是否实现来进行衡量和评判，因此，罪错少年教育矫正价值取向是评价少年教育矫正实践的基本准绳；另一方面，教育矫正价值取向也随着实践的发展变化不断地做出调整，以更契合于实际情况，更加能够促进罪错少年教育矫正实践的发展，引导其做出符合社会规范的行为，甚至是善良的举动。在这里，管教人员对罪错少年进行评价，无形中受其价值取向的影响，有意无意地根据少年的管理规范和行为准则进行。评价教育矫正成功与否，也需要根据罪错少年教育矫正价值取向来进行。以教育矫正价值的设

---

① 佟少布：《学校德育中道德标准的重构与完善》，《中国民族教育》2012年第2期。

定和实现情况评判罪错少年的心理和行为，从而评估教育矫正的成效。

（四）理性推动教育矫正改革的动力源泉

从某种程度说，教育价值相比经济价值等其他价值处于更高的位置，层次更深。因为前者（教育，包括教育矫正）直接以人为对象，后者（经济、政治、文化等）是人所创造的，人成为各种实践活动的主体，而教育矫正价值的主体与客体均脱离不了人，并且教育矫正是促进人成为人，帮助其创造价值。教育的这一崇高使命，使得教育价值高于其他一切价值，成为了一种高尚的、人类追求的价值，尊敬与崇尚教育价值是人类文明的表现，同时成为了全世界共同追求的价值取向。[①] 价值取向的根本依据在于满足来自社会和个体发展两方面的需求。这二者又有着千丝万缕的联系，教育的存在价值在于对这两种需求的满足，而需要的满足是教育矫正实践中源源不绝的力量。

---

① 罗崇敏：《教育的逻辑》，北京师范大学出版社2013年版，第7页。

第 二 章

罪错少年教育矫正价值取向的历史嬗变

罪错少年教育矫正是一个历史范畴，不存在永恒性的状态，深受社会生产力制约，罪错少年教育矫正历史含义在于其本身有着自己的发展进程、特征与规律。罪错少年教育矫正价值取向历史嬗变与少年刑罚制度、少年刑罚理念的变迁密切相关。不同历史阶段的刑罚制度会产生不同的矫正制度，而不同历史阶段的刑罚思想，同样深刻影响着罪错少年矫正的内容、形式和矫正模式的选择。[①] 因此，研究罪错少年教育矫正的应然价值取向与实然状态，必须首先考察罪错少年教育矫正价值取向的历史嬗变，描绘其历史变迁的世界图景与当代特征，通过梳理其发展的阶段和轨迹，进一步夯实教育矫正基本原理尤其是价值论的理论基础。[②]

第一节 西方罪错少年教育矫正价值取向的历史变迁与演进

一个社会对犯错与犯罪少年如何进行处遇、教育、矫正，基本上反映了价值方向上的取舍，体现了这个社会对罪错少年教育矫正

---

① 王泰：《现代监狱制度》，法律出版社2003年版，第2页。
② 王敏：《矫正基本原理研究》，博士学位论文，西南政法大学，2010年。

的认识和基本态度、对待教育矫正的理解与价值追求的侧重。因而，对罪错少年矫正起源与变迁史的考察，从不同时代中罪错少年矫正的世界图景中，我们可以窥见人类在罪错少年的矫正和相关政策、制度的演变轨迹与背后所暗含的价值追求的变迁。

教育矫正是人类社会发展过程中逐渐产生并缓慢推进的历史过程，教育矫正与刑罚有着密切的联系，刑罚制度是教育矫正的重要制度保障，教育矫正是刑罚的功能。因此，考察教育矫正发展历史、刑罚制度的变迁与演进是我们不能不关注的重要内容。刑罚史是一把尺子，只有追寻历史才能更好地看清现实，继而展望未来。① 通过追溯罪错少年教育矫正史，探寻刑罚与矫正变迁足迹，可以发现，在不同历史发展阶段，罪错少年教育矫正价值取向呈现出不同的特征。具体发展变迁大体经历了以下几个阶段。

一 混沌孕育阶段：以罚为教，报应惩罚主导

原始社会蒙昧阶段人类的刑罚起源于报复，出于本能报复，人类早期对暴力伤害的反应是"以血还血、以牙还牙"式的惩罚，受害人将惩罚施加于犯罪者身上，使其受到痛苦。原始社会的报复主要是一种血亲复仇，一种蒙昧状态下的非理智、原始、野蛮的行为。原始社会人类通过血缘建立起族群，当氏族部落的成员遭受外来伤害，族人便展开了血亲复仇，通过杀戮、战争解决，这成为早期刑罚理念的萌芽。原始社会末期，随着劳力在社会生活中重要程度的与日俱增，战俘不再直接被处死，而是被圈禁和关押，成为了早期的奴隶。这是人类监狱的雏形。不管对战俘进行哪种形式的处置，里边都暗含着战俘生命受俘获者支配的理念，人类进入奴隶社会后依旧沿袭了原始社会的报复思想。②

随着阶级与国家的出现，人类社会将刑罚作为行使公共权力

---

① [英] E. H. 卡尔：《历史是什么》，陈恒译，商务印书馆2010年版，第110页。
② 韩军芳：《中国当代罪犯思想教育若干问题研究》，博士学位论文，上海大学，2015年。

的、严厉的铁血手段。刑罚成为了社会公共权力的一部分，充满了残暴性，公力报应逐步取代远古时代的私力报应。人类社会建立了以死刑与肉刑为首的刑罚体系。然而在奴隶与封建社会，奴隶与农民本身并不具有独立的人身权与自由，而是依附于统治阶级的不自由的、受压迫的群体，因而自由刑未能发展成为刑罚的主体。统治阶级通过刑罚，对犯罪人与其他社会成员起到威慑作用。在很长的一段历史时期，从奴隶时代到中世纪封建时期，人类历史仍然保留血亲复仇的惯性，刑罚主要通过对身体的残害和惩罚进行，以公开的、暴力恐怖的、血腥的、充满羞辱的惩罚仪式对民众进行威吓，公开对犯罪人进行身体上的惩罚。[1]

这一历史时期严格来说矫正并未出现，无意义的劳作和对身体的惩罚可视为一种"矫正"。但是，在教育矫正混沌孕育时代，宗教教育可视为教育矫正的萌芽。西方中世纪宗教势力强大，自13世纪初开始，教会定期派牧师到监狱对罪犯进行宗教活动，开展宗教教诲，通过自省、忏悔，实现罪犯心灵的净化。自此，宗教教化和自我忏悔慢慢地进入了对犯罪人的矫正中。此外，教育矫正混沌孕育阶段，出现过不少诸如宗教教育、仁爱对待罪犯、恤幼等思想。比如苏格拉底将犯罪人当成值得怜悯的人，反对利用严刑酷法对其制造痛苦、施行报复，而是对其犯罪行为进行改造，消除恶的品行，刑罚重点要治疗犯罪人，他同时强调在改造罪犯的过程中要考虑到犯罪人的利益。柏拉图反对伤害和报复，认为这缺乏正义，他认为人之所以犯罪是受了内在邪恶品质的影响，因而惩罚的关键既不是报应犯罪行为，也不是震慑犯罪，而是实现对犯罪人灵邪恶魂的改造，帮助其弃恶从善，达到灵魂的和谐。但整体而言当时威吓主义盛行，将犯罪人视为禽兽，尽管有倡导仁爱思想的，但是其理念没有转化为实践。

---

[1] Thorsten Sellin, *Slavery and the Penal System*, New York: Elsevier, 1976.

这一阶段中关于教育和刑罚的关系，姚建龙教授将其称为"以刑为教"。① 通过刑罚以达到教育的目的，对犯罪人进行惩罚来实现教育功能。对罪错少年应该先进行刑罚，才能发挥教育的功效，实现警醒的功能，通过刑罚来威吓和教育社会公众。这一时期的这种以刑为教的特点，刑罚和矫正的价值取向仍然在于报应惩罚。可以说，这一阶段对罪错少年的矫正是以报应刑为主的矫正，体现为绝对的工具价值导向，追求秩序的维护与统治，但是萌生了早期的恤幼思想。

二　萌芽发轫阶段：教罚并重，社会功利主导

14 世纪开始的文艺复兴对严酷的刑罚产生了剧烈的冲击，人作为主体被提到了前所未有的历史地位，这一时期的核心思想在于人文主义，要求解放人、尊重人，赞美和注重人的自由，弘扬人的自由个性。在这一社会大背景下，英国创立布莱德威尔劳动所，收押无家可归的儿童和违法犯罪的妇女，后开始收押犯罪者，劳动所旨在向无家可归的犯人传播宗教道德，弘扬劳动的价值。这成为了罪犯改造的最初探索。布莱德威尔劳动所的设立，代表了英国刑事政策的转变，人类社会教育矫正渗透了人文主义色彩，这是自由价值在矫正上受到关注的早期探索。

16 世纪末荷兰阿姆斯特丹也设立了两所类似性质的习艺所，这些机构是现代监狱的雏形，主要对流浪者、无家可归者、失业人员、罪犯进行纪律管束、传授劳动技艺、组织生产劳动，② 监狱逐渐具备了改造的职能，在文艺复兴、启蒙运动所推崇的自由、人权等思想的指引下，人类刑罚开始关注人道主义精神。

早期少年感化的思想起源于 18 世纪初，1703 年罗马教皇十一

---

① 姚建龙：《转变与革新：论少年刑法的基本立场》，《现代法学》2006 年第 1 期。
② Preston Elrod and R. Scott Ryder, *Juvenile Justice: A Social, Historical, and Legal Perspective*, Asper Publishers, 1999, pp. 87–88.

世把撒米岂尔修道院改造为少年感化院，收容低龄犯罪与少年儿童堕落者，进行抚养、教育、矫治。然而，第一所真正意义的少年感化院1817年成立于英国伯明翰。1824年美国纽约创立首个未成年人庇护所。感化院多带有慈善机构性质，多半和贫民救助、习艺所、教养所联系在一起，面向社会弱势群体特别是对于那些流浪无家可归、缺乏管教、生活无着落并且有心理行为问题甚至违法犯罪少年儿童进行收容。18世纪中叶古典学派受启蒙思想家影响，提出刑罚改革思想，将人视为理性的，犯罪源于自由选择，成为人面对多种选择时的一种权衡，是人自由意志的体现。人选择了一种行为就必须对此负责。报应论向来以捍卫与守护自由自居，标榜对个人自由的充分尊重。康德提出人本身应当作为目的而不能仅被当成手段①，违法犯罪的人同样具有人之为人的尊严，因而我们不能将罪犯仅作为实现其他人目的的手段。他认为对罪犯进行惩罚、矫正只是源于其根据自由意志而实施的罪错行为，刑罚只能是因为罪犯自由意志所产生的结果，而不是源于其他诸如维护社会秩序、实现社会安全稳定等目的。犯罪人本身也具有作为人的人格，康德极力反对将刑罚与罪犯矫正作为预防犯罪目的的手段，抨击功利性。黑格尔将法的意义归结为赋予人自由，他同样认为刑罚根据在于犯罪人的自由意志。法和正义需要在自由与意志中，而非威吓所指向的不自由。对罪犯的惩罚与矫正是自由意志与自由选择的结果，是尊重人的理性存在的体现。康德、黑格尔认为刑罚只能因犯罪而施加，反对因任何功利目的而滥用刑罚对个人自由随意剥夺和干预。国家必须为个人自由提供保障，他们反对国家因功利目的而对罪犯施以重刑。比如，因为所谓的"再犯罪风险"而加重、延长对罪犯的刑罚，这在他们看来是不正义的、违背自由价值的。② 从这里我们可以轻易推断，报应论对自由价值的强调与推崇。贝卡里亚和边

---

① [德]康德：《实用人类学》，邓晓芒译，重庆出版社1987年版，第1—4页。
② 邱兴隆：《关于惩罚的哲学——刑罚根据论》，法律出版社2000年版，第66—69页。

沁认为刑罚与罪犯改造是为了预防其重新犯罪、阻止其再危害社会，边沁的功利主义犯罪思想将人的犯罪行为视为功利计算的结果，利用惩罚对犯罪行为进行矫正，他还推崇劳动对犯罪人的教育作用。

这一时期的刑罚和矫正理念深刻影响了西方社会的罪犯处遇制度，促进了监狱制度的改革，自由价值开始进入罪犯矫正领域。监狱开始改善对待矫正人员的方式，尊重罪犯主体地位，学习劳动技艺，关注罪犯思想道德的转变，刑罚逐渐趋向理性。随着社会文明程度的提高，宗教学家、法学家、政治家深感刑罚的残酷性，有悖于人道和法治，逐渐产生了改良思想，刑罚逐渐探索新路、寻求改革。人道思想复兴了，人道主义倡导以人为本，尊重、关怀人的生命与自由权利，人道主义理念向罪错矫正领域拓展，少年罪犯成为了受到尊重、关怀的对象。英国约翰·霍华德是罪犯矫正人道主义思想的首位推崇者，提出人道主义监狱改革。他通过对监狱的调查研究，对当时的监狱进行了猛烈的抨击，称"监狱是邪恶和愚蠢的根源"。提出建立人性化监狱内部环境、制定罪犯行为规则、重塑监狱纪律、独居监禁、帮助罪犯自省悔罪等监狱改革措施。霍德华的思想深刻影响了世界罪犯矫正人道主义改革的推进。

18 世纪后期至 19 世纪初期，美国先后出现了"独居制"监狱与"沉默制"监狱，以惩罚为主导性目的，体现了秩序价值，然而监狱惩罚与矫正罪犯又是建立在忏悔基础上的，重视通过改善矫正机构的环境，促进人逐步地内省，并且在矫正方法方面尝试通过分类矫正办法以及改革刑罚设计，帮助人在监狱中更好地进行改过，获得自由和新生，这又体现了对人的自由价值的尊重。

19 世纪 20 年代，官方对犯人的手段逐渐强硬化。1828 年，一个调查犯罪原因的委员会在其报告中质疑改革家在使监狱摆脱污秽和疾病的同时，是否也失掉了威慑的价值，该报告还对改革家以矫正犯罪人为首要目标的做法提出质疑，认为监狱并没有能力矫正犯罪人。① 在这样的观念下，监狱规制逐步走向强化，集中体现在全景敞视监狱设计、对犯罪人规制以及对管理者的规制。②

19世纪中后期，受法国孔德实证主义影响，以龙勃罗梭、菲利、李斯特为代表的实证学派崛起，成为了与古典学派并列的两大富有影响力的学派。实证学派通过实证的方法对犯罪人与犯罪成因进行了研究，在此基础上提出矫正新理念。实证学派把视野从犯罪转移到犯罪人身上，关注犯罪人自身的因素，重视刑罚实践，强调行刑效果。③ 基于实证主义理论，五六十年代的教育感化模式兴盛，这一矫正模式认为少年的罪错行为并不能通过处罚，而要着眼于罪错少年所处的环境，立足家庭和社区，坚持人性化和人道的立场，因而对罪错少年的处遇多采用个别化处遇，将罪错少年进行分类，施以个性化的矫正。禁止死刑，采用社区处遇，改善社区环境帮助其重返社会；禁止机构性矫正和刑罚，改善社会环境。④ 霍德华强调了监狱以矫正罪犯为功能和目标，一改以往监狱仅作为惩罚功能而存在。同一时代的犯罪学家边沁基于功利主义哲学论认为刑罚具有预防犯罪的功能和价值追求，其中又分出一般预防，指借助于刑罚使得社会普遍公众因为害怕受到惩罚而不敢犯罪，发挥一种威慑的功能。另一种是特殊预防，主要强调的是将犯罪人进行隔离，使得其不能继续犯罪，丧失继续犯罪的环境和条件；同时通过对犯罪人的教育和矫正，逐步转化其罪错思想，从根源上进行犯罪的预防和治理，因此他的思想里包含着矫正的思想，在往后的历史中，监狱刑罚执行和矫正关系出现了变化。⑤

到了19世纪末，西方国家掀起的拯救儿童运动影响，以及日

---

① Michael Ignatieff, *A Just Measure of Pain: The Penitentiary in the Industrial Revolution, 1750 – 1850*, London: Penguin Group, 1978, p.175.
② 郝方昉：《刑罚现代化研究》，中国政法大学出版社2011年版，第30—31页。
③ 高莹：《矫正教育学》，教育科学出版社2007年版，第9页。
④ 刘若谷：《低龄触法未成年人教育矫正研究》，人民出版社2019年版，第23页。
⑤ 贾洛川：《监狱改造与罪犯解放》，中国法制出版社2010年版，第22页。

本民众对罪错少年惩罚与矫治效果忧虑，日本民间组织积极推进本国少年、儿童的保护以及对弱势少年的救助，感化院得以广泛建立，对这些少年进行家庭式收容，通过营造温馨的家庭环境，被收容的少年、儿童与指导员夫妇一起生活，受到教育和帮助。1883 年大成教新兴感化院作为最早的私立感化院创立，但后期感化院逐渐凋零，后改为公立，但该时期的少年感化矫治教育对日本罪错少年行为的矫正与辅导起到了奠基性的意义。

19 世纪末 20 世纪初世界各国秉承儿童保护理念，反对传统对少年犯罪人的刑罚措施，开始注重将少年犯罪人与成年犯罪人分开，因而纷纷针对少年犯罪颁布单行法，使用少年独特的法律对少年犯罪人施以教育性、保护性的矫正处遇，只有在少数情况下才例外地施加刑罚。其实身心发展未成熟的人，即便出现罪错行为，与成年人犯罪行为有较大差别，要给予保护处分，使其免受刑罚，并且这一时期对罪错少年处遇对象包括少年虞犯，国家开始重视对其进行监督、教育和保护。[①] 这一时期，罪犯改造一般通过宗教感化教育、劳动等方式，意图将罪犯由罪、恶转变为善，这个时期的改造主要是道德方面的劝导以及宗教上的感化，因而在西方社会"改造犯人"一词总是和基督教相关联的，自 20 世纪以来罪犯矫治逐步取代了罪犯改造，将犯人视为生了病的、不健康的人，矫治目的在于将其治疗成健康的人。

美国"少年法院之母"露西·弗劳尔（Lucy Flower）于 1873 年迁居芝加哥，富有爱心的她积极致力于拯救和保护少年、儿童的慈善事业，并于 1890—1891 年担任芝加哥妇女俱乐部的会长。另一位人物是简·亚当斯（Jane Addams），于 1889 年在芝加哥创建慈善机构赫尔之家，投身于妇女、儿童、贫困者、移民等社会弱势群体的救助，颇有影响力。赫尔之家成员朱莉娅·莱思罗普（Julia

---

① 姚建龙：《论少年刑法》，《政治与法律》2006 年第 3 期。

Lathrop）成为了儿童福利专家与全职社会公益活动家。他们对美国少年法院的创建以及少年福利保护做出了积极的贡献，通过倡导与推进少年矫正体系的改革，扭转了罪错少年、儿童和成年人混合关押的境遇，改变了当时罪错少年的残酷刑罚。1899 年，美国伊利诺伊州议会通过了《伊利偌伊州少年法院法》，允许各郡至少设立一所专门法院负责少年犯罪问题的处理，包括少年虞犯以及缺乏管教、无家可归少年处遇问题等，彰显了国家亲权理念。① 1900 年，日本《感化院法》对公立感化院收容做出了规定，对 8 岁至 16 岁缺乏管教的少年进行收容，这是日本首次将虞犯少年列入收容范围，标志着少年保护由民间慈善事业向国家层面的预防少年犯罪刑事政策转向。然而少年矫治在刑罚系统下仍扮演辅助角色，地位低微，公立感化面临诸多困境。

这一历史阶段罪错少年教育矫正价值取向呈现为教罚并重，社会功利主导，关注儿童福利。教育和刑罚的关系是并重的，所谓"教刑并重"就是主张通过刑罚产生教育效果，同时发展出其他补充性的教育策略作为刑罚替代性措施，比如赔礼道歉、忏悔、保护处分，等等，通过刑罚措施和其他非刑罚措施的共同使用，一起实现教育的效果。因此它依然存留着报应主义的身影，在教育和刑罚之间采用折中的处理方式。因为不管刑罚如何进行人道化改革，其痛苦性和惩罚性与少年司法和儿童保护等理念始终存在着出入，这也决定着以刑为教论在罪错少年的处遇和矫正实践中行不通。②

三 发展完善阶段：教主罚辅，多重取向交织

自 20 世纪以来，监狱行刑的重点和目标开始转向对罪犯进行矫正，扭转了传统刑罚对人的单纯报复惩罚和震慑，注意到人的可

---

① Arnold Binder, Gibert Geis, Dickson Bruce, *Juvenile Delinquency: Historical, Cultural, Legal Perspectives*, New York: Macmillan Publishing Company, 1988, p. 233.
② 姚建龙：《转变与革新：论少年刑法的基本立场》，《现代法学》2006 年第 1 期。

教性。刑事社会学派开始提出和尝试监狱的一系列改革，现代监狱诞生。刑事社会学派以菲利、李斯特等人为代表。菲利强调将罪犯当成需要治疗的病人，矫正需要基于不同病患的基本情况，有针对性地选择对其的治疗方案。李斯特的最突出的贡献是提出了对世界影响深远的教育刑论，刑罚的根本宗旨和本质在于对罪犯的教育，并非是惩罚，注重通过刑罚逐步地实现教育和矫正罪犯的目的。李斯特的论点对西方国家甚至是中国都产生了巨大影响，标志着矫正上升为行刑的主旨，因而世界不少地区都逐渐淡化对"监狱"概念的使用，逐渐改用"矫正机构/中心"等，相应地，用"矫正官"来替代原先"监管人员"的称呼。虽然仅仅是使用词汇的不同，背后却反映了理念与价值取向上的巨大转变以及矫正在行刑中地位的上升。即使对于名称未改的地区，基本上也逐步认可了行刑的主要目的和价值追求在于教育与矫正。[①]

西方主要资本主义国家发展到了垄断资本主义阶段，人类步入现代社会，劳动和教育成为普遍采用的矫正罪犯的措施，这两项措施都强调教育取向优先于单纯惩罚取向，基于帮助人向社会的复归，在矫正过程中充分贯彻了行刑处遇社会化的理念和模式，并且坚持个别化的原则，有助于引导罪错少年重新进行社会化的学习，更好地融入社会，并且在相关的刑罚制度和管理办法上进行了创新，比如增加矫正向社会的开放，提高矫正对象的自治，等等。对于推进矫正改革，提高人的主体地位具有积极的意义。

英美国家对罪错少年的教育矫正以及相关的处遇措施深受"转向、非刑事化、非机构化、正当程序"四个运动的影响。"转向"运动对罪错少年教育矫正的影响主要有，原来应该由司法审判的罪错少年，除了重罪、累犯外，通常转介到相关的福利性机构，而不进入司法的程序，因而教育矫正带有福利性质，而非刑事惩罚性

[①] 贾洛川：《监狱改造与罪犯解放》，中国法制出版社2010年版，第23页。

质,"转向"运动一方面能够减少少年司法案件,大大降低了司法部门的工作压力和司法成本;另一方面保护罪错少年免受司法审判的污名化效应,并且不通过司法程序进入矫正机构,有助于保护罪错少年避免在机构处遇中相互感染,习得更多不良行为习惯;同时福利体系有助于保障少年教育和保护个别化需求得以满足,本着儿童福利的价值追求,为其提供教育性而不是强制性的处遇方案。"非刑事化"运动重点在于对严重不良行为少年进行惩罚的修正,扭转司法和刑罚对少年的影响。倡导者们宣称这类虞犯少年的行为所产生的社会损害不是非常严重,并且很多情况下并没有受害人,对这类少年的处遇重点并不在于惩罚,而是福利和保护。所以基于对少年的保护,有必要将这类案件纳入福利部门管理,通常不作为刑事案件纳入司法审判。"非机构化"运动是针对机构矫正弊端的省思基础上出现的,提出用社区化处遇作为替代方案,通过社区的监督、寄养等[①],为罪错少年提供良好的成长环境,避免机构矫正标签化和污名化对少年的消极影响。"正当程序"运动是针对少年诉讼权益发起的,以权利保护为目的,限制少年司法机构以及相关的法律制度对少年自由等权利的侵犯,保护少年的诉讼、申诉等权利。[②]

随着西方世界福利主义的崩解和新自由主义的兴起,国家需要通过更加有效率的处遇和犯罪控制的手段,才能够控制成本。矫正取向的刑罚花费过大,并且不一定能够有效地控制犯罪。基于此,政府越来越无法独立承担犯罪控制的责任,于是政府一方面开始联合民间团体一起分担责任,另一方面放弃矫正取向而偏向于隔离取向。在民间机构提供更多类型的处遇手段,政府机构为了节约成本

[①] Clifford E. Simonsen and Marshall S. Gordon Ⅲ, *Juvenile Justice in America*, Macmillan Publishing CO., 1982, p. 21.

[②] 施慧玲:《少年非行防治对策之新福利法制观——以责任取向的少年发展权为中心》,《中正大学法学集刊》1998 年第 1 期。

设计出不同的政策。尤其是在美国因为各州法律制度各异，对罪错少年犯罪的处遇和矫正相关制度更是五花八门，包含着惩罚、矫正、设施内处遇和设施外处遇。① 矫正的价值取向更是各式各样，以复归社会为取向或是单纯隔离惩罚等，正是这些彼此相互冲突的价值取向构成了国际社会对罪错少年处遇和矫正的多样性。

当代罪错少年矫正发展出现了一个转向，自20世纪60年代后人类开始探寻不同于以往监禁惩罚式的矫正方式，社区矫正逐渐地出现并得到了实践。社区矫正成为60年代以后西方国家主导性的矫正模式。社区矫正的重要理论基础是新社会防卫论，该理论强调社会的防卫以及对人的教育和矫正，通过开放式处遇帮助人复归社会，这一思想深刻影响着社区矫正的持续发展，世界各地逐步采用这一矫正模式，将它作为刑罚执行的重要方式。并且矫正社会化成为了一场运动，逐渐地替代传统的刑罚执行方式。矫正社会化成为了普遍认可的措施。随着教育刑的兴起，刑罚的目的发生了巨大的变化，其目的不再是单纯的惩罚，而是带有多重的追求，比如惩罚犯罪人、震慑和警醒社会公众、矫正犯罪人不良习惯，促进其重新社会化，向社会融入，等等。原先冷酷和冰凉的刑罚开始有了温度，同时它也逐步地从与社会隔绝的孤岛走向了社会之中。一方面刑罚能够在社会中执行，比如社区矫正的出现改变了监禁刑那种使人彻底地被隔绝难以社会化的局面，将犯罪人放置于社区中进行矫正和帮扶，吸引社会各界力量参与其中；另一方面刑罚带有社会治理的重要功能，促进矫正对象重新社会化和社会的融入、预防、控制、治理社会的犯罪成为了刑罚和矫正的重要内容。复归的理念成为了社区矫正的根基，社区矫正主张把人放置于真实的社会中进行矫正，帮助其回归社会。矫正的主要价值追求在于重构犯罪人与社会的联系，帮助矫正对象重新融入社会，恢复正常的社会关系。这

---

① 廖经晟：《少年多样化处遇之研究——以美国法为中心》，硕士学位论文，台湾大学法律学研究所，2011年。

不同于康复治疗取向仅依靠医生和专家对其进行治疗,而是广泛动员社会力量参与到矫正中。这种实践方式把监禁列为不得已而为之的方法,主要的矫正环境是社区,矫正对象能够得到复归社会的各种帮助。即使不得已采用了监禁矫正,也创造不少条件以实现与社会的接轨,比如假释、探亲等。在 70 年代,部分社区矫正拥护者甚至提出了社区矫正在未来能够替代机构矫正。①

同时这一时期出现了恢复性司法理念,这一理念充满着对人的关怀,本着宽恕和沟通,旨在通过修补破坏性的后果,取得受害者的原谅,对其进行补偿、改善犯罪人破碎和受损的社会关系,通过内省和忏悔,开展社会服务,引导犯罪人为自身的"自由"行为负责。21 世纪恢复性司法慢慢地渗透到世界各地对罪错少年的刑事司法实践中。恢复性司法的最大的教育意义在于,注重引导罪错少年对自身的罪错行为负责,主动为自身"自由"异化进行补救,采取积极行动对受害人和社会损坏进行补偿和修复。主要的方式有向受害人赔礼道歉、忏悔和求得原谅②、赔偿损失、提供积极的社会服务等。因此,这种方式保护了罪错少年的自由,保护其免受刑罚的危害。但是在保护其自由的同时,重视其责任的承担,追求的是自由和责任的平衡。这种责任的承担方式富有多重含义。恢复性司法反对对犯罪人的单纯报复惩罚,指出这种惩罚是苍白无效的,带来了刑罚的高成本,同时收益有限,也不利于社会关系的修复和重构。恢复性司法的精神和目标就在于通过忏悔、协商、修复等实现加害人、受害人以及社会的平衡,在恢复性司法中能够厘清多方责任,逐步化解仇恨,重构人际的信任、关怀,营造宽容、尊重的社会环境。这与传统刑事司法试图通过惩罚来震慑犯罪、满足公众和

---

① [美]克莱门斯·巴特勒斯:《矫正导论》,孙晓雳等译,中国人民公安大学出版社 1991 年版,第 22—23 页。

② Peggy L. Chown and John H. Parham, "Can We Talk? Mediation in Juvenile Cases", *FBI Law Enforcement Bulletin*, 1995(11).

受害人的报复心理有着根本性的不同。对受害人的权益高度重视，将其拉回了问题解决的中心位置，弥补其经济损失、抚慰其受伤不平的心灵，对其权益和需要提供长期的帮扶，这也与受害人在传统刑事司法中的边缘地位有着根本性不同。此外，恢复性司法强调义务的履行和责任的承担，将关注点由已然之罪转移到了未来的积极作为之中，不仅提供给罪错少年服务社会对自身行为负责的机会，而且锻炼其回归社会、恢复正常生活的能力，变消极为积极。①

为了平衡社会防卫与人的权利保护之间的关系，矫正回归了公正模式，这一模式有助于平衡教育和惩罚的关系。公正取向的教育矫正注重在教育矫正过程中落实公平与正义。罪错少年作为教育矫正的对象是平等的存在，需要根据法律法规得到公正化的对待，并且这一取向也重视罪刑的适应。对矫正对象的惩罚必须根据他行为的严重性和危害性。对罪错少年的教育和干预需要立足于个体的需要，引导他们参与到矫正实践中，通过平等的协商进行。公正取向下的教育矫正尤其强调在惩罚的运用上要公平，反对对矫正对象施以过重的惩罚或者惩罚适当而带来对人的权益的侵害。

矫正发展风起云涌的兴盛阶段有个很有意思的现象，有学者把这一历史时期刑事法律和政策的导向比喻为钟摆，在惩罚和教育两极之间来回摆动。美国监狱学家克莱门斯·巴特斯勒一针见血指出："显然，二者几个世纪以来一直都在兜圈子，充满着不确定性甚至是反复性。"伊莎贝尔·伦尼也曾经风趣地指出，我们对待犯罪的处遇类似于服装的流行，"今天采用了，明天即被抛弃，后来又再次被发现，再次被采用，好像昨天没有一样"。② 比如，美国少年司法经过了 20 世纪 60 年代至 80 年代的少年权利时期，自 1980 年以来美国罪错少年司法进入犯罪控制时期，对犯罪少年更加强调

---

① 陈晓明：《修复性司法评析》，《法令月刊》2006 年第 1 期。
② [美] 克莱门斯·巴特勒斯：《矫正导论》，孙晓雳等译，中国人民公安大学出版社 1991 年版，第 26 页。

惩罚而非福利，这一转变源于六七十年代以来少年罪错案件数量不断增加，尤其是少年暴力恶性犯罪突出，公众要求严打犯罪。[①] 并且一些学者通过研究一再对矫正的效果产生质疑，其中，最有名的要数马丁森了，他通过研究得出了矫正基本上是无效的结论，引起了较大的轰动。古典学派学者们尤其推崇马丁森的结论，因而古典学派似有抬头的倾向，而在实践层面，对犯罪的处罚更加严厉，刑罚的相关政策转向了惩罚主导的价值取向，教育取向日渐式微。古典犯罪学派理论重新获青睐，其立论基础在于其认为现行矫正制度无效，报应主义得到了肯定，强调威慑理论，注重用惩罚重新遏制犯罪。[②] 然而，将教育取向扭转为惩罚取向，加重刑罚并未带来理想的效果，犯罪仍然未能得到有效的预防和制止。这再一次引发了学者们的反思，教育矫正在刑罚执行机关的废止似乎是错误的决定。因此，一批犯罪学家号召矫正的回归，对矫正的关注相较单纯对犯罪人进行惩罚更加能够获得理想的效果也较为人性。世界各地政策层面也日渐地偏向了矫正取向，调整对犯罪人的处遇、改革罪错少年的刑事司法政策。矫正再一次获得了蓬勃的活力。世界各地的民众同样较为倾向于对罪错少年进行教育矫正，他们甚至表示愿意花更多财政帮助和教育罪错少年而非单纯的惩罚和隔离。

对罪错少年的保护和教育成为了国际主导的潮流和方向。第四届联合国国际矫正大会再次强调"矫正和康复是监狱的首位目标"[③]。此外，《北京规则》《儿童权利公约》《哈瓦那规则》《〈儿童权利公约〉第10号一般性意见——少年司法中的儿童权利》等

---

① Cole, G. F., Christopher, E. S. & Christina, D., *The American System of Criminal Justice*, Belmont: Wadsworth Publishing, 2001, p. 582.

② 姚建龙：《超越刑事司法：美国少年司法史纲》，法律出版社2009年版，第159—161页。

③ 韩军芳：《中国当代罪犯思想教育若干问题研究》，博士学位论文，上海大学，2015年。

均对少年保护做出了规定。① 这些国际的相关准则和公约涉及罪错少年刑事责任年龄、儿童权益保护、自由剥夺的限制等问题。除此之外，今天世界绝大多数国家和地区都建立了相对独立的少年司法制度，将少年犯罪与成年人区别对待，并形成了以联合国少年司法准则为代表的国际少年司法准则。世界各国普遍重视对少年儿童的保护。比如马来西亚存在着武吉阿曼性罪案、虐童及家暴调查组（Polis Diraja Malaysia）或邻近警察局、儿童热线（Children's Hotline）、社会福利局（Jabatan Kebajikan Masyarakat）、保护与拯救儿童组织（Protect and Save The Children）等保护儿童权益的组织。

第二节 中国罪错少年教育矫正价值取向的演变与发展

一 孕育萌芽阶段：惩罚劳役重视恤幼，阶级统治取向

古代（中英鸦片战争以前）的历史时期中国罪错少年矫正教育主要处于孕育萌芽阶段。古代对罪犯的"矫正"机构是牢狱，"狱"字带着二犬，带有"守备"的含义，意为囚犯的关押场所，务必要求坚固，往往在宫殿、寺院或塔宇的一个角落里，堡垒成为监狱，甚至用牛马等牲口的棚舍来替代，里面的悲惨秽浊的情形，可想而知。② 中国古代社会对犯罪者通常处以刑罚，尚未出现现代意义上的"矫正"，德主刑辅的基本原则可视为中国古代对罪犯的一种教育矫正方向。秩序为本是中国古代社会的主导性思想，也是"罪犯处遇"的支配性原则，惩罚犯罪、维持统治秩序成为了古代中国刑罚最基本的功能。这一方面维护了封建统治阶级的统治，维

---

① 盛长富、许春霞：《未成年人刑事责任年龄制度——基于相关国际准则的分析》，《聊城大学学报》（社会科学版）2014年第5期。
② 吴正坤：《介绍"监、院、所、校"组织风气、文化及行政体系》，http://www.ksd.moj.gov.tw/public/Attachment/78211352413.pdf，1999年12月30日。

持社会稳定；另一方面，在秩序为本的价值取向下，社会个体的个性张扬以及自由难以彰显。在古代，为了维护以传统伦理为核心秩序，刑罚往往缺乏法的规制，越法施刑的现象屡见不鲜，尤其是在残暴冷酷君王的朝代，这种现象更加常见，人民深受其害，因而严苛的司法传统在我们古代历史上长时期地存在。维护社会秩序为本位的刑罚与个人的自由萌芽产生了较为突出的矛盾，对刑罚和矫正的外在价值的追求远胜于人这一内在价值的追求，从而演化成为了中国古代社会对犯罪惩罚和矫正的突出特征。然而，在以工具为本位的中国古代出现了"恤幼"思想，对少年犯罪有一些特殊的待遇，对犯罪少年的处罚遵循恤幼原则，《周礼·秋官司寇之职》《礼记·礼运》《唐律》等古代法律中，均表现出对少年儿童的怜悯和特殊的保护。① 比如，汉代推行"悯囚制"，规定 8 岁以下儿童在关押时不加械具。《唐六典·刑部》规定对 10 岁以下未成年人免用狱具。《明会典》明确规定将少年罪犯与其他罪犯分别关押，对少年有一些特殊保护。《大清律例》同样存在对带枷号的犯罪少年直接进行放免的规定。然而中国古代社会刑事责任年龄与处罚规定的恤幼思想实质是掩盖法的残酷性，是一种粉饰的仁慈，恤幼思想的实际运用也缺乏科学性。

二 引入借鉴阶段：学习西方教育取向，剧变中的纠葛

中国近代（鸦片战争到中华人民共和国成立）这一历史阶段罪错少年教育矫正主要处于引入借鉴阶段。晚清时期随着国门的打开、西方民主和自由文化向中国的传入，人们的自由、权利观念开始萌生。民国著名的法学家杨度在资政院的演说中充满着自由、平等、民主等法的精神，"个人本位"的概念随处可见，这在一定程度上表示人的主体性的思想和自由价值在中国逐渐地萌芽和觉醒

---

① 廖明：《未成年人刑事司法制度》，对外经济贸易大学出版社 2013 年版，第 27 页。

了。罪错少年矫正在这一历史情境下进步发展。然而，工具取向的惩罚和矫正仍然根深蒂固，深刻地为罪错少年的处遇、惩罚、矫正等法律制度打下烙印。秩序为本的理念仍然在当时的立法、司法、执法中发挥着影响，如影随形，我们从晚清修律的争执中很容易看到。这一历史时期出现了现代少年司法。国民政府受西方影响，进行了少年司法的借鉴和探索，还建立了专门针对少年罪错矫正的机构，比如少年的监狱、感化学校，等等。①

1910年，清末的《大清新刑律》是我国历史上第一部中西合璧的刑法，它在继承我国古代刑法精神的基础上，也大量融入了德、日、意等国的内容，也正是在这部刑法中，首次规定了中国的缓刑和假释制度，这是绝大多数学者所认同的我国社区矫正的起源。②此外它蕴含着少年司法理念，其第十一条还涉及了刑事责任年龄，对12岁以下的少年儿童进行宽宥，本着保护的原则，强调教育和感化。尽管它并不是一部专门的少年法，但应该说它对罪错少年的矫正仍具有创建性的，在中国历史上还未有正式法律提出感化教育。主持制定这部刑律的法学家沈家本还倡导对罪错少年进行教育而不是单纯刑罚，通过强迫教育达到挽救的目的。但遗憾的是，清末内忧外患、积贫积弱，这部刑法并未真正实施。同年，首部监狱法典草案《大清监狱律草案》产生了，尽管未能真正施行，但其对教育在刑罚中作用的凸显是具有进步意义的，也体现了对少年儿童保护的理念。其中就包含分类处遇的规定，要为18岁以下的未成年犯开辟"特设监狱"，还要求调查囚犯的个人身份及社会关系，建立罚教结合的作业和教诲、教育制，体现出一定程度的个别化矫正理念。这两部清律预示着我国近代矫正制度的萌芽，其中已显著蕴含了教育矫正的思想，但它们本质上还是封建法律，充满着改良的性质，同时也未能付诸实践。直到山东和湖北少年监的出

---

① 廖明：《未成年人刑事司法制度》，对外经济贸易大学出版社2013年版，第27页。
② 柳忠卫：《假释制度比较研究》，博士学位论文，中国人民大学，2004年。

现，中国才具备近代专门针对罪错少年的矫正机构。①

民国时期，中国对于罪错少年的教育矫正出现了更多对外国的效仿与借鉴。法律上，面对着中国传统文化与西方传入的新文化的交织，在罪错少年教育矫正上除了沿袭清末关于缓刑和假释相关规定外，加入很多西方传入的新元素，得到了进一步的发展，比如中华民国刑法中就出现了保安处分的相关规定，种类较多，与现代对罪错少年教育矫正的保护性做法类似。国民政府在监狱改革方面，比如监狱规则同样强调了对少年罪犯的教诲与教育，注重感化犯罪人。其中，教诲重视思想的转化和改造，而教育重科学文化知识和劳动生活技能。

这一时期，少年被"发现"了，人们开始关注到少年，梁启超甚至将少年的作用提到"富强国家"的位置②，少年被赋予了历史性的重任，对少年儿童的保护理念随着新思想的传入逐步觉醒了。与此相关的变革进步主要体现在：一是进行了监狱的改良。这一历史时期国际社会发生了一件大事，万国监狱会议的召开，中国积极参加会议并且将会议精神带回了中国，促进了少年司法的创立，在少年刑事责任年龄、少年监狱、少年感化院等方面均有较大的改革举措。③ 二是产生了少年司法，在罪错少年的教育矫正中通过感化院等专门的矫正机构推进。这一时期颁布了多部关于罪错少年处遇或教育矫正的相关法律法规，如《感化学校暂行章程》《保护管束规则》《对于幼年犯之处置案》等。改变逐步从教育矫正向刑事司法扩展，开始注重少年儿童的福利，并将此渗透到对罪错少年的感化教育之中。通过少年司法的改革，完善教育矫正体系，保护罪错

---

① 王素芬：《明暗之间：近代中国狱制转型研究——理念更新与制度重构》，中国方正出版社 2009 年版，第 43 页。
② 梁启超：《少年中国说》，中国言实出版社 2017 年版，第 7—8 页。
③ 牛传勇：《中国少年司法的传统土壤与近代萌生》，博士学位论文，中国政法大学，2015 年。

少年的权益。①

中国这一历史时期是混乱与剧变的时期,充满着思想的碰撞和文化矛盾。比如,中国传统文化中长幼有序的等级观念与西方国家的平等、民主、自由不可避免地产生了冲突;传统中国严厉的刑罚以及注重国家统治和社会秩序的理念和西方国家的康复、福利等理念产生了矛盾。晚清之后尽管中国对犯罪者的刑罚制度和教育矫正历经了民国与共和国的变迁,西方自由与民主的精神日渐传入中国影响和教育着人们。中国移植国外法律,积极借鉴西方国家对罪错少年教育矫正的经验,进行少年监狱改革等,社区矫正、感化教育、教诲与教育、罪错少年分类矫正等包含近代教育矫正观的思想和理念已经萌芽。但是这并不意味着秩序为本的价值观念与文化传统得到了彻底的扭转。"维稳"的思维意识、秩序至上的价值导向依然根深蒂固,占据着绝对上风。在当时中国内忧外患的社会状况下,这些法律制度的建立与教育矫正改革最终容易变成空谈和幻想。最根本的是社会本质没有改变,矫正不可能走向真正的文明与现代化。对罪犯进行惩罚和矫正过程中,忽视对人的基本权利保护,对罪犯处遇和感化的法律规制,带来了不少侵犯人权的现象,甚至冤假错案,是不可回避的过去。这一历史时期对于罪错少年处遇和矫正的基本方向在于,侧重预防犯罪,着力教育改造。这一阶段没有明确提出少年罪错的概念,但是为少年罪错行为的矫治做出了许多探索。

三 建设探索阶段:重政治与劳动改造,社会控制取向

现代(中华人民共和国成立到改革开放)历史时期罪错少年教育矫正主要处于建设探索阶段。中华人民共和国成立初期(1949—1956年)的主要任务是镇压反革命和巩固新生的革命政权,立法

---

① 周颖:《近代少年司法制度研究》,博士学位论文,华东政法大学,2015年。

确立、强化乃至扩大国家权力。加之当时少年犯罪问题尚未引起较大关注,少年犯罪率低,尽管中央和地方陆陆续续通过指示、批复等各种方式确定了对罪错少年的处遇以教育为主,辅以惩罚,并且对于刑事责任年龄的规定、不适用死刑等问题进行了特别的规定,然而,当时并未出现正式的对犯罪少年的刑事司法政策,更不用谈不良行为的矫正制度。

这一时期,强调劳动改造,并且对犯罪人的处遇基本要立足于国家和政治大局。在中华人民共和国成立后的刑罚实践中,劳动改造被普遍认为是成功的,中国劳改制度采取了群体本位的刑罚规制技术。这种群体本位意味着对于统一思想的坚守、对于犯人身体和思想的计划性和强迫性规制,蕴含着改造对象个体服从于集体安排的理念。同时正因为集体和计划无处不在,劳改犯才能在刑满释放后,被有计划地安排工作。①

1954年《中华人民共和国劳动改造条例》出台,少年犯被作为一个区别于成年罪犯的特殊群体进行对待,也标志着法制的进步和少年犯矫正制度的正式确立。此后两年多的时间里,全国陆续有15个省、市成立了专门收押、改造少年罪犯的少年犯管教所,大大地促进了少年犯教育矫正工作。但存在着一些问题,诸如少管所人数少、缺教员、质量低,难以实施正规的教育训练工作。有些地方对少年犯的管理教育仍和成年犯人无所区别,存在着与成年犯一起关押、一样劳动等问题。这些问题的存在,影响了少年犯的改造工作,还严重地影响了少年犯身心的正常发育。1957年《关于建立少年犯管教所的联合通知》首次提出了少年犯改造的方针,同样强调教育为主。此外就少年犯管教所筹建地点、规模、建设标准、建筑要求、选址原则,以及少年犯管教所的领导、教育人员的配

---

① 郝方昉:《刑罚现代化研究》,中国政法大学出版社2011年版,第104页。

备、领导配备等进行了规定。① 1959年4月10—15日，公安部十一局在湖北省少管所召开了吉林、天津、北京、上海、广东、湖北、四川、云南、贵州、陕西、山西、江苏等12地少管所的工作汇报会议。会议肯定了"以教育改造为主，轻微劳动为辅"的方针是必要和正确的，并对今后少管所工作和加强对少管工作的领导等问题提出了若干要求，比如改造少年犯的方法，应当适合少年犯的特点，着重鼓励他们的积极因素，多采取正面的形象化的教育，少用压服办法；对少年犯必须做好政治教育和文化教育。政治教育方面，根据各地经验，既要有专门的政治课程，也要通过各种文化课、生产劳动或课外活动等渗透一些政治思想教育。使政治教育与文化教育、生产劳动和课外活动密切结合起来；凡是生产没有定型的单位，应当积极地设法解决生产问题，根据国家和地方的需要组织正规的、有技术性的、多样工种的并且适合少年犯体力的轻微劳动生产。使少年犯通过劳动生产，增加生产知识，学会一两种工农业生产技能，养成劳动习惯，加强集体主义观念的锻炼和组织性纪律性；对少年犯的学习、劳动和文体活动等时间，必须作适当的安排；加强领导，增强协作等。这次会议的召开，大大促进了全国的少年犯工作的改进和发展，各地以此为指导纷纷制定相应的政策措施。少管工作逐步走入正轨。到1965年，全国已有26个省、自治区、直辖市建立了少年犯管教所。②

当时的中国受自然灾害与战争的影响，百废待兴，社会秩序正在重新建立，这一时期有大量困境儿童，于是，参照苏联高尔基工学团的模式创建了工读学校。1955年，我国成立了新中国第一所工读学校——北京温泉工读学校，刚开始工读学校招生带有强制或半强制性的色彩，凸显了对严重不良行为少年的管束和教育矫正，接

---

① 张桂荣、宋立卿：《违法犯罪未成年人矫治制度研究》，群众出版社2007年版，第167页。

② 朱洪德：《少年犯罪透视与防范》，中国人民公安大学出版社1996年版，第212页。

着上海、重庆等地也先后创建工读学校。工读学校办学起步阶段面临着较大的生存和发展的困境，学校数不多，且办学规模有限，同时对教育矫正对象的不良行为矫正缺乏行之有效的模式，尚处于向国外学习、借鉴和探索的进程。① "文化大革命"期间（1966—1976年）我国社会的教育、司法等受到了较大的破坏，罪错少年教育矫正基本处于停滞状态。

我国改革开放以前，对罪错少年的教育矫正严重割裂了个人自由与社会控制的联系，将自由与秩序对立起来，过分凸显教育矫正的"权力"性格，强调罪错少年教育矫正的社会秩序价值取向，忽略了教育矫正的"权利"性的一面，个人价值取向未能受到充分体现。这种价值取向实质是将罪错少年作为实现主体目的的工具来看待，体现为这种价值取向很少顾及罪错少年教育矫正的个人自由价值，因此，罪错少年教育矫正的内容往往是围绕党的政策、国家法律和社会规范来设计、组织和开展，极少考虑罪错少年自身的成长与发展，教育矫正政治色彩浓重。② 强调封闭式、高度监控式的改造，重视劳动改造，充满阶级斗争色彩，对犯罪少年的改造大多局限在封闭的围墙内，完全与社会隔绝，改造依靠管教人员，重管理轻教育，重思想灌输轻启发诱导，改造效果不理想，具有较大局限性。首先，管教人员闭关自守，缺乏与外界交流，管教水平有限；其次，改造方法单一，劳动改造占主导地位，不能满足犯罪少年的需要；最后，改造内容片面，枯燥单调的思想政治教育难以激发起主动改造的自觉性和积极性；此外，监狱改造封闭，缺乏社会力量参与，改造机构神秘化，社会对改造机关不信任。③ 因此，在这种价值取向指导下构建的罪错少年教育矫正的制度与具体措施，远离

---

① 石军：《中国工读教育政策法规的历史演变与当代意义》，《预防青少年犯罪研究》2014年第1期。

② 汤海生：《改革开放前后思想政治教育价值取向的变迁》，《继续教育研究》2009年第6期。

③ 万开锋：《罪犯改造探新》，新疆大学出版社1989年版，第90—91页。

了其基本需要，忽略了对个人自由价值的实现，造成罪错少年对教育矫正的抵触情绪。简而言之，在改革开放前，我国在很大程度上是将罪错少年教育矫正作为维护政治稳定和社会控制的工具来利用的。[1]

新中国成立初期到改革开放这一段历史时期的矫正是以政治主导的阶段，对待罪错问题同样带有浓厚的政治色彩，甚至这一倾向被泛化了，产生异化。罪错往往被认定为阶级的对立和矛盾，矫正对象也被当成了阶级敌人，被贴上了"反动"的标签。矫正对象与干警通常处于矛盾对立的状态。马克思、恩格斯提出必须通过暴力革命的手段，才能推翻资产阶级的统治，消灭阶级敌人，获得胜利。服刑与改造对象通常被贴上和划定为敌人，并且罪错的根源也在于阶级立场与政治观点的不同。改造的手段通常以生产劳动为主导，并且在改造过程中注重安全的保障以及维护秩序，并以此为管理的重要价值取向。犯罪跟人的思想有着不可脱离的关联性，因此改造重点在于思想教育，并且重视用隔离的方式进行。虽然也存在着个别化的改造，但是主导性的价值取向和理论的依据仍在于同质主义。这一时期对罪犯的改造存在着三大主要手段，分别是劳动改造、思想改造、文化与职教。其中，劳动的改造和教育重点目标导向在于进一步转变其不劳而获的惰性，逐步培养其自力更生的思想意识，重塑集体的观念，能够和社会其他成员进行合作，并遵守社会的规范和法律纪律准则等。在同质主义导向下，改造注重隔离、实践着一种政治教化，试图通过思想的转变解决人的问题，是社会主义改造。在当时特定的历史背景下是有存在的合理性与必要性，同时富有特色，对无产阶级政权的建立和巩固发挥着积极作用，有助于恢复、重建和维系社会的秩序。但同时这样一种大一统式的改造，缺乏具体针对性，从而使得矫正资源的使用效率降低，有碍于

---

[1] 汤海生：《改革开放前后思想政治教育价值取向的变迁》，《继续教育研究》2009年第6期。

新理念、新技术的引入、尝试和创新运用，整体上矫正偏重说教，依靠于经验来进行。片面对罪错行为干预而忽略了罪错行为背后的深层次原因。此外，在这样的模式下，法律难以对社会公众与矫正对象进行保护，受身份标签效应影响，一旦接受过改造，不可避免地带上"污点"，也容易因监禁劳动改造而产生人格上的缺陷。这一阶级改造、政治教育的模式到了十一届三中全会的召开才得到根本性的转变，行刑的理念和模式才逐步进行扭转。①

四　发展推进阶段：保护为主惩罚为辅，综合治理取向

当代（改革开放以来）罪错少年教育矫正主要处于发展推进阶段。自1978年改革开放后，我国社会治安经过整顿已有了初步好转，国家在矫正政策上对人的尊重以及自由价值取向有所关注。由于我国政治、经济、社会形势发生了根本性的变化，违法犯罪情况出现了不少变化，犯罪类型、罪犯群体都有许多新情况，劳改面临新考验，因而要求对罪犯改造要注重惩罚管制和思想改造并重，本着人性化的矫正理念，劳动生产和政治教育两手抓，同时加大教育力度，发挥改造在社会治安综合治理中的功能。然而违法犯罪现象尚未得到根本好转，部分地区刑事犯罪活动还很猖獗，社会治安还不稳定。受"文化大革命"影响，社会的和谐安定局面还有待整顿，社会公众的思想意识有待进一步地教育提高。针对全国少年犯罪率居高不下的社会问题，1979年6月，中共中央高度重视，转发了《关于提请全党重视解决青少年违法犯罪问题的报告》，强调工读教育的作用，并指示要办好工读学校。工读学校办学得以恢复，工读教育蓬勃发展。

1981—1985年，在全国范围内开展了"严打"斗争，充分体现了社会治理价值取向。中央政法委员会针对大中城市日渐凸显的

---

① 连春亮：《罪犯改造：由同质主义到理性多元化》，《河南大学学报》（哲学社会科学版）2010年第3期。

治安问题于 1981 年 5 月召开了五大城市①治安座谈会，重点讨论社会治安问题的防治，会议决定对社会治安实行综合治理的基本方针，会议还提出司法机关要依法对极少数严重危害社会秩序的犯罪分子进行从重、从快惩处②，从这里可看出社会本位价值取向在刑事政策上的体现。从意识形态讲，严打的异化就是敌我矛盾的扩大化，就是对阶级敌人无情专政，对敌人的专政是最大的人道主义。在这种意义上，严打扩大化与"文革"时期刑罚的弥散化的相同之处在于均带有强烈维护集体的意识形态，严厉打击集体的对立面。敌人在人民群众面前是没有任何权利可言的，唯一等待他们的就是专政，于是严打往往就有走向畸形的危险，在严打实践中，超越法律界限，盲目使用重典、践踏人权的现象屡有发生。实际上，群体本位的刑罚观念既是导致严打产生的意识形态，也是导致严打走向畸形的主要原因。

20 世纪七八十年代开始探索和重视综合治理社会治安，该方针成为指导和影响少年刑事司法政策的重要因素，基于对犯罪原因、规律和治理的认识，社会治安综合治理的政策强调对少年犯罪进行惩罚，坚持的原则是打击和预防相结合，采取多方面的综合性措施进行少年犯罪的预防和社会治安的治理。③

1985 年 10 月至 1991 年 4 月是对罪错少年处遇和矫正相关刑事司法政策的调整时期，开始反思绝对社会秩序主导的严打政策的弊端。这一调整阶段的主要特点是"严打"斗争没有能够达到原先预想的目标，犯罪率和重新犯罪率并未因此而发生根本性转变，社会环境更加复杂多变，社会治安形势发生了较大的改变而难以被直接明了地预知，人们开始反思和追问"严打"的利弊得失，思想开始

---

① 五大城市分别是：北京、天津、上海、广州、武汉。
② 龙丽达：《青少年罪错行为分析和矫治对策探究》，博士学位论文，东北师范大学，2011 年。
③ 梁根林：《当代中国少年犯罪的刑事政策总评》，《南京大学法律评论》2009 年第 1 期。

发生转变。传统犯罪治理和社会治理、犯罪预防和犯罪惩罚等观念逐步地发生着变化。不少专家学者也对 20 世纪 80 年代以来的少年刑事司法政策与矫正实践开始做出深刻的检讨和反思，对罪错少年的立法保护出现了诸多探讨。

1991 年之后我国相关法律政策开始加强对罪错少年的保护，吸收西方先进的思想和理念诸如儿童利益最大化、行刑社会化等。《未成年人保护法》与《预防未成年人犯罪法》确定了"教育为主、惩罚为辅"原则以及"教育、感化、挽救"方针，这也成为了我国对罪错少年处遇法律制度、政策的基本精神和方向，并以法的形式正式确立。然而，在全国严打政策的环境下，在犯罪化、重刑化氛围下，对罪错少年刑事政策呈现虚位，对罪错少年的保护并未能真正地落到实处。①

在构建社会主义和谐社会的大背景下，以及罪错少年刑事政策宽严相济原则指导下，罪错少年矫正政策经过了一系列改革，以适应社会发展新形势，少年司法的"人本""保护"等理念被逐步地注入各地少年相关的法律法规和司法解释之中，包括台湾省在内，更加凸显了矫正的学校性质和教育的性质，比如 1997 年 5 月 6 日台湾立法通过逐步将少辅院和少年监改制为矫正学校，1999 年 7 月成立了诚正、明阳两所矫正学校，少年矫正学校同时具有行刑矫正及学校教育双重性质。大陆地区这一时期建立、改革和施行了不少少年犯罪刑事制度和矫正制度，弱化了对罪错少年的报应惩罚取向，强化了教育的取向，比如收容教养、附条件不起诉、责令严加管教、强制戒毒、社区帮扶等，应该说实践性、实效性得以提高，刑罚与矫正对人权问题越来越重视，然而基本上是在国际少年司法改革潮流与中国社会发展变迁的双重作用下不得已的选择，且主要是对少年犯罪刑事司法政策的程序事项的完善，而实体事项涉及不

---

① 石军：《中国工读教育政策法规的历史演变与当代意义》，《预防青少年犯罪研究》2014 年第 1 期。

多，难以从根本上有所创新和改变。①

21世纪之后，我国对罪错少年的矫正以教育保护主导，开始呈现自由正义秩序多元复合取向。2003年之后矫正的非监禁化、教育矫正社会化逐步发展。罪错少年的社区矫正在中国逐步地进行试点，并不断地加以推广。从社区矫正的相关通知、意见等国家文件中，我们可以看见国家对社区矫正的重视，也看到社区矫正作为一项不成熟的新生事物从试点推行到全面试行、逐渐成长壮大到全面铺开的过程。并且，在社区矫正的相关法律政策文件中多次提及了少年的社区矫正。2016年《社区矫正法》对罪犯权利的保护与少年犯的矫正做出了相关的规定。社区矫正应该说成为了当下及未来对罪错少年处遇和矫正的重要方式，它强调对罪错少年进行非监禁矫正，将其放置于社区中进行教育矫正和帮扶，提高了对罪错少年的保护性的管束。并且重申教育、感化、挽救方针，刑罚价值取向逐步走向了轻缓化和人道化。积极探索罪错少年社区矫正的方式方法，比如心理咨询、社区服务、社会帮扶、犯罪记录封存、教育辅导等，矫正真正地向恢复性和宽容性转变。

2006年《未成年人保护法》得以修订，尽管未能引发像宪法的修改或制定那么大的关注度，但是它有着进步的意义。新法和旧法相比，更加凸显了未成年人的基本权利，包含着人的生存、发展、受保护、参与等权利，旧法尽管也强调保护，但更多带有对其进行控制的意图，而新修订的《未成年人保护法》凸显了对未成年儿童的尊重，并且设计了对其进行教育和保护的体系。

2013年前后循证矫正引入中国。2013年9月3日，司法部正式下达《关于项目试点单位（监狱）开展循证矫正工作的指导意见》，明确了试点单位、工作原则、工作内容及步骤和工作保障，标志着循证矫正试点工作正式铺开。同时，罪错少年的循证矫正、

---

① 董冰、陈文斌：《未成年人犯罪刑事政策变迁路径——基于倡导联盟框架的分析》，《学术交流》2015年第10期。

心理咨询、评估等也如火如荼地开展起来。

在以人为本、保护为基的倡导下，对罪错少年的处遇和矫正试图扭转传统以惩罚为主、管教人员权威至上的偏颇，极力强调以儿童利益保护为核心，应该说这是对传统以惩罚为主导模式与对人的规训的一大突破，不少学者基于少年儿童保护的基本立场探讨少年司法的相关法律政策和制度设计，对于罪错少年的处遇问题讨论同样方兴未艾。尽管各地在少年司法与罪错少年矫正领域进行了积极的探索，对人的尊重和保护逐步受到了重视，然而"功利主义"价值取向的影子仍然存在着。关于罪错少年教育矫正的不少实践探索科学性有待进一步加强，缺乏足够理论准备和效果验证，有的甚至超越了法律的有力规制，比如私立矫正学校对网瘾的戒除和其他体罚式的矫正活动，引发热议和质疑。也有的地方司法机关在出台罪错少年教育矫正新政策、新措施、新做法之时，未能充分考虑现实条件，使得不少理念难以付诸实施。这些情况的存在严重影响法的严肃性与权威性。

第三节 罪错少年教育矫正价值取向嬗变的特征与中西比较

罪错少年教育矫正由混沌孕育、萌芽发轫到发展完善，从壮大繁荣再到广泛应用并加以改革和不断地完善，继而随着社会的发展又产生新的不适应，以致被淘汰或者在重大改进下获得新生。总之，罪错少年教育矫正经历了一个由简单到复杂、由低级到高级、由野蛮到文明的历史演变过程。

一 历史嬗变的特征规律

（一）从报应惩罚取向到教育改造与矫正取向转变

报应是一种极其古老、真实而又朴素的情感，有着源远流长的历史,至今仍有广泛的群众基础。① 报应最早可追溯至原始社会的血族复仇,当时自然环境恶劣,生产力水平低下,人类面临着巨大的生存威胁。人类以血缘为联系组成氏族社会,共同抵御威胁。当氏族中的成员受到侵害时,往往被看成是对整体氏族的侵害,因而当谈判无效时,就容易出现集体性的复仇,带来不同部落的厮杀。这种原始复仇的思想成为了报应主义的萌芽。随着人类社会的不断发展,血缘被血亲所取代,因而出现了血亲复仇。原始社会末期至奴隶社会,同态复仇登上历史舞台,主张以"血债血偿"的报复方式对肇事者进行惩罚。② 康德强调绝对报应思想,认为规制必须得到每个人的严格遵守以及执行,一旦违犯了,就必须接受相应的惩罚。理性是人的一种内在指挥力量,决定人的行动,他同时强调人的意志自由,人有选择的权利,一切违犯规制的行为就必须承担起相应的责任。惩罚就像反射镜一样,将痛苦等量地反射到了自己身上。黑格尔提出等价报应论思想,惩罚的严厉程度必须和罪错行为严重程度相适应,西方不少学者也持类似观点。③ 刑罚与矫正要实现公平、正义、人人平等等价值,这些价值也包含了近代刑法的理性化组成因素。但是教育矫正报应价值的实现存在着困境:一是怎样实现公正的惩罚,难以找到客观的具体的标准。二是它依赖于规范的正义,如果规范本身缺乏正义,那么惩罚极可能变成一种"以暴制暴、以恶制恶"的非正义行为。三是实践操作中难以精准地评估人对惩罚的感受性,因而,实现在罪错和惩罚之间的绝对等量、绝对均衡是不可能的。四是现实中存在着不少违反了规制,却不被发现的"黑数",惩罚和矫正只能对部分规制的破坏者实施。

通过对世界罪错少年矫正发展脉络的梳理,可见教育矫正日益

---

① [意]切萨雷·贝卡里亚:《论犯罪与刑罚》,黄风译,中国法制出版社2010年版,第10页。

② 邱兴隆:《关于惩罚的哲学:刑罚根据论》,法律出版社2000年版,第29页。

③ Morris, N., *The Future of Imprisonment*, Chicago: University of Chicago Press, 1974, pp. 1、73 – 77.

成为对罪错少年进行刑罚的重要内容，并且教育矫正在政策上和实践中也逐步地发展进步。虽然出现过教育取向和惩罚取向的来回摆动，但教育矫正在罪错少年刑罚的执行中尤其是自由刑的实施过程中占据着关键的影响。这一历史变迁给人以启迪，刑罚和矫正的实施要立足于对人的尊重和合法权益的保护。矫正的终极追求并非是报应和惩罚，而是矫正对象的自由复归，引导矫正对象成长为一个身心自由的人，顺利地重新融入社会。

从19世纪早期对犯罪少年处以严酷的刑罚到死刑在少年犯刑罚适用上的废除。此外，对犯罪少年的处置，逐渐分化出专门的少年犯罪处理机构，各类少年儿童法律的制定和实施，彻底地转变了犯罪少年的结局和命运。这些少年由原先的受严刑酷罚转变为受到保护和改造，在专门学校、感化院进行学习。对其犯罪审批速度加快，独立少年法庭逐步得以建立，少年罪错的惩罚理念、审批程序与相关法律法规均出现剧烈的变革和创新，体现了少年罪错处遇和矫正价值取向的变迁过程。

从报应惩罚取向到教育改造与矫正取向转变突出表现在，由注重事后打击向事先预防转变。综观人类刑罚和矫正的历史，可以看到刑罚逐步地走向谦抑，在少年刑事司法和矫正实践中，功利刑理念无疑发挥着重要作用。功利刑理念就是由原先的重视事后的打击报应转向了事前的预防，认为已然之罪的报应难以弥补罪错少年已经造成的侵害，是一种消极的举措，唯有注重事先的预防，才能真正发挥作用。随着预防性理念的出现，全球范围内兴起了对少年刑罚和矫正的改革，其中教育刑论应该说产生了较大影响，通过注重对罪错少年的个别化的惩罚，对罪错少年慎刑、少刑，完善对罪错少年的保护处分，采用事前的预防教育来解决少年罪错问题。[①]

[①] 管彦杰、张柏：《我国少年司法制度的价值取向与现代性分析》，《贵州警官职业学院学报》2009年第3期。

（二）从关注社会到社会防卫与人的权利保护交织共进

罪错少年教育矫正由社会防卫转变为儿童最大利益。法国学者勒内·吉拉尔批判了以一个人的牺牲来换取集体和社会的最大利益，认为它纵容了暴力和迫害。这也是社会防卫论的局限。随着儿童受关注度的逐渐提升以及儿童权利运动的推进，世界各地对儿童权益的保护和尊重也逐步形成，并且演变成为世界性的运动。19世纪80年代末《儿童权利公约》的出现，是国际儿童保护的大事，《公约》对儿童利益的保护有了巨大的建设性作用，儿童利益的最大化成为了世界公认的准则，逐渐地深入人心。① 它无疑是国际人权条约以及对少年儿童权利进行保护的一个里程碑，给少年儿童人权带来了保障。首先，它提供一个保障少年儿童权利最低标准的国际性协定；其次，少年儿童也应纳入到人权保护的群体中；另外，这个公约还具备一个特色，就是整合了经济、社会权与公民、政治权，确认彼此间的依赖性和个别性。《儿童权利公约》的三个关键词在于"保护""供应"和"参与"，也就是对于处在特别困难情境的少年儿童需要给予特别的保护与照顾，同时少年儿童对于关系他们生活和未来的决定有权参与并表达意见和看法。②

社会的防卫与人的权利、儿童利益的博弈实质是社会本位与人本位之争。社会本位追求的是教育矫正以社会为中心，为社会的犯罪控制和治安提供服务，教育矫正的基本依据和评价标准也在于社会危险性，这实质是一种工具论。而人本位的价值取向追求的是教育矫正过程中人的发现，试图开发人的无限潜力，重视人的自我教育和个性成长。我国在很长时间里是以社会本位为导向，在社会犯罪率居高不下、阶级矛盾突出、国家和社会动荡的背景下，确立了教育改造和犯罪控制的目标。随着社会形势的变化，教育矫正逐步

---

① 姚建龙：《转变与革新：论少年刑法的基本立场》，《现代法学》2006年第1期。
② 何文馨：《从人权教育论校规应有之基础与意涵》，《正修通识教育学报》2010年第7期。

走向了对人的关注,凸显了人文关怀,回归教育的本质。①

现代教育矫正的改革趋势与未来走向是人的自由权利保护与社会防卫交织共进。秩序始终成为罪错少年教育矫正历史上的重要价值取向。② 少年司法的产生是建立在文艺复兴和启蒙运动的文化土壤下,"人"逐渐地受到了重视③,由此密切相关的少年教育矫正同样凸显了人的自由价值导向,强调对人自由权利的充分肯定和尊重。基于人之根本以实现社会的有序治理,而在罪错少年矫正中,儿童的福利和权利被抬到了较高的位置,超越了其外在的功利性价值。

少年犯罪处遇和矫正政策基本上呈现一种"钟摆"的特征,在严与宽两级之间来回摆动,前者以犯罪控制为取向,多采取严打、重刑的处遇措施,对犯罪进行惩罚和治理;后者以少年权利保护为取向,多采取教育、保护、福利保障、帮扶等方式。这两级直接来回的摇摆深受社会治安情况以及人们的思想观念、对犯罪形势的判断等因素影响,同时犯罪率和重新犯罪率、少年福利保障外在条件、公众参与等也能左右钟摆的位置。社会防卫和少年犯罪的特殊处遇和保护构成了一对矛盾对立的关系。国际社会平衡二者关系的基本原则在于,少年犯罪的特殊保护不应以牺牲被害人或社会防卫的让位为条件,重在通过政策的机制调整,同时在一定时期内又能保证政策的基本稳定,强调动静适宜。④

在刑事政策视野下,教育矫正与犯罪的防控有着重要的关联,两者在价值取向上具有共通之处,教育刑流派就主张通过教育矫正以实现对犯罪的防控。所以在刑事司法政策语境下的教育矫正价值

---

① 范巍:《中国20世纪以来学校体育课程价值取向研究》,博士学位论文,东北师范大学,2013年。
② 王传敏:《监狱行刑理念现代化的内涵解读》,《甘肃社会科学》2012年第3期。
③ 牛传勇:《中国少年司法的传统土壤与近代萌生》,博士学位论文,中国政法大学,2015年。
④ 张鸿巍:《儿童福利视野下的少年司法路径选择》,《河北法学》2011年第12期。

取向很多时候与犯罪的防控是不可分割的。然而在其他非刑事政策领域，教育矫正中"犯罪预防"价值的达成还有许多不同的手段、方法。法理学认为秩序组成了人类活动的前提和基础，形成了社会的基本目标。人类社会对犯罪预防的需要就相对于对安全的诉求。古代的犯罪预防的核心在于对被统治阶级实行控制，达到一种统治的秩序，维护统治阶级的根本利益。到了资本主义社会，对绝对控制和秩序的强调转变成为了一种自由、人道的秩序，因而刑罚的人性化与教育矫正方式成为了犯罪预防实现的新途径。所以，犯罪预防一定程度上意味着社会结构的稳定性、环境的改善、人的行为的规范性、关系的安全性、进程的程序化和有序性以及事情的可控性。犯罪预防在一定程度上代表着一致、有序、确定、连续的秩序的形成。在刑事司法领域，对违法犯罪的防控不仅是教育矫正的重要内容，也成为了其他工具价值（比如，社会和谐稳定、良性秩序、公平正义等）实现的关键方式。犯罪防控中防控主体是国家与社会，对象是犯罪者与犯罪行为，主要方法手段有打击、惩罚、矫正、帮扶、恢复补救等。① 然而，犯罪风险、罪错少年未来行为的不确定性均对教育矫正的"犯罪预防"价值实现带来了挑战。

（三）从封闭式肉体规训到开放化矫正取向演进

各国对罪错少年教育矫正发展变化的共同趋势在于，罪错少年教育矫正与相关刑事司法制度走过了由身体的惩罚向全面废除死刑、慎用刑罚、注重教育和帮扶、重视对罪错少年进行保安处分的历程。未来对罪错少年处遇的种类更加多样，是一个必然的趋势。对罪错少年的处遇和矫正制度由严酷走向缓和，由惩罚走向保护和惩罚相结合，从着眼于"罪错行为"转变为"行为人"，从关注过去走向着眼于未来、注重教育矫正的个别化、重视对罪错少年进行保护和教育，不再将重心放在"已然"的犯罪行为，而是展望未

---

① 魏东主：《刑事政策学》，四川大学出版社2011年版，第44—46页。

来，尝试通过不确定刑、缓刑等对犯罪少年进行警示，将标签和烙印转化为帮助其重新做人，恢复自由。①

罪错少年教育矫正单一价值取向逐步走向多元价值取向。从罪错少年教育矫正价值取向的历史变迁可见，教育矫正由原先的报复惩罚单一价值取向逐步地向恢复性、教育性、社会化等多重价值取向转变。我国在罪错少年的教育矫正上确立了教育为主、惩罚为辅的原则。

与教育矫正相关联的刑罚经历了从肉刑到自由刑、从自由刑到社区矫正过渡。在很长的一段历史时间内，刑罚重在通过对身体的惩罚、虐待和伤害来执行，比如奴隶社会和封建社会的刑罚充满了野蛮和残酷性，尽管后期刑罚对身体的冷酷伤害有所减缓，增添了不少刑罚类型，然而仍未走出肉刑的黑暗时期。随着人类历史文明的发展，肉刑逐步地退出了刑罚的舞台，进入了自由刑为主导的刑罚时代，这是历史的一大进步，标志着人类逐步关注人的生命，走出了野蛮蒙昧，走向对人充分尊重的文明社会。然而自由刑仍然存在着不足，因此刑罚替代制度逐渐进入了刑罚史。监禁人数的增长并不能有效遏制日益增长的犯罪率，自由刑的执行也难以充分达到其目的，对犯罪的预防、治理和控制效果较有限。自由刑对人的监禁隔离与其复归社会的目标又存在着矛盾。如此种种，引发了学者们和社会公众对刑罚的反思，开始尝试通过非监禁处遇的方式对罪犯尤其是少年罪犯进行教育矫正和帮扶，促进其再社会化，吸纳广泛的社会力量参与，在这样一个背景下催生了社区矫正。社区矫正实现了刑罚和矫正的执行场所从机构式的隔离环境向开放的社会环境逐步转向，从而有助于保障矫正对象在真实的社会环境中接受重新社会化教育。一改传统刑罚通过对人自由的绝对剥夺、使人痛苦、强制管束和控制的矫正方式，采用新的矫正模

---

① 赵俊等：《非刑罚少年处遇比较论》，《南昌大学学报》（人文社会科学版）2010 年第 2 期。

式，凸显教育的立场，降低刑罚的惩罚色彩，加强教育、帮助，尊重人的权利。①

（四）从经验矫正取向到科学化矫正取向转化

最初矫正的重要目的是惩罚，因而矫正的实践也较为简单，比如通过关押、简单机械劳动的无意义重复等。矫正的管教人员往往也是"低下劳动者"，凭借着经验和暴力方式对矫正对象进行管理和"教育"，这一矫正的方式实质是在报复刑理念的影响下而出现的。这种惩罚和报复取向的简单式、经验化、充满暴力的矫正一直延续至资本主义社会早期。直到19世纪末，教育刑理念出现，并逐步替代了报复刑理念，引发了刑罚和矫正的诸多变革。因而矫正由最初的简单关押和惩罚转变为注重科学，强调把罪犯重新改造成新人。矫正对象作为社会一分子，其最终是要复归社会，恢复自由的状态，因此，倘若简单地进行关押和矫正，难保其复归后不会继续危害社会。所以在刑罚的执行过程当中，通过科学化的矫正实践，逐步地转化不良思想和行为。矫正的人员也不再是原先简单劳动者，而是逐步地专业化。矫正队伍专业化、矫正逐渐成为了一门科学。国际社会对矫正的专业化以及人员的水平与能力早已关注到，并做出了规定，比如曼德拉规则直接规定执行人员的职业训练和专业问题。当前世界各国在矫正实践中，吸纳了教育学、心理学、医学等领域的专家，并且在矫正前、矫正中、矫正后均注重专业化的评估，基于评估进行科学化的分类和矫正。我国的矫正实践科学化趋势也是显而易见的，比如在监禁矫正中的分类矫正是一直以来的方法，此外，循证矫正、考核制、帮教协议等均成为了矫正实践科学化的有益探索。②

---

① 陈伟、王昌立：《社区矫正的功能改造及实践回应》，《西南政法大学学报》2015年第4期。

② 公培华：《刑罚论》，中国海洋大学出版社1999年版，第254页。

二 历史嬗变的中西比较

对罪错行为的认知以及对罪错少年教育矫正是带有历史性和政策性的建构的概念。罪错并非作为客观物质属性而存在，相反，它是由带有一定价值观的社会人基于自身观念、标准和情感而做出判断和评价的最终结果，带有一定主观色彩。少年的成长受外在环境影响，这种作用也不是机械式的被动反应，而是基于人的自由意志的产物，深受个体的思维、观念影响，也是社会群体对人的情感评价。① 处于不同的历史发展背景，人所处的环境与人的价值观念、思维方式存在着较大的差异，这也带来了对罪错行为以及罪错程度的认识。而不同历史阶段下社会对不同价值取向的选择和侧重有所不同，所指定的社会政策和刑事政策均有差异，这直接影响了对罪错的理解和界定，同样影响了对其进行教育矫正的差异。中西方作为文化背景截然不同的地区，对罪错少年教育矫正价值取向呈现出一定的差异，主要体现在以下几点。

（一）中国教育矫正强调"改造"取向，西方呈现"福利"倾向

不管是对于罪犯的矫正还是对罪错少年的矫正，中国更多偏向于使用"改造"一词，发挥人的主观能动性，将人视为可以被改造的对象。因此，罪错少年教育矫正是基于对人的可改造性而提出的。中国重视对罪错少年进行思想的改造，用思想政治教育试图转化人的思想，在罪错少年的处遇上强调教育，重视对罪错少年进行感化。但是与西方国家丰富的矫正项目相比，中国对罪错少年的教育矫正内容较为单一，心理咨询与辅导尽管日渐受到重视，但是依然不尽如人意。因而当前重点还是落在了劳动教育、文化教育、法制教育上。

---

① 孙万怀：《在制度和秩序的边际——刑事政策的一般理论》，北京大学出版社2008年版，第58页。

从文化根源上看中国教育矫正的改造取向，这一取向是建立在大一统的教化传统文化基础之上。与西方文化的开放性特征不同的是，中国传统文化在历史长河中逐渐显出封闭性的特质。中华民族统一的、专制的统治成为了文化封闭性的根源。作为地处封闭农业环境的大陆性国家，中国促进了单一民族的发展，随着单一民族的壮大，自然对其他的民族与文化产生出一种优越感和排斥的心态。此外，与西方个人本位文化相区别的是，中国文化具有集体本位的特质，强调各民族、多种文化的统一，包括政治、经济、语言文字等的全面渗透。为了实现大一统，统治者们不惜发动战争以实现和维护统一。中国文化的统一性传统思想深深地刻在了每个中国人的意识深处，使得中国人有着强烈的集体意识。近代中华民族受到侵略，国土四分五裂，中华民族保卫祖国领土完整和实现统一的愿望和努力从未停止。在统一性文化的渗透下，中国重视国家利益，但也造成了个体受忽视、人的权利受损的弊端。中国传统社会将道德视为塑造人的工具和手段，注重通过道德教化、思想的禁锢等方式，实现政治统治的目的，强调人的德行的培养，但忽视了人的生命之存在。道德的工具性容易造就受管制的人，而非完整的生命个体，[①] 传统道德倡导集体主义倾向，强调个人服从于国家和民族的利益，我们从儒家学说推崇的"天下为公""世界大同"可窥见一二，人在古代封建社会受制于伦理纲常，需要担负起对家族、国家的责任，履行义务，其教育直指群体。[②]

西方对罪错少年教育矫正中思想教育的内容较少，而针对外显问题的教育居多，教育矫正带有明显的对人的自由与权利保护的福利性色彩。美国作为移民国家，特殊的历史决定了美国社会对自由价值追求的热衷，强调个人的进取。尽管美国历史上出现过屠杀印

---

① 宋晔、寇茜：《中西方文化差异与道德文化自觉——兼论德育现代化》，《教育探索》2010年第12期。

② 张运红：《人性假设视阈下中西教育管理的分歧》，《现代教育管理》2012年第5期。

第安人、歧视黑人、女性等违反人权的情况，然而，美国法律精神充满着自由、平等的光辉。教育矫正是为塑造和培育尊重宪法与尊重自由的公民，捍卫人的自由、平等。宗教成为了人的信仰和规范的源泉。西方国家比如美国是极其重视自由的国度，整个社会文化氛围以及罪错少年矫正的法律制度都凸显个体自由发展之权利，个体拥有自由选择的权利，除了法律规定，个人的自由发展不受恣意干涉。因而其在对罪错少年教育矫正这一特殊的领域同样渗透着这一文化特征，重视人的自主选择和自我发展的基本权利。在这样一个推崇个体本位论的国度里，人的生活是为了自由发展，除非是个体自由选择，否则个人没有责任或义务为他人而付出和牺牲自己。在教育领域极力强调自由教育，反对灌输和强迫。[1] 英美国家基于"国家亲权"理念，建立了福利型的少年司法，以"拯救少年在成长中出现的各种道德危机"，进一步保障少年接受妥善的教养和保护，以儿童利益最大化为原则，保护儿童免受忽略或虐待。[2] 对罪错少年的矫正更多呈现的是一种康复性的帮助与服务，而不像中国将矫正作为一种刑罚执行方式。教育矫正被视为了刑罚的替代性措施，基本的立足点并不是将罪错少年当成恶人，而是具有心理障碍以及处境不利的人，需要得到来自外部的帮助，从而帮助他们能顺利地改善环境，实现疗愈。奉行儿童利益最大化，通过国家亲权帮助罪错少年并保护其基本权益，甚至于福利性质的矫正使得刑罚失去了惩罚的根本属性，加之财政负担、高犯罪率、民众不满等，使得一度废弃了这一取向而重新转向报应惩罚取向。但是不得不承认，这种福利性、保护性的取向成为了西方国家对罪错少年教育矫正的一大特点，也对教育矫正实践产生了深刻影响。

---

[1] 冉亚辉、易连云：《防微杜渐与自由发展两种德育模式的对立——中美学校道德教育比较研究》，《外国教育研究》2007年第11期。

[2] 岳平：《特殊类型罪犯矫治》，中国法制出版社2012年版，第141页。

（二）中国教育矫正重视"集体"取向，西方强调"个性化"追求

从西汉中期开始，中国进入了以儒家为主导的统治时期，经过了和其他教派的融合，中国古代逐步形成了以人伦为支配，以宗亲关系为基础的特点。因而思想教育和行为塑造方面，强调人的思想和行为同统治阶级高度一致。那些和统治阶级的思想有异的想法会被视为一种异端邪说，发展演变到后来形成了一种压制人的个性，维护宗亲伦理和统治阶级统治的工具，以抽象性的共性压抑具体性的个性，以信条和规则压抑人的个性发展。这一文化传统和少年所处的现代社会的精神格格不入，在自由、多元的文化下，亟须在人的个性和共性实现平衡，创新教育矫正的内容，改革教育矫正方法，凸显少年自觉性的培育，引导其形成良好品格。通过外部力量强制介入与个体由内的转变有着根本性的不同。[①]

中国有着悠久的集体主义传统，并且相比西方国家，这是一种没有限制的专制。随着阶级和国家的出现，中国分别经历了奴隶制和封建制。自秦朝的建立，封建制越来越往极端化方向发展。这种制度重视权力，忽视人的权利，也基本上不谈西方社会所倡导的民主、自由等理念。这种局面延续了几千年的历史，直到新中国成立。专制统治的重要特征在于皇权至上，以此构建起的法并不以保护人的权利和自由为价值取向，而追求的是专制的统治，是一种权力取向，维护皇帝权力和统治阶级的权力，否定了人的自然理性。古代传统社会主张对皇权的无条件服从，而在人与家族的关系中，倡导的是封建家长权威，遮蔽了人的独立人格，严重漠视人的基本权利。并且这种专制主义得到了儒家、法家等思想的维护，以儒家文化为主导的社会通过道德教化实现统治和社会的稳定。

中国对于人的可教性和可变性给予了肯定，因而对于教育矫正

---

① 段炼炼、毕宪顺：《道德失范的矫正路径分析——基于古代德育机制的考察》，《烟台大学学报》（哲学社会科学版）2015年第6期。

的价值和意义的认同也是毋庸置疑的。并且教育矫正受到国家的法律和制度的保障，对于服刑少年犯的矫正更是具有了强制性，这对于教育矫正的开展无疑提供了重要保障。但是，当前我国对于服刑少年犯的教育矫正依然是以民警与执法人员为主导，缺乏教育矫正相关的专业知识与技能，难以把握教育矫正的正确方式、方法，再加上缺乏专业力量的参与，使得教育矫正普遍存在着偏重监管和维持秩序而轻视教育和自由的引导。[①]

西方发达国家对罪错少年的教育矫正项目充满着多元化和个性化，重视人的个性特征，注重对个体心理测评，发挥其在矫正中的作用。以此为基础，设计富有特色的教育矫正方案，针对不同类型和特点的罪错少年，对其进行职业技能培训、文化学习辅导、心理咨询与治疗、情感和人际关系的感化等矫正实践，以个性化矫正项目为基础，进而最大化地发挥矫正的效果。基于循证的理念和方法，所有的矫正项目都必须经过充分的研究和验证，以达到最佳的矫正效果。[②]

教育矫正在推崇集体主义的中国缺乏全社会的参与，而崇尚个人主义的西方却有广泛社会参与。西方国家如英国提出了"社区安全合伙人和综合罪犯管理"等理念，[③] 广泛地发展教育矫正的合作机构与合作者，吸引社会的参与，以开放性的心态使更多教育矫正的专业机构和相关专业人士参与到对罪错少年的教育矫正中。近年来，西方国家对罪错少年改造注重矫正和社会的有机结合，推进罪错少年矫正的社会化，并且社会化教育的形式多样，美国、英国、意大利等国家重视学校教育和社会教育在监狱中的渗透，尝试学习

---

① 苏春景、赵茜：《中国与英国社区矫正教育比较分析》，《比较教育研究》2016年第8期。

② 翟中东：《现代西方国家在社区矫正中所使用的矫正方法——项目矫正》，《犯罪与改造研究》2013年第9期。

③ 苏春景、赵茜：《中国与英国社区矫正教育比较分析》，《比较教育研究》2016年第8期。

释放制,致力于开放式处遇,帮助矫正对象和社会的融合,促进其社会化发展。与西方发达国家相比,我国罪错少年矫正的社会化缺乏足够经验,不少工作处于探索性的起步阶段,借鉴西方发达先进经验,并如何进行本土化是摆在面前的一大任务。①

(三) 中国教育矫正注重"防微杜渐",西方关注"自由成长"

从法律制度来看,中国历史上就存在着法律工具主义的取向,并且这一传统观念代代相传,成为了维护封建统治阶级的重要方式,法成为了古代中国维护统治的一种重要工具和手段,"法、术、势"成为了古代社会治理的基本思维和模式,对统治阶级的权力形成了一定的规制。② 中国对罪错少年进行教育矫正一大特征在于防微杜渐,暗含着对罪错少年可能再次犯罪与犯错的忧虑,重视对少年不良行为的纠正,对于构成犯罪的行为允许强制性纠正,注重通过行为习惯训练,培育少年理性,推进社会控制,从而引导其行为符合社会主流规范和价值,这一理念和模式一方面为个体成长指明了一大方向,预防个体出现严重方向性错误,为社会和谐秩序的形成提供了保障,降低个人自由成长所付出的代价,此模式下所培养的个人对社会规范和价值观能够实现基本的把握和维护。然而部分个体的行为仅成为强制教育的后果,个体的理性未必能够进行成功的塑造,其行为难以保证稳定地持续,在缺乏强制的情况下,可能造成个体行为的突然变化而再次出现罪错行为。借助外在强制所维系的虚高状态下的矫正成果容易化为泡影。此外,通过灌输、矫正、纠偏、强制规训等形式,易引发个体逆反心理,真正的自由教育变成了更加艰难的过程。总之,此理念和模式下的教育矫正可视

---

① 刘利明:《罪犯矫正教育的中外比较研究》,《河南司法警官职业学院学报》2012年第1期。

② 孙万怀:《在制度和秩序的边际——刑事政策的一般理论》,北京大学出版社2008年版,第76页。

为通过牺牲个体自由而获得社会秩序的稳定和谐。①

我国对罪错少年教育矫正渗透着较为浓重的政治色彩以及社会主义意识形态的影响。中国教育矫正法制保障的工具主义，政治色彩浓厚。教育矫正的基本指导性思想仍然是社会主义，我国集体主义传统文化成为了其根基。教育要培养德、智、体、美等全面发展的社会主义建设者和接班人仍然深刻地对教育矫正发挥影响，因此，爱国主义、法治教育仍是教育矫正的重要内容。正义、秩序、爱国等传统德育基本元素无疑给教育矫正带上了深刻的文化烙印。②我国传统社会推崇社会本位，个人被视为社会的重要部分，个人需要服从于群体的利益、社会的规范和国家的大局。因而，中国人从小就被教育和灌输责任意识，被训练在不同角色上承担其相应责任。责任意识的培养对社会秩序的形成和发展发挥重要作用，然而在某种程度上削弱了个体实现个人自由的动力，不少个体基于社会责任和义务而采取行动，在一定程度上阻碍着人的内在动力自由生发。

对教育矫正对象的认识，中国的教育矫正强调人的社会性；西方除了对社会化认识外，侧重于人的自然性，关注到人的自由成长。教育矫正原则方面中国对罪错少年的教育矫正强调强制性，西方国家比如美国对罪错少年接受教育或学习强调自愿，能够自主选择参加一些矫正的项目；教育矫正方式方面中国强调教育必须与生产劳动相结合，有很长一段时间对经济的追求超过了对人的教育。西方国家教育矫正较少进行直接以经济为目的的生产劳动，而是通过社区服务等公益性形式对人进行教育。

西方的专制主义尽管同样出现过，但是用民主代替专制的时间较早。比如古雅典政治的发展第一步是推翻寡头政治，第二步便是

---

① 冉亚辉、易连云：《防微杜渐与自由发展两种德育模式的对立——中美学校道德教育比较研究》，《外国教育研究》2007年第11期。

② 同上。

成立民众政府。在梭伦领导时期,官职是通过选举产生。此外,西方历史传统中素来有契约的精神。我们从罗马法律中就能见当时发达的契约意识和契约关系。因此可以这样说,西方国家的专制主要体现为受契约精神束缚的一种专制。西方世界专制政治通常难以大权独揽,君王的权力有限,往往受到多种权力支配,相互制衡,其中交织着皇权和教权,注重政治的道德根基,追求统治权力对国家臣民的责任,防止权力暴力的产生。加上西方专制主义相比中国,时间较短。《罗马法》注重对公民权利的保护,倡导自由、民主等。为现代社会提供了权利本位的传统意识,在17世纪至18世纪西方资产阶级革命下,专制主义就慢慢地被三权分立所取代。

与之相对应的是,西方刑罚的残酷性也是有所限制的。比如通过立法对刑罚权进行限制,而不由皇帝专断独行。对于肉刑相比同时期东方世界的国家来说也是有所限制的,对身体的摧残以给人痛苦进行了一定的控制。死刑的适用上同样如此。尤其是教会对人的惩罚强调的是忏悔和仁爱,对于血淋淋的肉体惩罚有所控制,必要时将犯罪人交给世俗法庭。相较而言,中国刑罚相当残酷,中国古代封建社会,以皇帝为最高的权力中心,皇帝的话是圣旨,不可违背。君王诏令是最高的法。死刑的种类繁多,并且残酷无情,根据皇帝意志而立。酷刑的适用可以根据皇帝个人喜好而定,较为无常和随意。尽管有儒家思想"德主刑辅"等通过礼来实现教化的主张,但是儒家思想并非是为了限制刑罚而出现的指导性精神,并且在中国古代社会也并无相关的思想对于专制权力和刑罚的滥用加以限制。[①] 储槐植先生曾提出权力越是集中、监督越是缺失,刑罚就越严厉和苛刻,反之,权力越分立,民众和监督越完善,刑罚就越人道和轻缓化。[②] 皇权的高度集中、监督的缺失均成为影响中国古

---

① 李瑞生:《中国刑罚改革的权力与人文基础研究》,中国人民公安大学出版社2011年版,第95—110页。

② 储槐植:《刑事一体化论要》,北京大学出版社2007年版,第39页。

代刑罚残酷性的因素。

通过对罪错少年教育矫正价值取向西方与中国的历史嬗变、特征和比较的研究，我们能够从中得到一些启示。一要把握中外教育矫正制度总体趋势与方向。从矫正变迁的总体脉络来看，报应惩罚取向的弊端逐渐受到关注，刑罚的执行出现了新形势，尤其是针对未成年人犯罪，"轻刑""慎刑"等更是成为少年刑罚的基本理念和原则，而我国在"少年保护"的精神下促进罪错少年刑罚体系从重刑主义转向轻刑化过程中，在"以教代刑""保护处分"等理念的落实上，逐渐体现威慑功能向警示功能的转变。当前刑事一体化理念与模式正逐步地深入人心，实体法与程序法均受到影响。当刑罚的严厉性和轻微性所带来的效果相当的时候，着重选择用轻微的、节俭的刑罚，尽可能避免严厉的刑罚。[①] 二要关注历史上出现的监禁惩罚与自由保护钟摆现象。对剥夺自由为要义的监禁矫正悖论，一直以来，理论界关于监禁矫正的效果的怀疑从未停止，著名的矫正无效论"马丁森炸弹"至今仍有很多赞同者。矫正无效论者以重新犯罪率的提高说明矫正未能发挥出应有的作用。尽管我们可以通过犯罪是多重因素综合作用的结果并且社会是一大重要成因来为监禁未能对人进行成功的矫正进行"开脱"，但是，事实上我们也很难明确地计算出或证明监禁矫正究竟存在着多少明显的效果。中外历史变迁也表明并非提倡简单地取消监禁刑，但是逐步改革和完善刑罚执行方式和教育矫正的内容和方法却是势在必行的。监禁矫正更多是外在的，不可避免地对人的自由本性形成一种压抑。这种压抑难以使矫正对象具有创造力、激情，个性也逐渐地被磨平，服刑少年犯一旦刑满释放，缺乏来自制度和管教人员的管教，一旦有机会，就容易重新犯罪。人的心理如同弹簧，压得越低，弹力愈强，反弹的力量愈大。[②] 三要厘清教育矫正多重价值冲突矛盾关系

[①] 包雯等：《21世纪刑罚价值取向研究》，知识产权出版社2006年版，第278页。
[②] 冯建军：《规训与纪律》，《教育科学研究》2003年第12期。

与不同国情背景下多重取向抉择取舍。当价值冲突时，就存在一个价值位阶孰前孰后的问题，这本身同样涉及价值判断，深受社会历史环境左右，特别是人的思想、意识等影响更加的直接。例如，人类古代社会，尚未出现真正意义的矫正，但是法律制度尤其是刑事司法制度和政策却有着比矫正更加漫长的历史，其目标取向在于维护统治秩序；近代的法律制度和政策开始关注人的权利、自由、民主等，然而受历史局限性影响，无法真正地实现；社会主义社会法律制度以及矫正一度成为专政的手段，秩序主义色彩明显，为维护无产阶级专政，矫正以及相关制度设计中存在着诸多侵犯人的自由权利的弊病。随着自由观念和精神在世界范围内深入人心，世界各个国家的矫正以及相关法律制度的设计不再追求单一的维护阶级统治、保护阶层利益的价值目标，维护阶级利益的色彩已逐渐退出历史的舞台。人们开始注重在微观矫正实践过程中对人的基本权利的保护，在宏观法律制度设计上为社会稳定、有序、和谐发展服务，并且教育矫正基于人的价值追求日益独立于其外部维稳的目标，比如在教育矫正运行中强调人权的保护，在管理和制度的设计上注重程序正当。①

---

① 杨宇冠：《论刑事司法制度的基本价值目标：自由与秩序》，《广东社会科学》2012年第2期。

第 三 章

罪错少年教育矫正价值取向的困境

罪错少年教育矫正价值取向存在着诸多矛盾、纠结和迷惘，这些矛盾始终交织在教育矫正价值实现的过程。在教育学研究中，不少学者关注到了"人"，并对教育实践中人的主体地位的忽视问题进行了讨论，大致观点是教育忽视人的存在，工具理性压倒价值理性，人丧失自主权、灵魂和特色，教育者缺乏主体性和话语权，教育对象发展失去个性，被制造成一个个相同规格的机器零件等。著名教育家叶澜曾深刻地认识到，欲达到人的发展，需要认识并纠正教育价值取向的失误，教育学理论研究以及教育实践中要提高对人的价值问题的关注。那么，人成为教育矫正的一个逻辑起点。罪错少年教育矫正的多重目标取向和"人"存在着错综复杂的关系。罪错少年教育矫正价值取向的迷惘与纠结也同"人"有着绕不开的关联。

第一节 社会功利取向与人的教育、自由保护之迷惘

教育矫正的标准设立以法律为依据，预防人不再违法犯罪，矫正对象被置于标准化的改造中，严重偏离教育的本质，异化为规训和驯化。中国传统社会中人缺乏独立和自由，人成为了社会网的一

部分，思想和行为多数受统治阶级的意志影响。人变成了实现他者利益的工具，遵循和服从相应的祖制成为了一贯的模式。教育矫正中的人很难被允许进行"为何"的发问。①

一 教化和惩罚工具化与人的教育之冲突

功利主义惩罚论基于"最大多数人的最大幸福"② 原则将人视为实现目的的手段。惩罚是一种威吓人、控制人的方式，黑格尔曾一针见血地指出："以威吓作为惩罚的根据，就如同举起棍棒对待狗，而非对待人，人所应有的尊严得不到尊重"。③ 中国传统社会以宗法制度为基础，强调等级文化，注重伦理道德，在教育领域中表现为师道尊严、尊师重道，教师具有较高的权威。我们从教育的古汉字可以看出，"教"是通过教育者拿着"戒尺"、挥着"教鞭"进行的。对教育对象的惩戒是教育者权力的重要内容，在传统文化的影响下，不少教育者头脑中关于"自身具有绝对权威而教育对象需要服从自己"的观念根深蒂固，教育缺少了人文关怀和温情，教育惩罚有时候被异化为体罚或变相体罚。少年尤其是处于青春期的少年自我意识发展，他们追求自由和独立自主，不少思想和行为与教育的制度或者教育者出现了冲突和矛盾。一些教育者并未基于少年身心发展特点，把惩戒作为打压的手段，实则扭曲了惩戒的实质，难以起到教育的效果。④ 比如，社会上出现的矫正"问题少年"的行走学校，通过长途步行，实行军事化管理，"野外行军训练"惩戒，部分学校采用高墙电网的封闭方法，教学方法简单粗

---

① 袁本新、王丽荣：《人本德育论——大学生思想政治教育的人文关怀》，人民出版社2007年版，第197页。
② Jeremy Bentham, *A Fragment on Government and an Introduction to the Principles of Morals and Legislation*, ed. Wilfred Harrison, Oxford: Basil Blackwell, 1967, p. 21.
③ [德]黑格尔：《法哲学原理》，范扬、张企泰译，商务印书馆1996年版，第102页。
④ 鲁潇：《中学德育中教育惩戒的作用研究》，硕士学位论文，华中师范大学，2013年。

暴，部分教师已经构成了故意伤害罪，如重庆××行走学校暴力教育。① 惩罚和矫正被附上了警戒甚至是震慑的功能，这同教育的发展价值存在着矛盾对立。因此，怎样更加合理、更加有效地推进教育惩罚实施，成为了其现实困境，教育惩罚被异化为对少年的体罚，产生了不少消极影响，当前对于教育惩罚的原则、限度、适用条件、方式的正当性等问题仍面临诸多争议，其根源在于对教育惩罚缺少本质上的认识。唯有合理正确地采用教育惩罚才能获得理想的效果，发挥惩罚的积极作用。②

"人的教育"取向受到压制，惩罚与罪错行为预防的实践效果有限。人的行为通过尝试体验、训练学习获得。惩罚对已经形成的行为进行重新选择和调控。奖励虽然能够对人的正确行为进行强化和鼓励，但它在遏制偏差行为方面效果有限，而惩罚正好弥补了这一不足，惩罚能够有助于遏制偏差和错误的行为，因此，奖励和惩罚互为配合，共同构成完整的教育。不少家长和教师正是不能及时地、恰当地对孩子的错误行为进行及时惩罚和遏制，导致了孩子偶然的错误行为演化成不良行为习惯，遵守规范的意识淡薄，严重者走上违法犯罪道路。惩罚对于遏制偏差行为有显著的效果，但是它并不能完全消除人的行为。行为主义心理学家斯金纳通过实验研究也印证了这一结论。想要完全消除少年的不良行为，还需要帮助他们认识到不良行为、偏差行为的错误和危害，用替代性行为取代原先的错误行为。此外，惩罚的效果并未一朝一夕可见，而是通过概率方式呈现。人的教育是一个漫长、曲折、反复的过程，因此，惩罚和罪错行为预防的效果受管教人员的人格修养、少年身心发展的阶段和特征以及外部教育环境等因素的影响，这些因素对罪错行为

---

① 吴晶、刘奕湛：《重庆行走学校打骂学生教育部表示坚决取缔》，http://news.163.com/07/0926/00/3P9CJVTT0001124J.html，2007年9月26日。
② 杨润东：《教育惩罚的两难困境及突围》，《中国教育学刊》2015年第12期。

预防的有效性产生不可忽视的影响。①

可以看到，长久以来矫正和犯罪预防的价值取向在于维护社会的安全、和谐与稳定，矫正的目的和追求在于最大限度遏制犯罪现象，降低犯罪率和再犯率，对于在犯罪预防中个人自由和权利的保护未受到同等的重视。对罪错少年的教育矫正中情感体验的缺失，不少道德教育、法治教育形式化严重，相关活动变成学校宣传的一种手段，部分活动变成了学校应对上级领导的仪式。如此种种，让少年对其自然而然产生一种抵触、排斥的心理，少年在预防教育中主体地位的丧失，难以发挥其积极作用，不利于培养其良好的自我意识，教育的效果大打折扣。② 海口市未成年人法制教育中心作为一个较为成功的教育矫正中心案例，尽管取得了教育矫正罪错少年的不错成绩，积累了相关经验，但是仍然存在着一些不足，比如，中心尚未开展义务教育，对于在校生突然休学 3 个月接受法制教育，中断义务教育接受法制教育是否与《义务教育法》冲突，出去耽误了学习怎么办，还能不能跟上，还能不能继续读书，犯罪控制目标的实现如何兼顾受教育等基本权益，这些问题值得思考。③

在社会功利取向下，社会利益和少年利益怎样同时照顾到，如何实现对社会和少年儿童双向保护是历来法学界较为纠结、争议较大方面。社会功利取向本着追求最大多数人的刑罚，把对罪错少年的惩罚和教育看成犯罪预防和社会控制的一种工具，人在此过程中也变成了为社会功利目标实现的工具，人的地位受到了忽视。尤其是罪错少年教育矫正中法律制度设计如果一切以犯罪预防为目的，容易带来法律处遇制度的严厉以及惩罚的不公，这与现代教育矫正政策和方向相悖。功利取向最大的弊病在于为了实现社会群体最大

---

① 傅维利：《论教育中的惩罚》，《教育研究》2007 年第 10 期。
② 张家军、陈玲：《学校仪式教育的价值迷失与回归》，《中国教育学刊》2016 年第 2 期。
③ 姚建龙：《保护与惩罚：预防未成年人犯罪实证研究——海口市未成年人法制教育中心调研报告》，中国法制出版社 2015 年版，第 11 页。

化利益，不惜牺牲少数无辜者的权益，因而与正义价值追求相矛盾。① 双向保护的矛盾纠结甚至成为了少年司法和矫正实践的千古难题。如果过度追求对罪错少年的保护，免于惩罚，纵容其恶行，那么社会公平正义势必难以彰显。反过来，如果过于保护社会而通过严刑峻法对罪错少年进行惩罚，容易侵犯其权益。从西方国家少年司法和罪错少年处遇和矫正的实践可以看到，一味对罪错少年单向保护，并不能起到令人满意的结果，犯罪问题依然存在甚至有恶化的趋势，同时危害了社会民众的权益，破坏了正常的社会秩序，后来又滑向了另一极端，主张对罪错少年和成年人一样进行惩罚。因此，如何处理和平衡这一对矛盾，是对罪错少年教育矫正要面临的关键问题，迄今，仍然是困扰世界诸国的难题。② 此外，教育矫正公平和效益是一对矛盾关系。对公平的追求或许将以牺牲效益为代价，而重视效益同样容易带来公正的无法保证。公平与效益二者矛盾的处理成为罪错少年教育矫正面临的一大难点。一方面，教育矫正资源分配和使用要求合理；另一方面，教育矫正效益价值的追求要求在对罪错少年教育矫正中通过最小的成本获得最大的收获，比如尽可能地减少监禁矫正，降低人力、物力等投入，将其放置于社区中进行矫正甚至直接不对其进行刑事惩罚。但是，这种对效益价值取向的追求、对罪错少年的慎刑和轻刑，是否会损害教育矫正的公平和正义价值，成为了法学理论界争论不休以及实务中迷茫的一大根源。③

此外，法的价值追求同社会的价值追求有时候也会产生矛盾冲突，比如，对罪错少年的矫正处遇有时候深受社会的影响，比如社会舆论、伦理道德等，从而影响到刑事司法中对罪错少年的处遇判

---

① 张锐：《论惩罚的哲理探究》，《法制与社会》2012 年第 21 期。
② 张青聚：《双向保护原则的价值冲突与平衡》，《福建法学》2014 年第 1 期。
③ 王宏玉：《社区矫正模式的理念：矛盾冲突中的选择》，《中国人民公安大学学报》（社会科学版）2006 年第 3 期。

决。对罪错少年进行处遇和矫正中往往交织着法、理、情等关系。如何既维护法对正义、公平等价值追求，又实现最大化的社会效益，成为了教育矫正取向的一大迷惘和纠结所在。①

二 教育矫正规范向度和价值向度的矛盾

从中外矫正史可以看到，教育矫正往往体现统治阶级的意识形态，所以其通常带有规范、教化、约束公民的作用。诚然教育矫正存在着社会治理的规范向度，但是，教育矫正还存在着价值的向度，主要体现为一种信仰与精神的追求。教育矫正需要以"善""公平""正义"等作为自身追求的信仰，基于德性之根基，获取精神的追求。只有注重教育矫正的价值向度，教育矫正才能获得不竭的动力。但是在教育矫正实践中，通常偏向于教育矫正的规范向度，价值向度被遮蔽了。片面对教育矫正功利取向的追求，直接压制了其价值向度，其精神的基础被抽空了，教育本性不断丧失。过度重视教育矫正功利主义的取向容易造成教育目的和犯罪预防、社会治理等功利目的交错复杂，通常教育矫正不断受到法律和社会规范驱使，人在教育矫正实践中的独立品格与自由成为悖论。工具、功利化看待教育矫正，其自身的精神价值受到扼杀。人丧失了对教育矫正终极性价值的追求，变成一项工具。人的自由在教育矫正中被漠视，教育矫正停留在犯罪预防、社会安防等功利性的外表，缺乏对精神和人文等价值的追求。教育矫正借助外在的规训和管理，对人的内在涵养与熏陶重视不足，偏离了对人的灵魂塑造之本意，教育矫正实践中对人的自由引导缺位，容易造成人精神的迷失以及完整人格形成的困难。所以教育矫正价值向度是一种比规范向度更加深邃的向度，倘若受到了漠视，容易造成教育矫正的整体偏离。教育矫正实践价值取向对其价值向度的回归成为了助推罪错少年自

---

① 赵永纯、竹庆平：《刑事司法理念及其价值冲突》，http://www.110.com/ziliao/article-149100.html，2009年10月28日。

由复归的当务之急。①

　　由此给少年的自由成长带来了诸多消极的影响。当下我们的少年儿童已经愈来愈不像孩子了，逐渐变成了小大人，无数人发出过这样的感慨，当下少年的生存状态面临着越来越大的压力，再也不像人们传统观念中的孩子那般幸福快乐、纯洁、淘气。传统儿童和孩子的形象日渐消逝。甚至少年的很多罪错行为也日益成人化，不少犯罪手法与成人类似，令人不得不感慨今天的孩子怎么了。成人面对这些少年儿童，显得茫然，越发感到费解和陌生。② 西方有不少研究者早就意识到了童年消逝的问题，我们从他们的著作中都可以看出，比如，美国学者尼尔·波兹曼写的《童年的消逝》一书以及英国学者大卫·白金汉的《童年之死》。西方的研究多数认为，造成童年死亡的根源是科学技术迅猛发展带来对少年儿童信息控制的难度加大，这些孩子能够轻易地借由电脑、手机、网络等工具获取到任何他们想要的信息，包括不少成人世界的、不适合提前透露给孩子的信息。我国同样也面临技术进步所带来的问题。少年、儿童的童年逐渐地不像童年，其根源在于成人掌握着一切社会的自由和权力，对于少年、儿童的成长往往以爱和保护的名义，将少年孩子们预设为能够进行任意改造的模型，可以基于一个理想的目标，试图把所有少年、儿童都朝着同一个方向进行塑造。比如《未成年人保护法》就提出"把他们（未成年人）培养成为……社会主义事业接班人"，很明显，这无疑带有塑造论的影子。作为保护未成年儿童权益的重要法典，它是否已变成了一种以爱和保护的名义实现成人理想的工具，这一问题值得深思。《预防未成年人犯罪法》所涉及的对少年罪错行为的教育矫正目的在于"增强未成年人的法制观念，使未成年人懂得违法和犯罪行为对个人、家庭、社会造成

---

　① 朱有志、邹智贤：《道德建设：价值向度的迷失与回归》，《伦理学研究》2008 年第 6 期。
　② 姚建龙：《青少年犯罪与司法论要》，中国政法大学出版社 2014 年版，第 328—329 页。

的危害，违法和犯罪行为应当承担的法律责任，树立遵纪守法和防范违法犯罪的意识"。可以看出对罪错少年的教育矫正对规范向度的侧重，而人的其他素养的发展和完善被选择性地忽略了。从自然的客观规律看，在还未成年之前的少年，就得像个儿童的样子，倘若人为地进行恣意破坏，干扰了正常的秩序，容易"生产"出一批早熟的果子，这些果子不可食用，同样从外观上也不甜美，极易腐烂。教育家卢梭的思想至今仍可以给我们启示。把少年、儿童客体化成塑造对象，用一个理想化、标准化的模型去塑造不同个体的少年儿童，结果必然是少年、儿童越来越远离儿童的本质，长成一种畸形状态。①

当前对少年尤其是问题少年进行道德教育的前提假设是，我们的教育对象是缺乏道德的，甚至是不道德的，这一前提假设实质上是对人作为生命存在的不尊重，是对一个个生命个体的不信任，由此造成了教育矫正的困境，企图用非道德的动机去让人变得道德，因此，教育矫正也陷入了社会中心、成人中心，以外在的标准去规定少年群体，使之对社会道德标准和规范绝对服从和绝对遵守，甚至为了达到这一目的，采取了一些不道德的方式，比如威胁、辱骂甚至过当惩罚。应当认识到，对少年的道德教育是为了帮助其更好地生存和生活，并非仅仅为了道德而存在，建立在规训、强制基础之上的道德教育脱离了教育对象生活实际，忽视了其作为生命体存在的内在需求，缺少了感染力，非但不利于少年美好生活的实现，而且对于其道德修养的提升也无实质性效果。

第二节　惩罚矫枉过正的"保护"取向与自由的有序引导之纠结

尽管哈耶克推崇自由、宣扬个人自由，然而他同样反对放任式

---

① 姚建龙：《青少年犯罪与司法论要》，中国政法大学出版社2014年版，第328—329页。

的自由，并且他早就预言，没有什么比得上"固执于自由放任"给自由主义带来的伤害。反对对自由的限制并不代表着赞成教条式的放任自由，无条件地追求"消极自由"。哈耶克所主张的自由是法治下的自由，是由规则所构建和保障的自由。通过人所构成的共同体制定规制，而形成自发秩序，或者通过对传统习俗、行为习惯转变成明文规定，这种自发、自愿通过协商的规范并非约束自由和竞争，而在于保障自由，促进竞争。从政治学视角来看，通过对自由行使方式的约束和规制，并非限制自由，而是保障和进一步扩大自由。自由和规制的界限在哪里，什么情况下要侧重于自由的行使，什么情况又要对自由进行规范与必要的约束。现代民主法治社会对自由的规制要满足维护和保障个人的、自由的这一前提。哈耶克也强调要着眼于自由社会的创造力，积极鼓励自由竞争。

但是，当前对罪错少年的处遇和矫正片面以"保护"和"自由"的名义放弃对人的教育引导取向，由于规制的缺位，自由价值异化为放纵和绝对自由。当前对罪错少年非司法矫正处遇措施还存在着诸多不完善之处，司法对低龄触法少年的干预不足。法律规定，年满16周岁犯罪、年满14周岁未满16周岁触犯八种罪才负刑事责任。这样的法律设计存在着一些漏洞，对于未满14周岁触法以及年满14周岁未满16周岁不良行为被排除在司法管辖之外。同时工读学校作为教育和矫正有严重不良行为青少年的特殊教育学校，其发展也面临诸多困境。犯罪高风险的问题少年未能得到及时的矫正和干预。严重不良行为的规制和矫正缺位，重点体现在以下几个方面。

一 国家亲权缺失，保护性监护乏力

国家干预缺位，国家亲权尚未有效运行。少年罪错行为很多是家庭监护的失责带来的后果。这与我国当前监护制度的不完善、国家权力干预不到位、放任家庭自治有着密切的联系。当前我国法律制度对未成年人监护的监督和保障力度弱,不少法律条款与实际存在一定的脱节,成为了沉睡的僵尸。我国长期的封建宗法制文化传统带来了当前对少年的监督、保护、管教基本落在家庭层面的惯性,国家的干预力度不足。而针对罪错少年普遍存在的家长监护不力、不想管或管不了的问题,如果国家权力再进行放任失管、不予干预,势必造成少年罪错行为更加得不到有力引导和规制,违背了儿童利益最大化原则和未成年人保护的精神,也会造成罪错少年长期游离于主流社会之外,侵犯其他个体的权利,破坏社会秩序的不良后果。

当前,我国的未成年人法律体系包括《未成年人保护法》《预防未成年人犯罪法》与《刑事诉讼法》中的"未成年人刑事案件诉讼程序"专章,而《少年法》与《儿童福利法》长期缺位。[①] 同时,《未成年人保护法》《预防未成年人犯罪法》缺乏可操作性,并缺乏强制力和规约力,容易流于形式,变成"没有牙齿"的法律条文。这两部法律均是涉及未成年人的法律,里面涉及部分对罪错少年的教育矫正和犯罪预防的条款,但是由于这两部法律多为倡导性规定,缺乏执行的强制力,不容易付诸实践。法律既不具备司法性质,同样也不似西方少年司法的相关法律条文规定那样带有福利性质。比如我国法律条款中有不少关于父母监护和管教的相关规定,但是对于不履行监护管教职责的未成年人父母应当受到什么样的处罚以及如何保障其责任的确实履行则缺乏相关的处置办法;关于工读学校对严重不良行为少年的教育、管束、矫正的相关限度,和其他部门怎样进行沟通和协调等,同样缺乏明确的规定。因而,从整体上看,这两部法律对于罪错少年尤其是未构成犯罪的严重不良行为的少年如何进行干预和保护,并非详细加以明确规定,缺乏实际指导意义,实用性不足,容易流于形式。《刑法》《刑事诉讼

---

① 姚建龙、孙鉴:《触法行为干预与二元结构少年司法制度之设计》,《浙江社会科学》2017年第4期。

法》《治安管理处罚法》《禁毒法》《戒毒条例》《公安机关强制隔离戒毒所管理办法》等其他涉及未成年人的法律法规同样存在实施效果不显著的问题。在矫正实践中，无论法律制度设计层面还是实际操作运行层面在设定和选择具体价值目标的过程中，通常会基于现实进行矫正法律制度和矫正策略的抉择。

二 对临界行为"一放了之"，教育矫正制度缺位

少年临界行为主要包含少年的触法、违警、虞犯行为。我国刑法规定，不满 14 周岁的人犯罪不负刑事责任，已满 14 周岁不满 16 周岁只对故意杀人、故意伤害致人重伤等 8 种犯罪承担刑责。《治安管理处罚法》规定，对不满 14 周岁或已满 14 周岁不满 16 周岁的未成年人初犯免予治安拘留处罚。① 这类犯罪临界行为少年在我国常被分流出刑事惩罚之外，据统计，公安机关查获的少年犯罪嫌疑人数与最终法院定罪的少年犯人数对比，被分流的涉罪少年比例 2013 年达到 40.7%，2014 年是 53%，2015 年 58.3%，到了 2016 年分流率达到了 66%。按照 2016 年的统计数据，公安机关查获的少年犯罪嫌疑人最后到法院真正定罪的实际仅有 34%。② 绝大多数少年临界行为尽管涉嫌刑事犯罪，但他们在分流之后实际并没有任何强制性的教育干预措施，这就是当前我们对于罪错少年尤其是临界行为处置的实质状态。在中国现实语境下，我们不得不面对这样一个尴尬的处境：对不能动用刑罚的罪错少年，基本只能"一放了之"。当前对于还没达到刑事责任年龄的低龄触法少年置之不理、放任自流，缺乏适当的教育矫正干预措施；对严重不良行为少年教育矫正的缺失和放任，姚建龙教授将此种现象称为"养猪困境"③，

---

① 课题组：《最高人民法院关于校园暴力案件的调研报告》，《人民法院报》2016 年 6 月 2 日。
② 根据姚建龙教授在首届问题青少年教育矫正管理国际学术研讨会的发言。
③ 李卓谦、张玲玲：《姚建龙：从"教刑并重"走向"以教代刑"》，《民主与法制时报》2015 年 6 月 4 日。

现行法律对于未满刑事责任年龄的无法给予刑罚，放任纵容，对于非刑罚教育矫正措施，又因没有"牙齿"，难以发挥其基本功效。我国《刑法》第 17 条规定：对于因为未满 16 周岁而不予刑事处罚的，可以责令父母管教。但是，这条法律规定本身就存在着悖论①，假使罪错少年父母有意识和能力对女子进行管教，多数不会出现严重不良行为。在实际中，多数严重不良行为少年、低龄触法少年、违法犯罪少年存在着监护人管教缺位，要么是没有父母，要么是父母不作为，因而难以具体地适用"责令父母管教"的措施，在实际中也往往缺乏相应约束力。因而，责令往往变得空洞、模糊。谁去责令、责令无效采取哪些强制性措施、如何具体运行等均缺乏具体而明确的规定，基本难以发挥对罪错少年的有效规制。不满 14 周岁的被告人赵某伙同他人盗窃专卖店内的财务，涉案价值共计人民币 12230 元。法院基于刑事责任年龄，结合自首、从犯及取得谅解等情节，对赵某免予刑事处罚。赵某在激动之余也说出了心里话，"虽然一直盼着能够被放出去，但一下子被免予刑事处罚，心里又有些迷茫……"②

工读教育未能发挥出其教育矫正不良行为的功能。近年来，工读学校数量和规模大量减少，据统计全国明面上有 110 多所工读学校，然而实际上运行的只有 80 多所。再加上工读学校面临着自身定位、生源、师资、经费等方面的困境，工读教育未能担负起教育和矫正罪错少年的重要职责。特别需要引起我们注意的是，工读教育因招生的非强制性而难以履行教育和矫正严重不良行为少年学生的职责。尽管我国相关法律对工读教育有所提及，但是这些规定缺乏相应的强力保障，等同于没有了"牙齿"的法律。再加上其招生

---

① 颜湘颖、姚建龙：《"宽容而不纵容"的校园欺凌治理机制研究——中小学校园欺凌现象的法学思考》，《中国教育学刊》2017 年第 1 期。
② 任海涛：《为了明天——预防青少年违法犯罪理论与实践》，光明日报出版社 2015 年版，第 287 页。

"三自愿"，即要求学校、家长、学生本人自愿，在实践操作中，往往家长和学生不同意，难以对需要接受教育矫正的少年虞犯、违警少年、触法少年等对象施以合适的教育。此外，受工读"污名化"影响[①]，社会的排斥和歧视不可消除，生源日益减少，2013年专门学校学生数为9300人，2014年为8500人，2015年为7920人，2016年为7181人。[②] 据路琦等人抽样调查，在21所专门学校中，截至2017年10月，在校学生人数为2215名，多数学校未达到饱和度。[③] 尴尬的现状是：一方面少年罪错行为尤其是低龄少年触法行为引起了社会公众的不满情绪和焦虑心理，罪错少年亟待进行相应规制；而另一方面作为教育和矫正少年不良行为的专门学校，工读学校却面临招生难的困境，本该接受规制性的教育和矫正的罪错少年却游离在外。另外，当前我国的工读教育仍以保安处分为其指导性的理念，即以犯罪预防、维护社会秩序安全与和谐稳定为目的，以人身危险性、犯罪风险为基础，重视通过隔离实现社会的安防。

除此之外，工读学校作为专门学校片面强调去工读和去标签，偏离教育定位。受到"去标签化"理念的影响，工读学校也逐渐开始了去工读色彩。这主要体现在校名的变更，不少工读学校将校名改成"阳光""启明"等词汇，或者使用职业学校的名称。尽管是名称的字面变化，但是背后却是对工读教育理解、对工读学校办学定位的不同。此外，在招生方面改用学校、家长、学校三自愿原则，招生上对教育定位的偏离带来了许多原本应当接受教育矫正的学生被排除在外，却招来了轻微违纪的学生以及有网瘾的学生，造成宝贵的教育资源使用不当，带来资源的浪费。工读学校的教育教学方面同样地趋向普通学校，试图淡化工读色彩，甚至不少工读学

[①] 刘若谷：《低龄触法未成年人教育矫正研究》，人民出版社2019年版，第55页。
[②] 数据来源：教育部发展规划司2013—2016年《中国教育统计年鉴》。
[③] 路琦等：《新时期专门学校教育发展研究》，《中国青年研究》2018年第5期。

校已偏离了最初的功能，而是变成了职业培训机构，着力于职业教育和文化教育。或者直接与普通学校无异，致力于义务教育，而道德教育、法制教育、心理辅导等严重缺失，重视知识的教和学，对于其不良行为的矫正难以发挥其功效。事实上，这种近些年出现的现象将工读学校带离了其办学定位，动摇了其办学和教育的根基，造成定位的偏离和错误。这对于罪错少年的矫正与成长将难以产生积极的影响。[①]

同已被废除的劳动教养制度类似，收容教养制度多年来一直饱受诟病，合法性屡遭质疑，并且由于缺乏相应的执行场所，已逐渐被废止，名存实亡。尽管有"未满16周岁而不予刑事处罚的，必要时可以由政府收容教养"的法律规定，然而对于什么时候可界定为必要时，却是模糊不清的。此外，收容教养对人的自由权的短期限制和剥夺由公安部门决定，不符合程序正义，被视为劳动教养的翻版，并且教育内容无法完全达到《教育法》《预防未成年人犯罪法》规定的要求，劳动教养制度已被废止，因而在收容教养的实际执行中往往非常慎重，我国多数地区在实际中停止了收容教养。治安拘留因为时间有限，难以在短期内对其进行矫正和教育，再加上其对自由的剥夺极易对不良行为少年的身心带来消极影响；其他治安处罚多数力度较轻，对严重不良行为少年的震慑效果不明显，更加不用谈对其的矫正和教育；强制戒毒所缺乏对未成年人的有针对性的戒毒程序和矫治康复、心理干预，不少戒毒少年反而受到交叉感染，习得戒毒所里其他人员的不良行为习惯。有研究对未成年社区服刑人员进行过调研，多数被调查区、县20%以上的未成年社区服刑人员有曾在监狱服刑、被劳教、被行政拘留的经历，个别地区达到了57%，从侧面上也能够看出劳教、行政拘留等处罚对一些罪错少年的威慑和教育作用不理想，致其再次走上犯罪道路。

[①] 张良驯：《对工读学校"去工读化"现象的研讨》，《中国青年研究》2016年第4期。

未检机关由于职责繁多，难以有足够的时间和精力投入罪错少年的教育矫正中，往往没有办法真正履行教育矫正的职责，对未成年人矫正与教育措施的落实监督不到位。从立法、司法、执法来看，各机关相应工作程序都对罪错少年的矫正和教育未加以有效的干预，重视程度不足，教育矫正制度建设不完善，限制了其功能的发挥，效果不明显，因而对罪错少年矫正和教育从整体上看处于放任的状态。司法矫正中还常常面临着对罪错少年的教化理念还是对受害人进行补偿理念的纠结。由于罪错少年具备较强可教性并且通常作案主观恶性不强，在司法中对罪错少年进行教育，帮助其进行认罪悔罪，认识自身"自由"行为对他人和社会的危害。这是对罪错少年教育矫正的重要类型。然而在司法实践中，这种教育理念很多时候被补偿理念所替代。通过对被害人进行经济上的弥补，以钱买刑或以钱代教成为了一种现象，少年刑事司法公职人员为追求结案了事，在高效率导引下往往难以在教育和补偿理念之间获得一个平衡点。①

对于严重不良行为、违反治安管理处罚条例或低龄触法等少年缺乏强有力的教育和帮助，多数情况下仅凭其意愿。尽管有相关的帮教协议，然而因缺乏法律强制力，难以对帮扶对象进行有效的约束，来保障教育矫正的落实。尽管有将轻缓处理作为条件要求罪错少年强制接受教育矫正，然而受时限影响，短时期之内难以真正地落实教育矫正，在处遇决定做出前，往往未能发挥教育矫正的效果。诸多问题倘若始终未能加以重视，报应惩罚或将重新抬头，以降低风险和回应社会对罪错少年进行惩处的呼声。②

---

① 向煜暄：《冲突与平衡：未成年人刑事和解制度的困境及消解》，http://cdfy.chinacourt.org/article/detail/2014/05/id/1290036.shtml，2014年5月8日。
② 陈希：《教育刑理念下我国少年司法体系的完善》，《中州学刊》2017年第6期。

三 家庭、学校、社会教育"规制链"的断裂

人和家庭、学校、社会存在着千丝万缕的"链接"。美国学者多尔迈认为,人通过"共生活"给定着。① 怀特说过"帮"和个人产生着紧密的关系。② 而链条的断裂直接影响着对罪错少年的有序引导和规约,使得自由异化成纵容和游离。

(一)家庭失序,监护和管教缺位

罪错少年多数与家庭的"联结纽带"③ 断裂。因家庭不和睦、单亲、离异等不良家庭结构带来了罪错少年不与父母共同生活,或者情感上与父母严重疏离,过早地步入社会,游荡于主流社会之外。④ 不少父母忙于生计,对少年子女"重养轻教",忽视对少年成长的教育和引导,对于少年不良行为采取放任态度,或者片面强调学习成绩。尤其是被社会边缘化的困境家庭,对子女的教养通常方式简单粗暴,非但对未成年少年身心健康带来消极影响,甚至可能把不良行为少年逼向犯罪。不少罪错少年的家庭代沟严重,未成年少年因内心的孤独而迷恋网络虚拟空间,人逐步地"赛博化",自我变得模糊了⑤,更加剧了不良行为的纠正难度,导致由偏差行为、不良行为演变成为犯罪行为。⑥ 关颖 2012 年对 1224 名未成年犯的调查显示,超过一半的未成年犯长期不和亲生父母住在一起,

---

① [美]弗莱德·R.多尔迈:《主体性的黄昏》,万俊人、朱国钧等译,上海人民出版社 1992 年版,第 62—63 页。
② [美]威廉·富特·怀特:《街角社会》,黄育馥译,商务印书馆 2012 年版,第 255 页。
③ [美]乔恩页·威特:《社会学的邀请》,林聚任等译,中国法制出版社 2012 年版,第 165 页。
④ 关颖、鞠青:《全国未成年犯抽样调查分析报告》,群众出版社 2005 年版,第 8 页。
⑤ [美]乔恩页·威特:《社会学的邀请》,林聚任等译,中国法制出版社 2012 年版,第 155 页。
⑥ 曾培芳:《我国青少年犯罪预防和矫正理论与实践模式的整合——以社会控制与社会支持为视角》,《江西社会科学》2007 年第 12 期。

42.3%的未成年犯恨父母。① 根据张良驯2015年对3000名未成年犯的调查，21%的未成年人犯罪时离家出走，在外流浪；自己单独在城市打工的占26.6%，父母在外打工，自己留农村老家占12.5%，父母均去世的占1.7%，父母在监狱服刑的占1.6%。②

家庭管教和关怀的缺失尤其是父母的缺位，给少年带来深刻影响。犯罪少年丛某，母亲去世，父亲长年酗酒，享受不到家庭亲情的温暖，与同学发生冲突时，从来没有人教育他如何妥善处理，在校园网上聊天与人发生矛盾，互不服气，相约打架，用锐器将其捅伤。③ 我们从某未成年犯管教所留守儿童犯罪典型案例也能看见家庭管教和关怀缺位的影响。犯罪少年宋某犯故意伤害罪被判处2年6个月刑期，自述："小时候父母经常外出打工，一直都与爷爷奶奶生活在一起，日子过得异常艰辛，没有父母在身边关心陪伴教育，总觉得少了一些什么。有时候恨父母为什么不要我，连过年都见不到一面，到学校开家长会都要年迈的奶奶，这使我真的很难过。回忆一次父母工地停工回来，我都认不出是谁，问奶奶才知道是父母，我惊讶了，因为在我的脑海里没有他们的印象，和他们的相处根本没有话谈，哪还谈得上父爱和母爱呢？于是在奶奶的管教下我慢慢长大成人，与父母关系逐步变得陌生。又因父亲的工地一直停工，父母情绪很低落，开始对我冷漠，也少管教。我感到父母不喜欢我，脾气渐渐地变得暴躁了，学习变差，慢慢地学坏了"。

非自由的成人，难以实现教育矫正的真自由，带来教育矫正的放任和失序。成人世界自由与责任失衡，成人责任意识淡薄，肩负起保护少年儿童、教育少年儿童的责任观念尚未得到广泛的认同。

---

① 关颖：《家庭对未成年人犯罪的影响因素分析——基于全国未成年犯调查》，《预防青少年犯罪研究》2012年第2期。

② 张良驯：《与普通中学生对比的未成年犯家庭特征》，《预防青少年犯罪研究》2015年第2期。

③ 任海涛：《为了明天——预防青少年违法犯罪理论与实践》，光明日报出版社2015年版，第150页。

社会对少年儿童监护的认识多局限于对少年儿童的生存条件的改善和保障以及生命安全的保护；并且存在认识上的误区，即少年儿童的教养和监护是家庭的责任，社会并没有必须的责任和义务；再加上少年儿童本身的独立性尚处于发展阶段，依附于成人、从属于成人，在失职、失责的成人面前，往往容易被忽视。①

（二）普通学校的教育过分渲染竞争性个人主义，公共品格堕落

当前学校教育在考试竞争、成绩排名等氛围中无形地将竞争主义、个人主义反复向少年学生进行暗示，教育传授给少年的是谋求个人的成功，但是共享、合作的精神和意识却自然淡化了。整个学校教育对竞争和成功的过度推崇，试图培养出谋求地位、利益的胜出精英，无形中构成了一种个人至上的文化，从而带来了公共品格的陨落，推崇占有式的个人获得，人逐步走向封闭与孤立，不懂得如何平衡个人权利与社会的关系。公共品格日益堕落，逐渐造成了个体和社会的疏离，人对公共社会的责任意识淡薄。学校醉心于知识教育，规制教育缺位。而学业的失败往往成为少年罪错行为的开端，学业失败后发展为旷课、逃学等不良行为，遭受同龄人歧视、老师排斥以及父母的责备、不认可，严重的开始辍学②，游荡于社会，成为社区闲散少年。逃课、逃学、辍学成为了少年犯罪的前奏。学校本该成为对不良行为少年进行教育矫正和犯罪预防的重要防线，但是在现实中基础教育学校往往忽视和排斥这类学生，教师缺乏足够的时间、精力、耐心，也缺少相关的专业知识与技能来教育矫正这类群体，长期以来以升学考试为导向的学校教育迫使部分处于高压状态下的少年学生逃学和辍学，最终向违法犯罪行为演变。比如，罪错少年张某，初二辍学，无业，因犯强迫卖淫、引诱

---

① 陆士桢：《从福利服务视角看我国未成年人保护》，《中国青年政治学院学报》2014年第1期。

② 关颖、鞠青：《全国未成年犯抽样调查分析报告》，群众出版社2005年版，第8页。

幼女卖淫、介绍卖淫罪被判处有期徒刑 6 年零 6 个月，被捕时 17 岁，在谈到学校学习情况时，说道："课堂上我有时会随意走到教室旁边的凉台上玩，老师也不管，因为管不了，呵呵……爸爸在给老师打电话通知我要退学时，老师非常高兴，没有说一句挽留的话"。①

此外，对一般不良行为的教育矫正过分反对惩戒而推崇赏识。学校教育面临两难困境，一边是难以管教的不良行为"问题"少年，他们叛逆、调皮、不遵守纪律，另一边是强大的社会舆论、反对体罚甚至杜绝惩罚不良行为少年的压力，教师对违反纪律的不良行为少年往往陷入了束手无策的困局。在教育实践中，出现过两种极端做法：一种是放任不管，得过且过，只要完成好相应的教学任务，其他纪律问题不能管、管不了、不敢管。另一种是对不良行为少年实施冷暴力，异化了纪律教育。在两极中举棋不定，限制了惩戒功能的正常发挥，极大影响了学校教育特别是道德教育的进行。惩戒极有可能由于实施不当而受道德和舆论的指责，成为众矢之的。不少人对惩戒的认识容易走极端，把惩戒与人道彻底对立起来，大力鼓吹教育要以学生为本，尊重学生的自然生长，极力批判教育惩戒，将其贴上"体罚""违反道德""不人道"等标签。部分不良行为学生在自由的旗帜保护下我行我素，不听从教师的教导，甚至于对教师权威进行挑战，传统尊师重教的师生关系模式遭受考验。

（三）邻里社区监管和帮教缺失

转型中的社会日趋开放，社会控制方式发生了剧烈变革，社区邻里人际关系的变化带来了邻里社区对少年行为约束力和影响力减弱。有研究对西部某市 F 区调查，社区中违法犯罪案件 90% 以上是

---

① 任海涛：《为了明天——预防青少年违法犯罪理论与实践》，光明日报出版社 2015 年版，第 56 页。

流动少年犯罪。① 据统计，上海外来流动少年犯罪比重逐年上升，2011年为81.7%，② 流动少年因缺乏一定的社区约束和帮教，不良行为容易发展成为违法犯罪行为。截至2013年7月，北京朝阳区外来少年犯罪已占少年犯罪比例的80%。③ 基于户籍的传统社会管理模式难以为罪错少年落实社会帮教。④ 罪错少年生活的社区居委会等组织对其不良行为的教育、监管和帮教未能发挥其应有的作用，缺乏对罪错少年父母职责履行进行有力的监督，尤其对罪错少年父母和少年自身均缺乏有力的指导和帮教。少年与社区的纽带不强，难以对罪错行为形成有效的规制和控制。⑤ 社区民众对罪错少年未能真正接纳和信任，而社会各界的爱心帮扶又往往表现出"虚假作秀"，出发点通常在于完成"政治任务"或"宣传任务"。靠单纯的走访慰问，通过拍拍照、聊天谈话等方式往往不能从根本上对他们提供真正有益的帮助，甚至可能带来标签化的不良后果。⑥ 从当前社区教育矫正实践看，教育矫正明显存在着惩罚力、规制力薄弱的问题，教育矫正缺乏相应的强制力，震慑效果不足，影响到教育矫正的实际效果。矫正缺位，教育帮扶流于形式，缺乏对矫正新方法与手段的引入和运用，心理咨询缺位，规制力缺乏削减了其严肃性，也影响了刑法的权威性和对人的震慑力，规范效果不明显。强制措施不完善，对不服从监管的矫正对象难以形成有力规制。加上社区矫正的监管人员身份尚未明确，身份权威性有待进一

---

① 高万红：《预防流动青少年犯罪的社会工作行动研究——以昆明F社区为例》，《浙江工商大学学报》2015年第4期。
② 栾吟之：《涉罪未成年人帮教不分户籍》，《解放日报》2012年5月24日。
③ 徐日丹：《北京朝阳：实现涉罪未成年人社会调查全覆盖》，《检察日报》2013年7月12日。
④ 李慧织、储昭节：《涉罪未成年人社会帮教工作存在的问题及对策》，《河南社会科学》2014年第4期。
⑤ 关颖、鞠青：《全国未成年犯抽样调查分析报告》，群众出版社2005年版，第10页。
⑥ 屈小锋：《不恰当社会帮扶会对留守儿童造成不利影响》，《中国教育学刊》2017年第2期。

步增强。缺乏了强制的执法权使得教育矫正缺失必要的强制力，教育矫正的权力性格弱化。对不服从监管的矫正对象，对其采取警告的为数不多，被收监处理的案例更少。①

总之，保护取向同自由有序引导关系的处理是一大难点。惩罚的矫枉过正，对自由价值追求的偏误，过度强调对未成年人的保护，对个人自由的一边倒，容易在实践中出现变味，司法、管教人员、教师对于严重不良行为不加以批评或惩罚，向保护和个人自由一边倒容易带来价值观念相对主义、规则虚无、行为散漫、秩序混乱等问题。不少理论研究者和实践工作者对自由发生了误解，自以为探寻到了批评的靶子，从而带来了诸多问题。② 这也成为了罪错少年教育矫正价值取向的一大迷惘所在。

第三节　报应惩罚取向与人的自由复归之疏离

"规训"监禁环境下教育与人的自由复归成为悖论。悖论的含义为冲突性、矛盾性与不合理性，主要是事物固有的、内部的矛盾或者事物自身逻辑的不合理性。带有惩罚色彩的犯罪少年机构矫正是一种监禁矫正。作为一种刑罚执行方式，它与矫正存在千丝万缕的联系，同时它和矫正也存在着诸多矛盾性。监禁矫正的主要实践场所在于监狱，而监狱功能存在着较大的有限性，自身也存在固有的局限。监禁矫正正向功能发挥的同时，不可避免地存在着负面的影响，比如监禁对人的重新犯罪和社会危险性的控制，但无形之中提高了其潜在的重新犯罪风险；监禁矫正有助于系统地、专门地对服刑少年犯进行教育和改造，然而封闭式、机构化的监禁对其复归社会产生消极影响；监禁矫正带有报应、震慑等效应，倘若失去了

---

① 匡敦校：《中国未成年人社区矫正的问题及对策》，《中国青年社会科学》2015年第1期。
② 杨建朝：《教育权力与儿童自由》，《学前教育研究》2012年第6期。

一定的限度，极易引发服刑少年的逆反，削弱矫正的效果；监禁矫正对经济增长和社会稳定建设提供了保障，但也对刑事司法和行刑资源进行了消耗。矫正是一项耗时、耗力、耗钱的实践，并且有时候投入和产出并不成正比，因而可以称之为资源高消耗型的实践。但是，监禁矫正最大的悖论在于，试图通过在封闭的、带有惩罚性质的环境下追求矫正对象再社会化的目标，而在实践中受教育矫正和刑罚执行方式等影响使得这一目标的实现困难重重，甚至可能出现与目标相反的结果，比如反社会人格的形成迫使监禁矫正陷入两难，通过行刑社会化等方式进一步缓解监禁矫正的诸多矛盾成为了当务之急。①

一 福柯理论视野下的惩罚与规训矫正

（一）教育矫正空间：全景敞视建筑

教育矫正空间在规训权力的构成中发挥着关键性的影响。规训权力的运行需要依靠于特定的空间，在封闭式的空间里，教育矫正的对象被设定于固定的位置中，其一举一动均受到了严密的监视，人的自由难以实现。著名犯罪学家边沁提出全景敞视监狱（也被称为"圆形监狱"），在这样一个建筑空间中，中心构造是一座监视的高塔，管理者处在这个隐蔽的位置，而周围一圈环形的囚室使得教育矫正对象能够被监控，但是其并不知晓塔台上的一切。在环形边缘，人的自由无从谈起，只能彻底的单方面被观看，被迫地进行着"透视"；在中心瞭望塔，人能观看一切，然而这种权力是单方面的，瞭望塔不会被观看到。② 通过这种设计安排使得规训权力通过强制性的监视发挥作用，并且持久地存在，无影无形却影响深

---

① 袁登明：《监禁刑悖论与行刑社会化》，《中国监狱学刊》2005年第6期。
② ［法］福柯：《规训与惩罚——监狱的诞生》，刘北成、杨远婴译，台湾桂冠出版公司2003年版，第201页。

刻，构成了绝对的秩序。① 这种建筑空间所产生的作用是渗透式、穿透型的，通过对教育矫正对象身体的监控以实现心灵的控制，并保障规训权力自动地持久地产生影响。这种空间实质成为了一种构建并维系规训与被规训权力关系的运行机制。教育矫正对象成为权力的规约与载体。② 在全景敞视监狱中心塔台，管理者可以暗中对罪错少年实行监视，不断地评定、要求他们。全景敞视监狱成为一个自我监视的结构，充满着层层的监视与隐形的控制，将人都置于"可见的"而又"无法确知"场域之中。控制的权力如一支无形之手，构造了一种监视与被监视的机制，人的自由无从谈起。

在这种隔绝和密闭的囚室之中，到处都充满着监视和各种有形、无形的控制。在这样一个特殊的空间之中，任何活动均处于被透视的状态。权力之眼随时掌控着空间中的一切发生，并且这种掌控和权力在自动运转机制下一直存在着。因此，借由外在的敞视监视而强化甚至转换为内在自我监视模式，试图令人监视与反省自己，以成为更正常、有用、自我规范和为自己负责的主体。不过人都被封闭在这个特殊制度中，它如同一种残酷而精巧的铁笼，直至今日演变为诸多设计和变种，如录像监视器、指纹扫描器、电子监控、电子定位仪、电子手铐、电子脚环等。③

（二）规范化训练

福柯提出"权力解剖学"（又称"权力微物理学"），认为人体并非是完整的，而被当作是可解剖、能够进行分割的。经过规训技术对人进行割解，立足于对人的微妙地介入和控制，从人的行动、姿态等方面渗透权力的控制，从而使得其肉体受规训权力掌控。这种权力的控制涵盖人生活的方方面面，同样深入人的每

---

① 陈志梧：《权力的空间化：米歇·福柯作品的讨论》，载夏铸九、王志弘《空间的文化形式与社会理论读本》，明文书局1994年版，第378页。
② ［法］福柯：《规训与惩罚——监狱的诞生》，刘北成、杨远婴译，台湾桂冠出版社2003年版，第201页。
③ 同上书，第203—208页。

一个毛孔里。① 这种规训权力的一大体现在于规范化训练，将矫正对象当成了操练的工具。队列训练是对罪错少年常用的一种规范训练。每一名到专门机构的服刑少年犯，刚开始的训练项目就是"稍息""立正"等队列训练，类似于军队里的训练，管教人员发出口令，矫正对象出现相应的动作或口号。这样的队列训练其主要目的是通过身体的驯服来达到对人的控制，保障服刑少年犯对命令、权威的绝对遵守和服从。此外，规范化的队列训练有助于提高其纪律观念和规则意识，缓解其因受监禁失去自由而带来的空虚和痛苦。通过一系列规训化的训练，逐渐地由对罪错少年身体的规训转向引导其对自身灵魂的规训，从而达到个体自我控制和约束的结果，并对未来自身行为产生影响，这也就是布迪厄认为的"惯习"。外部规训已内化为个体的惯习，从而使得灵魂也得到了驯化。

（三）生活秩序的维护力量：权威

社会学家费孝通先生认为，"为了维护群体的公共利益，需要对规范破坏者进行制裁。"② 但制裁不能由所有的社会成员来执行，而是需要权威的力量。威权代表着社会成员的意志，赋予部分人代理完成任务的权力。费孝通所指权威主要意为社会对个人的控制力，这里并非等同于单纯的强力或暴力。

罪错少年矫正机构秩序的权威同样不是全部依靠强力和暴力，而是通过阶序发挥着影响。通常，权威人物的阶序层级较高。毫无疑问，权威是一种控制术，它一方面是内在的信仰，另一方面是外在的强制。必须具备几大特征：一是以主观的信仰为前提和基础；二是以强制力为保障；三是以合法性为根基，主要指合乎正义性、

---

① 侯清茌、许华孚：《监狱矫治教化人员之规训权运作与惯习实践》，《犯罪与刑事司法研究》2009年第13期。

② 费孝通：《个人·群体·社会——一生学术历程的自我思考》，《北京大学学报》（哲学社会科学版）1994年第1期。

符合人心中之道义，为人所接受。① 在中国传统家族制社会权力结构的深刻影响下，当前对罪错少年不可避免地遗留着权威主义的历史影子，对权威的崇拜、服从和依赖。

(四) 强制与服从

强制服从，既包含身体也包含心理的绝对服从。服从很大程度上是强制所带来的产物，或者说是强制期望达到的一个目标。对矫正对象的规制无孔不入，通过严管等方式淋漓尽致地展现了强制和服从的关系。不少管教人员潜意识里还存在着"不服从强制，就是认罪态度差、改造不积极，就需要采取严厉的惩罚手段"等类似观念。尽管近年来随着民主法治的深入人心，"以暴制暴"的矫正管理模式已有不少的改变，倡导思想的转化，通过情感、理性来进行矫正，强制的力量有所松缓。

在秩序表象下，往往存在着支配与反抗的社会关系。在矫正机构这个特殊的环境下，管教人员与罪错少年双方进行着互动和博弈，矫正对象经常进行着策略性的隐蔽反抗。在监狱这样一个受管教的特殊环境中，违规时有发生，因为不会有人会真正地服从外在的一切命令而不带任何个人想法，矫正对象企图在个人意愿和外在管制间寻求突破，违规便是一个体现。违反之规不仅是明文的规定，而且包含习惯性的非明文规定，在违规中寻求一种生活的意义。不少心理学研究也表明，长期的规训将带来不同程度的焦虑，而对规制的违背是个体缓解心理压力的一个出口。

(五) 检查

福柯认为，规训权力通过三种主要的方式进行运转，分别是层级监视（较大程度依赖于空间环境以及组织建构）、规范化裁决（主要依赖于纪律准则以及处罚的机制）和检查（比如各种考查、

---

① 宋立军：《超越高墙的秩序记录监狱生活的民族志》，博士学位论文，中央民族大学，2010 年。

考试等)。三者环环相扣,权力的渗透和对人的规训程度越来越隐蔽。① 相比对空间结构的严密监控、身体受到的显性规训和控制、规章制度和处罚机制的完备,检查重点指将层级监视和规范化裁决进行结合的一种手段和技术,是一种更为隐蔽的方式。作为一种规范化的裁决,检查逐步地试图使人"透明化",将人视为了一个可以描述和进行分析的对象。基于严密、精准的识别和量化的指标,人逐渐地被客体化。通过各种计算和评估形成各种档案,人逐步地被征服、被规训,人慢慢地受到了规训权力的无形控制。检查的过程尽管呈现出细微甚至是琐碎的特征,但是却渗透着权力的力量。② 这在学校教育中表现得尤为明显。对罪错少年教育矫正的检查也产生了诸多档案资料,并由此建立了一套集中登记与文件汇集的制度,既包含纸质的档案资料,也包括电子档案。③ 尽管为了保护罪错少年的权利,对其犯罪记录和档案进行封存,避免"污点"影响,然而对教育矫正管理而言,这些档案成为一种对其进行监控的隐形方式。这些档案资料如同一双监测的眼睛,对罪错少年进行全面的把控和了解。检查对人也带来了影响。检查的一个重要前提是承认人的可测性,通过检查人容易被量化;在检查的各种资料档案技术中,个人也就成为"个案"。规训权力的机制扭转了对罪错少年的一切虚幻和主观化的评价和控制,而是一种客观化、精准化、技术性的评判。④

二 矫正机构封闭监禁方式与复归社会的悖论

封闭监禁方式与重获自由、重返社会之间存在矛盾。矫正机构

---

① 胡颖峰:《规训权力与规训社会——福柯政治哲学思想研究》,中央编译出版社 2012 年版,第 95 页。
② [法]福柯:《规训与惩罚——监狱的诞生》,刘北成、杨远婴译,台湾桂冠出版社 2003 年版,第 203—208 页。
③ 侯淯茳:《监狱矫治教化人员之规训权运作与惯习实践》,《犯罪与刑事司法研究》2009 年第 13 期。
④ 同上。

封闭监禁方式下复归社会是否成为了一种悖论，值得深思。可归结为两种悖论：一是教育矫正"改造"理念所引发的悖论。教育矫正的基本追求和思路在于"对人的改造"，在这一逻辑前提下，人的主体性的自由成长被作为了物的可改造性。矫正在监禁的环境中祛除人自由成长的生动内涵，消极被动地改造，"改造"的理念在影响和矫正人的思想和行为时带有鲜明机械性，把人视为待加工的物品，势必与所追求的目标背道而驰。二是教育矫正的实践本质和环境局限性所构成的悖论。教育矫正从根源上是一种贴近社会、贴近生活的实践。监禁教育矫正通过劳动、文化教育、法制教育等形式，以监禁机构为主要场所，学习社会生活的规范。但是对规范的学习和认识不能和行为画等号，抽象的规范本身并不能自动地促进人思想的转化。除此之外，教育矫正充其量是对社会的模拟，永远也不能等同于社会本身，矫正对象所受到的影响永远也不可能代替其在真实的社会生活中的体验和感受。教育矫正很容易培养出听话、服从监禁管理的人，但很难培养出有社会责任意识和担当的自由公民。因而《联合国少年司法最低限度标准规则》《联合国保护被剥夺自由少年规则》《儿童权利公约》《联合国囚犯待遇最低限度标准规则》等国际准则，都涉及对监禁处遇的限制。

　　以自由刑为基础的监禁矫正尽管经过历史变革，在监禁形式和矫正内容等方面均出现了变化，然而其对人的自由的剥夺这一根本特性并没有改变。因而监禁封闭的矫正方式同重获自由、重返社会目的的矛盾性并未消除，依然饱受诟病。自由刑既要履行刑罚的惩罚功能，也要发挥其预防犯罪的效果，因而虽然监禁矫正通过对人的自由之限制和剥夺，实现了惩罚的目的，然而对于罪错少年重返社会、预防其重新违法犯罪却不一定能达到愿望，监禁对罪错少年重新回归社会有可能带来阻碍性影响。已经有诸多犯罪学、心理学对罪犯的研究表明监禁矫正的负面效应。监禁矫正似乎面临着一个悖论，将其置放于自由权利受剥夺的封闭环境中，通过强制性手段进行矫正、教育，试图促使他能够顺利被改造成为守法者，回归正常人群。在这里，显然出现了逻辑问题。

监禁矫正特殊环境决定了其特殊的文化，从而造成矫正对象特殊人格的形成，以致同社会正常公民的人格存在一定出入。对此储槐植、王平等专家学者都曾指出过封闭式监禁和向开放式社会复归的矛盾。赵秉志先生也认为刑罚惩罚和改造功能二者是一对矛盾①，惩罚功能要求为罪犯创造一个隔绝、封闭的非正常环境，这通常会影响矫正对象社会适应和生存的能力，与追求矫正对象复归社会背道而驰。监禁矫正通过对人的隔绝追求报应惩罚或社会防卫而忽略了人社会化和重新社会化的基本规律，在某种程度上可视为反社会化的过程。美国有研究对1962年1月至1965年被判刑的16岁至18岁的1210名男性少年犯调查，将其分4组，最大一组是缓刑组，有943名；另3组是受到缓刑以外处遇的。研究显示，缓刑组的重新犯罪率远低于其他处遇的小组，而在安纳德勒感化院接受改造的少年犯则不仅未能获得效果，甚至有变坏的趋势。②

古今中外已有不少学者注意到这种弊端，看到了它违背人的本性、隔断人和社会正常关系等问题。追求自由、融入社会成为了符合人的基本特点和教育规律的方向。因而将人隔离于正常社会，禁闭在异常的环境却期望他能够适应社会秩序，这本身成为了一个悖论。③"将一个人数年关押在高度警戒的监狱里，告诉他每天睡觉、起床的时间和每时每分钟应做的事，然后再将其抛向街头并指望他成为一名模范公民，这是不可思议的。"④。刑罚对少年的影响有一个发生在美国的故事：两个流浪少年在街面实施不法行为，被警察发现。一个少年逃脱后，被好心人收养，经过教育培养成为社会的

---

① 赵秉志、陈志军：《刑罚价值理论比较研究》，《法学评论》2004年第1期。
② 林山田：《刑罚学》，台湾商务印书馆1983年版，第227—228页。
③ 杨红文：《论非监禁刑的人性基础》，《学术交流》2006年第9期。
④ ［美］克莱门斯·巴特勒斯：《矫正导论》，孙晓雳等译，中国人民公安大学出版社1991年版，第82页。

精英；另一个则被警察抓获后扔进监狱，最后成为惯犯。人生境遇如此迥异，令人唏嘘。① 监禁矫正尤其是以"惩罚为导向"的传统监禁模式，对于服刑少年犯回归社会、自由成长的目标背道而驰。监禁矫正同重获自由、重返社会之间的矛盾在教育矫正实践中重点表现在以下几方面。

（一）追惩式限制影响重新社会化

罪错少年教育矫正是一种强制性、补偿性、特殊性的再社会教育。相比普通人群的社会化教育，罪错少年再社会化和自由复归是建立在特殊的环境中的。犯罪少年本身是社会化失败、出现了破坏社会秩序的越轨行为的个体。但是，封闭的监禁环境使矫正对象长期生活在一个与外界隔绝的教育情境中，《未成年犯管教所管理规定》规定离监探亲为3天至7天（不包括在途时间）②，两次探亲的间隔时间在6个月以上，与社会环境的互动有限，并且他们互动的对象多为与自己同样社会化失败的个体，这甚至在一定程度上会加深其不良思想和行为模式。米勒在演讲中曾对训练学校表示过担忧和怀疑，训练学校将矫正对象进行关押容易造成其难以回归社会，并且对罪错少年的监禁矫正也难以发挥社会防卫的目标。

罪错少年本身的社会化教育尚未完成，其社会化发展还没有真正完成，而长期的监禁矫正非但难以实现"自由复归"的目标，还可能造成罪错少年社会化教育的中断以及正常社会化进程和自由成长的中断，反而带来了其思维、情绪、性格、人格等方面的畸变性影响，损害身心健康成长，因而监禁矫正对少年的消极影响也远胜于成年人。已有研究指出，"大多数重新犯罪的成人罪犯在少年时期接受过监禁"③，虽然我们没办法直接得出有过监禁矫正经历的必

---

① 梅义征：《社区矫正制度的移植嵌入与重构》，中国民主法制出版社2015年版，第192页。
② 《未成年犯管教所管理规定》，http://www.moj.gov.cn/index/content/1999-12/10/content_7084124.htm?node=86542，1999年12月10日。
③ 姚建龙：《未成年人犯罪非监禁化理念与实现》，《政法学刊》2004年第5期。

然会演变成为惯犯或累犯的结论，但是监禁矫正对少年身心的影响尤其是对其社会化的阻断却是不容忽视的。

长时间地被剥夺自由，致使监禁矫正的对象和社会失去了联系，和亲人朋友的情感连接受阻，由此造成了消极情绪影响深远，极易产生对情感的伤害，长久以往容易造成性格的缺陷甚至人格扭曲。据调查，少年犯所面临的心理问题中，与家人分离占27.9%，失去自由占28.1%，两者的累计占比为56%，占一半以上。[1] 此外，监禁矫正对象长期受到安全的控制接受着强制性的训练，规范化的矫正和生活容易带来其独立性和自主自觉性的损害。长期与犯罪者处于共同的环境里，容易相互影响，造成交叉感染，习得新的不良行为。监禁矫正对象之间人际关系如果出现欺负等现象，容易影响其对人和社会的信任。因而，在这样一种特殊的环境下，矫正对象怎样被改造成正常人，是值得验证的一个问题。已经有国外无数监禁矫正的实践案例表明，监禁矫正并未降低重新犯罪率，监禁矫正计划并不能大量消除犯罪行为。

监禁矫正对象群体亚文化与社会文化的冲突可能带来人的思想与行为选择的矛盾性。监禁机构中矫正对象所形成的亚文化深刻地影响着矫正的效果。亚文化和主流文化所面临的冲突容易引发矫正对象思想认识的模糊不清，不能清晰地进行分辨，有时候容易深受不良思想价值观念的腐蚀。[2] 对刑期将满的少年犯而言，回归和融入社会并非一朝一夕，需要一个过渡的过程。这个时期因帮扶和教育缺位，极易带来少年犯出狱后不能顺利地融入社会，出现人际交往、工作和经济等诸多困难，容易和社会脱节。因难以获得生存的技能，受到来自社会的歧视，极易促使其重新和不良同伴、社会闲

---

[1] 黄延峰：《社会化矫正视角下的未成年人犯罪研究——基于河南省未管所和郑州市女子监狱的调研数据分析》，《河北法学》2016年第2期。

[2] 孙平：《监狱的悖论——监狱亚文化的传承——以田野调查的视角》，《河北法学》2012年第9期。

散人员集聚,再次进行违法犯罪。①

(二) 隔离式限制阻碍真正自由

影响人的渠道多样性与监禁矫正影响单一性的矛盾。人的思想管理和行为的改变不但受教育影响,还深受社会交往、亲情感化、个人经历体验等诸多因素作用。因此,矫正机构内部环境固然能够对人产生一定的教育影响,但是社会却是最为自然的、影响最广泛的,如果忽视了来自家庭、学校和社会环境的影响,就容易造成矫正陷入孤立无援的局面,这与教育影响的多样化规律相互矛盾。

在监禁中,不管条件如何改善,人的物质与精神生活均要受到不同程度的剥夺,久而久之,人逐渐形成一种为适应新环境的行为习惯,逐步向亚文化融入。机构的环境和常态社会环境有别,通常由服刑少年犯和管教的干警、其他工作人员所构成。作为一种"特殊的"场所,其亚文化对人带来的监狱化影响,让真正复归社会、实现真正的自由更加困难。此外,自由受限制或剥夺,使人的自主性、独立性和责任意识消退;矫正对象彼此间交叉感染,习得了更多的恶习和犯罪技能;与主流社会隔离的标签、在心理上的被排斥感、社会边缘化的地位对其自信、自尊、自主精神的建立带来巨大阻碍。诸多局限造成监禁矫正饱受质疑。传统模式下的监狱残暴性也造成现代民主社会人在观念上的厌恶和反对。②

隔离式环境对人格影响突出表现为:第一类是服从性人格,自卑、敏感、谨小慎微、被动服从,自主性差,独立判断和辨别能力差,在社会交往中唯唯诺诺,这类人格与教育矫正所追求的自由成人价值追求相距较远。第二类是反抗型人格,性格暴躁、入矫后认为判决不公,对人和社会充满仇恨,经常与矫正管理相对立,违反

---

① 黄延峰:《社会化矫正视角下的未成年人犯罪研究——基于河南省未管所和郑州市女子监狱的调研数据分析》,《河北法学》2016年第2期。

② 何显兵:《传统监禁刑的弊端及出路》,《吉首大学学报》(社会科学版)2013年第1期。

秩序。第三类可能存在双重人格，善于伪装，养成了察言观色的习惯，表面毕恭毕敬、规矩顺从，而内心却极其冷漠，甚至带有强烈的抵触和反抗心理。这类矫正对象往往有较强的隐蔽性风险，这一类带有监狱型人格的少年罪犯矫正难度较大，一旦有机会，极易重新走上违法犯罪道路，对秩序形成威胁和破坏。健全的人格是罪错少年自由成人、成自由人的基础和前提。也只有人格健全了，才能顺利地融入社会，真正遵守秩序，并得到社会的认可。但是封闭的环境以及强制性的矫正、改造、教育、管理等手段使矫正对象容易形成了不良甚至畸形监狱人格，影响其获得真正的自由，阻碍其融入社会，甚至造成了重新违法犯罪和对规制和秩序的更大反抗和破坏。

（三）控制式限制难以实现规范的内化

矫正效果的发挥面对着错综复杂的矛盾，必须依靠人内心的自觉性。主体性的人始终是根据和立足点。缺乏自觉性的人成为了教育矫正目标实现，尤其是人自由复归的困境所在。人的自主和自觉性越高，教育矫正的成效也就越高。而对于自觉性、自控性越是欠缺的罪错少年恰恰越是需要接受矫正的人。倘若不加区分地对所有的服刑少年犯一味地进行矫正和改造，就会出现矫正最终结果的不理想，使得本来应该接受矫正者未能得到针对性的矫正，而将矫正资源消耗在不必要的地方，与其价值取向背道而驰，造成人力、物力、财力的浪费。[①]

控制式限制重视矫正的结果而轻视矫正过程。为了追求矫正效率，实现矫正的效果而忽略了必要的体验、经历和曲折的过程。矫正实践中简单化的典型体现在于追求"标准化"。我们知道，教育矫正的过程是一个复杂的、动态的过程，因而矫正的过程既包含着普适性的法律规范，又包括教育矫正中的情境性事件，充斥着许多

---

① 朱平：《学校道德教育中的悖论问题》，《道德与文明》2008 年第 6 期。

教育矫正过程中的偶然事件和教育情境，有许多独特的个案。这也表明了教育矫正的复杂性，需要实务人员和理论研究者不断地进行解释和探索新方法，尝试在具体的情境中寻找问题解决之道。然而当前教育矫正实践往往将实践中的偶发事件当成了一种麻烦进行排斥或者无关紧要的"噪音"对其进行忽略，① 由此带来了规范内化的艰难。

教育矫正的重要内容有，提高罪错少年认识水平、转化消极思想和行为习惯、养成良好个性、锻炼坚强意志、培养良好的行为习惯等。当前，在各种类型的矫正实践中，重视劳动的改造和思想转化。尽管有些活动开展得轰轰烈烈，但缺乏从少年的心理需求出发，传递的规制无法内化，外在规则难以转化为自觉行动。教育矫正内容缺乏选择性，与罪错少年生活体验融合不深，重视形式难以深入罪错少年的内在，缺乏感染力，不仅起不到应有的效果，甚至会适得其反，引发其逆反和抗拒心理。虽然人们致力于教育矫正理论和实践的改革之法，但是对教育矫正中一直存在的规则难以内化的问题仍找不到有效的解决之道。事实上，教育矫正方法的改革只是治标，并不能真正达到治本之效，不管方法上如何变化，大多是通过外在力量推进规范的建立，想方设法地提高外在力量对人的内在的影响。但方法和技巧的改进难以真正地触及内心，规则的内化显得很艰难。罪错少年缺乏对教育矫正的内心体验，没有在生活实践中去践行规则。因而基于外在力量的教育矫正并非塑造人的真正教育，充其量只能达到学习法律和社会规则知识的目的。但知晓了知识并不能保证人做出符合规则的行为。②

---

① 文雪：《在确定与不确定之间——复杂性的教育研究》，黑龙江教育出版社 2006 年版，第 91—92 页。
② 魏筠：《生活意义：道德教育实效性的寻求——基于人的需要的学校道德教育探析》，博士学位论文，华东师范大学，2011 年。

三 教育矫正强制力与人的主体彰显之矛盾

监禁矫正中带有的强制性、程式化、模式化与社会生活灵动性、复杂多元性、鲜活性之间存在矛盾。人思想和行为充满着个别化和差异性，教育矫正本是一个充满活力和鲜明个性的领域。但监禁矫正中内在的一个根本性冲突在于体验性、实践性、生成性的教育过程受法律和制度规范等强制性的约束而构成的矛盾。监禁矫正内部存在几大矛盾。

（一）同质化与个性化的矛盾

同质化的矫正把犯罪少年作为某一类有待矫正、治疗和改造的对象，并且在矫正模式下国家主导着服刑少年犯的管理、教育，为其决定和选择什么才是对他自己好的。矫正对象深受"各路神仙"的裁决，人的自由权利在无形之中不免受到外界侵犯。尤其是在生物学、遗传学看来，天生犯罪人的犯罪行为和遗传有着脱不开的联系[①]，这实际上违背了平等、民主等精神。受传统监狱文化模式影响，服刑人员往往被当成监狱工作的对象。在特定的年代，服刑人员甚至被当成了敌人，缺乏主体资格，面对干警只能绝对地服从和听命，不允许存在不同的声音。基于这种传统逻辑，未管所容易将服刑少年犯当成一种被工作、被改造的客体。服刑少年犯与管教的干警容易形成一对矛盾，并渗透于教育矫正的实际运行中。通过简单粗暴式惩罚和控制，容易带来攻击、惩罚与报复的恶性循环，更是严重违背了马克思主义关于人的主体性的相关论述，也给监禁矫正工作带来了致命的消极影响。[②]

同质化与个性化的矛盾突出表现在个性化矫正项目的缺乏。个性化矫正项目契合个体实际，是教育矫正自由实现的一条路径。只

---

① Gina Lombroso Ferrero, *Criminal Man: According to the CIassification of Cesare Lom broso with an Introduction by Cesare Lombroso*, 1911; Montclair, N. J.: Patterson Smith, 1972, pp. xxiv – xxv.

② 张晶：《深读矫正》，江苏人民出版社2013年版，第33页。

有开展个性化的特色项目辅导，契合罪错少年个体的特点，才能提高矫正的实效性。但是与世界发达国家少年社区矫正形成鲜明对照的是，我国缺乏分类矫正的体系和特色的个别矫正项目，以标准化、模式化、程序化的矫正方式，难以真正实现教育矫正自由价值追求。①

教育矫正在执行中容易异化为服务社会目的的一种手段。矫正的观念实质带有仁慈、宽容和一定的主观性色彩。矫正的目标定位与自身的内涵也存在着亟待明确之处。在矫正方式和手段上也找不到一套有效的摸索。矫正机关和管教人员通过国家公权力对服刑少年犯所做出的决定容易隐藏于"矫正""治疗"或"改造"的言辞里。矫正机构的角色定位依然带有报应、威吓等色彩，加上矫正资源的有限与经费、人力等限制，均带来了教育矫正理想追求和现实的差距。

(二) 技术化与自由生成的矛盾

现代社会中科学主义盛行、技术至上给教育矫正实践带来了深刻影响。人们把关注点放到了矫正技术和法律制度设计，通过现代化的技术来提高教育矫正的效果。在教育矫正内容方面重视心理测评技术、科学手段的利用，比如循证矫正模式的运用。在实践操作中，教育矫正的"标准""指标"等占据着重要的作用，甚至被当成了教育矫正活动的信条。人通过一整套力量和躯体技术被精心组织起来。② 在技术大旗下，教育矫正实践的艺术性被淡化了，教育矫正管理被模式化和程序化。教育矫正中的诸多困境和这种科学技术导向有着密切的关联。③

教育矫正是对罪错少年施以的渐进式的影响，这一特殊的教育

---

① 郭晓红：《未成年犯罪人社区矫正的路径选择——以社会控制理论为视角》，《法学杂志》2014年第7期。

② [美]道格拉斯·凯尔纳：《后现代理论——批判性质疑》，张志斌译，中央编译出版社1999年版，第65页。

③ 易连云：《面向学校德育的言说》，人民出版社2015年版，第13—14页。

形式本身就带着技术化的逻辑，这势必影响教育矫正人员依照着相应的教育内容、遵循着相关的教育矫正程序对罪错少年进行矫正的安排和设计，以实现教育矫正的目标。虽然教育矫正实践中技术化的倾向有助于提高矫正效率、加强实效性，然而容易带来主客体关系的颠倒，人际关系被异化为人与物的关系。矫正人员和矫正对象直接变成了控制和受控的关系。如果放任技术的无限制膨胀，人的在场容易演变成为人的缺位。技术化取向容易对矫正对象精神的成长带来阻抗。[①]

教育矫正的技术化主要体现在几个方面，突出的一点在于将罪错少年内在问题的解决交托于技术。人类社会逐步向大数据时代迈入，信息技术遍布社会方方面面，由此也带来了人对科学技术的崇拜和依赖。科学同人文逐渐割裂，过度偏重科学技术而忽视人文的精神。尤其是在教育矫正领域，人的思维形成不能光靠科学技术，罪错思想的扭转也不是技术的手段所能达到的。心的迷失只能用心去引导，即使再娴熟的技术手段也难以真正地实现同人的深刻融合。技术仅仅发挥着辅助的功效，对人的内在的根本性影响其效果有限。超过一定限度的利用，技术在教育矫正中反而容易产生逆价值。

教育矫正技术化还体现为教育矫正的孤立，教育矫正从生活中剥离，人被异化成肉体存在，教育矫正生命的意义失落了。[②] 人在教育中的缺位、人被异化等问题早已成为了普通教育学关注的一个热点。联合国教科文组织与教育国际会议等都曾提出教育的危机问题：教育在科学技术的浪潮之下，教会人如何获取知识和技术，但对于人自身的思索却显得匮乏。这一问题在罪错少年教育矫正领域同样存在。管教人员成为了秩序的维护者，又是标准和规范的忠实

[①] 袁丹、田慧生：《教育实践的人文品性：迷失与回归》，《中国教育学刊》2012年第8期。

[②] 王仕杰：《大学德育的异化与回归》，《江苏高教》2006年第6期。

执行者，罪错少年在矫正中变成了一个个残次品，等待着维修成"合格产品"。教育矫正技术化不将人作为根本的目的，管教中追求的是规范和程序，注重用技术控制人，维系基本的安全，极易"改造"出单向度的个体,[①]并形成"单向度的社会"。对于科学技术在教育矫正中的进入，如果把握不住必要的限度，势必带来人和技术失衡。技术导向下人难以了悟生命真谛而容易跟现实生活脱节。教育矫正向来以社会需求作为教育的基本要求。不自觉地将教育矫正纳入政治范畴，管教人员以执法者权威自居，忽视人的在场，脱离生活实践，漠视人的需求和情感，极易带来罪错少年个体和社会、个体和自我的疏离。[②]

教育矫正的技术化同时表现在矫正中的标准化和程式化。矫正中依照预先"规划和设计好的设计图"将人照着标准进行生产。罪错少年在此过程中的个性和潜能不容易受到重视和开发，容易将少年塑造成为类似的存在物，其根本性缺陷是对价值的漠视。教育矫正把人当成了工具，意味着教育矫正对价值的忽视，矫正对象丧失了对人的意义与价值的追求，盲目而随波逐流，终极的意义和追求被犯罪的预防和控制这一眼前利益所取代。同时灵魂导师的缺乏直接导致了在教育矫正中意义的失落，教育矫正的人文气息微弱。[③]

教育矫正的技术化着重于人的行为，通过外在的奖惩技术来实现对人行为的矫正。行为主义是其重要的理论基础，重点在于观测矫正对象的行为是否符合规则，而对于他们对规则是不是真正理解了或者他们违法犯罪和违反规则现象背后潜在的复杂性因素却基本不顾及，忽略了人的情感、态度和价值理念层面的东西。尽管通过奖惩技术影响行为在短期内能够看到效果，比如人的行为在得到表

---

① 杨明宏：《教育管理的人性逻辑——教育管理人学论纲》，博士学位论文，西南大学，2011年。
② 同上书，第79页。
③ 袁本新、王丽荣：《人本德育论——大学生思想政治教育的人文关怀》，人民出版社2007年版，第199页。

扬后进行了强化,而受批评和惩罚后进行了消退,从而成为了管教中常用的方式方法。但是,在行为主义模式中,矫正对象行为出现的变化由于管教人员与服刑少年犯在地位上不平等:一方作为"执法者",处于权力高位;而另一方是接受矫正的少年,是被执行的对象,处于权力的低位。此种模式长期效果一直受到人们的质疑,不少违规行为屡禁不止,重新犯罪现象仍然存在。第一,惩罚难以从根本上改变人的行为,而只能让行为更加隐蔽化,甚至将带来消极情绪,不利于心理健康发展。奖惩只是强迫重复好的行为,而并未告知为什么比其他行为选择更加可取的原因。从长远来看,对于少年自主和自律的培育难以发挥功效。① 第二,过度的表扬和奖励也容易将他们矫正成为讨好者,善于察言观色。行为主义模式告知少年必须遵守的规则,却忽略了对规则意义理解的引导。对待违规,也往往通过批评与惩罚的手段对错误行为进行制止,忽视了违规背后的原因。这种方式所训练的少年、儿童无异于驯化动物,违背了教育矫正的本质。此外,行为主义模式往往以成人为主导,代替少年进行行为管理,少年的自我管理和自我调节难以得到发展,长此以往,容易造成少年缺乏独立的为人处世的能力,缺乏主见,甚至发展成为依赖型人格。②

矫正标准和矫正管理片面强调重新犯罪率,甚至在文件中提出"首要标准"强调重新犯罪率要成为衡量监狱工作的首要标准。这一取向极易带来教育矫正的异化。虽然,对犯罪率和重新犯罪率的关注是必要的,控制和降低犯罪率本意和期望是积极的,然而仅仅以重新犯罪这一结果就完全忽略矫正的努力和成效是失之偏颇的。因为犯罪与重新犯罪现象背后原因都是错综复杂的。首要标准不可避免地出现诸多的问题,比如,加深了矫正与社会公众的鸿沟。为

---

① 原晋霞:《让理论看得见——幼儿园规则教育与幼儿发展》,安徽少年儿童出版社 2011 年版,第 3 页。

② 同上。

理解和接纳无形之中设置了很多障碍，容易对刑满释放的少年进行心理上的排斥、不信任、警觉和提防，影响这一群体回归社会过程中的真正融入。此外，还容易重新滑向了惩罚的一端，而忽视矫正中人的根本性目标取向。刑满释放少年不管是何种原因再次出现了罪错行为都是不可原谅的，这种思维本身就容易将教育矫正引到极端：只要不再犯罪、循规守矩，就是成功的矫正，而不管其人格上的变化与自主性的丧失。试问，面对当前复杂多变的时代形势，一个缺乏独立自主性的人尽管其并没有再犯罪，但是他又怎么面对时代和社会剧烈变革而带来的挑战呢？这显然和矫正人的旨趣背道而驰。我们对罪错少年的设定标准本身就存在着矛盾性：一方面，期望将他们改造成为基本合格的合法公民，只需要具备普通的道德水平，并未希冀其被培养成道德楷模；另一方面，又要求着他们在复杂的甚至是"恶劣"的社会环境下，绝对不犯罪。这本身就是矛盾的，难以实现的。①

(三) 规训监管与教育教化的矛盾

规训监管与教育教化的矛盾主要体现在重安全监管过于教育矫正。受监管安全压力的影响，教育环境较为封闭，因而真实情景难以满足。监禁矫正对封闭环境的监管安全要求较高，维护安全和稳定成为了工作的重中之重。确实，缺乏了安全和稳定的矫正环境，难以保障教育矫正秩序的良性运转以及矫正实践的开展。并且，一旦出现安全事件，容易造成负面的社会影响。近年来发生多起脱逃越狱事件已造成了不良的社会影响，有些越狱事件甚至是袭警、杀人等恶性事件，这些事件严重影响了正常的矫正工作。因此监禁矫正机构历来特别重视监管的安全，干警面临着较大的监管安全的压力。风险社会中矫正个体的复杂性和高科技所带来的形势复杂化，均使得矫正机构不得不偏向监管安全工作，重视监禁秩序和生产劳

---

① 孙安清、赖咸森:《重新犯罪与否和罪犯改造质量标准的关系质疑——兼论科学的罪犯改造质量标准》,《政治与法律》2001 年第 3 期。

动，而轻教育矫正。这一思维和现象长时期并未得到扭转。总之，干警面临着不断提高的监管安全要求，普遍存在着较大的监管压力。在日常的监督和管理过程中，仍然存在着重视监管的安全而忽视日常管理和教育矫正的偏误。尤其是干警在面临少年犯的时候，对教育矫正认识不足、强制性的灌输和说教多于个性化的教育和帮扶，再加上缺乏专业知识和方法，教育矫正效果不理想。

在我国当前少年司法实践中，对于少年犯的假释适用率仍然较低。其影响性因素是复杂而多样的。一为，长期以来未成年犯管教机构片面强调安全，将其视为工作的重中之重，安全和稳定压倒一切。考虑最多的是确保机构内部环境的安全，避免意外事故的发生，无形中逐渐地将自己封闭在一个圈子里，与社会相对隔绝，而社会也难以进入，矫正机构逐渐成为了一个"神秘之地"，不可避免地带来对少年犯社会化矫正的忽视。二为，少年犯假释制度的审批程序并不简单，通常的环节是分别由监区对少年犯的表现进行评价和考核、监区合议以及未管所的评审、上报审批等。这一过程中，严格的责任追究、问责制使得管教人员和未管所对于表现较好少年犯也倾向于"按部就班"。有不少情况是，即使符合假释的条件也"不敢"轻易向法院申报，而法院在审批少年犯假释时也相当谨慎，也会出现不批准的情况。这在实际中都造成了少年犯的假释适用率不高。[①]

即使是社区矫正仍然重视安全监管，使用各种手段对罪错少年进行有形和无形的监控，比如电子跟踪、定位手机、智能手铐、社区服务以及像西方国家盛行的在家监禁等。对监督和管理的过度追求尽管在短时期能够有效地规避风险，通过对少数具有社会危险性的个体进行管控从而实现社会大多数人的利益，从而无形之中容易将罪错少年隔离和排斥在主流社会外部，难以引导其顺利地向社

---

① 黄延峰：《社会化矫正视角下的未成年人犯罪研究——基于河南省未管所和郑州市女子监狱的调研数据分析》，《河北法学》2016年第2期。

重新融入。① 在矫正实践过程中，矫正功能未能充分地得以发挥，手段单一。以社区矫正为例，注重对矫正对象的监管，强调通过电子手铐、手机智能定位等现代化的工具对人进行管理和监督，尽可能地让其在可监视和控制的范围，这其实与监禁矫正并无本质的区别，尽管惩罚色彩有所降低，然而监管程度依然严苛。监管的严格而教育矫正的缺失并不能帮助矫正对象顺利地复归社会。矫正的执行工作者受传统观念影响，仍然习惯于"命令、服从"式的模式，缺乏了针对性的矫正方案，社会力量参与不足，致使社区矫正不能真正地融入社会，仍是一座孤岛。② 罪错少年的重新社会化并非依靠单纯的监督管控就能够实现，有待于透过现象看见深层次的根本性的东西，针对不同个体的心理原因有针对性地进行矫正。

单纯规训监管忽视对人的理性的培养，人缺乏将理性精神付诸实践的权利，也意识不到人的理性、自由和权利，被困于现实的局限中，放弃了追求更加美好生活，因而这样的教育容易造就出麻木无知、粗俗愚蒙的人。规训阻止人追求生活的意义，通过对符合体系的强制性灌输，迫使人不能通过理性判断从而被动接受驯化，或许在短期内能够迎合人的某种目的或欲望，又或许通过高明的隐藏手法使人在规训中而不自知，或者通过"潜在的暴力"诱导人认同规训秩序，无意识中默许受支配和规训。在规训里，由于人的智慧受到压抑，人将把灌输的内容当成了真理。③

基于福柯的规训理论，罪错少年教育矫正中教化受到忽视，规制使得教育成为了对人的一种奴役，矫正管理变成了对人的"驯化"，形成了一种新控制。人在规训下逐步地被工具化而不得自由。教育矫正异化为实现着外在的秩序价值追求的工具，逐渐褪去了对

---

① 廖经晟：《少年多样化处遇之研究——以美国法为中心》，硕士学位论文，台湾大学法律学研究所，2011年。
② 陈伟、王昌立：《社区矫正的功能改造及实践回应》，《西南政法大学学报》2015年第4期。
③ 金生鈜：《规训与教化》，教育科学出版社2004年版，第3—5页。

人精神的培养，逐步沦为处置人的手段，最终人的工具性、物性不断地扩张，精神逐渐退化和陨落。① 对罪错少年的规训是社会教育精神失落的一个方面与折射，教育矫正理念和制度层面逐渐丧失对人精神的足够关注。人在教育矫正中欠缺意义存在的生活体验，缺乏了作为主体的人的尊重，人被迫放到了冰冷的刑事司法制度中强制性地接受着改造和规训，驯化超越了自由人的创造，而法制教育和道德教育失去了原有的教化意义，生活源泉对其的滋润减弱。规训逐渐将人驯化成社会的工具，是一种对社会秩序的迎合。一旦被投放到专门矫正机构接受矫正，罪错少年只能被迫地接受外在力量为其设计好的道路，远离了培养自由灵魂的人的教育理想。规训的最大危险在于对人的精神和品格的塑造受到了忽视，教育脱离了生活的意义，教育精神价值陨落。② 苏格拉底曾言"值得过的生活是经过了审视的生活"，规训令人精神贫瘠、丧失健全的精神和人格，失去了寻求新的目标，对生活缺少了一种审视和追求，也丝毫不思考人生意义和价值等问题，缺少了自我教育的动力和能力，在自由放任中自我桎梏，甘于被定义而缺乏对生活的激情和勇气。罪错少年被视为了心智尚未完全成熟的羔羊，需要对其进行教育矫正而获得拯救。任何国家和社会没办法单纯依靠教育来解决犯罪问题，然而，缺乏了教育，人的精神难以彰显，健全人格难以塑造，一个有秩序的社会难以构建。因而我们需要深入思考教育矫正的力量源泉，人性、社会和教育矫正之间的关系，教育矫正所要达到的目标、罪错少年要成长为什么样的人等问题。③ 现代化社会碎片化的生活早已成为了我们生存和发展于其中的环境，尽管教育矫正在罪错少年处遇中走向了规训是一个基本事实，然而我们需要去探寻教

---

① 金生鈜：《规训与教化》，教育科学出版社 2004 年版，第 3—5 页。
② 同上。
③ 同上。

育矫正的价值以及在公共社会生活中的可能方式。①

在教育矫正中，管教人员与矫正对象存在矛盾。根据柏林的理论，消极自由是免于被束缚、受压迫，而积极自由意为自主、主动进行行动，发挥自身创造力，做自己的主人。当管教人员"积极自由"膨胀时，他们会认为犯罪少年必须服从于管理，必须强力对其言行进行监控。在这种行动逻辑之下，管教人员的"积极自由"与矫正对象"消极自由"的获取注定成为一对难以调和的矛盾。而且，管教人员以"执法人员"角色面对服刑少年犯，以权威担负着引领犯罪少年改造自己、回归社会的责任，管教人员不可避免地以积极自由的理念对罪错少年的自由意志和日常行为表现进行颐指气使地干涉。管教人员积极自由的膨胀，监控摄像、巡逻等，这些都在一步步地挤压矫正对象自主空间。过度干预很可能因此侵犯矫正对象的基本权利，与此同时，也使犯罪少年离自由越来越远。②

对人施加必要的强制和规范，在自由与约束平衡中，引导教育矫正在良好秩序中进行，是为了指导罪错少年更好地去运用自己的自由，享受自身自由的权利。但教育矫正中的规范倘若是基于警示、威胁、惩罚等，并以此为出发点开展教育矫正实践，就会越来越偏离教育矫正的初衷，教育矫正充其量只是一种"规训"或"驯化"而已，而罪错少年通过规训造就和塑造出的只是一种短暂的状态，一种控制下的不得已选择，由规训和驯化出的行为并不能持久，而是随着时间和条件的变化而改变，在环境的作用下容易出现反复，因而单纯依靠规训达不到教育矫正的最终目的，否则教育矫正就只剩下绝对的听从与接受、盲目的灌输、教条式的说教，教育矫正被异化为规约、控制与惩戒等形态。康德、杜威等人对教育中对人的约束有不少真知灼见，比如，康德提出教育要帮助人学习

---

① 金生鈜：《规训与教化》，教育科学出版社2004年版，第3—5页。
② 张志华：《符号互动论视角下的他律剥夺式德育》，《安徽师范大学学报》（人文社会科学版）2015年第3期。

用理性来约束人性，杜威也认为教育即指导。①

四 教育矫正制度惩罚取向与优先保护的冲突

报应取向和优先保护取向存着矛盾，这一矛盾中交杂着公权主义与人权主义的纠葛。对罪错少年教育矫正过程中不可避免地带有人最为原始的报复理念，也能称之为人的本性。矫正制度同样带有惩罚的目标追求，报应取向尽管经过了历史变迁逐渐地减弱②，然而报应和惩罚在当前对罪错少年的处遇和矫正中仍然有一席之地，尤其是面对恶性低龄少年触法，公众舆论更是偏向报应取向。这一取向如何与少年儿童优先保护相融合，是一大困境，对罪错少年特殊的保护与对其的报应惩罚之间的纠葛始终都存在，并且二者矛盾的消解成为世界性的一大难题，因而西方社会曾反复出现在报应惩罚和保护两级之间来回摇摆。

报应惩罚取向依然在教育矫正制度设计中发挥着作用，因而对罪错少年优先保护的取向如何真正实现、如何把握好惩罚与教育保护的关系，成为了纠结所在。③ 改革开放之后，面对高犯罪率，一段时期内我国的刑事政策立足国家本位，采取严厉惩罚的手段以实现对社会治安的控制。尽管刑事政策在宽和严之间折中，确定了惩办和宽大相结合的原则，体现了国家对人的保护，但宽和严关系的实际操作和具体执行上，还是滑向了严，向惩办倾斜，强调高压控制和严厉的打击。但是遗憾的是，犯罪率和重新犯罪率并未如预期的得到控制，仍然居高不下，并且不少问题开始浮现，刑事案件中常出现上访的现象。当前我国的社会形势发生了翻天覆地的变化，

---

① 胡春光、董泽芳：《规范还是规训？——对中小学行为规范教育的反思》，《教育学术月刊》2013年第7期。

② 狄小华：《优先保护理念下的我国少年刑事司法模式选择》，《南京大学学报》（哲学·人文科学·社会科学版）2009年第5期。

③ 崔海英：《少年司法宜构建"轻轻重重"二元化模式》，《检察日报》2017年8月22日第3版。

刑事司法理念也随之产生一些变化，刑事司法政策势必随之发展方能适应社会刑事和理念的变革。假如仍然一味地强调严厉的惩罚，不仅难以对犯罪问题进行有效的预防和治理，也不利于人的权利保护和社会的和谐有序发展。"六字方针、八字原则"理念远远没有直接影响少年司法制度，比如，一个 7 岁的男孩实质上遭遇了遗弃，母亲出走，父亲重新组建家庭，问题随之而来，他只能选择在社会上游荡，为了生计，盗窃摩托车成为谋生手段。因而案件反映的问题绝非犯罪行为，而是我们的法律制度设计缺乏福利性的干预。[①] 立法、司法、执法的理念只有有效平衡"打击和预防""惩罚和教育""惩罚与福利"等关系，兼顾国家、社会和个人，才能推进人与社会的全面协调可持续发展。因而国家适时提出了宽严相继的原则，"教育为主、惩罚为辅"原则成为了兼顾国家、社会和个人关系的重要准则。

教育矫正制度设计未能真正体现少年特殊保护，受传统法律制度和文化氛围的影响，刑事司法政策具有浓厚的国家本位价值导向，偏国家、侧打击，而忽略了人，忽视了对人的保护，容易侵犯个人权利，过度推崇国家权力而导致社会法治意识和权利观念的淡薄。在刑事司法审判中人的平等、独立自主的权利容易遭受损害，人的自由权利难以保障。受长期"左"的思想影响，对罪错少年的矫正借鉴苏联做法，以国家本位为主导，刑罚作为维护国家政权的工具而存在。现代社会的重要进步之处在于更加注重法治精神，强调对社会控制和社会治理的善治理念。随着我国民主和法治进程的推进，人逐步受到了重视，我国刑事司法政策开始关注人的权利保护，逐渐经历了由国家本位主义向社会本位与人权保护转变，尤其对罪错少年的相关政策和制度，更是强调教育和保护。

对犯罪少年教育矫正的法律制度设计惩罚取向、少年特殊保护

---

① 侯东亮：《少年司法模式研究》，法律出版社 2014 年版，第 169 页。

法律制度的乏力具体体现在以下几方面。

第一，很长一段时间，我国刑法典关于少年犯罪的相关处遇规定以成年人为模板，在成年人刑事司法框架下，未能充分基于少年特殊性和主体性，缺乏对少年个体身心特征的具体考量，对少年自由权利保护不充分。一方面和我国少年犯罪预防和矫正的实践相背离，另一方面也违背了国际刑事司法改革的基本精神和方向。对犯罪少年进行监禁矫正判决通常立足于行为主义，而不是着眼于犯罪行为背后的"人"，我国少年刑事司法缺乏西方发达国家的转向处遇制度，总体上以成年人刑事司法模式为范本和参照，"小儿酌量"，对犯罪少年从轻或减轻处罚，这一立法模式同少年司法的国际发展趋势不相适应，同时对我国少年司法体系的构建、刑事司法政策的落实与犯罪矫正的开展等方面带来不良影响。我国"小成人"刑事司法在处理少年犯罪时，在"教育、感化、挽救"方针、"优先保护"原则指导下，少年司法从程序到实体，虽然根据犯罪少年的特点，比照成人的规定，作了诸多的改变，如暂缓起诉、法庭教育、惩罚轻缓等，但刑罚的惩罚本质，现行刑事司法围绕犯罪和刑罚而展开的制度设计，并没有从根本上改变"小成人"刑事司法的报应价值追求。[①]

第二，社会化教育矫正制度的缺位。少年刑事法律政策个性化不足，难以兼顾少年特殊性，不少刑罚措施比如累犯的使用，就将少年犯和成年犯未加以明确区分，对少年犯罪累犯适用范围的扩大意味着加大加重对其处罚，对于帮助和引导其顺利地再社会化产生不利影响。[②] 此外，对以公检法为代表的刑事司法系统虽然大都秉承对未成年犯实施"教育为主、惩罚为辅"的司法理念，但各司法机关对罪错少年的教育和初中难于充分落实这一司法政策理念。根

[①] 狄小华：《我国少年司法的困境与出路》，《法治研究》2015年第3期。
[②] 巫修社：《刑罚处罚与刑事处遇措施的逻辑展开——以我国少年刑法规范为例》，《河南社会科学》2007年第4期。

据《公安机关办理未成年人违法犯罪案件的规定》（以下简称《规定》），公安机关办理未成年人案件应以教育、感化、挽救为指导方针。该《规定》共33条，但只有3条涉及未成年犯帮教问题，且内容多是关于公安机关的建议性义务，并没有对公安机关的具体帮教责任与方式做出规范，这使得公安机关整体上缺乏未成年犯帮教理念的指导。公安司法机关对未成年犯的帮教理念与具体做法表现出较大的差异。公安机关因欠缺帮教指导理念，缺乏相应的帮教规范。检察机关的帮教措施多依附于未成年犯的附条件起诉制度，体现出依附性的特点①。相关法律虽然对法院的帮教责任做了较为全面的规定，但从其规范内容看，主要集中于"教"，缺乏对"帮"的规范引导。由于缺乏统一的理念指引，上述各机关对未成年犯的帮教措施缺乏体系化，处于各自为政的状态，削弱了帮教应有功能的发挥。2016年12月1日，国务院法制办发布了《中华人民共和国社区矫正法（征求意见稿）》（以下简称"征求意见稿"）及其说明，公开向社会各界征求意见。"征求意见稿"共5章36条，针对未成年人这一特殊群体，缺乏具体而明确的设计，仅仅在第25条做出相对笼统的规定，而没有像国外那样单独设立专章，不利于真正实现对罪错少年的帮教。②

第三，尽管严重刑事犯罪少年在罪错少年群体里的比重极小，然而个别严重危害社会的犯罪问题还是时有发生，但是少年刑事司法制度，对于达到刑事责任年龄的少年，因缺乏特殊保护，完全在成人刑事司法下，因而国家亲权在这种情况下并非能保护所有少年、儿童，而是有选择性地将部分个体逐出保护的大门。国家亲权本质在于国家权力，因而它成为了一把双刃剑，各有利弊。国家亲权以权力为逻辑起点，基本属性是一种国家公权力，与教育这种软实力相比，它应该能称得上是"硬实力"。即使国家亲权带有"保

---

① 王宝苓：《完善未成年人帮教制度之设想》，《检察日报》2012年11月21日第3版。
② 杜延玺：《未成年人社区矫正立法建议》，《中国青年研究》2017年第6期。

护未成年人"的道德光环,显得"名正言顺"。但是,如果对权力的约束和制衡机制缺失,对其监督和抗衡机制的缺位,势必造成国家亲权被异化为一种职权,不可避免地带来权力恣意扩张、权力变质而侵犯公民权益的后果。①

总之,少年犯罪的刑事司法特殊程序需要进一步地建立和健全,我国少年犯罪的刑事司法程序很长一段时间一直缺少相关的法律规定并且相关条文比较零散,难以在实务中发挥系统而有效的指导,不同条文之间因内容的繁杂而难以实现统一,存在诸多重复规定、矛盾性的规定,直到刑事诉讼法的颁布才有所改观,刑事诉讼法对少年刑事案件的诉讼程序进行了专门的规定,具有了历史性的进步,有助于更进一步规约国家公权力,维护少年基本权利,进行特殊的保护。但是,应该看到的是,特殊程序的相关规定内容上还是较为粗糙,缺乏对国际公约的基本精神和原则的有机融合,同样不能实现少年司法实践中的现实需要,比如合适成年人到场制度因相关保障性机制的欠缺而难以实际运行。

---

① 张夫伟:《公民意识与学校生活建构》,中国社会科学出版社 2015 年版,第 11 页。

第四章

罪错少年教育矫正价值取向的重构：
以教统罚复归人的自由

基于当前罪错少年教育矫正价值取向的迷惘和纠结，探究罪错少年教育矫正价值取向的重构和实现已成为理论的必然选择。罪错少年教育矫正价值取向重构和确立的复杂性在于如何厘清错综复杂的价值取向纠结，拨开价值取向选择中的迷雾。平衡惩罚和教育、社会防卫和个人自由等关系，一方面克服将教育矫正的一切政策制度和实践策略围绕着社会的利益设计，另一方面避免教育矫正完全脱离了社会而孤立化。① 重构罪错少年教育矫正价值取向，是转变教育矫正思维方式、合理定位教育矫正目标、选择适合教育矫正内容、科学评价教育矫正效果、理性推动教育矫正改革的必然选择。在教育矫正诸项价值之中，实现对个体自由的保障与对公共秩序的维护，这也成为了教育矫正最基本的目标。而其他价值目标，比如预防和控制违法犯罪、保障人权、维护社会公平正义、提高效率、增强效益等，都是对教育矫正价值的具体化。② 而"以教统罚复归人的自由"则成为了最基本的价值追求。

---

① 苏刚、曲铁华：《现代化进程中我国农村教育价值取向的嬗变及重构》，《内蒙古社会科学》（汉文版）2014年第2期。
② 杨宇冠：《论刑事司法制度的基本价值目标：自由与秩序》，《广东社会科学》2012年第2期。

第一节 "人"的解读：待感化和挽救的不自由人

由于少年的身心发育尚处于生长阶段，没达到成熟状态，具有较大的可塑性，少年对外界事物敏感，容易冲动，自我控制能力较弱，因此，遇到事情容易产生强烈的情绪反应，产生过激行为。心理发育的不成熟还表现在对行为以及行为后果的认识能力较低，缺乏正确、理性的判断。少年大多数社会阅历较浅，缺乏正确的辨别能力和是非标准，对自身行为的社会意义认识不足，很多违法犯罪行为往往缺乏犯罪动机，多为偶犯，再加上不良同伴影响和社会消极文化作用，很容易实施违法犯罪行为。但是，正是少年身心发展未成熟的特征，使得少年容易接受教育和改造，通过进行有效的教育、感化和挽救，极有可能转变罪错少年的错误思想观念，纠正其不良行为，预防其重新犯罪。

人思想和行为的形成是曲折性、反复性的，与教育的递进性、累积性有着高度的关联。与知识、智能的形成不同的是，思想品质和行为体现为累积性、叠加性的素质，往往与教育时间和程度呈正相关。思想品质和行为的形成和发展并非简单的量的增加与积累的过程。尽管期望仅仅通过教育来快速提升人的道德水平和境界、彻底改变行为是不切实际和难以实现的，也与常识相悖，但是教育与人的行为的关联是一个绕不开的问题。

作为肉体、精神和价值的统一，人的自由具有丰富的内涵。人生命的自由状态应当是自我内在协调、个体自由与责任平衡、自我与其他生命个体、与社会关系融洽、人与自然关系和谐的状态。但是，当个体的内部状况或者内外部状态失衡，会在不同程度上以身心疾病、道德失范、人际关系冲突等问题表现出来。少年违法犯罪从根本上说不能脱离人与自身、与他人、与社会等几对关系。对少年违法犯罪的预防迫切需要适当、及时、科学的教育干预，克服

"自由散漫"状态,改变自由而失责的行为,帮助其正确处理同样作为自由人的个体间的关系,进一步实现自我与他人、与社会关系的平衡。罪错少年追求"人的自由",这里的"人"是待感化和挽救的不自由人,这种不自由性主要体现在身体和心理两个层面。

一 身体受监禁或限制的不自由人

长期以来,身体一直被当成了与人的思想相互对立的。身体在精神的理论研究大厦面前长久地未受到同等关注。一直到19世纪,人们才逐步地关注长期受到忽视和压迫的身体,崇尚身体的觉醒。比如,哲学家叔本华提出生殖意志论①;狄尔泰基于人的本能提出对生活与生命的观照;尼采同样注意到了身体,甚至对意识发出了抨击,他提出与对精神的信仰相比,信仰肉体则更加富有根本性的价值;② 梅洛·庞蒂更是系统地提出了身体的思想和学说③;福柯关注到身体的规训、惩罚和解放问题④。吸取历史上伟大哲学家们对身体的重要论说及其思想精华,我们可以看到,自由同样不能忽视人的身体。自由的重要一面就彰显于人的身体对外在限制和束缚的不断超越。身体获得了自由和解放是心灵自由的重要基础。自由是灵和肉的解放,有血有肉,破除了对肉体的禁锢而富有鲜活灵动和饱满的生命力。身体成为了自由能够伸展的重要载体,身体自由也是自由心灵的外在呈现。人的真正自由唯有依靠和建立在灵动的身体中才能落地和持续生长。身体是人获得自由的实践模式,身体的自由是人获得自由生成和生命成长的基础。身体同时也是人的行

---

① [德]叔本华:《作为意志和表象的世界》,石冲白译,商务印书馆1982年版。
② [德]尼采:《权力意志——重估一切价值的尝试》,张念东、凌素心译,商务印书馆1996年版,第206页。
③ [法]莫里斯·梅洛—庞蒂:《行为的结构》,杨大春、张尧均译,商务印书馆2014年版,第199—297页。
④ [法]福柯:《规训与惩罚——监狱的诞生》,刘北成、杨远婴译,台湾桂冠出版公司2003年版,第3页。

动系统。所以我们对罪错少年教育矫正的自由价值追求，首要之处在于对罪错少年身体自由和解放问题的关注。而罪错少年很大一部分是处于身体受到监禁或限制的不自由状态，是与社会隔绝、生命体验有所缺失的状态。他们面临和承受着来自社会各界的标签、排斥和由此带来的压力、焦虑、抑郁。处于矫正学校和管教所的罪错少年面临着来自身体受控制的痛苦，立、走、坐、跑等身体上的训练以及其他诸如禁言、禁闭等方式带来了身体姿势的标准化。这种身体的规训以高效、整齐、划一为标准，重视对规范的遵守以及对秩序的绝对维护。教育矫正通过对罪错少年身体的控制和规训，将意识、观念等传输进入其大脑，偏离这些标准和规范的行为和人或被视为是偏差行为和异类，逐渐被边缘化。

身体逐渐失去了其本真，慢慢地演变成权力的附属物。受长久以来教育和心理研究对身体的忽视影响。我们对少年的教育历来重视对其智力和大脑的开发，偏向于思维，身体在教育中的作用受到了忽视。在规训环境下，少年、儿童的身体受到了较大的限制，经过不断地接收知识、限制身体来实现教化的目的。这一过程中，权力的控制以一种非常隐蔽的形式呈现，不断对人进行着所谓的"塑造"。罪错少年的教育矫正同样遵循着相同的逻辑，必须依据相关的规范、标准、法律法规对其言行进行规训，随时随地受到监视和控制，而不致使其越界。①

罪错少年是人身自由受到不同程度限制甚至是受剥夺的个体，其身体的自由行动不可避免地面临着或多或少的困难。一些犯罪少年被强制性地拘禁在专门矫正机构、矫正学校等狭窄的空间中，一些带有网瘾或毒瘾的少年被送入专门的戒瘾机构进行治疗，一些精神类障碍者被强行软禁于家中或精神治疗机构进行着来自身体和精神的干预，一些带有严重不良行为的虞犯少年要被迫接受强制性的

---

① 张妮妮、姚伟：《儿童的自由：以身体为基的自由》，《东北师大学报》（哲学社会科学版）2012年第2期。

教育矫正，比如我国之前存在的收容教养、劳动教养等。很明显，这些罪错少年的人身自由权利并未得到完全的享有，已经受到或可能受到逮捕、盘问、拘禁、社区监控、监禁等限制。他们身体的自由被外在强制力所束缚，尽管时间有长有短，部分控制是对其的一种保护性的约束和管教措施，基本的教育改造原则在于教育、挽救、感化，惩罚是辅助和手段。但是这一群体仍然是有别于普通人群的特殊群体，是人身自由不能和普通正常少年群体一样充分地享有。①

二 自由异化与行为失序的不自由人

人们对于自由的理解与定义成为了自身行为的标尺。罪错是一种见仁见智、无影无踪、各执一端、南辕北辙的现象。然而，凡事又皆有标准，越是模糊的，越是要从中找出清晰的主线，从而用规则加以界定。在讨论罪错问题时，人们总是要问，犯了什么罪？出了什么错？标尺在哪里？如何认定一个行为是不是罪错？怎样确定罪错的度？这些问题都与自由密切相关，绝对自由的追求是否是造成少年罪错行为发生和发展的一个重要根源。自由和规制相互排斥，矛盾对立，同时又共生共存，不可分割，于是造就了一种张力，对其理解、选择和定义进行着调节。② 有必要深入挖掘教育矫正对象出现罪错行为与自由的内在关联性。

（一）罪错少年成因的理论解释

赫西：纽带断裂与社会控制的弱化。赫西提出过著名的纽带理论，将人的犯罪行为与社会纽带关系结合起来，认为人的越轨行为与人和社会纽带关系密切，纽带断裂是越轨的重要成因。③ "依恋"

---

① 胡超宏：《论剥夺或限制人身自由的形式》，《理论界》2009年第5期。
② 谢文郁：《自由与生存——西方思想史上的自由观追踪》，张秀华、王天民译，上海人民出版社2007年版，第229—231页。
③ [美] 特拉维斯·赫西：《少年犯罪原因探讨》，吴宗宪译，中国国际广播出版社1997年版，第6—7页。

是社会纽带的重要因素，如果个体和社会有着强烈的情感联结，他在集体中有着深厚的感情，那么他就不容易越轨，并且依恋程度越高，越轨行为越少。人与群体互动仪式的动力和核心在于人的情感能量，它对人的行为产生根本性的影响。情感能量一般储存在代表群体的文化符号之中，对人的自由与规限进行着潜移默化的影响，它引发个体对人际互动的反应，并根据具体情景发动个体采取行动。这种通过情感能量所带来的结果，帮助人们在人际互动中积极主动地进行活动，保障互动得以成功开始。同时，情感能量富有层次性和差异性，既可表现为热情、积极、主动，同时有平淡、平静的状态，又会呈现出沮丧、消极、逃避等。消极情感能量容易导致少年出现疏远、逃离等行为，甚至能够引发少年消极的情感体验。罪错行为是少年群体情感能量变弱甚至缺乏的表现和结果，是通过一个较为长期的情感互动过程实现，与情感能量强弱关系密切，构成一个强化和反馈的互动循环系统。①

赫西认为，少年罪错重要成因在于社会控制力和规限力的减弱。几乎在所有社会或群体中均存在各种对行为的规制和准则，我们称之为社会规范。而越轨行为就是个体的行为对这些社会准则的触犯并产生了消极的影响。在人类学家眼中，社会规范通常作为非正式习俗而存在，与法律或制度不同的是，它是一种不成文的、非正式的社会控制，对人的自由行为进行着调控，对人的自由权利和责任进行着无形的规定。社会对人的越轨行为存在着无形的规约，比如谴责、嘲笑，个体选择依照社会规范行动的理由很大程度上是他们相信这些行为准则的正当性并且恐惧受到其他社会成员的排斥。现代社会除了非正式的规范与惩罚还存在着成文的、正式的规范，比如，教育法律、教育制度、教育教学准则、班级公约等。成文与非成文的社会准则均对个体的行为产生深刻影响。社会控制理

---

① 王明：《学生课堂投入不足的形成机制分析——一种微观社会学的视角》，《中国教育学刊》2013年第9期。

论认为，社会中的个体人人都会存在越轨的行为，越轨是社会的正常现象。遵从并不是社会运转和发展的常态，越轨是社会控制出现了弱化，才让人有机会出现那些行为。越轨的产生是源于个体越轨冲动以及越轨控制因素之间的失衡。由于少年在身心发展上还未达到完全的成熟，需要一定的监督和控制。

高佛森和赫西：低自我控制力。在20世纪90年代，高佛森和赫西提出了"自我控制理论"，他们认为所有犯罪的决定性因素都是"低自我控制力"[①]。该理论的基本观点是，任何人都有谋求自身的利益而忽视他人利益的本质倾向，都有可能做出违法犯罪的事情；人内在的犯罪潜质因自身控制力的减弱而受到激发，这成为了罪错行为出现的重要原因，而人之所以不犯罪源于人能够对长远利益进行深思熟虑。[②] 这一理论认为，犯罪行为尤其是少年犯罪，是偶然出现的、非理智的决策过程，是一个具有冒险性的、刺激的行为；缺乏深思熟虑的行为动机，深受冲动、易情绪化等不稳定因素左右，行为简单化、目光不够长远、不善于与人沟通是低自控力的人区别于高自控力个体的重要特征。低自控力的人目光短浅，易被眼前利益迷惑，做出违法犯罪的行为；"低自我控制力"这一概念可以作为所有犯罪行为的解释，包括财产犯罪、故意损坏公共财物和暴力犯罪，这一切的犯罪行为都与低自控力和适当的犯罪情景密不可分。自控力的缺乏是造成犯罪的一个根本性的原因，其他方面的因素都要通过自我控制发挥作用。但是，我们要知道，低自控力是在后天的社会环境中产生的，原因往往是父母的教育培养的方式不当，才使少年儿童在个人成长中逐渐呈现出自控力低下的特征。

赫西和高佛森提出的犯罪自我控制论，时至今日仍然经得起验

---

① Peter, T., LaGrange, T. & Silverman, R., "Investigating the Interdependence of Strain and Self-Control", *Canadian Journal of Criminology and Criminal Justice*, 2003, 45 (4), pp. 431-464.

② ElizahethC. Laurences, Alex R., P., "Psychological, Neuropsychological, and Physiological Correlates of Serious Antisocial Behavior in Adolescence: The Role of Self-Control", *Criminology*, 2005, 43, pp. 133-176.

证，不少犯罪实证研究均得出了类似结论。将自我控制视为约束人的自私自利倾向的一种强有力的力量，在犯罪的倾向上，一个人有无自控力起着重要的决定性作用，当低自控力的人在犯罪情景的催化下，他们就会倾向于违法犯罪行为。而对于罪错少年来说，自我控制是他们自身的一个主观的努力的过程，在此过程中，他们逐渐地了解并接受自己所在社会的要求和规范，不断努力调整自身行为，使自己趋向于社会期望。它的特征有如下的具体表现：第一，这是一种出于自觉，在个人主观意志的指导下从事的行为，代表着人的主观选择；第二，它是一个内在的主观努力的过程，区别于外界社会，自我控制论关注点从外部社会控制转向了人的内在控制；第三，它的依据是现有的理论规范，最终目标是使人努力达到社会规范；第四，人的自控力是在他们的适应过程中逐渐形成的，同样代表了社会化的过程。①

弗洛姆：自由与孤独的矛盾分裂。弗洛姆基于精神分析基础上，认为生物性与社会文化性构成了人性的基本内容，而自我保存和逃避孤独成为了人的本能欲望。自由更是一把锋利的双刃剑，自由既提高了人的独立自主，又割裂了人与社会的关系纽带，迫使人处于孤独的状态。这种由自由所带来的孤独逐步积累，人便容易出现对自由的逃避。在他的代表作《逃避自由》中，弗洛姆提出积极与消极自由，消极自由是挣脱或免于束缚的自由，而积极自由是主动、积极地进行自我发展的状态。② 人的自由是逐步从消极自由走向积极自由的过程。这一过程也是个体不断增强个人力量与孤独感不断增强的过程。人在与外在世界逐步分离，又不能脱离世界；尽管逐步摆脱外在约束，却不断提高人的不确定感、迷茫、孤立。久而久之，自由变成了负担，由此带来了对自由的逃避以克服孤独

---

① 屈智勇等：《基于自我控制理论的青少年犯罪研究（综述）》，《中国心理卫生杂志》2006年第10期。

② ［美］埃里希·弗洛姆：《逃避自由》，刘林海译，上海译文出版社2015年版。

感。这一状态多源于积极自由滞后于消极自由。而平衡二者关系在于改善社会条件,通过社会环境改变,人能够凭借劳动,将自我的潜能充分地得以发挥,进一步沟通人与社会的关系,解决社会问题。只有如此,人的自由才不会变成孤立与孤独。弗洛姆的理论对解释、预防和治理犯罪问题均有一定的启示作用。

破坏行为是逃避自由的表现形式。弗洛姆对自由与孤独的问题进行了透彻的分析,人获得自由的过程中因孤独而产生不安全感。在这种孤立、无助、焦虑中产生了逃避的心理,从而对个体的人格产生巨大的影响,他论述了三种逃避自由的体现,其中一种是破坏性。人的破坏性行为是试图不想让自己被无限的绝望所摧毁。罪错少年为不让自身陷入绝望,通过各种破坏性的行为或攻击行为来体现自身价值,这成为了罪错的一种心理机制。为缓解焦虑、恐惧、卑微等不良感觉,人的心理就会产生一种征服欲,通过破坏与毁灭实现一种心理的快感,达到一种心理上的暂时平衡。通过对外在物的破坏或对其他个体的伤害,满足自己控制的心理,证明自身价值,提高自己的存在感,让其他个体臣服于自己,实质成为了对自己的保护。[①]

犯罪行为是人的个体化与社会化矛盾、消极自由与积极自由矛盾的体现。通过"同类"相聚,可以释放压力,在街角少年、无业游民等特有的关系场域中找回"自我",感觉重新获得"丧失的"自尊、自立、自信与自由。此外,罪错少年往往逃避在虚拟世界中。为了降低个体化的自由所带来的孤独感和迷茫感,不少罪错少年出现了逃避、退缩等倾向,习惯于在虚拟世界中去确证自己的位置,网络游戏、QQ、微信等正逐渐成为罪错少年的身份标识,通过逃避缓解内心冲突,平衡内在自由空间和外在规训社会的矛盾,克服其孤独感。正是这种"逃避"成为了大多数人

---

① 王德新:《弗洛姆自由异化思想研究》,博士学位论文,哈尔滨工业大学,2016 年。

解决人生困惑和生活问题的办法和心理机制。罪错少年身处这种社会文化的环境下，逐渐和其他人一样，并且变得就和他人所期望的一样，以此避免自己和社会格格不入，从而削减个体化和社会化二者的矛盾。[①]

罗纳德·克拉克和德里克·科什尼：理性选择理论。学者Cornish D. 及 Clarke R. 认为，人是由自由意志去决定是否选择罪错行为，人能够自主决定犯罪，也可以决定不犯罪。[②] 他从犯罪行为人主观意识的层面，基于人的自由意识和自由精神探讨罪错行为的原因，提出了理性选择理论，构建了理性犯罪模型。他们提出人类本能在于趋利避害，因此追求快乐、避免痛苦成为了人行为的深层次动机。一个人会决定某一种行为，是在考量了个人与环境等多重因素的最终结果。比如金钱收益、性的满足、泄愤等与被抓获的概率以及罪错行为的代价。如果罪错行为收益大于代价，那么可能这个人就会甘冒风险，反之，如果罪错行为收益远远小于代价，那么他就极有可能放弃想法，不会犯罪。所以，从根本上说罪错行为是本着最优策略原则而进行的理性自主选择的最终结果。本着追求个人利益的最大化，行为人基于利弊得失的权衡、对不同选择和策略进行排序基础之上自主做出决定，是一种自由选择。[③]

（二）自由的"变异"：追求绝对自由而蔑视秩序

变异作为一个源于生物学的词汇，主要意为同一种类的生物代际间的区别或者同代不同生物个体的变异。根据达尔文的生物进化论，生物在自然条件下与生物界发生着联系，在环境的作用下发生着变异，物竞天择、适者生存。变异有助于物种的优胜劣汰，是自

[①] 卞桂平：《自由与孤独：农民工生存困境的心理机制探析——从弗洛姆〈逃避自由〉一书说起》，《理论导刊》2010年第8期。

[②] Cornish, D. B., Clarke, R. V., "Understanding Crime Displacement: An Application of Rational Choice Theory", *Criminology*, 1987 (4), pp. 933–948.

[③] 杨士仪、简后聪：《青少年暴力犯罪的理论与实务之个案研究》，《北市教大社教学报》2007年第6期。

然界的客观规律和必然结果。生物只有经过了各种各样的变异，才能进化成更加适应于新的生态环境的个体；缺乏了变异，生物对于变化的环境缺乏适应能力，久而久之，容易被自然淘汰。

秩序为个体行为定"格"，而少年罪错行为则是个体对于秩序的变异，实际是一种"出格"，对秩序和规范的破坏。[①] 将少年罪错行为界定为"秩序的个体变异"，有助于从更广阔的视野背景上展示个体罪错行为与秩序的内在关联。从整体宏观层面认识与矫正少年罪错行为。大多数少年罪错行为会产生危害社会的结果，少年罪错行为的发生，一方面不能脱离内在的主体性的动因，另一方面与一定的外部诱因有关。少年罪错行为的过程是主体动因和外部诱因综合作用的结果，是一个双向运转的复杂过程。

少年罪错行为语境中的"变异"则指人类个体的行为规范差异，并限定在特定的群落中。个体出于自身需要，追求绝对化的自由，而违背了规范，无视秩序本身。罪错少年对秩序的背离性或许是源于无知和无意识，但也可能是有意识的。已完成必要的社会化，但对相关的法律法规和社会规范掌握不了，个体的行为偏离了这些标准、规定或要求而不自知，这就是一种无知的秩序背离。而有意识的背离则是个体明明知道自身的某种行为不符合法律法规和社会规范的要求，却依然要实施这种罪错行为。

少年罪错行为实际是一种自由的变异。自由和秩序严重失衡，行为的自由被绝对化而出现了自由的异化。根据吕耀怀先生的越轨论，少年罪错行为作为与秩序和规范行为相对立的社会异常行为，主要具备几大特点[②]。一是少年罪错行为主体的少数性。罪错行为主体是实施罪错行为的少年个体。我们知道，规范有助于发挥对社会绝大多数个体的指引、约束和控制行为，违反了规范的罪错少年

[①] 吕耀怀：《越轨论——社会异常行为的文化学解析》，中南工业大学出版社1997年版，第30、112—115页。

[②] 同上书，第112—115页。

人数与大多数个体相比是较少的。不同的社会规范，通常对于社会成员之间的关系以及社会秩序产生不同程度的作用，多种不同的社会规范构成了秩序。一些社会规范稍微受到违反，极易产生恶劣的社会影响，而部分社会规范不一定能产生震荡性的作用。少年罪错行为重点关注那些违反重要社会规范的行为，而对于那些违反微不足道的规范的行为，并不列入罪错，特别是罪，因为如果将任何违背了不太重要的规范的行为都视为罪错，那么社会的绝大部分个体可能被标定为罪错了。任何人均有可能违反一条或几条大大小小的规范。将少年罪错行为视为"秩序的个体变异"，蕴含着对社会重要规范的违反，只有那些违反了重要规范，从而可能危害规范与秩序整体的行为，才可能被称作少年罪错行为，才是罪错少年教育矫正研究的对象。二是少年罪错行为对社会关系的破坏性。少年罪错行为客体指少年罪错行为所指向的社会关系。规范本身源于社会关系的维持，而少年罪错违背了规范，对社会的经济、法律、道德等关系造成破坏。罪错程度越严重，对社会关系的破坏就越厉害。少年罪错行为是秩序的个体变异，是自由的异化，由此带来的结果就是社会的规则和某种社会关系的破坏。少年罪错行为客体不同于少年罪错行为对象与社会规范本身。少年罪错行为对象是少年罪错行为直接指向的人或物。通常来说，少年罪错行为总会在某种程度上破坏某种社会关系即少年罪错行为客体，但对于少年罪错行为对象却并不必然会有这种破坏作用，即并不必定会伤害具体的人或物。普通少年遵守规范的行为与罪错少年背离规范的行为指向的均为社会关系，然而普通少年遵循规范的行为是平衡了自由和秩序的结果，是一种对社会关系的肯定性指向；而少年罪错作为一种对规范的背离是一种对社会关系的否定性指向。三是少年罪错行为带来无序与混乱。少年罪错行为由于违背了社会规范，因而少年罪错行为将带来无序。社会秩序以规范为基本依据。各种社会规范蕴含于秩序中，从各个不同方面、不同程度地制约个体的行为，从而保障社会的正常秩序。通常来说,社会成员越是倾向于遵从规范,那么,秩序越易于稳定;规范的破坏会导致秩序的毁灭;对于规范的不同程度的违反,则会造成秩序不同程度的破坏。少年罪错行为会带来秩序的功能失调,少年对规范违背越严重,罪错程度越深、越持久,秩序则越容易陷入混乱。以最终的无序为极限,一旦社会陷入彻底的混乱无序,任何社会个体也将无法生存,变得不存在了。少年罪错行为由轻微错误向严重犯罪行为就是不断向无序趋近的过程。尽管真正彻底的无序状态通常不会出现,然而运转由良性向无序逼近,就会给社会带来越来越高的风险。当达到绝对的无序,规范和秩序完全消失了。[①] 罪错少年毛某某从小就我行我素、规则意识淡薄,初中二年级即辍学走上社会,曾因团伙盗窃被公安机关查获,因作案年龄尚小未被追究法律责任,但毛某某不珍惜机会,未能悔过自新,继续寻求刺激、放纵生活、争强斗狠、蔑视规则与秩序,后犯故意伤害罪获刑。罪错少年刘某,初中文化,被捕前无业,游手好闲,不学无术,沉迷于天天上网、大手大脚花钱的日子,后更加"自由放肆",持刀威胁以暴力手段劫持他人财物。这些案例中的罪错少年尽管犯罪类型和表现各有不同,但共同点在于,其对自身行为缺乏认识,追求绝对的自由化,往往因为自己的"放浪形骸"而无视社会规则,破坏了社会秩序,甚至触法、违法,对社会产生危害。

总之,少年罪错行为是一种自由的"变异",追求绝对自由而蔑视秩序必然造成消极的社会后果。比如,因为少年的罪错行为带来的对重要的法律规范和社会规范的普遍背离使得社会秩序变得不可预测,规则的权威性和说服力下降,造成规范的遵守和背离的矛盾、自由与秩序的失衡,破坏了社会的规范、秩序和关系;少年罪错行为使得社会大量资源财力不得不被转移到进行社会控制和罪错

[①] 吕耀怀:《越轨论——社会异常行为的文化学解析》,中南工业大学出版社1997年版,第112—115页。

预防的努力上，比如监狱、安保系统的大量资金投入，而本来这些社会财力资源可被引入更能产生社会收益的地方；少年罪错行为给人际间的信任、友爱等带来极大的破坏，增加了社会公众的不安、恐惧和担忧，等等。①

(三) 自由的"非理性任性"：追求绝对自由而忽视责任

自由是一种对限制的反对，容易将人引入误区，倘若将自由片面地进行理解，很容易把自由理解为任性、随心所欲。哲学家黑格尔曾对"自由即为所欲为"进行了猛烈的抨击，他认为虚假的自由就是一种任性，并非是其真面目，只是作为一种形式。② 虽然任性和自由一样也强调"非限制性"，但终不过是形式类似，可精神内蕴却相差千里。自由如果失去了对客观规律性的遵循，就没有真正意义上的自由。

自由需要借助于人的理性，理性是人区别于其他动物的特殊能力，体现在人作为主体对外在世界的理性审视和判定。黑格尔认为理性是宇宙的主宰，拥有绝对力量。③ 不通过理性，人就难以发现事物的规律，也就不可能实现对外在限制的合规律性的打破。所以人只有依靠理性，克服任性妄为，才能够实现对自由的全面认识，把握自由的深刻内涵，真正的自由境界才能逐步达到。

尽管人能够把理性和非理性相结合，但不同个体在这项能力上存在着较大区别。成熟的个体有能力以理性来克服自身非理性的欲望和冲动，而少年作为不成熟个体，理性能力有待提高，非理性的因素往往容易在环境的催化下战胜理性，因冲动而任性地采取行动。对于这种非理性的任性仅仅在形式上把握了自由，只把握了自由的非限制性，无法明了自由的本质和内在要求。虽然自由和任性

---

① 吕耀怀：《越轨论——社会异常行为的文化学解析》，中南工业大学出版社1997年版，第108—119页。
② [德] 黑格尔：《法哲学原理》，范扬、张企泰译，商务印书馆1982年版，第19页。
③ [德] 黑格尔：《历史哲学》，王造时译，上海书店出版社1999年版，第9页。

"形"同，但"神"却不同，因而，自由和秩序能够产生和谐共在，但任性和秩序却难以相容，作为一种形式的自由往往和秩序具有难以调和的矛盾冲突。

自由的非理性认识还体现为原始欲望的爆发。个体通常在社会化中，原始欲望不断地被理性化，原始的动物本能之欲逐渐发展成为理性的人的欲望。然而受内外因素影响，个体或许会将原始本能欲望进行伪装，但遇到一定情境，这种原始本能欲望就会又被激起。原始欲望在非理性的误导下进行放纵。倘若不能用理性对欲望进行相应的控制，人的欲望将慢慢退化为兽欲，人性逐渐堕落为兽性。人在动物本能的放纵下，将逐步沦为丧失理性的兽类，这时候一切规范成为了受否定的对象，人作为动物的存在，不受规范所制约。因此，正确的选择在于欲望理性化，不越出合理规范的栅栏。或者，欲望的满足要在规范的范围内实现。

对原欲本能的放任不可避免地将破坏规范，继而违背了规律性。规范的逾越者原先是为了打破束缚、限制，追求其所以为的"自由"，但结果往往容易被规律所惩罚，陷入更大的不自由中去。人的社会活动需要基于一定规律而形成的秩序，比如法律有助于保障人的自由，维持人的生产、生活、交往等秩序，孟德斯鸠指出："自由就是做一切法律许可的事的权利"。只要在法律允许的范围内，任何不被禁止的事都可以自由地去做。

罪错少年自由的非理性任性主要体现在追求绝对自由而忽视责任，表现在责任意识淡薄、自我控制能力较弱、防备、敌意与自我隔离等方面。

第一，责任意识淡薄。罪错少年普遍缺乏对责任的意义以及自由和责任的关系权衡等问题的正确认识。充分追求个人自由的实现，而缺乏尊重、担当等品性的养成。从他们身上不难发现仇恨、冷漠以及冷酷。这些特征的形成与其责任意识的淡薄有着绕不开的关系。个体对他人和社会责任观念的丧失令这些原本纯真善良的天使变成了冷酷无情的杀手,成为了冷血动物。杀害父母、兄弟姐妹,杀害同学,手段凶残,事后竟无一点悔意,极为冷血。人到底为什么活在世上,人应该怎样活着,人怎样在短短的一生中实现自身的人生意义和价值,这些问题是每个人不可回避的问题①,但罪错少年普遍没有认识到自身的意义和价值,漠视自身对他人和社会的责任。根据郭开元 2015 年调查研究,超过三分之一的未成年犯认同追求成功是首要的目标,而不必在乎过程中使用何种方式(比例为 36.7%);另外,超过一半的被试(比例 52%)认同"每个人都是为了自己,人都是自私自利的"。这表明他们只看到了个人,而缺乏责任意识,自由被异化成为自私自利。② 罪错少年李某某,男,现年 16 岁,因运输毒品被抓。该少年初中因成绩差加上与老师有矛盾而辍学,在社会上闲荡,沉迷网吧,认识社会人员,被教唆贩毒。李某某大体知道毒品是有害的,但因贩毒的"好处费",无视毒品对他人和社会的消极影响,对社会较为冷漠,缺乏对社会的责任感。

第二,自我控制能力较弱,侵犯他人、社会利益。长期以来,我们的教育过分注重智育、轻视道德教育和心理教育。教育评价导向上长期单一,以考试分数论英雄,学校教育重视对学生进行科学文化知识的传授,而对于学生的自我控制能力、健全人格的培养重视不够。家庭教育在少年成长中也未能重视对其行为的合理引导,重养轻教、重考试成绩忽略作为全人的培养的现实仍广泛存在。近年来,各种新闻报道频繁曝出令人惊悚的暴力犯罪、激情犯罪,因生活小事或者人际关系的小冲突、小矛盾就做出鲁莽、冲动的行为,充分暴露出了这些个体对待自身行为控制能力的低下,东营少年胡某某持刀杀人,云南昆明少女杀人抛尸,以及低龄少年校园欺凌。种种恶劣行径不仅是对社会法律、制度的藐视和公然践踏,更

---

① 王北生:《论教育的生命意识及生命教育的四重构建》,《教育研究》2004 年第 5 期。
② 郭开元:《中国未成年犯的群体特征分析》,《中国青年社会科学》2015 年第 1 期。

是对他人的极度不尊重，放纵自身行为，而漠视、无视他人的权利甚至践踏他人权利。对自我行为的放纵极易导致少年对自身不良行为缺乏反省和调节，容易造成因冲动而过失犯罪甚至发生蓄意杀人，给他人的权益和社会的安全都带来了消极的影响。比如，罪错少年杨某某14岁时故意伤害致他人死亡而获罪。因自家的摩托车被盗，偶然看见被盗摩托及盗窃者，出于想教训对方的冲动用砖头击打了盗窃者，致使被害人脑部死亡。再看另外一个案例，罪错少年毛某原是某中等职业技术学校的一名学生，因与同学有过节，在学校大打出手，在斗殴中用随身携带的水果刀捅死了被害人。我们从案例中都能看到，少年自控能力较弱，一时冲动而侵犯了他人和社会的利益。

　　第三，防备、敌意与自我隔离。罪错少年是不自由的人，自由包含着自由选择，而人做出某种选择意味着需要承担相应的风险，"风险"就包含有"胆敢"的意味，人对风险的承担可能会带来积极的结果，也可能会有不好的结局。而对于"非自由的个体"，他们习惯于逃避风险的承担，这种逃避最终的结果是慢慢地向权威屈从。现代社会的权威更多的并不是外在的显性的权威，相反，它是隐性的权威，比如，对金钱的屈从。非自由的个体意味着人与人的信任消失，他们失去了信任他人的能力，容易将他人曲解成为有威胁的对象。不安全感、不信任感充斥着人际交往，人与人之间被心灵之墙所隔离。一旦对他人产生了不信任，防备之心甚至是敌意就会存在，人也极易离自由的境界越来越远。人受困于自己狭小的世界里，丧失了对外在人与事的了解。非自由的个体意味着自私的滋生。由于不安全、不信任的心理，他们对界限极为重视，对他人产生一种"天然的排斥"。比如，罪错少年戚某是某市外来务工大军中的一员，初中辍学，文化程度不高，打工工资微薄，租住在一小区。他注意到小区中一些人工作较轻松，收入丰厚，心理产生了不平衡感，对富人带有很深的敌意甚至是仇恨，后因跟踪抢劫，走上了犯罪的道路。罪错少年赵某在一家餐馆打工,独来独往,与餐馆其他人人际关系一般,自我隔离。餐馆老板的管理行为被他解读成"针对自己",带有极强的敌意,后蓄谋杀害餐馆老板,被抓时仍对餐馆老板与员工充满着仇恨,不信任他人,不配合讯问和调查。此外,黄代翠、邻丹 2015 年的研究中,未成年犯敌对性算数平均数和标准差为 1.82+0.73,而敌对性的常模是 1.46+0.55,通过独立样本 t 检验,$p<0.05$,表明样本未成年犯敌对性很强。[①]

(四) 教育过程规训与自由失衡的"产物"

对于少年的犯罪,人们习惯性地把原因归结为社会不良环境的影响、家庭环境的不健康以及家庭教育的缺失,等等。事实上,教育中自由人的缺失是导致少年罪错行为的一个更深层次的却容易被人们忽略的原因,如何预防少年违法犯罪同样是困扰教育界的难题。

应然的教育是使人成为"人"的,但是遗憾的是,人性和教育之间似乎存在着诸多隔阂,在实然的教育实践中,人的主体性受到压抑,教育出现异化,教育与人性相互剥离,教育的对象——人的深刻内涵未能得以厘清,在面对少年的心理与行为问题时,要重新审视人性与教育这一根本性问题,教育中自由人的迷失带来行为的失范,需要引起我们关注。教育矫正的对象——"人"是教育过程中规训与失衡的产物。少年罪错行为是教育中自由人的丧失带来行为上的失范。

1. 教育共质化扼杀人的自由个性

人的本性问题具有丰富的内涵意蕴,历来饱受争议。人的本性大体包含着类本性和种本性。但是从根本上说,是类本性,也就是人具有的区别于动物的生成性、创造性。与此同时,人性不是抽象的,而是具体的、现实的。人的个性在后天生长的过程中得以创

---

① 黄代翠、邻丹:《未成年犯家庭成长背景及心理健康状况研究——基于 87 例未成年犯的分析》,《青年探索》2015 年第 6 期。

造。人性是人成为人的原因，人的根本在于实现自由、创造的个性，应该说，个性是人的存在方式，而个性的形成与不断发展需要通过个性化的教育来完成。但是，少年因为受教育时间的延长，长时间被阻隔在大人所处的真实世界之外，学校教育的共质化与丰富的生活世界相背离，而生活在学校这种经"消毒"过的环境，长期接受着教育的规训，少年形象逐渐变得同一。近代学校教育的扩张把他们整齐化和同质化。[①] 当今我们的教育同样是整齐划一、排斥个性的，教育的过程不是让人朝着个性自然发展，而是想方设法地帮助人"去个性"，视人的个性为"洪水猛兽"，人逐渐被抹掉自身的独特之处，消除彼此之间的差异，一步一步地成为教育所要求的那个"我"。正是由于对个性的惧怕与排斥，人被同质化了，那些父母眼中的好孩子、老师眼中的好学生绝大多数是失去个性、高度同质化的人。学校教育关注的不是人的个性，取而代之的是僵化的考试成绩，分数被推到至高无上的地位，人们欣赏的是他们的考分，而不是个性。那些"太有个性"的人往往被视为异类，甚至被贴上问题学生的标签，不被主流社会所接纳，主流社会已经给不了他们价值观和意义感了，他们更加迷失，逐渐被边缘化。[②]

2. 教育先验化干扰人的自然生成性

在自然界中，动物往往是一种先验化的存在，他们的本性由遗传素质和环境构成。但是人与动物不同，人不全部由先验决定，遗传与环境只是影响人的其中两个因素，并不代表全部。人很多时候是在先天基础上，在环境作用下，后天不断生成的。遗传不再是决定人的主导，主导在于人本身，人在后天的学习和生活过程中不断自我塑造、自我生成。但是，在教育实践中，往往根据他们的先验

[①] 刘晏齐：《为什么要保护未成年人？少年福利、法律与历史的分析》，《政大法学评论》2016 年第 147 期。

[②] 张华：《教育与人的主体性发展——新主体教育论纲》，《教育理论与实践》2002 年第 7 期。

成分来评判其未来潜在的能力大小,通过对教育对象的分类与分等来进行对待。把人当成一种确定的物体,带有先验性的体制和制度对人的发展极为不利,在这种环境下,教育对象享受着不同的教育机会。我们知道,人是具有自主性和生成性的,但是先验性的教育制度却压抑了人的自主性,被人当成是固定不变的、消极的,而忽略了人称之为人的积极能动性以及对个体生命的主宰,人从根本上说是主动而自觉的、是自我生成的。只有立足于人的这一特性,充分发挥人的主动性与生成性,教育才能产生影响,但是,我们当前的教育把人当成缺乏自主性的存在,忽视人自主性和生成性的现象还比比皆是。

3. 教育话语功利阻隔精神信仰和自由选择

教育话语深刻地影响着教育对象的心理和行为,甚至成为其行动导向,导致人迷失的诸多因素中,教育话语是其一个重要因素。一切围绕功利转,人由自由求索者变成了精致的利己主义者。我们的整个社会大环境,金钱、名利取代了精神信仰,我们的社会主流价值观发生严重扭曲,金钱与权力成为了评判一个人成功与否的标准,那些不符合这条标准的人,被排挤到社会的边缘。在这种功利话语主导下,教育精神信仰的丧失使人从"自我"走向"失我"。教育的过程实际上是一个去我的过程,教育为适应社会生产与社会生活的需要,逐步推进人的社会化,这个过程中,人的一些特质会被扼杀,逐渐地沦为社会大机器上的一个零件。[①] 但是,应该看到在人的社会化面具下,隐藏着被压抑的自我,我们从小就不被允许做自己,社会的规范、标准、价值远胜于个人的需求、情感。因此,功利代替了兴趣和好奇。雅斯贝尔斯曾指出教育中精神正在被

[①] 涂艳国:《走向自由——教育与人的发展问题研究》,华中师范大学出版社 2005 年版,第 295 页。

技术所贬抑。① 教育远离了精神和信仰。因为精神信仰缺失，金钱至上，人变得越来越世故圆滑，这样的社会化与人的个人特质产生明显冲突。教育对个性的包容十分有限。批判、质疑常常遭到指责和批评，社会充满了各种对人的评判。教育造就和生产出一批批被驯良的人，成为社会中容易被管理的听话员工。② 我们的教育在今天的社会环境里如何做到尊重人的个性无疑是一个巨大的现实挑战。教育在培养人的过程中必须反思自身的传统与文化、制度与精神，在新的时代环境里思考如何创造一个鼓励包容、促进人的个性彰显的环境。

教育话语功利束缚了人的自由。自由作为理性的象征与标志，代表着个体与自我的关系。罪错少年对自由的向往与追逐，正是其理性不断走向成熟的体现，同时是少年对自身与周围环境的一种觉醒。在现代社会开放性、复杂性的环境中，少年的思想与行为是否自由，代表着社会是否公正与民主。但是，现代社会个体自由却往往以个体孤独作为相应的代价，在追求自由的过程中，人也逐渐将自己囚禁了。在自由的追求中，人逐渐地将自身与其他个体相隔离，制造了诸多对立的关系，而产生人际关系的冷漠和对立。在这样一种自由下，人反而把自己困在了封闭中，自我面临着由个人自由带来的孤独与不安全感，进而逐渐产生对生存的忧虑与恐惧。人的自由并不能绝对与人所赖以生存的外在环境相脱离，人的自由与其他个体有着密切的关联，因而由自由所带来的人的内心孤独问题容易受到忽视，尤其是在现代社会物资充盈而人的精神贫瘠的现实条件下，如何平衡人与人的关系，克服人的自我囚禁，获得真正的自由，是摆在我们面前的一大难题。③

---

① ［德］卡尔·雅斯贝尔斯：《时代的精神状况》，王德峰译，上海译文出版社1997年版，第111页。

② ［美］乔恩页·威特：《社会学的邀请》，林聚任等译，中国法制出版社2012年版，第200页。

③ 张男星：《大学生中的"异化"现象与大学德育》，《高等教育研究》2000年第6期。

4. 教育自由与赏识的极端化遮蔽行为的引导和规制

对教育对象的无限制放任，教育走向了另一极端，教师一味地迎合学生的需要、兴趣，不断扩大教育对象各方面的自主权，在学习上推崇自主探究，管理上强调自主管理和民主参与，固然有积极和进步的一面，但是如果不顾及对教育对象的引导和必要的干预，对其长远发展将产生消极的作用。在教育中，如果不考虑一定的目标引导、对教育对象不良行为的规制，片面强调教育生成，容易带来表面的浮华和热闹，而教育的实效性大受影响，极易导致教育的时间和成本的损耗。

20世纪八九十年代，中国教育界掀起了一股改革热潮，大力提倡进行赏识教育，主张通过正面激励的方式进行教育。随着计划生育的推行，学校中独生子女少年所占比例大大增加，这一群体心理承受能力弱，受不得一点批评和惩处，外加新闻媒体对于因惩戒不良行为少年而引发的自杀事件的夸大歪曲，导致了在教育实践和管理中教师对不良行为少年的纪律惩戒面临重重道德困境。新闻传媒对于一些教师虐童、体罚学生的极端案例进行大肆报道，将人们的目光引向惩戒的消极影响，将极端惩戒案例拓展到所有的纪律惩戒中，其消极作用被夸大，导致了在学校管理和教育实践上，惩罚、管教受舆论影响步履维艰。[①] 不良行为少年的错误、偏差和违纪行为得不到有效的纠正。虽然表扬、赞同、肯定、鼓励是教育的方法，教育要以尊重不良行为少年为主，积极无条件关注不良行为少年、给予其正面的鼓励和肯定，但是这并不意味着教育只要表扬不要批评，无限制纵容不良行为。教育在反对惩罚呼声中似乎走向了另一极端，重表扬轻惩戒，教育不断向不良行为少年让步。教育在强调尊重不良行为少年的过程中，步入了误区。

种种问题体现了自由的异化和膨胀。在自由教育和赏识教育的

---

① 杨润东：《教育惩罚的两难困境及突围》，《中国教育学刊》2015年第12期。

浪潮下，教育对象的自由其实被演变成为了一种消极自由，而未上升为积极自由，缺乏对有益规制、主动承担的重视。放任式的自由对教育对象的成长不利。① 片面推崇肯定和表扬，舍去批评和惩戒，很容易形成一种畸形关爱的环境，给不良行为少年心理承受能力的训练和坚强意志的磨炼带来消极的影响。

第二节　自由复归的释义：身体和心灵自由二重性

关于自由是什么的问题从古至今存在着诸多种解释，是一个含糊不清的术语。② 霍布斯认为自由在行为之上，他将自由定义为，自由是能够从事一切行动的权利③；康德提出，自由是意志的本质，道德成为可能，必须以自由为必要的前提，④ 可以说，自由是其道德哲学的中核，他对人的自由和尊严的呼吁成为了一座丰碑；孟德斯鸠认为"自由是做法律所许可的一切事情的权利"⑤，自由存在于制度之上，如果不把英国的议会政治分为三权分立，那么自由就不能够获得。日本五来欣造则有不同的视角，他认为自由不存在于行为之上也不存在于意志之上，同样不存在于制度之上，也无关乎法律，而是关乎人的欲望是否能够得到满足，存在欲望满足的可能性之上。身体受束缚是一种不自由，言论受到监控是一种言论的不自由，人不能够尽情书写、表达自己的观点都是不自由的表现。⑥

自由的内涵为免受限制与阻碍，能够破除束缚和压迫，这是第一层含义，即伯林提出的消极自由，免于受……的自由；另一层含

---

① 谢丽娜：《探究学习中"学生自由"的异化及合理化》，《教育发展研究》2010 年第 20 期。
② ［英］以赛亚·伯林：《自由论》，胡传胜译，译林出版社 2003 年版，第 189 页。
③ ［英］霍布斯：《利维坦》，黎思复、黎廷弼译，商务印书馆 2008 年版，第 163 页。
④ ［德］康德：《实践理性批判》，韩水法译，商务印书馆 1999 年版。
⑤ ［法］孟德斯鸠：《论法的精神》（上册），张雁深译，商务印书馆 1997 年版，第 21 页。
⑥ ［日］五来欣造：《政治哲学》，郑肖厓译，上海华通书局 1929 年版，第 43 页。

义是控制和驾驭自己，成为自己的主人，即伯林所提的积极自由，即主动做……的自由。① 消极自由的要义在于不让他人干涉自己的自由，尽可能地免除外在所限；而积极自由更多指向内在，其要义在于自我主导。因而自由涉及的关系是错综复杂的，包含着个人与自我，人的内在与外在，个人与他人，个人与共同体，个人与社会、种族、国家的关系问题。② 自由通常被认为是教育的目标之一，尤其是自由主义传统。在现代民主社会中，人们不仅仅能够自由选择自己的政府，他们同样希望能自由地引导他们自己的生活方式。至少从霍布斯时代起，政治领域中就一直存在着"保护和扩展权利"的思想，并且是一种强有力的思想传统。

自由是人类追求的永恒目标，它代表了人类在实践活动基础上不断挣脱来自自然界、人类社会等外部强加于人的各种束缚、摆脱各种奴役，把人从不自由、受奴役的状态中解放出来，不受约束地行动。然而自由价值的实现从来都不是一件轻松的美事。社会关系所固有的必然是生动、多变、丰富的，因而人类自由价值在不同的语境下，其实现路径也是多种的。政治法律中的自由指在法律和制度的框架内人的行为的可能性，法律对人的活动进行保护。"自由是做法律所许可的一切事情的权利"③；政治学视野中的自由通常关乎公民与国家、政府的关系，多与权利相关。哲学视野中的自由是认识客观世界的规律，关涉人改造世界，"实现人的解放和自由全面发展"更多涉及一种积极的自由。人、自由意志问题与自由的探讨密切相关。人学视野中的自由是人对自身的认知和超越、对自身的自由实现；伦理道德层面的自由是行为主体自觉地按照历史必然性的道德准则采取行动，基于人的自由本性而做出的善恶行为。不

---

① ［英］以赛亚·伯林：《自由四论》，陈晓林译，台北：联经出版事业公司1986年版，第229—232页。
② 王振东、吕世伦：《自由主义法学》，法律出版社2005年版，第10—11页。
③ ［法］孟德斯鸠：《论法的精神》（上册），张雁深译，商务印书馆1997年版，第154页。

管哪种自由价值的实现路径，都存在人的主观愿望与客观必然性二者自觉的张力与调节问题。

对自由的认识在历史上存在两种不同的取向，一种是抽象的自由观，另一个种是有限的自由观。前者主要指突破一切束缚，能够从规定性、抽象性中得以摆脱与解放；后者追求的并非纯粹的毫无规定，而是设定一定的规定，从规定性中获取人的需要的满足。黑格尔认为二者都存在着片面性，从本质上说都是不自由的。自由不存在于无规定中，抽象自由观并不完全正确；也不存在于规定性中，有限自由观也存在其缺陷。片面强调一方，将陷入极端，他将"具体的自由"视为无规定性与规定性的统一。只有根据具体情境合理选择自由，同时又不侵犯他人自由的实现，才是自由的实质。① 恩格斯也提出自由并非摆脱自然规律存在，而要根据客观必然性支配人自身与外在世界。② 要进一步认识规律，基于全面理解规律基础上充分地尊重客观规律，使得规律能够更好地服务于人的目的。实质上，毫无限制的自由终不过是虚假的自由，自由从来都不是毫无限制，为所欲为和随心所欲的自由类似于动物的本能冲动。这样的自由只会给人类社会带来无休止的纷争和破坏，人的真正自由的状态将永远不会实现。自由必然伴随着一定的限制，二者相伴相生。并且人对自由的感受很大程度要依靠于限制，才能充分得到。歌德曾经说过"一个人唯有正视和敢于承认自己受到限制，他才会更加感到自己是自由的"，自由和限制构成了一对张力。尽管听起来自相矛盾，但是，对自由的合理限制与追求自由本身是同等重要的，这也是自由的深刻意蕴。

自由的原则主要有三条。第一，自由需要兼顾普遍性与特殊性

---

① [德] 黑格尔：《法哲学原理》，范扬、张企泰译，商务印书馆1982年版，第167—168页。
② [德] 恩格斯：《反杜林论》，中共中央马克思恩格斯列宁斯大林著作编译局译，人民出版社1876年版。

的体现。自由最终需要体现在特殊事物中而非抽象的空洞存在,是真实具体的,很多时候充满着个性化、主体性。自由和特殊性有着密切的关联。同时自由需要保持普遍性。人的意志说到底是由特殊的个体所规定,然而意志不单体现人之特殊性,特殊性需要符合普遍性的客观规律。因而需要将特殊性上升为普遍性,从个别提升到一般,才能够实现真正的自由。因此自由尽管带着特殊性的需要,经常通过个性化呈现,仍然体现着普遍性的规律。例如爱情具有自由的本性,提倡恋爱与婚姻的自由,但如果脱离了独立平等、尊重、忠诚等普遍性的规定,则自由的爱情只能沦为情感游戏。第二,自由体现着主观与客观的统一。自由体现了人的内心主观性的东西,这是自由"主观性"的一面,但自由又需要防止单纯的主观性,脱离不开事物的客观规律,自由要将主体的内在需要转化成客观的存在。如果将自由停留在人的主观性头脑中,而不从实践入手,那人并不能获得真正的自由。只有把自由落到客观实践中,并遵循自然界和社会发展的客观规律,才能真正实现人的自由愿望。只有基于客观规律,把握客观现实,才能进一步发挥出人之主观能动性,凸显"积极自由"的力量,在主观和客观的和谐统一中,开发人的自由创造力。第三,自由代表了遵循必然与扬弃必然的统一。必然性是自由的基础与前提[1],因此,自由要遵循必然,不能违背客观必然性,把握客观事物的本质和规律。唯有遵照自由准则行事,才能成为这个王国的一员。[2] 但是自由又不局限在必然里,自由从来都不是自我禁锢,而必须从必然中进行超越和扬弃,某种程度上来看自由的建构过程甚至是和"必然"相反的,自由代表着一种扬弃,一种创新与超越,追求应然的理想。因而一方面自由需要遵循客观必然,尊重规律,克服盲目冲动、主观随意、任意妄为;另一方面要指向超越的境界,理性地对未来发展方向进行反省

---

[1] [德]黑格尔:《小逻辑》,贺麟译,商务印书馆1980年版,第323页。
[2] [德]康德:《道德形而上学原理》,苗力田译,上海人民出版社2012年版,第68页。

与审度，增强主体自身能力，积极地改造世界。

自由具备内外在价值两个层面。自由是人之成人和实现罪错少年健康、全面发展的必要条件。这是由自由的内在价值与外在价值二者共同决定的。一方面，自由合乎人的天性。自由自身的内在价值与人性深层次需要是相契合的，对自由的反射是动物界的一种普遍的、先天性的反射，这是动物最重要的共性。自由不仅仅是动物生存的基础需要和重要条件，同时也成为人类生存与发展的必要条件，是人类的永恒追求。人类对自由的渴求以及为之奋斗的决心与斗志远远胜于其他动物。缺乏了自由，人类难以正常的生存，这就如同缺乏了基本的安全保障与必需的食物供给，人类将面临死亡的危险。因而，可以说自由成为人类活动的目的、追求以及不绝动力。自由在人类原始本能的驱动下，成为了人类实践活动的永恒追求。人的实践基本目的和重要价值取向在于突破来自自然界和人类社会的限制，并不断克服人自身的诸多局限，满足人对自由的渴求和基本需要，维持与获取更大限度的自由，完成人的自由成人和全面发展。自我实现在马斯洛看来就是一种自我发挥、自我创造、自我超越，实现自身发展潜能的倾向。这也是柏林所提的"积极自由"。一个人创造潜力的发挥，是以个性的独立和自由为首要的前提，并且二者相互影响。个性自由越得到保障，人的主体性地位越得到尊重，自由的内在价值发挥程度越明显，人越容易最大限度发挥自身创造的潜力，其自我实现的体验和程度就越深；相反，则容易造成自由内在价值难以实现。

另一方面，自由的外在价值主要体现在推动社会进步、民主自由社会发展等功能的发挥。自由既是人类发挥自身潜力的前提，又是推动社会发展的根本条件。因为社会中的个体创造的潜能越多，自我实现越充分，社会就越具有活力和创新性，越民主、富强和进步。人的消极自由与积极自由受剥夺，都不利于整个社会的进步。所以社会的发展进步有赖于无数人的自由的实现，压抑个人自由的社会，最终会走向衰亡。专制独裁的社会最终会被民主自由的社会所取代。①

自由往往和人的责任、行为的自我控制、精神自主自立、人格独立完整等词汇一起出现。② 近代社会法治国家的构建以及宪法的制定均是以自由为基础。自由的追求和争取无非是人在争取作为一个人的尊严和基本权利，成为一个由自由所彰显的独立、自主之人，能够尽可能不受政治因素等不当干预的影响。自由强调人是"理性、自决的主体"，个人对自己有绝对自主性与自决的地位，不受外来力量的强制、侵害或贬损。从此角度演绎自由复归的内涵还不足够，自由复归带有更加深刻的含义，主要体现在以下几个方面。③

一 身体自由恢复和社会回归

身体是人的不可或缺的一大构成，更是人开展实践活动的关键前提。人的身体是深奥难懂的。④ 人类对它的态度经历了由忽视到重视的过程，身心的对立观逐渐地被舍弃，身体慢慢地脱离了宗教束缚。人对身体的看法也发生了巨变，原先将身体视为工具的观念逐步得以转变，身体开始成为教育等领域研究的一大关注点。身体是"一部历史，带有文化性"⑤。身体通过感知觉、情绪等将主观和客观融合在一起。⑥ 身体的自由直接影响到一个人是否能够自主

---

① 马焕灵：《论高校学生管理中自由与秩序的限度》，《教育研究》2011年第3期。
② ［美］贝尔：《自律的培养和不良行为的预防与矫正》，黄喜珊译，华中科技大学出版社2016年版，第3页。
③ ［美］史迪芬·平克：《尊严之愚昧：保守派生命伦理学最新、最危险的计策》，何建志译，《法律与生命科学》2009年第3期。
④ ［美］安德鲁·斯特拉桑：《身体思想》，王业伟、赵国新译，春风文艺出版社1999年版，第1页。
⑤ ［英］布莱恩·特纳：《身体与社会》，马海良、赵国新译，春风文艺出版社2000年版，第2页。
⑥ ［德］赫尔曼·施密茨：《新现象学》，李张林译，上海译文出版社1997年版，第9页。

地开展实践。因此,一个自由人的重要标志之一便是身体的解放。同时,身体成为了心理的重要基础,追求自由的心理需要立足于身体的解放。脱离了身体来谈自由,是不切实际的空想。自由的思想和心灵都需要以解放身体,破解对肉体的束缚,实现身体上的自由为基础。如果人连自己的身体尚不能自由自主地支配,那么这个人很难能称得上是自由的人,人的自由和解放的目标就尚未达到。唯有逐步将人从身体的驯化中解脱出来,恢复身体的自由性,才能够促进人逐步恢复其自主性和自由性。所以毋庸置疑,人的自由复归的首要前提和重要基础就在于身体自由状态的恢复。①

自由包含着人身自由的恢复,人能够自如地支配自己的身体,能够不受监禁、限制等,得到身体的自由。罪错少年的自由并非是抽象的、停留于头脑中的,而是要依靠其真实的身体行动才能体现出来。罪错少年教育矫正的一大重要目标和方向在于促进矫正对象向社会复归,帮助其融入社会。我国法律规定公民有人身自由权,这是一种人之为人的基本权利。人身自由权神圣不可侵犯,能够基于自身意愿进行思维、采取自主的行动,不受妨碍。人格能够得到最起码的尊重,不受外在的侵犯,不同个体的人格保持着平等和独立。自由价值在法学上体现为人权保障价值,法要保障自由;作为源于西方文化的自由,含有自由权的意蕴,在法的范围内能够有不受限制的权利,古希腊语古罗马时代出现了自由民、自由权等概念,重视人在公共秩序之外有权利开展任意的行动。罗马法规定:"自由是不受法律所禁止能够实现自由意志的权力。"近代西方学者将自由视为两层含义,自由是不受外在干预,免受束缚和限制,此为"消极自由";自由是能够根据自己、依赖自己、自主决定,此为"积极自由"。② 自由一方面代表着主体与客体自己的统一,个

---

① 侯玺超:《论作为"身体教育"的体育》,博士学位论文,东北师范大学,2017年。
② [英]以赛亚·柏林:《自由四论》,陈晓林译,台北联经出版事业公司1986年版,第229—232页。

体能够对客观必然性有掌控和驾驭的能力，主体客体之间处于良性的互动，产生积极的影响；另一方面代表着个体与社会的统一，涉及个人和社会的权利与义务分配、个人自由和社会责任的协调。法学中的自由主要指受法律所约束和保障的、在社会生活中能够依靠个体自身意志进行活动、在国家权力所允许的一定范围内活动的权利，这种自由是相对的。①

"社会复归"这一概念早期主要是针对长期与主流社会隔绝的慢性精神病人，尤其是长期住院的精神病人。社会复归理念是针对精神病人"去机构化"运动的重要指导思想。向社会的回归是一种"去机构化"运动逐渐受到重视的最终结果，是"去机构化"运动的理想和追求。对于罪错少年的矫正，在早期监禁、收容式、惩罚式模式下，并不存在"积极地康复""社会复归"等这些理念。后兴起了对罪错少年教育矫正的改革运动，新的理念和模式层出不穷，比如行刑社会化理念②等，人们越来越重视其向社会的回归，重新融入社会，实现个人的再社会化。③ 个人是社会关系的最基本单元，没有人就构不成社会，错综复杂的人际关系构成了巨大的社会网状结构，形成社会关系体系。个人的社会化是指其在社会中与其他社会个体进行交往和接触，逐步地习得社会群体的价值、态度、观念、行为模式等，能够遵守社会的规范，并享有社会地位和服务。个人能在社会中扮演适合的角色，在社会的交往和活动中能够自在，在社会结构中有比较安定且能够被认可的地位，能够在社会群体生活中贡献所能并获取所需，实现社会一体化。根据社会纽带理论，罪错少年的社会人际关系出现断裂、人与社会存在着缺口。而社会复归重点在于要将这些断裂和缺口进行弥补，重构断裂

---

① 魏东主：《刑事政策学》，四川大学出版社 2011 年版，第 44—46 页。
② ［法］安塞尔：《新刑法理论》，卢建平译，香港天地图书有限公司 1990 年版，第 82—88 页。
③ ［美］克莱门斯·巴特拉斯：《矫正导论》，孙晓雳等译，中国人民公安大学出版社 1991 年版，第 627 页。

的社会腱，形成人和社会的关系网络，通过提供各种服务、帮扶，构建社会支持系统。[1]

在矫正的相关理论中，理念和模式百家争鸣，复归论向来得到了最多数的支持。其关键因素是，复归论和矫正存在着理念方向上的同一性。我们从各种论说的历史渊源就能看到复归论最初就是来源于矫正论的；此外，复归的相关策略也能够发挥其震慑的功能，因此复归论也得到了威慑论者的支持；复归同样能够和剥夺论相契合，两种观点能够相互配合，剥夺人身危险性较大的犯罪人的自由，使其不能再继续犯罪；而将人身危险性较低的犯罪人放置于社会中进行矫正，帮助其复归社会。复归之所以得到了多数支持，成为了法学界较热的一种理念和模式，是因为其所倡导的相关措施，相较于监禁具有诸多明显的优势，比如成本低、效益高、人道化等。世界各地也都采取相关的改革举措来促进犯罪人的复归。[2]

通过身体向社会的复归和真正融入，带动反社会的心理向积极良性心理转化。通常来说，在反社会的心理作用下，犯罪人通常为满足某种畸形的需要而出现罪错行为。罪错少年通常缺乏良好教育，在外在环境作用下而走偏。对罪错少年教育矫正所要追求的是矫正对象真正地从自暴自弃、自我封闭中解放出来，实现身体和心理向主流社会的融入。[3]

二 标签效应自我框定的突破

社会标签理论提出，少年的越轨行为比如违法犯罪，是由于受到了外界对其所贴标签的影响，是外在标签的内化。几乎每个人在成长的过程中都会犯错，都存在可能因为一时冲动或者好奇无知等

---

[1] 刘运康：《慢性精神科个案之社会复归：谈社会复归之涵意、基本条件与类型》，《职能治疗学会杂志》1985 年第 9 期。

[2] 翟中东：《矫正的变迁》，中国人民公安大学出版社 2013 年版，第 335 页。

[3] 邱国梁：《女性违法犯罪》，群众出版社 1992 年版，第 245 页。

原因而犯下的"不良行为"。几乎每一个少年从来到世界起,就受到社会其他个体的评价,从最初的父母长辈、兄弟姐妹到上学后的师长、同学、朋友,到走上工作岗位后的领导、同事以及亲密伴侣。少年在学校中,教师会对其进行学习成绩、品德表现等各方面的评价,而这些评价会被写进评语。在日常的生活中,更是存在非常多的非正式评价,人们把他们分为"好孩子""差生""三好生"等类别,这些外在的标签长久地伴随着他们。而这些外在的评判对少年来说具有心理暗示作用,很容易朝着社会赋予他们的标签而成长成为那个样子。[①] 社会标签理论认为,少年之所以走向犯罪,是由于他们在出现初级越轨行为时,受到了来自外界的评价,被贴上消极的标签,最终使他们无法回归正途,反而越走越偏,证实了外界对他们的预言。

矫正所带来的标签效应,使矫正对象受他人与自我标定为罪犯角色,社会排斥和歧视,难以获得真正的自由。标签理论认为,行为人一旦被贴上越轨标签,容易对行为人自身产生影响,极易在无意识中认可所标定的标签,并逐渐地由初级越轨演变成次级越轨,甚至越来越严重,最终演变成为习惯性越轨。因而标签从心理上具有催化和加速的功能。戴维·波普诺说过"标签行为会产生一定负功能"[②],标签所带来的心理效应影响深刻,潜移默化中所造成的人的自尊降低、羞耻感的逐渐消失使得越轨者难以自拔、自我放弃,且深受社会的排斥和疏离,难以融入社会。人受到标签效应影响容易和社会的共同体相互分离,蜷缩到被隔绝、受到抛弃和排挤的角落。人们很容易给不同的"异常"行为下判定[③],有形无形之中都

---

① 曾智:《社会标签理论及其在学生"问题行为"转化中的应用》,《教育探索》2007年第3期。

② [美]戴维·波普诺:《社会学》,李强等译,中国人民大学出版社2007年第3版,第131页。

③ John Braithwaite, *Crime, Shame and Reintegration*, Cambridge: Cambridge University, 1989, p. 55.

形成了对人的一种框定，让人不得自由。

外在接纳和保护缺位与自我标定双重制约，难以达到复归与真正融入的实质目标。矫正对犯罪少年所贴上的消极形象判断深刻地对身份认同产生影响。消极的形象判断还会影响到少年的社会关系。排斥、孤立式的矫正容易使少年被贴上"异常"和"怪类"等标签，造成犯罪少年个体与群体之间的割裂，拉大少年个体和社会的鸿沟。这对于亟须群体融入和自我价值感的少年而言是一种不亚于失去自由的严重伤害，最终无益于其向自由社会的复归。

对于罪错少年向社会复归与融入的核心问题并不在于身体层面的融入，而在于突破标签框定和各种隔阂，获得心理的融入。① 因而简单地将其放置于社区是否就抓住了关键，值得思考。是否引导其在内心上真正地认同社会规范，重新完成社会化教育和自我的修复，实则更为关键。在这一过程中，罪错少年面临的生存与发展境遇相比普通人较为艰难，罪错少年与社会公众的心理隔阂依然是存在的，多数少年在违法犯罪之前长期处于社会的边缘地带，被社会所隔绝和孤立，如果教育矫正未看到这一点，就容易出现身心脱节、事与愿违的结果。处于教育矫正中的罪错少年面临着来自人际交往的压力，尽管部分罪错少年处于社区之中，然而周围人的歧视常使他们又退回到自己封闭的世界中。少年需要处理与其父母、同伴、邻里等多重社会关系，罪错少年普遍存在着外在接纳缺位，人际关系紧张的问题，不少深受由此引发的情绪困扰；更有甚者，面对来自外界的偏见而无力自我重塑，影响其自我评价，加上自我标定与限制，向社会复归变得困难重重。加上对罪错少年矫正帮扶与接纳的缺位，往往达不到矫正的效果。②

---

① 何绍辉：《双重边缘化：新生代农民工社会融入调查与思考》，《中国青年政治学院学报》2013年第5期。

② 许晓娟、张京文：《论未成年犯罪人社区矫正中被忽略的问题》，《法学杂志》2013年第9期。

学者莫罗对自由问题进行过精辟的分析,自由并非成人必须对儿童唯命是从,无条件地纵容儿童的所有决定和言语,这样的自由和自治是愚蠢和滑稽的,应是通过在可控的条件范围之内,能够尽可能地允许儿童做出决定,其目的在于逐步地培养和提高儿童能力并且引导和帮助其学会自己做出明智的决定和选择。① 学者简·福丁同样提出保护儿童的自由和权利,保障儿童权益的最大化,并非是让儿童在短期内做出富有风险的选择,这对他们来说是危险而有害的,应是要着眼于长远,逐渐培养和发展其自治的潜能,这才是真正意义上的儿童自由权利保护和利益的最大化。②

自由复归是由标签带来的自卑心理逐渐向自信自立转化的过程。相比成年人,罪错少年较容易因标签而自卑,在教育矫正中依附心理也较为明显,通常对矫正不具备自主性和自信心,所以对其的矫正并不是自觉的。罪错少年教育矫正的自由价值取向就是要改变这种依附和自卑,通过管教人员的帮助与引导,逐步使其掌握知识、提高能力,转变自身的不良思想。经过教育,帮助他们意识到自身的价值和能力。在职业教育和劳动当中各显所长,将来能够自食其力。③

向社会的自由复归迫切要求消除"犯罪""恶人"等标签。标签无疑会给罪错少年带来诸多不良影响,社会的歧视、排斥带来的是心理的压力,造成自由地向社会复归受阻。④ 尤其是对于人格不完善、心理承受能力不足的罪错少年面对来自他人的猜疑和不接纳,对于其心灵自由状态的恢复将是巨大的阻力。所以,增进矫正

---

① Virginia Morrow, "We Are People Too: Children's and Young People's Perpectives on Children's Rights and Decision Making in England", *International Jouranl of Children's Rights*, 1999 (7): 149–170.

② Jane Fortin, "Children's Rights: Are the Courts Now Takting Them More Seriously?", *King's College Law Journal*, 2004 (15), pp. 253–271.

③ 邱国梁:《女性违法犯罪》,群众出版社1992年版,第246页。

④ 陈伟、谢可君:《未成年人再犯行为特点与刑罚调整——以累犯制度修改前后的实证分析为基点》,《青年研究》2015年第2期。

的开放式，允许其在自然的社会环境中，有助于破除身份的标签，此外，犯罪记录封存有助于消除前科的标签效应。比如，社区矫正对宣告、档案的不公开性都有不少相关规定，能够保护罪错少年。尽管作为矫正对象的少年带有特殊性，但是其身份应当受到保护，在社区中将标签隐藏起来，更好地向社会融入，真正恢复他们的自由。

三 自控自律自治状态的恢复

自由是一种自律自治状态。而自律和自治又涉及人的生存状态，体现了一种自我管理的能力。高度自觉和自我约束的自由状态是人对自身行使主权的权力彰显。康德将自律性视为道德最高原则。① 托马斯提出个人自律与自由一样本身是一个中性的概念。然而，自律和自由不尽相同，自由有消极与积极之分，越多的消极自由有时候与自律是相互矛盾的，而通常积极的自由和自律有接近的含义，但人们对自由的解释是一个综合性的理解：自由常被视为人不受限制，拥有消极自由，同时具备充分的内在力量与外在自由满足自身欲望（这点关涉积极自由）。自律更加侧重人的行为动机，而且这种动机通常来自人本身而不是外在的因素，通过内在的调控来实现行为的激发以满足特定欲望，涉及人的内心和行为的整体状态，关乎人与自身的关系，更可上升为人的道德品质、性格特征甚至一种人格。孔子提出仁是"克己复礼"，"克己"则是一种对自身进行克制和控制的自律精神。

当描述一个人是自由的人，意味着他在没有成人监督（或者没有奖励或惩罚）的时候也会做出预期的行为。让·皮亚杰和科尔伯格以及其他建构主义学家都提出过相关的论点。科恩把价值的自我建构看作是自治的核心或者是真正的自律。他认为，一个人不会简

---

① [德]康德：《道德形而上学原理》，苗力田译，上海人民出版社2012年版，第27页。

单地采纳其他人的价值、信念和期望,因为他只会觉得自己是被强迫着去做这些,而不是因为"理解并且觉得这是正确的事情"。人在内化过程中起到一个积极的自我建构的作用。真正的内化是无法仅通过具体行为和价值观的教育就能够完成的。① 通常一个人觉得自己"不自由",很多时候并不是因为受到了外在的诸多束缚,而是人内心的各种欲望交织使人难以充分地被满足而不得自由,因而一个自由的人是能够对自身欲望进行克制和疏导的人,是高度自律和自治的人。

20世纪90年代,伊克莱在《儿童的最佳利益:调和文化和人权》中指出儿童有足够的能力对自身利益做出决定。他们是能动的、自由自治的。儿童最大权益的一大重要内容就在于他们拥有自我选择的自由,只有他们自主做出的选择和决定才能够体现和彰显儿童的最大利益。② 另一学者拉兹同样认为自治和自由是决定不同个体生活目标的重要保障。面对充满着自身特征的不同个体,我们不能用单一化的模式和标准对其生活的追求与人生价值进行评价。③ 由于个体之间的巨大差异,只有基于自由自治论,才能够尽可能地尊重不同的需要和价值,真正实现人的最大利益和自由的状态。④

迪尔凯姆认为,作为不断突破和发展的存在,人的本质特征在

---

① [美]贝尔:《自律的培养和不良行为的预防与矫正》,黄喜珊译,华中科技大学出版社2016年版,第8页。

② John Eckelaar, "The Interest of the Child and the Child's Wishes: The Role of Dynamic Self-Determinis", in Philip Alston Eds., *The Best Interest of the Child: Reconciling Culture and Human Rights*, Oxford: Clarendon Press, 1994, pp. 42–61, 53–54.

③ Joseph Raz, *The Morality of Freedom*, United States: Oxford University Press, 1986; John Eckelaar, "The Interest of The Child and The Child's Wishes: The Role of Dynamic Self-Determinis", InPhilip Alston Eds., *The Best Interest of The Child: Reconciling Culture and Human Rights*, Oxford: Clarendon Press, 1994, p. 50.

④ 何海澜:《善待儿童——儿童最大利益原则及其在教育、家庭、刑事制度中的运用》,中国法制出版社2016年版,第139页。

于个体持续不断地克服自我、突破自我,"人是有限的存在"①。人在生理层面是宇宙的构成;在社会层面又是社会的重要组成部分。因此,倘若人对自身自由放任,不去牵制自己的本性,他便难以超越各种限度,始终是不自由的状态。可以说,人的自由本性难以完成其自身,除非他受到了一定的规范。自由之人具有强烈的自我发展的需要与意识。马斯洛需要层次理论中自我实现是一种高层次的需要,是人对自我发展与潜能发挥的需求,推动着人积极主动地进行实践,是自我发展的强大驱动力。自由的人是具有强大自我发展意识的人,也是对自身带有积极自我认识的人,能够充分对自身的价值进行认识,自觉地将自身发展作为认识对象。自由之人是自我引导和自我成长的人。自我发展意识包含着自主发展的需求,对自身过去行为、当下状态的反省和认识,对未来规划的主动意识。唯有积极的自我意识和发展愿望,才能为自由状态的达到提供源源不绝的动力。②康德说:"自主性是理性自我主宰。"③自由价值取向所塑造的人的理想特征为,自由意识强烈,渴望和追求自由、民主,推崇平等,个人权利观强,追求政治的参与,抵制政治专制,以正义为人生准则,以善为行动导向,人格特质体现为独立性人格,自觉、自主、有独特的想法,遵从于内心;不同于秩序价值取向所塑造的人的特征(高度的服从意识,强烈的政治认同感,对纪律、指令的绝对服从,习惯于专制政治、专制管理,民主意识较为淡薄,权利观念不强,人格特质体现为顺从型人格,盲目跟从于各种规范、社会习俗,随波逐流)。

---

① Durkheim, E., *The Elementary Forms of the Religious Life*, Trans. by J. W. Swain. N. J.: Free Press, 1961, p.51.
② 杨馥卿等:《自主意识、自主行动、自我管理——教师自主发展的必由之路》,《教育探索》2008 年第 10 期。
③ [德]康德:《道德形而上学原理》,苗力田译,上海人民出版社 2012 年版,第 4—5 页。

四 责任承担和行动能力塑造

（一）自由与责任的关系

自由代表了一种责任。责任彰显于自由的深层本质之中。责任是一种必要性，康德将它也称为"约束性"或"自我强制性"[②]。自由和责任不可分离，如果行为主体失去了自由，那么只能限定在必然之中，谈不上责任。如果谴责与批评这个主体缺乏责任能力，惩罚其罪错行为就失去了根据，这就如同，我们去责备为什么石头落地伤人是毫无根据和道理的。自由与责任相伴相生。由于人的行为是自由选择的结果，人类想要得到自由，就需要肩负起一定的责任。只有履行一定的职责、承担必要的担当，才能享受相应的自由。失去了责任和履行责任的自觉意识和相应的能力，自由就无从谈起。总之，自由与责任关系密切，不可分割。责任代表着一种必然，是自由价值需要牢牢把握住的。[①]

人作为现实的人存在，必定有相应的角色和特定的责任。角色和责任构成了人之存在不可或缺的要素，责任是人之为人的本质规定。因为生存于社会关系之中的每个个体，其生存与发展的一切所需均不能脱离社会。为其他社会个体服务和承担责任是社会对每个个体存在的一种规定，更是崇高的使命。可以说，承担责任成了个人生存的手段，也是推动社会持续运行和发展的条件，更是维持人际关系的枢纽。

自由与责任的辩证统一。伟大的哲学家亚里士多德对于道德有过不少富有影响力的观点，他认为，人的道德是人积极主动地自觉承担某件事的表现。道德行为的好与坏、善与罪，从根源上由人本身的主动性和能动性决定。人具有自动进行抉择、开展行动的能力。[②] 马克思

---

① 李建华：《道德秩序》，湖南人民出版社2008年版，第55—59页。
② ［古希腊］亚里士多德：《尼各马可伦理学》，邓安庆译，人民出版社2010年版，第10页。

强调，人总是带有自己的使命和任务。① 他对自由和责任的关系问题也做了辩证的分析，提出了责任和自由辩证统一的观点。责任的基本前提是自由，根据人行为选择的自由程度来判定其应负的责任大小，个人行动选择越享有自由，那么他所应当负起的责任就越大；反之，一个人越无行动选择之自由，那么他所应承担的责任就越小。随着人类进化过程的推进，人认识世界、改造世界的能力逐渐增大，人类在地球上自由选择行为的程度也不断加大，因此，人为自身行为负起责任也需随之不断地提高。

（二）自由复归关涉责任承担和行动能力塑造

鲁道夫·德瑞克斯和威廉·格拉斯是研究纪律管理的学者。德瑞克斯在《不用流泪的教室常规》《逻辑结果》以及其他几本关于课堂纪律管理的书籍中，强调每个个体都有社会归属需要，社会归属感是自我价值的核心。能否体验社会归属感取决于学生负责任的社会行为方式，只有学生之间相互合作并且对自己的行为负责，才会体验到社会归属感，获得良好的自我感觉。格拉斯提出，自我评价以及行为的调整改善是责任感产生的基石。因为在做出有责任感的行为前，学生必须思考和选择行为，这意味着他们必须评价可能的行为方式及其结果，然后以此来指导行动。格拉斯在《正面纪律》和《合作纪律》中强调责任的重要性。自由包含责任感和自我控制。自我负责成为了"教育的最高美德"②。

对罪错少年的矫正和普通教育学一样存在着内发与外烁的争论。维也纳著名心理学家德莱库斯（R. beikus）应该可以被视为一位偏重内发观点的学者，他提出矫正或控制少年违规行为并不在于外，而在于内。一个有效方法在于让他们有所选择，学习选择，承担起选择的责任，这与中国古代传统文化的"内省"思想存在着相

---

① 《马克思恩格斯全集》（第3卷），人民出版社1960年版，第329页。
② [美]贝尔：《自律的培养和不良行为的预防与矫正》，黄喜珊译，华中科技大学出版社2016年版，第6—7页。

通之处。少年在获得选择并自己决定与做出选择后,他们会产生心理上的满足。他举了一个学生的例子,当他自习坐立不安时,教师让他自己做出坐着或站着学习的选择,经过了自己的选择,这个学生并未再出现坐立不安。① 德莱库斯在这里强调的是责任的承担,作为一种民主的方法,在现代社会中,适合于少年不服从高压控制的特点。罪错少年教育矫正价值取向的确立应当把握住自由复归的深刻内涵,它关涉责任承担和行动能力塑造。在对罪错少年进行矫正时,可以适当提供机会允许其自我选择、自我控制、自我纠正。只有这样,少年才能对自己的选择负起相应的责任,这是一种通过自身调整"自由"异化的有效方法。这一观点遵循少年心理特征和教育基本规律,有益于厘清自由和责任的关系,同时也契合少年的恢复性成长和自由成长,有助于实现自由与责任的平衡。这种承担责任模式相比其他教育矫正模式大致有以下几个方面的明显优势。一是,这种基于责任承担的教育和矫正模式通过塑造少年责任意识与责任承担的能力,能够较为有效地预防少年的各种违规违纪行为的发生,将罪错行为"消灭"在萌芽状态;二是,享受多大程度的自由就必须承担多少责任,也是自由的真正要义,这同时成为了教育矫正的任务;三是,这种方法和模式着眼于独立、自由的个体,充分尊重人的存在,因而有助于促进管教人员和少年这两大教育矫正主体之间的相互尊重和理解。

自由是一种勇于承担责任、积极行动的品德状态。自由代表了一个人的性格、个性以及行为的连续性,包括各种亲社会的价值观和行为,包括关心、合作、尊重、信任、诚实以及对个体差异的敏感性。然而,最重要的是它需要自律。做出亲社会行为时,他们要避免自我中心,要兼顾自己的需要、欲望且要关注其他人的需要。自由代表着理性与良知的恢复。不自由状态下的人往往是非理性的

---

① 谢维和:《教育活动的社会学分析:一种教育社会学的研究》,教育科学出版社 2007 年版,第 354 页。

甚至是良知丧失的状态，不能称之为有品德的人。尽管少年罪错行为多是由于非理性与非良知占了上风，但是，追求自由是人的本性，是人之为人的特性。然而从本质上来说，罪错少年作为人的存在，是需要得到保护、照顾的对象，即使违法犯罪，身陷逆境，可能面临或者已经受到了自由的限制和剥夺。因而针对罪错少年控制力和责任感的欠缺，尊重教育矫正对象的特点，疏导奴化心理，修复反社会人格，逐步增强其自主行动的能力，唤起少年的良知，引导其获得真正自由，这是教育矫正的必然选择。教育矫正对罪错少年的人权保障，不仅是现代法治的要求和重要体现，同样是对少年本体性的尊重。

对于罪错少年教育矫正"以教统罚复归人的自由"价值取向来说，教育矫正的最终目的无非在于引导少年更深刻地认识自由和责任，了解责任的意义，进一步地引导他们学会承担责任、尊重其他个体自由权利，对社会规则产生一种敬畏之情，对自我负责，激发出他们积极创造的潜能，增强其责任意识和责任能力。所包括的要素：一是责任意识，"想为自己负责的观念"，代表了一种自觉以及对自己所应承担责任的认识和理解，对自身责任了然于心，重点指能够"想到"。责任意识强的人往往能够自动承担、积极负责；二是责任能力，是"有自主自立能力，自我负责的能力"，能够履行应然责任的能力。能力处于意识与行为的中介，只有具备能力，才能将意识付诸行之有效的行为，重点指有"做"的能力。责任能力与法学的概念有关联但又截然不同，这里指对自我生活事件、他人、社会等负责的能力，与法学的法律责任不同。三是责任行为，是"自主选择和自我承担等行动"，是运用责任能力履行责任的具体实践，重点指采取了实践。四是责任制度，是"为培养自主、自立、自控、负责的人所提供的制度保障"。五是责任成果，是"自由选择和自我承担的最终结果"，包含着做成的一件事，个人的体验、收获和成长等。

五　自由秩序的重构

在教育矫正内部，共同体成员也会通过制定一定的纪律规范形成一种秩序来调节矫正者与矫正对象之间的关系，帮助和促进他们在行为上互相适应、互相协调，并且协调罪错少年个体与社会群体的关系，创造相对有序、安全与和谐的环境，这就保证了教育矫正环境的稳定性，从而使罪错少年在稳定的矫正环境中获得秩序感，帮助其获得踏实与安全，保证罪错少年的生活、教育与交往的顺利进行，引导其遵守社会秩序。但是教育矫正内的纪律规范是保证矫正活动正常开展的一种"强制性手段"，而且这是一种必要的"恶手段"。然而这种"恶"是为了防止更大的恶，例如切除毒疮以防恶化，再者，这种"恶"是为了追求更大的善，例如冬泳是为了锻炼身体。①

秩序是人类生存和发展的基础。从原始社会开始至今，人类的生存和发展都不能脱离一定的物质条件，物质生活的资料是通过人类的辛勤劳动而获取的。在原始社会，人类获取物质资料的形式，可以通过在大自然中进行寻找，比如采摘野果、狩猎捕鱼等，还有一种方式是通过创造，比如经过了动物的养殖与植物粮食的种植而获得人类生存所需的食物。不论通过哪种方式，人脱离于群体而"单打独斗"难以成功。独立个体的活动在原始早期人类生存的恶劣环境中难以顺利进行，必须通过群体的合作，共同抵御危险，以共同劳动获取物质资源，进行改造自然的活动。这时候就产生了人和人的关系，涉及群体秩序的问题，缺乏了社会有序秩序的劳动只能是一种低效能的劳动，难以发挥出最大效益。早期人类在劳动过程中建立起人际关系，通过秩序进行劳动和分工上的协调与有机配合。这种劳动合作和分工均不能离开了秩序同时也反映了秩序。②

---

① 马焕灵：《论高校学生管理中自由与秩序的限度》，《教育研究》2011年第3期。
② 卓泽渊：《法的价值论》，法律出版社2006年第2版，第388页。

人类作为群居性动物，缺乏了群体的支持，孤立的个体是难以长期生存和发展下去的。人作为类的存在，必须依靠于秩序。① 在人类早期社会，人改造自然能力低下、社会生产力落后，人所面临的自然环境充满了危险、不确定因素，随时可能面临来自自然灾害以及毒蛇猛兽等的威胁。个人一旦脱离了群体往往难以生存下去，因而人必须通过其他社会个体，以群体的方式进行生产劳动和生活。但是人和人之间又存在着诸多差异，不同群体之间也充满了利益上的矛盾，这时候秩序就成为了一种必需，缺乏了它，群体的和谐、稳定就难以维系，更谈不上发展；个人的安全也难以保障，人人自危、弱肉强食的残酷局面成为了必然的结局。因此不管对于个人还是整个人类群体来说，秩序无疑是必要且重要的。②

作为教育矫正价值秩序的特点主要有以下几个。第一，个体行为秩序化，行为规制机能。在当前社会多元价值文化的影响下，人容易受多种价值观左右而缺乏独立的辨别、判断和选择的能力，从而带来了个体行为的失序，因此教育矫正价值追求中个体行为的秩序化内涵更加凸显其作用。第二，对教育矫正权力运行依法规范，充分尊重与保障罪错少年各种权利。对于教育矫正对象来说尤其是接受监禁矫正的犯罪少年，尽管自由受到了一定的限制或剥夺，但是他们的绝对自由并未被全部剥夺，作为人的基本权利并未完全丧失，比如，他们依法享有申诉、适度活动、就医、合法会见、减刑、假释等权利，国际社会对于罪犯待遇最低标准有了共识，并为保障罪犯的权利制定了相关准则（比如曼德拉规制）。在对少年司法上同样注重对少年的保护，针对最低限度标准也制定了相关规则（比如北京规制）。我国对人权问题也越来越重视，公民依法享有法律赋予的权利和自由，对于教育矫正对象虽然部分权利受到限制，但是未被剥夺的其他基本权利仍然神圣不容侵犯。对罪错少年的教

---

① 卓泽渊：《法的价值论》，法律出版社 2006 年第 2 版，第 388 页。
② 同上书，第 389 页。

育矫正要注重对权力运行的法治规范,通过法定程序的建立和完善,保障其在刑事诉讼中的基本权利,尤其是作为未成年人而存在的罪错少年享有在刑事司法中受到特殊保护的权利,具备诸如辩护、上诉等权利,并且在行刑和矫正中同样享有申诉等权利。①

人类社会的发展和进步不能单纯依靠物的发展,而要依靠于关键性的"人的发展"。物的发展是社会公平正义和良性秩序构建的基础和前提,但并非唯一要素,物的发展并不必然带来社会的安全、稳定与和谐发展。马克思主义认为人类社会在实现和满足生存需求之后,会在这一基础上步入更高级的发展阶段,也就是"以物的依赖性为基础的人的独立性"②,其中,人的独立、自主、自由地发展是主要的目标和方向,而物的发展是基础,马克思进而提出人类发展的高级阶段,即人的全面自由发展阶段。人的自由发展成为了衡量教育矫正和社会正义、公平、秩序的关键所在和根本尺度,人的自由发展是教育矫正犯罪预防和社会防卫等目标实现的前提,也是社会公平、正义、秩序形成的基础。教育和社会均是由人所构成,社会的自由实质是人的自由,教育和社会的秩序实质是人的秩序,而人的秩序关键之处在于成为一个理性的、自由的人,因此,作为教育矫正实践的重要主体和社会秩序形成的重要载体,人的自由发展成为了最终归宿。③

第三节 "以教统罚复归人的自由"的内涵与要义

罪错少年教育矫正"人的自由复归"是一种必要的"乌托邦"。④ 对于罪错少年教育矫正"复归人的自由"价值取向或许有

---

① 杨宇冠:《论刑事司法制度的基本价值目标:自由与秩序》,《广东社会科学》2012年第2期。
② 《马克思恩格斯全集》(第46卷上册),人民出版社1979年版,第104页。
③ 陈先哲:《我国高等教育发展转型与秩序建构》,《江苏高教》2015年第6期。
④ 彭未名:《交往德育论》,山西教育出版社2010年版,第359页。

些人会不以为然，将其划定为不可实现的"乌托邦"，甚至是海市蜃楼，注定不能实现。这种认识均在意料中，但是，对罪错少年教育矫正的自由追求真的是一种不切实际的空想么？人的自由复归在教育矫正中确实存在着对过去与当下的超越性，同时指向人的觉解，追求教育矫正的境界。但是，教育矫正中人的自由复归价值取向是来源于实践、根植于实践的，可以说是在实践之中，而同时又超越于实践，对内在的人性逻辑进行深刻的把握，并对其发挥指引作用。而教育作为这一过程中的主导性实践，在人的自由复归中发挥着关键性作用，因而我们需要讨论教育和人的自由复归关系问题。

一　教育：复归人自由的必由之路

自由的践行和实现需要依靠一定的条件，比如，外在的资源条件、地位、教育、环境等，其中最为关键的应属教育。可以设想一下，一个从未接受过教育的人，不识字也缺乏见识；另一个人接受过良好教育、见多识广。二人在同样的环境和条件下，内心获得的自由程度是不同的，他们因接受教育的不同影响了能够想到和实践的事情，能够突破外界束缚的能力也是截然不同的。著名教育家赫尔巴特提出"无知即无欲"，只有接受过教育，才能够产生各种积极的诉求。接受教育能够帮助人更好地实现和其他社会成员的交往，也有助于人更加便捷地获取资讯，通过丰富的人生经历以及教育学习，逐步地发展出各种想法和愿望，并且明白如何用积极和正确的方法去实现自身的想法。

人想要充分实现自由选择，很重要的一方面就在于突破限制，这里不仅包含着突破外在的诸多限制，还包括对自身思维和见识的突破，通过教育扭转自身的孤陋寡闻。只有依靠教育才能帮助人走出迷雾，具备更加广阔的视野和自由选择的能力。教育帮助和引导人学习理解世界，体悟自我与其他个体的不同，深化对生命、生活、人生的理解,这些都能从根本上影响人的自由。比如,一个不具备任何农业知识和技术的人是不太可能想到在寒冷的冬季能够培植出反季节蔬菜。教育却能够传授给人科学文化知识,开阔视野,增强人对环境的认识,从而能够帮助人扩大所想所做。尤其是在21世纪的当下,科学技术迅猛发展,如果没有教育,缺乏对自身和世界的深刻理解,人难以真正地学会如何突破限制,充分化解外在的约束,平衡人的自由和外在规制的关系,追求更加广阔和自由的空间。并且人对自身生活与人生道路的自由选择要基于古今中外不同思想的认识,这同样不能脱离教育。以教育为纽带才能更加深刻地认识到不同的生活方式,更加清晰和理性地进行选择。

一般谈论教育总是从希腊雅典的自由人开始,对教育的理解出现过很多种不同的界定,美国著名教育家杜威先生提出教育即养育的、抚育的、教养的历程。[①] 从广义上看,教育是能够使个体获得教育意义所采取的一种持续影响的方式。凡是能够对人产生积极影响的活动称之为教育,包括扩展了视野、提高了技能、提升了道德等。而狭义的教育重点指学校教育。这里使用的是广义的教育概念。教育的基本属性是一种培养人的活动。[②] 黑格尔关于教育有两个重要的思想:其一,"教育的绝对目的就是为了人的解放"[③],此解放是指人由自然的人变为自由的人;其二,教育是塑造人性的艺术,"教育学是使人们合乎伦理的一种艺术,它把人看作是自然的,它向他指出再生的道路,使他的原来天性转变为另一种天性,即精神的天性,使这种精神的东西成为他的习惯"[④]。黑格尔的这两个思想揭示了教育的本质,规定了教育的根本内容。

自然主义教育家卢梭提出人有自爱和怜悯的品质,教育需要推

---

① Dewey, J., *Democracy and Education*, New York: The Macmillan Company, 1916, p. 12.
② 马凤岐:《教育:在自由与限制之间》,中国工人出版社2001年版,第18—26页。
③ [德]黑格尔:《法哲学原理》,范扬、张企泰译,商务印书馆1982年版,第202页。
④ 同上书,第170—171页。

进人内在的善得以自然而然地散发，而不是外在地强加道德和规范。卢梭发现了人有两种本能，一种是对自身进行关爱与保护，一种是对其他生灵具有同情之心。① 自然主义教育就是要综合人的这两种天性本能，引导人关爱自我和他人。教育能够帮助和引导人的天性得以开发，促进人更好地发展。② 我们甚至可以说人是教育的产物，人的成长和发展并不能完全地依靠自然，人不能脱离具有一定方向和目的的教育。著名教育家康德同样提出过并多次强调唯有接受教育，人才能成为人，才能实现人的完成。教育是一种对人进行塑造、促进人发展的实践，这一过程是基于人的发展的客观规律来进行的。对少年儿童的放任并非是自由的教育，真正的教育是一种自由与规训的张力，是同时注重对人的自由激发和责任承担的教育。人在教育中既接受规范和训练，同时学习社会的各种规范包括法律法规的传习，并成为一个有道德和理性的自由人。

自由的唤醒需要依赖于教育。③ 人的自由复归需要在保护和帮助之下才能顺利进行。尽管自由成为人类的类本性，然而人自由的实现并非轻而易举能够达到的，其中，"无知"就是阻碍人自由复归和自由实现的一个关键性原因，此外，迷信、贪婪等成为了遮蔽人自由本性的威胁所在，比如，迷信让人失去了独立的精神与自主的判断，对权力的贪婪与征服欲容易造成对"免于……的自由"的消极自由的剥夺，造成人自身的自由状态受到其他个体的侵害。这些自由的威胁与障碍多源于人的不完整性，甚至可以说，源于人的劣根性。因此，想要克服人的这种因自身不完善而带来的对自由的威胁，需要依靠教育。只有通过教育才能改变人的愚昧无知状态，破除外界和自身对人的束缚，逐渐培养清明和理性的人；通过教养

---

① ［法］让·雅克·卢梭：《爱弥儿》，李平沤译，商务印书馆2004年版。
② 周丽华：《用强制培养出自由：康德的教育观》，《教育研究与实验》2017年第4期。
③ ［德］雅斯贝尔斯：《什么是教育》，邹进译，生活·读书·新知三联书店1991年版，第3—4页。

才能教人学会理智、自主，提高人内在心理品质，鼓励人成为自己；通过教化，将人贪婪、征服等本能转变为积极进取的心态；通过教育培养人的独立人格与自由精神，帮助人意识到自由的价值，引导人追求自由与实现真正的自由。① 只有在保护下，人才能逐步地实现自我修复，逐步摆脱自由的限制，回归自由社会。

　　人同时具备可教性。作为存在物，人从来就不是被动的，人不单认识到自身存在，还能对人的存在赋予一定的意义，同时还能够对人的存在做出自己的解释，人成为了意义的存在，因而人是能动的、自主自觉的主体，基于自由意志能够自我决定、自我选择。主宰人的命运的不是上帝，而是人自己。而罪错少年同样拥有人的这个属性，只是其理性能力有待开发、自我选择和负责、自主自由的意识和能力都需要进一步挖掘和培育。回顾世界矫正史以及我国的改造史，人的可教性逐渐受到了重视，并作为一个重要的刑罚理念而存在。人的可教性和可变性紧密关联。可变性包括人的思想和行为的可变，并且方向是多元的。人的可教性不仅成为一个理论问题，更是充满着实践性，这在中西的矫正史中都存在。比如，对于将人放置于隔绝的不正常环境中试图把其教育成正常社会成员，这一命题受到了多方攻击。这也成为了各国矫正实践均要面临的问题，历史上也曾出现对"犯罪人能否改造"的争论。本书认为，人的可教性需要基于人的角度进行探讨，实质是其罪错行为与意识转变的问题。我们知道犯罪心理是在复杂的环境作用下形成的，外在的条件刺激是其形成的重要因素。我们完全有可能通过改善社会环境，抑制外在环境对个体社会化的不良影响，预防和转化犯罪心理。通过认知、意志、情感等多重因素的干预修复其不良心理，强化其积极的人格特质，实现灵魂的转变。这也是教育和矫正是否富有成效的根本性标志。而行为改变的重要因素在于创造一个惩罚适

---

① 石中英：《教育哲学》，北京师范大学出版社2007年版，第206—207页。

当的教育环境，通过环境刺激的变化，帮助其逐步改变不良习惯。斯金纳提出行为的产生受外部环境刺激调节和控制。① 行为的改变来源于刺激的改变。行为是否可变实质是恶习可否发生改变。人的行为是在社会化进程中逐步获得的。行为是在意识支配下，而犯罪的原因是能够通过一定的条件进行控制甚至是消除的。人和社会的发展奠定了人的可教性基础，人的矫正和罪错行为预防是可能的，这也成为了人类社会有效同犯罪作斗争的必要手段。② 卡伦和金德罗1989年发表文章指出，教育干预措施能够减少罪犯10%—30%的违法行为，一些文献中报告的减少率达到50%—80%。③

首先，"犯错"是少年成长过程中必然的自然现象，是每个人的必经过程。少年生命的成长伴随着剧烈的变化，比如自我意识的形成和发展，自由观念和自由能力的增强，思维的逐步成形与人格的完善。这一阶段其认知、人格、情感等各方面均出现剧烈变化，具有极强的可变性、发展性，不断实现着心灵的成长。然而，这一阶段也是问题的高发期，遇到困惑、面临困境是这一阶段必备的人生课题。而解决问题是人的基本能力，是人的认知水平、思维能力与知识运用能力的重要标志。教育的重要目标在于教会人如何思考，正确看待个人所面临的困惑和困境，如何解决自身问题，帮助自身走出人生迷局，逐步提高其能力，实现自我成长，这也成为了历来教育所强调的。少年在这一阶段解决问题时，容易产生短暂性的矛盾甚至冲突，表现出一些所谓的问题行为。实质上，问题行为自身有着消极与积极的一面，如何有效地进行转化，利用问题行为和人生困惑解决的契机，帮助少年成长，这是生命发展的必经过程。

---

① ［美］B. F. 斯金纳：《超越自由与尊严》，陈维纲等译，贵州人民出版社2006年版，第16页。
② 邵名正：《罪犯论》，中国政法大学出版社1989年版，第241页。
③ 吴宗宪：《当代西方监狱学》，法律出版社2005年版，第144、147页。

其次,"罪错"的标准并非一成不变而是动态发展的。人本主义心理学家马斯洛对人进行了充分的尊重和关注,尤其反对固化的标准。他认为,立足统计学将正常人的一般水平作为标准只会塑造模式化的人或者将社会日常的习俗、文化习性作为标准,最终只会造就"善适应"的人出现,忽略了"罪错"与"正常"标准实质涉及价值问题。当追问正常的标准何在,就相当于在探寻"什么是我们应该尊重的",所以对"罪错少年"标准的界定,要认识到罪错的标准随着社会发展变迁而变化、人的认识的不断变化而发展;此外,罪错标准应是能促进少年生命健康、积极成长的,即对罪错的确定标准最终旨趣在于少年易于教育矫正的转化以及自我实现。

再次,罪错少年富有教育和改变的潜力。人本主义心理学格式塔心理治疗学派强调人自身拥有解决个人面临困难和问题的潜在能力[1],因而心理治疗的目的在于帮助其认清自身处境,明确人在具体情景当中的位置,引导其探寻解决人生困境的出路。因为,人生来具备与他人建立关系、创造美好生活的内在动力,但是在童年或少年阶段因某些生活环境诱因,阻碍了人的潜能的发挥,阻碍了人的自由发展,扼杀了内在的"精神胚胎"[2],造成了诸多人生困境。将罪错少年视为一个有着无限的自我价值的个人,无论其局限性、行为或者思想是什么,其潜力仍是不可忽视,具备无限发展的可能性。他们都是一个个发展中的、有着独特价值的、有自由发展潜能的个体。所以,应当充分相信罪错少年也有积极改变的潜力,相信罪错少年有自我调节和控制自身行为以及自我发展的能力,挖掘和调动罪错少年的生命闪光点与潜在能力,帮助其实现个人成长,不断走向完善。由此可以得到一些启示,我们在对少年进行评价和判

---

[1] [法]金泽:《格式塔疗法》,缪小幼、李鸣译,中国轻工业出版社2009年版,第1—10页。

[2] [瑞士]皮亚杰:《心理学与认识论:一种关于知识的理论》,袁晖、郑卫民译,求实出版社1988年版,第65页。

定之前，务必要非常谨慎，万万不能轻易地给他们贴标签，要持有积极乐观的态度，相信性本善。倘若对少年进行随意性的道德问题判定，可能会造成偶然的"道德问题"演变成更加严重的越轨，甚至走上违法犯罪。或者违反道德的行为次数频繁，可能演变成犯罪少年。此外，过早地进行道德问题的判定在某种程度上会带给少年较大的心理压力，如果对于少年的首次违背道德行为，或者偶然的一些问题行为能够用更加温和的、保护式的教育措施来引导他们，比单纯地进行惩罚效果更好。当然这也不意味着对少年进行无限制地纵容，放任不管，而是在适度的不产生对他人和社会更加恶劣结果的大前提下的教育策略。

最后，罪错少年能够对自我主观世界进行修正。作为一个独立的、鲜活的个体，不管罪错少年的态度、行为或者感受是什么，均是真实存在的，代表着他们自身所独有的世界。在自己的心灵王国里他们自由翱翔，用自己的方式拥有真切感受，不管这个主观世界是正面积极的抑或是负面消极的，有时甚至是"大错特错"的，但都有其存在的意义和价值，消极负面的思想有时是为了成就生命功课的学习，也不管他们过去所持的态度和其他个体乃至社会存在多大的出入，他们仍然是具有不可替代的内在价值的、独一无二的私人世界。虽然这些个人问题错综复杂，常常难以理清，虽然其行为违背了法律法规或社会规范，但也不能否认其是一个独立的、与众不同的、个性独特的人，每一个问题思想或行为均能成为成长的契机。①

"只有进入某种问题空间范围内，我们才是自我。"② 因此，罪错少年的自我是通过逐步地接受善和美的教育而构建起来的。接受

---

① 武永江：《"问题学生"教育转化的新思路——基于"问题学生"的主观框架理念》，《中国特殊教育》2006年第11期。
② [加]查尔斯·泰勒：《自我的根源：现代认同的形成》，韩震等译，译林出版社2001年版，第47页。

教育从根本上对于人视野的拓展、心灵的丰富大有裨益，从而帮助罪错少年更好地践行自由的意识，实现真正的自由。可以设想如果一个人没有接受教育，缺乏教养，对人赖以生存和发展的世界缺乏认识和了解，那么这个人的思维往往是局限的，心灵往往是狭隘的，习惯于固守传统。自然而然，他的自由意识是有限的，他往往也缺乏实践自由的能力。教养对象在教育实践活动的影响下，加深了对世界的认识，更广层面上知晓了不同的思维，这有助于形成其包容、自由的思想，引导其自由地追求广阔的目标，并为他们呈现更多的生活选择。[1]

教育矫正是一个矫正对象生命成长过程，是其对生命的认识、人生选择、生活体验、道德践行不断更新变化的过程。教育矫正要达成三个境界，分别是内省悔悟境界、回归社会境界和人的自由境界。第一层级境界，意识到自身"自由无章"行为对其他生命个体与社会的危害，对他人自由的侵害，对自身罪错行为进行忏悔和领悟，基于深刻内省转变不合理的信念。第二层级境界，顺利向社会回归，习得谋生手段，能够通过劳动，辛勤工作，满足自身生存的需要；出于履行责任的需要，做一名合格的社会公民，学会关怀其他生命个体，尊重他人自由的权利，服务于社会和国家。第三层级境界，人的活动不是出于悔悟和偿还，也非受迫于生存的压力，不是履行责任、承担义务而压抑自身，而是为了彰显自由生命、享受幸福，实现个性自由成长，从各种奴役状态中解放出来，获得真正的自由。因而教育矫正是逐步由规制向度走向教育、关怀和幸福向度。[2]

---

[1] 马凤岐：《教育：在自由与限制之间》，中国工人出版社2001年版，第18—26页。
[2] 王家军：《规约与关怀：当代师德建设的伦理冲突及价值选择》，《江苏高教》2006年第2期。

二 复归人自由的教育矫正意蕴

根据成人与少年儿童的关系与教育的本质属性，少年在教育矫正中的自由包含着两个层面的含义：一是少年能够参与到教育矫正的实践活动中，此为积极自由；二是少年在教育矫正中逐步地免除不正当的强制和干预，此为消极自由。在教育矫正的过程中，存在自由的两种极端：一种是自由的过度，因规制的缺失而异化为放任；另一种是自由的压抑，因规训的压制而禁锢了自由。教育的本质属性与精神要求教育矫正者改革与创新旧模式，尽可能地通过引导进行教育和矫正。教育矫正的自由是有一定限度的，这为教育矫正的强制性提供了一定的保障，当少年自由超过了一定的限度，就会对教育矫正的秩序、其他个体、社会以及其自身带来负面的作用。教育矫正者需要借助于正当的强制干预帮助罪错少年恢复自由的状态。但是，这种强制干预并不是随意而不加规约的，管教人员需要基于教育精神与自由的理念，切实帮助和引导少年真正意识到自身与他人权利的平衡，理性对待其在自由方面的过失。[①] 罪错少年教育矫正"复归人的自由"的价值追求具有深刻的教育意蕴，主要体现在以下三个方面。

（一）教育矫正起点：基于人自由天性的教育

人到底是什么，这是罪错少年教育矫正的首要问题。对罪错少年的教育矫正要立足于对人的理解。人性是探究罪错少年教育矫正活动绕不开的一个课题。罪错少年教育矫正与引导只有立足人性，把教育矫正与人性相互结合，才能成全人性生成。罪错少年教育矫正与引导，不仅要提供一种基于对罪错少年自由人性正确认知基础上的教育矫正模式，同时要营造出自由、民主、宽容与美好的环境，提供人性化的教育矫正策略。

[①] 周兴国：《教育与强制——教育自由的界限》，福建教育出版社2012年版，第2页。

教育矫正对象作为人的自由是与生俱来的，不应被剥夺，对罪错少年来说自由是其权利。自由在追求人性完善、实现教育矫正价值的过程是不可缺少的条件。弥尔顿强调："人，生来就拥有自由"。[1] 萨特说："自由使人的本质成为可能"。[2] 人既是动物性的存在，同时也是灵性的存在，人的成长是逐渐修正前者，完成后者的过程，节制占有的冲动，发展创造的冲动，由此才能逐步修复自身，获得一个完满的人格，实现真正的自由，并在日常生活表现出自由的精神，发展出自主、自律、自控的品格，从而使人自身的生活不断趋向美好、完善与幸福，真正地达到预防犯罪的目的。此外，人的本质同样是两极的、矛盾的，适应性与超越性并存，自然性与社会性同在。一方面人自身本来是自然、是存在，人需要适应于客观现实环境；另一方面人又不断地进行创造，追求价值，实现自我的超越和对环境的改造。人的认知能力与行为习性均是基于自由的天性。建立在自由天性基础上人经过后天学习，学会了仁义、友善。[3]

哲学视野中的自由和"本体""存在"等根本性问题的讨论密切相关。人的自由天性通常和理性相关联。柏拉图以洞穴作比喻，对于人类达到善之理性的认知历程加以说明，进而让洞穴中的人们可以更正确地感知外在实在，获得解放，使自身更富自主性。[4] 其实，人的自由天性指人能够遵从于自然，尊重生而俱来的特征，个体本身可以自我决定、自我生成，个体成为自己的历程。自主性的基本含义是，能够依据自身的理性与动机而生活，而非操控或扭曲等外在力量塑造下的产物。再者，若要更切入自主性的意涵，黑格尔提及的自我意识能够更加清晰地进行解释。"黑格尔现象学把人

---

[1] ［英］约翰·弥尔顿：《论出版自由》，吴之椿译，商务印书馆1958年版，第23页。
[2] ［法］萨特：《存在与虚无》，陈宣良等译，生活·读书·新知三联书店1987年版，第7页。
[3] 施宜煌：《体现学生自由与自主性的道德教育方法探析》，《新竹教育大学教育学报》2013年第2期。
[4] ［古希腊］柏拉图：《理想国》，侯皓源、程岚编译，陕西人民出版社2010年版。

的意识分为三个相互区别又紧密关联的逐层发展阶段：从客体意识、自我意识到理性意识。"①

自由是与人的自然本性密切相关的。人性并非机器，而更接近于树，遵循着内在的力量进行生长。②教育矫正复归人的自由需要着眼于人的自由天性。自由不能停留于字面的浅层含义，教育矫正同样不能脱离人，否则教育矫正中人的自由复归只是一种与必然性相对的空洞自由，难以承担人之自由的深度内涵与完美性。自由是人的自由，是人的精神本性的自由。如果脱离了人的天性，也就失去了教育矫正促进人自由复归的土壤，人难以实现自身真正的解放，将继续受限于外部和自我的诸多禁锢，难以从"必然王国走向自由王国"③。马克思1842年在《评普鲁士最近的书报检查令》中说："你们并不要求玫瑰花散发出和紫罗兰一样的芳香，但你们为什么却要求世界上最丰富的东西——精神只能有一种存在形式呢？"④教育矫正中，人之精神的自由如果不能基于人的自由天性，帮助人达到精神的最好发展，就不可能构建真正的、最适切于人的教育矫正，或者说对人来说最完美的精神自由无从实现。人的自由天性要成为教育矫正的根据和逻辑起点。换句话说，对人之精神而言，最自由的自由，并不是最完美的自由。只有在人有其精神的本性，并且其精神之本性是具有"可完美性"的时候，精神自由才有完不完美、圆不圆满可言。人的精神自由要成全人之精神本性的最好发展，还要承担起人性的全部深度。这是人的自由天性所呈现出的一种智慧。⑤

---

① 施宜煌：《体现学生自由与自主性的道德教育方法探析》，《新竹教育大学教育学报》2013年第2期。
② ［英］约翰·密尔：《论自由》，程崇华译，商务印书馆1982年版，第63页。
③ 《马克思恩格斯选集》（第3卷），人民出版社1995年版，第323页。
④ 《马克思恩格斯选集》（第1卷），人民出版社1997年第2版，第111页。
⑤ 何佳瑞：《逍遥游：精神自由与人文博雅教育》，《哲学与文化》2016年第2期。

(二) 教育矫正过程：走向人的自由的教育

回归教育矫正本质，应是追求人性完善的过程，因而在教育矫正实践过程同样不可缺少自由，自由是教育矫正实践的要素之一。教育矫正的过程是充满灵性的教育过程。教育即为生活，重视心灵的发展也重视感官刺激，这两者在个体迈向自由、转化自我的过程中是同等重要的层面。培育出将道德观内化为动机的能力，自然地成为行为。在自由哲学的观点中，道德的原动力层次是可以透过不断的实践经验来达成，实践经验本身所触动的就是感受，由感受而成的驱动力即为动机，在道德想象力不断引发动机中，这个过程便是生成中的意志。

正如黑格尔的观点，对罪错少年的惩罚正是基于对其自由和理性的尊敬。[①] 要使罪错少年获得自由，教育矫正过程应该是走向人的自由的教育。通过限制自由进行保护式的管束，使他们最终习得拥有真正自由的能力。监禁矫正是以自由刑为要义，而自由刑最终目的在于使犯罪少年早日获得自由。教育矫正的一大重要价值在于使犯罪少年经过了教育成为一个在法律规范的航道中自由航行的人。[②]

教育矫正是帮助罪错少年开启内在力量，探寻自我的精神世界，追寻智慧的过程。教育是唤醒[③]，找到自己是谁，从而找回自己的内在力量。富有生命智慧，人才能够在人生道路上找回未知的自己，面对人生的风风雨雨，感知快乐与痛苦。智慧是一种力量，一种改变自己、寻求自身成长、最终通往快乐的康庄大道的力量。富有智慧，指的是少年能够发挥出其创造力，开发自身潜力，并且明智、思想和言行切合实际，最终促进其德行、知识的自觉发展。

---

① [德] 黑格尔：《法哲学原理》，范扬、张企泰译，商务印书馆1987年版，第17页。
② 张晶：《深读矫正——现代监狱制度的理论逻辑》，江苏人民出版社2013年版，第37—38页。
③ [德] 雅斯贝尔斯：《什么是教育》，邹进译，生活·读书·新知三联书店1991年版，第9页。

少年找回了智慧的力量，也就拥有了解决自身问题的能力，拥有健康的身体与心灵，才能创造美好的生活，走向完整的生命体验，让人性完满，生活达到改变。对少年的教育与引导实质是引导其找到内在的智慧，培养罪错少年追求真善美的能力，引导其学习面对问题、面对自己，感悟生命。教育矫正重在引导少年真正学会爱自己，卸下自己的面具，关注自己的伤痛，看到自己遭受的痛苦和自己的行为反应模式，并且在这些痛苦和模式背后发现真正受伤的地方。每个人都应该脱离固定的模式，让灵魂通过自己的内在智慧来发挥作用。如果罪错少年不关注自己的内心，他们会继续充当受害者或施暴者，这些人比其他人更会伪装自己的痛苦，但是拨开洋葱，会看到面具背后的每一个思想、每个内心中所掩藏着的魔鬼。事实上，每个人都是独一无二的存在，充满着无限发展的可能性，其内在真我是一座巨大的宝库。而人来到世上，就是为了认识到未知的自己，寻找到真正的自己，更好地展现出与生俱来的未被开发出的潜力，或许是在身体上某一特殊的技能，又或许是智慧、灵感和直觉等天赋。每一个人都有属于自己的天赋，只有用心开启内在智慧，才能够帮助它呈现出来，人才能光彩照人。因此，要引导罪错少年成为他自我激励的能量源泉，充分发掘自己的天赋，为社会做贡献。

教育矫正是引导罪错少年还原核心自我，挖掘和尊重神圣的内在精神空间，逐步走向至善的过程。"每个人都具备一个核心自我，作为最为真实和自由的存在。它是人从出生就带有的各种秉性和天赋，决定着人的自我发展。作为最为原始的力量来源，人的潜力就存在于核心自我之中。核心自我塑造每一个人，令每个人成为区别于其他个体的自由、独立的个体。人的自由本性与自我发展潜能就潜藏于此，人的成长和自我修正的力量源泉也在其中。"[①] 但是遗憾

---

① 赵春音：《"自我现实化"与"自我实现"辨析——对一个错误的纠正》，《心理学动态》1999年第3期。

的是，并不是每个人都能够认识、了解或者接触到核心自我，大多数人特别是罪错少年看到的是带着心灵创伤的那个"小我"，被恐惧、困惑、迷茫所笼罩。核心自我是我们的本然状态，完整、充满爱、没有创伤，我们没有什么需要改变，也不缺少什么，一切的攻击、报复、对立、批判将走向消逝。无条件的爱与无条件的接纳能够帮助我们逐渐接近它，罪错少年可能要花上很长一段时间来脱去伪装，才能够和自己的核心自我面对面。①

这一过程是充分尊重教育矫正客观规律的过程。当前对罪错少年的教育矫正相比计划经济时代出现了诸多的变化，规律也是不同的，要求我们进一步地发现新规律，转变过去将矫正对象视为敌人的"规律"，转变矫正对象必须对监管人员绝对服从、双方关系完全失衡的现象。当前对罪错少年教育矫正规律的尊重关键在于在矫正过程中机制的建立和完善以及对个体人格的充分尊重，贯彻人本思想，教育为主。基于科学的矫正理论，在其指导之下开展相应的矫正实践。矫正学作为一门科学，是对矫正规律的系统化研究和论述，需要进一步地加强和完善矫正学的理论体系构建。牢牢把握"人的可教性"，对人的教化和改造需要遵循一定的方法。教育矫正的一切法律制度设计和实践都要建立在对规律的认识和尊重的基础上，以适应对罪错少年教育矫正的新要求。②

走向人的自由的教育矫正过程是由外转内、从外在规制到内在秩序转变、遵循教育矫正对象内在秩序的过程。喜光植物的生长大多具有向阳性，人自身具备生命成长的心理动力和内在力量，会持续从外界吸收自身成长需要的养料，维持生命体的生存和发展，人与外界进行着能量的互动，影响着自我的形成、发展，在与环境的

---

① ［美］保罗·费里尼：《宽恕就是爱：拥抱真我》，杨倩译，印刷工业出版社2012年版，第8页。
② 张晶：《深读矫正——现代监狱制度的理论逻辑》，江苏人民出版社2013年版，第18—19页。

作用下自我发生着潜移默化的改变。因而人的成长是基于客观自然法则和内在秩序而进行的自然过程。秩序的达到需要以人性为基础，关注人的内在品质。教育家蒙台梭利通过实验发现了儿童纪律形成的基本规律，探索了儿童从无序到良好秩序建立的过程。同卵双生子爬梯实验也进一步验证了内在秩序的观点，实验表明个体自身走向成熟需要一定的时间，经过一个自然的过程。所以对罪错少年的教育矫正倘若不从少年生命个体成长的基本规律出发，极易导致适得其反的不良后果。

在这一过程中罪错少年从不知罪、不懂法逐步走向了知法和悔罪。受其文化知识水平有限、思维与认识不足、法制意识不强等因素影响，不少罪错少年尽管已被量刑，仍然对自身的行为未能有清醒的认识，意识不到行为的危害性，尤其在矫正的起步阶段往往存在着抗拒和排斥的心理，出现各种消极、应付的行为。经过了一段时间的矫正后，其从思想上逐步能够具备辨别是非的能力，法制意识得以提高，能够真正地认识自身行为的错误，对罪错行为产生了忏悔，自觉地对自身罪错进行弥补，步入了知法、悔罪的更高一层次。[①]

（三）教育矫正结果：为了人的自由的教育

罪错少年面临的问题是内心旧伤浮现的结果，是用来帮助其进行疗愈的。所以，教育要停止把罪错少年的问题当成洪水猛兽。事实上，每个人都有一个核心自我，作为人的自我的根源，核心自我不会受到伤害，作为自由状态的存在是圆满的。正因为有核心自我的存在，人的内心有较强的自愈能力，是一种原始性本能状态的自我的存在，是人的自由个性的蕴藏所在，成为了人的自我的创造源泉，也是人独特性所在。少年之所以出现种种问题，原因在于核心自我被掩盖或忽视，罪错少年的迷失，其实是一时与自己失联，与

[①] 邱国梁：《女性违法犯罪》，群众出版社1992年版，第244页。

所有丰富的可能性断线，他们与内在最深沉的部分分道扬镳，稍不留神，乌云密布的时刻会绵延扩散，笼罩大部分的生命。因而教育矫正的重要任务在于帮助罪错少年去伪存真。①

教育矫正的最终归宿是追求自由成人，促进"童真"的回归。② 康德指出："不管是谁任何时候都不应当将自我或他人仅当作工具"。③ 关注自由天性成为教育矫正的本真诉求。自由成人为全人发展，实现自我，也就是要通过教育的方式，启迪人的天性，④ 逐步帮助人摆脱来自外在和自我的诸多束缚，提升人的素质，实现真正的自律和自控，使个人过着有意义、有尊严、有贡献的生活。自由成人教育矫正是全人的教育，是为了改变教育矫正对象的"不自由"状态，强调提高获取心灵自由、实现本真自我的能力。自由成人的教育矫正能够尽可能地为自身破除过多束缚实现消极自由，并且引导矫正对象积极地承担责任，更好地实现人的积极自由。教育矫正的功利目标需要基于人的自由实现而自然达到。康德的自由论述能为教育矫正复归人的自由价值取向的确立奠定理论基础，他的三大批判强调人的主体地位，分别确立了人在知、情、意三领域的立法者地位，他提出："人是认识的主体、审美的主体和道德的主体。分别通过知性为自然理论法则立法、通过判断力为自身的审美感觉立法、通过理性为自由的实践法则立法"。⑤ 从这里也可以理解康德所谓自由的意义，就是作为自己的立法者，通过人的理性以实现自由。教育的重要任务在于培养理性，平衡自由和责任关系，更好地引导教育对象获取真正自由的能力，最终为了实现人的自由。

---

① 涂艳国、周贵礼：《试论教育回归人性的基本方式》，《教育研究》2012年第2期。
② 姚建龙：《保护与惩罚：预防未成年人犯罪实证研究——海口市未成年人法制教育中心调研报告》，中国法制出版社2015年版，第9页。
③ ［德］康德：《道德形而上学原理》，苗力田译，上海人民出版社2012年版，第81页。
④ ［德］卡尔·雅斯贝尔斯：《什么是教育》，邹进译，生活·读书·新知三联书店1991年版，第3—4页。
⑤ 齐力：《主体性的风险——对台湾人本主义教育的质疑》，《教育与社会研究》2007年第13期。

罪错少年不过是少年在人生的某一阶段出现的迷茫现象，他们并非罪不可赦的魔鬼，推崇地狱般的训练与矫正，只是对罪错少年人性的进一步扭曲，绝对不是帮助罪错少年的正确方法。强制与惩罚的手段使得罪错少年的教育矫正工作付出巨大努力但是收效甚微，甚至起相反的作用。因此，社会、学校和家庭是时候反思罪错少年的教育矫正的方向问题了，对罪错少年的教育矫正要从外部转向内部，教育矫正根本目的在于引导少年挖掘自我矫正和教育的潜力，进行自我成长，这是对罪错少年进行教育矫正的正确方向和道路。

对罪错少年教育与引导的最终结果不能等同于令其回到原始本能的动物状态，绝对不是纵容，而是通过给予少年人性尊重，实现生命的超越，帮助少年回到本然状态。这种状态是幸福、满足、富有爱与感恩的生命本源，帮助生命绽放出更加美丽的色彩，回归到生命最本源的自然和谐状态，促进生命的内在完整，这是教育对人的自由引导、终极关怀以及对生命意义的深切关注，让少年活出全新的自己。罪错少年教育与引导是尊重人性，但是对人性的尊重并不意味着对人的无条件迁就，既要提倡宽容、陶冶，又需必要的规则，对罪错少年的教育，很多时候往往还不是简单的说教，而是一种影响、一种引导，通过友善、慈悲之心，消除贪婪、自私等阴暗面，引导其走向至善至美的境界。

三 "以教统罚"的深刻蕴涵

刑事社会学派基于功利刑论提出教育刑论理念。作为刑罚的一种重要依据和矫正的目标追求，功利刑论强调对犯罪人的处遇和矫正的目的不是报应，也不是震慑，而在于教育，以及通过教育达到犯罪预防和保障社会安全等目的。重点在于将教育渗透到刑罚执行的全过程，通过教育实现社会防卫的目的，尤其是对犯罪人的个别化教育。教育刑论的主要观点在于，教育是刑罚的本质，是刑罚正当存在的基础，是刑罚最为根本的价值追求。教育的重要目标是预防犯罪人重新犯罪，因此它是一种主张通过教育这一种人道的方式来实现社会防卫目的的理论。加强对犯罪人的教育与改造，重视个别化的预防和特殊化的矫正，将传统刑罚方式改用教育处分等保护性的措施来替代。① 激进论者甚至主张完全废除刑罚，全部换为教育保护处分。因此，这种追求实质是对传统功利刑论以社会防卫为价值追求的一种扬弃，重在对罪错少年进行保护，促进其成长。在教育和保护中实现社会保护和人的保护的统一。教育刑论将关注点放在了矫正对象的危险性的降低上，弱化了报应刑论对行为的极大关注，追求刑罚的积极、促进功能。教育刑论的人性假设与报应刑论不同，以人本主义哲学为指导思想，将人视为能够进行教育的人，通过教育对人进行转化，帮助人提高自我教育能力，不断完善和提高自己，追求人的去恶从善，重新融入社会，获得新生。德国立布曼是第一位提出和倡导教育刑论的学者，日本牧野英一也持类似观点，二人皆出自李斯特门下，继承和发展了李斯特的思想。教育刑理念从产生之日起就面临着诸多的非议，比如日本龙川幸辰等学者极力反对教育刑论。甚至在西方社会一段时期内广泛出现对教育刑最终效果的怀疑，比如马丁森炸弹公然以研究报告证明了矫正无效的观点。

教育刑思想最早可以追溯到 19 世纪末期。传统报应主义刑罚开始受到预防主义影响，将关注点从已然之罪转移到了对还未发生的犯罪进行预防，开始注重对人的教育和感化。报应主义倡导罪责相当，以实现正义，这种绝对刑论后来饱受质疑，人们越来越认识到刑罚和矫正的根本目的并不是惩罚和赎罪，而是预防其将来不再犯罪。相对刑思想强调的是，通过刑罚对一般社会民众产生震慑功能，使得社会潜在犯罪人因惧怕受刑而不敢犯罪；此外，通过刑罚矫正犯罪人，对犯罪少年的特殊保护处分，帮助促使其重新社

---

① ［德］李斯特：《德国刑罚教科书》，徐久生译，法律出版社 2000 年版，第 401 页。

化，复归社会，发挥刑罚的特殊预防功能。教育刑理念注重的是对罪错少年的个别预防，重点在于对罪错少年进行教育和改造，帮助其向主流社会重新融入，目光从过去转向了未来。尽管教育刑理念饱受诟病，比如根据人的危险性以及教育矫正的需要来设定刑罚标准，不可避免地带来刑罚的随意性和矫正人员因个人主观臆断对人施以刑罚等。但是在刑罚执行阶段，教育刑理念却能够对罪错少年的矫正实践产生积极的影响，有助于转变将矫正作为惩罚方式的传统模式，在行刑的过程中重视通过教育保护人的权利。与报应惩罚取向相互配合，有助于弥补单纯报应惩罚取向的缺陷和不足。[①]

教育刑理念的积极意义是把刑罚的目光引导向前，关注的是人未来不犯罪，这是一种对犯罪的积极反应，是对人的可教性的确认，克服了消极惩罚报复的非人道性，契合了未来刑罚和矫正实践的发展趋势。心理学、教育学等学科都认为人具有可教性和可塑性，外界环境对人的行为产生巨大的影响。我们暂不论马丁森的研究报告是否科学可信，即使是矫正实践成效的不明显也不能够构成反对教育刑论的充分证据。矫正效果的不理想正表明了教育刑实现得不充分，教育矫正方式方法需要进一步地摸索。如果以此来舍弃教育刑论而恢复报应刑论是一种逃避教育责任或不愿意面对教育失败和尝试新方法的消极做法。由肉刑向自由刑的转向成为了现代刑罚的基本方向，这也为教育刑的实践提供了充分的可能性。在自由刑执行的漫长过程对犯罪人施以教育，使教育刑具备了现实性。21世纪早期，欧洲、美国等地兴起少年运动，德国同样基于少年权利保障理念，建立少年福利制度，进一步改革教育矫正制度，国家设立少年署负责少年保护的工作。各大城市同样基于处遇犯罪少年的实际需要，自行设立了许多少年法院。德国的少年法院法的制定是基于上述相对刑理论的新刑事思潮与少年权和少年法院运动的背景

---

① 陈希：《教育刑理念下我国少年司法体系的完善》，《中州学刊》2017年第6期。

产生，一方面注重特别预防功能，深受刑罚学和教育学、心理学、社会学、精神医学和犯罪学等多学科影响，发展成少年法的教育刑思想；另一方面，少年法院法以福利为导向，引进行为人刑法，多样化、不定期刑、转向处遇、中止起诉等措施，使法院在判决中根据少年的保教需要进行灵活、弹性的处理。

报应主义有着源远流长的历史和合理性，契合人类报复和伸张正义心理、社会公平的追求，因而报应主义在当下完全退出历史舞台还不具备现实性与合理性。以教代刑在短时间之内还不能够达到，也不符合现实情况。不过，以教统罚却是当前甚至是未来可能走向的，而以教代罚是我们努力的一个方向。①

以教统罚的落脚点在教育，注重通过保护来统领刑罚，对罪错少年的教育矫正不应该将报复式惩罚作为主要目的，而是教育式的惩戒和矫正。这种以教统罚强调的是一种适度的、强有力的干预，立足的是将来而非过去的罪错行为，重点在于通过教育为罪错少年重新回归社会、融入社会，成为一个自由的人提供帮扶。所以，对罪错少年教育矫正相关处遇制度的关键点在于以罪错少年主观恶性、个性特征等对其教育矫正、干预、保护等，而非以行为的结果和危害程度为主要依据。教育矫正也并非着眼于整体性、模式化，而是充满着人性的色彩，这体现的观点实质是一种教育刑的基本理念。② 罪错少年刑罚的宗旨在于教育和保护，而不再是报应惩罚，这是当下及未来的一大趋势。刑法的一大追求在于保护法益，维护个人、群体、国家利益，因此对于犯罪根据轻重程度进行相应的惩罚。然而罪错少年这一特殊群体也是社会的重要成员，对其利益的保护、对其成长的教育和关爱与对社会的保护、对社会群体的关爱归根结底是统一的。兼顾人、社会和国家关系的平衡，注重对其进

---

① 姚建龙：《转变与革新：论少年刑法的基本立场》，《现代法学》2006年第1期。
② 杨涛、赵宝成：《未成年人刑罚制度的核心是保护和教育——访中国政法大学教授赵宝成》，《人民检察》2006年第3S期。

行特殊的保护，一方面要强调对他们的优先保护；另一方面，这种保护也要建立在一定"度"的基础上。

（一）"以教统罚"意味着惩罚回归和坚守教育立场

以教统罚的"罚"是一种基于教育立场的惩戒，对教育矫正中其他要素进行有机地整合，通过选择的过程，逐渐地化成有利的教育因素，真正地为教育矫正所用，回归到人的教育中来，最终服务于罪错少年教育矫正的实践。因此，强调教育立场，并非意味着盲目地圈定领地，划清界限，排斥其他学科和要素的利用与进入，这并不符合教育的基本规律，也难以实现复归人的自由的价值取向，有悖于教育矫正中开放的特征。

教育的立场简而言之就是吸收其他学科或领域的合理成分，积极地进行利用和借鉴，关涉教育看待问题的方式。对于教育矫正，纳入医学视野、法学视野、心理学、文化学等视野做出的解释和得出的结论存在很大的不同。教育的立场强调的是用教育的方式而不是其他方式来看待教育矫正。比如，在教育经济学领域，有学者看到的是人的个体发展，这种视角和立场就是教育，而非经济。教育的立场和教育学的学科立场尽管只有一字之差，但二者有所不同。二者的关联在于，教育立场问题并非高深的学科范式、学科研究方法等问题的探讨，而是教育自身问题的解释和讨论。

对于罪错少年这一特殊的群体，必要的惩罚对其自由复归是有帮助的。刑罚的效益也并不像一些激进的批评家们所说的一文不值。我们强调教育统罚，并不是全盘否定刑罚的作用，而是反对将刑罚视为唯一的、最好的预防和治理犯罪的旧观念。[1] 学者陈兴良曾一针见血地提出，刑罚不能滥用，唯有不得已、别无他法的情况下方可利用。刑罚利用得当能够产生积极的影响，如果利用失当，

---

[1] ［意］恩·里科·菲利：《犯罪社会学》，郭建安译，中国人民公安大学出版社2004年版，第189—190页。

就容易带来危害，需要预防刑罚的过度利用。①《儿童权利公约》、《联合国少年司法最低标准规则》（《北京规则》）《利雅得准则》等联合国少年刑事司法文件中都不同程度地涉及教育和惩罚的关系。②

回归和坚守教育立场的惩罚要能彰显教育的本质和塑造人的根本诉求。同时，教育保护要遵循良性秩序而不至于异化为对罪错少年的纵容，不能脱离相应的惩罚制度。通过此制度，可以使破坏秩序的罪错少年受到惩罚。从根本上说，对罪错少年的惩罚是为了维护各种规制、制度得以贯彻，而不致丧失权威，预防社会管理和社会生活陷入困境，更重要的是通过一定的惩罚引导和矫正罪错少年的不良行为习惯，帮助罪错少年塑造健全的人格。"教育成人"要成为规制惩罚的根本诉求。由此观之，惩罚彰显教育的根本诉求及教育生活的本然要求。

回归和坚守教育立场的惩罚要能尊重和成全人的发展。惩罚的存在不能脱离了对人的关注，惩罚的运用更是为了促进人的发展、推进人的完善。每个人在现实世界都会经历成功和失败、赞赏和惩罚，建立恰当的惩罚制度有助于罪错少年将来更好地遵守社会规范、顺利适应社会，培育罪错少年的规则意识和责任感；最终实现个人的健康有序成长。③但是，惩罚的效果并非长久和持续的。罪错少年面对惩罚，通常不得不停止他们的罪错行为。尽管对其行为进行惩罚和规制能起到短期内明显的作用。但是这种效果难以持久。当少年相信他能逃避惩罚或者能够忍受惩罚或预计受到的奖励比惩罚还要大的时候，他就容易存有侥幸的心理。只有当他发现自身的罪错行为很有可能被发现，并且将要遭受的惩罚会比罪错行为的收益来得严重时，他才会有所收敛。当监督和控制进行全面渗透

---

① 狄小华、刘志伟：《恢复性少年司法理论与实践》，群众出版社2007年版，第35页。
② 狄小华：《我国少年司法的困境与出路》，《法治研究》2015年第3期。
③ 许慧霞：《高校学生惩戒制度的道德困境及其超越》，《教育发展研究》2014年第11期。

时，才能激起人的顺从感，然而这种顺从也是被迫的、不得已的一种选择。①

惩罚如果运用得当，是有助于少年责任意识的养成和自律能力的培养。适当惩罚给罪错少年一个警示，教育他们哪些行为是违背社会规范的，哪些行为不被规则所接受，告知其罪错行为对他人带来的消极影响。当惩罚是通过报复、控制的方式出现，或者惩罚有失公平正义的时候，这样的惩罚就难以起到积极的效果。受惩罚者关注于惩罚本身，而不是其背后的教育意义。只有将惩罚维持在平和、宽容的环境与人际关系中，帮助其领悟到自身罪错行为对其他个体与社会带来哪些危害时，才能真正促进其自律与自由的形成。在自律培养中，关注其他需求与福利而非惩罚本身，称为"还原"，当还原和控制相结合，能发挥积极的效果，提高少年的自律，塑造其良好的行为模式。当少年不良行为较为严重，具备较高的人身危险，甚至达到违法犯罪的程度时，惩罚有助于帮助罪错少年与父母监护人认识到行为的严重性。

（二）"以教统罚"意味着教育保护与规制惩罚的有机平衡

规制惩罚作为一种教育和管理的手段，自教育产生之日就存在于教育场域，规制、惩罚的历史和教育场域一样有着源远流长的历史。"惩罚哲学问题"一直成为迷惑哲学家、教育学家、法学家们的千古之谜。然而有两大相互对立的理论长久地处于对惩罚问题探讨的中核。分别是报应主义和功利主义，均产生了广泛而深远的影响。其中，报应主义以康德的等量惩罚的观念为代表；功利主义（又称目的主义、工具主义），它以边沁等人为代表，又分出威吓主义、预防主义等流派。② 人类对惩罚的讨论就是在报应主义和惩罚主义两种哲学观的交织中前进。法治文明社会对人性复归的召唤、

---

① ［美］贝尔：《自律的培养和不良行为的预防与矫正》，黄喜珊译，华中科技大学出版社2016年版，第41页。

② 王立峰：《惩罚的哲理》，清华大学出版社2013年第2版，第13页。

人道主义精神的感召以及现代民主教育对人的主体性的张扬，使得惩罚这种悠久的教育手段再一次得到审视。

从古至今，不少教育学家对于教育的惩罚有着不少的论述，尤其在中国古代社会，历来对教育惩罚有着特别的强调，在西方教育发展史上，也出现过不少关于教育惩罚与纪律教育的相关论述，比如，洛克强调过儿童的纪律教育，大教育家夸美纽斯也提出过纪律和惩罚问题，他认为对于犯了错误的人需要接受相应的惩罚，之所以需要教育惩罚，并非因为这些人犯了错误要对其进行报应惩罚，而是要使他们将来不再犯。① 杜威虽然以尊重儿童闻名于世，但他同样不否认惩罚的重要作用，他认为儿童也需要接受有关服从的教育；② 马卡连柯将惩罚与罪错少年的尊严联系起来，认为合理的教育惩罚有助于帮助罪错少年训练坚强的意志，只有在惩罚中训练出坚毅的品质，才能进一步培养罪错少年责任感，并增强其作为人的尊严感③，不断提高罪错少年抵制诱惑的能力。他是一位将惩罚与尊重进行研究和实践的教育家。我们通过中外教育发展历史可以看到，惩罚作为一种教育手段发挥着重要的职能，有其特别的教育意义。④

根据报应主义惩罚论的观点，合理、适度惩罚是为了告诫罪错少年，唯有对自身言行进行自我规范、控制，才能生存和适应于社会生活。学校存在各种规则，少年需要遵循纪律。同样社会中规则也无处不在，包括法律和道德规范等，需要社会成员的共同遵守。一旦违反了相应的规则，必须受到法律的制裁或道德舆论的谴责，这些都可视为是接受惩罚。通过小惩大诫，对其进行教育，帮助罪

---

① ［捷］夸美纽斯：《大教学论》，傅任敢译，教育科学出版社1999年版，第198页。
② ［美］杜威：《教育论著选》，赵祥麟、王承绪编译，华东师范大学出版社1981年版，第99、101页。
③ ［苏］马卡连柯：《苏维埃学校里的教育问题》，载［俄］巴班斯基《教育学》，李子卓等译，人民教育出版社1986年版，第393页。
④ 檀传宝：《论惩罚的教育意义及其实现》，《中国教育学刊》2004年第2期。

错少年树立纪律观念、法治观念，合理的惩罚是罪错少年重新社会化教育和复归社会的必要手段。人的纪律观、规则意识的内化本身是个长期复杂的过程，在这一过程中，需要温情脉脉的说服和感化教育，同时不能离开恰当的教育惩罚。因此，惩罚作为一种教育手段旨在帮助罪错少年逐渐地养成遵守规则和制度的习惯，学习自由的限度。人作为社会的成员，与社会有着绕不开的关联。人的生存和发展不能脱离社会而存在，而社会不能脱离制度的规训，社会需要相应的规则和制度以形成有序之治，以利于对社会中的人进行相应的规范、引导和教育。① 少年唯有在学校中对规则和制度习惯和认同，养成遵守规则和纪律的习惯，将来走入社会，才能适应社会生活中的各种纪律要求和制度规范。规则和纪律本身不单纯是对人的限制，同时为人权利的实现以及自由的享有提供坚实的保障，对于学校中违反教育规则和纪律的少年进行适当的惩罚，有助于教育他们理解规则、纪律甚至于法律是不可僭越的，倘若不遵守就要受到相应的惩罚。教育保护是前提和根本，规制惩罚是保障和支撑。

以正义为立足点正确认识惩罚。正义是惩罚追求的最高目标。② 无论时代发生着多大的剧变，然而教育的基本功能却始终如一，教育一方面促进人的身心全面发展，培养有个性的自由人；另一方面促进人的社会化发展，并服务于社会的发展。教育惩罚在推进人的自由发展和人的社会化发展无疑具有不可忽视的作用。

惩罚是为了帮助罪错少年更好地感知生活。博尔诺夫对非连续性的教育进行过系统论述，他提出，人时常处于危机中，教育必须正视人所经历的危机事件，发挥教育的警醒功能。适度、合理、及时的教育惩罚有助于帮助罪错少年反省和领悟，帮助他们实现心理

---

① Federman, Cary, "Punishment and the History of Political Philosophy", *Review of Politics*, 2017（1）, pp.147-149.
② 林宏星：《报应论抑或功利论？——荀子刑罚观的哲学根据》，《台湾东亚文明研究学刊》2013年第1期。

和行为的转化。①

通过适当的教育惩罚调整和控制少年的行为，心理学行为主义流派华生、斯金纳等人通过一系列实验和相关研究解释了惩罚在纠正人的不良行为的重要作用，他们提出强化、消退②等概念，认为如果人出现的特定行为导致了受惩罚的后果，人将逐渐回避这种行为，避免惩罚性的后果。德育研究专家科尔伯格认为在少年道德发展的初级阶段，因缺乏自觉性或自觉性不足，因而运用适度的惩罚有助于其道德的发展。他提出道德发展的三水平六阶段理论，因而道德自律并非依靠教育一蹴而就，少年道德发展是根据一定的阶段逐步进行发展的，几乎每个人都要经过道德发展的"避免惩罚和服从"阶段，从他律逐渐转向自律。③ 柯尔伯格道德发展阶段论启示我们对于道德发展水平较低的学生，尤其是对于问题青少年学生，适当运用教育惩罚将获得显著的作用。

（三）"以教统罚"涉及正义、良善法律制度的构建

复归人的自由需要一套完备的规制体系，具有连续、稳定、有序的特征，同时具有最为根本性的要素——制度性。当前对我国罪错少年教育矫正，尤其是低龄触法、严重不良行为少年矫正整体上的失序，在某种程度上表明，教育矫正的制度性所维持的秩序与教育矫正的现实需要不相适应了，教育矫正制度的缺失、规则体系的不完善、法律涉及的滞后性等带来教育矫正秩序的混乱，因此，以教统罚涉及正义之法和良善制度的构建和完善，亟待以法治和制度保障教育矫正的有序运行。罪错少年个体行为秩序化的逐步形成，有赖于教育矫正秩序的建立，只有教育矫正的有序运行才能帮助罪

---

① 何齐宗、肖庆华：《对教育惩罚的理性思考》，《中国教育学刊》2004年第9期。
② [美] 斯金纳：《科学与人类行为》，谭力海等译，华夏出版社1989年版，第51页。
③ [美] 柯尔伯格：《道德教育的哲学》，魏贤超译，浙江教育出版社2000年版，第20页。

错少年对自身行为进行规制、培养理性、实现真正的自由。① 监禁矫正的重点放到了对服刑少年犯采取怎样的矫正方案，而对于少年犯罪进行什么样的处遇，从拘捕、司法审判到刑罚执行等连续过程则有所忽略。

正义、良善法律制度对人的行为与教育矫正中各主体间的关系发挥着规范以及调节的影响。规则构成了教育矫正秩序的基本内核，是秩序构建的重要基础，并成为其运行的关键环节。制度经济学强调制度是对主体行为发挥规制功能的诸如法律法规、规章制度、风俗习惯等规制、规范的总称，既包括非正式也包含着正式的制度。教育矫正的规制系统最重要的构成是法律体系，也包含着矫正实践中具体的管理和规则，形成了相对完整的结构系统。在教育矫正中各主体与矫正实践活动在交互作用下构成了稳定的关系，这些关系的理顺，需要依靠规则和制度。规则是通过实践活动逐渐在人类社会得以形成和积淀。

惩罚根据论之报应主义论极力推崇自由，他们甚至自居为"自由守护神"。报应主义代表人物由康德至黑格尔，无一不标榜自由。比如，康德提出，不能仅将人视为手段，人是目的。② 一个人即使犯了罪，但是并没有丧失人之为人的自尊，对其进行惩罚，并不是为了实现其他什么别的目的，而是作为一种绝对的道德命令。③ 自由成为了刑法和道德法则的基本前提。惩罚正是基于犯罪人的自由意志。康德极大地弘扬人性的价值，彰显人之为人的价值，强调自由、理性、平等等精神，坚决反对将犯罪人视为达到预防犯罪目的的手段。惩罚需要具有正当性，如果将人当作一种手段，就侵犯了他的人格，这种人格是人生而具备的。黑格尔对刑罚和犯罪的论述

---

① 刘春梅：《教育秩序：个体行为秩序化形成的制度需要》，《河南师范大学学报》（哲学社会科学版）2011年第3期。
② ［德］康德：《实用人类学》，邓晓芒译，重庆出版社1987年版，第1—4页。
③ ［德］康德：《法的形而上学原理》，沈叔平译，商务印书馆1991年版，第24—26页。

也强调和凸显了个人自由的意义。他将法的目的和追求归结于赋予人自由，法的出发点在于自由的意志，因此，自由成为了法的核心要义。① 与康德看法相一致，他同样反对功利论将刑罚视为震慑和预防犯罪的工具，震慑的前提条件在于人并非自由，所以只能通过威吓、祸害、震慑等对他们进行钳制。

"以教统罚"指引下的法律制度是建立在正义、自由的基础上，并从中寻找根据。基于人的充分尊重，而非通过规训化和暴力恐怖的威吓，经由不自由的状态中达到。② 古斯塔夫·拉德布鲁赫在《法哲学》探讨中涉及法的价值追求，他开始将目光落到了实现正义、维护人的尊严等追求上。③ 以威吓为主要特征的惩罚就如同对着狗举起木棒，使其得以驯服，而不是基于对人自由权利和人格尊严的保护和尊重。刑事古典学派自由意志论认为，少年罪错行为是不受外界力量的约束，是其自由意志的最终结果，是人自主选择的产物。罪错少年尽管犯了罪或者有潜在犯罪行为，但他仍然是个带有自由意志的个体，人可以选择犯罪也可以选择不犯罪。因而对其的惩罚和矫正同样是其自由选择的结局。所以正如黑格尔所言，对犯罪者的惩罚代表着对他作为人的自由意志的肯定以及对其理性的充分承认。刑罚自身就是对人理性的尊敬和重视的一种存在。从犯罪者自身的罪错行为中找到惩罚的根据，决定惩罚的方式和程度，正是一种对其自由意志的尊重。黑格尔对于惩罚的基本观点主要有以下几点。首先，罪错行为是人的自主选择和自由意志的一种体现，自由意志构成了其违法犯罪的原因，因而并不存在缺乏自由意志的犯罪行为。其次，惩罚的根据和理由必须与此相关联，体现惩罚的正当性。惩罚的基本根据在于人的自由意志，唯有以此为正当的根据才能真正地体现对人的理性的尊重，以及对人的自由的重

---

① ［德］黑格尔：《法哲学原理》，范扬、张启泰译，商务印书馆1961年版，第2页。
② 同上书，第98—100页。
③ 舒国滢：《法哲学立场与方法》，北京大学出版社2010年版，第111页。

视，一旦脱离了这一惩罚的根据，极有可能带来对犯罪者作为人本身的自由意志和理性的忽视。最后，惩罚的方式和量必须根据罪责的大小，由具有自由意志的犯罪人所实施的犯罪行为的根本性质和行为的严重程度，兼顾其人身危险性来决定，罪与罚相称。

康德同样认为自由意志是人行为的根据。只有当一个人实施了一种犯罪行为才能施以惩罚，并且惩罚的量和度同犯罪行为存在着高度的等同。他的核心思想是纯粹理性，纯粹的理性是不受外界影响的，是一种自由。他提出的"人是目的"的观点和黑格尔的自由意志异曲同工。康德自由观给了黑格尔、马克思等人重要的启示，后人继承和发展了他的学说。康德提出自由是权利的本体，推崇人的理性自由，强调国家权力和个人自由权利的关系。限制死刑的适用，对国家刑罚权进行一定的规制，尊重人的尊严，保障个人的自由。国家对个人施予的惩罚必须以犯罪为根据，无辜者不能受到惩罚，法律要尽可能地保护个人自由，禁止因功利的目的而对无辜者进行惩罚而侵犯个人自由。此外，国家刑罚的量必须以康德、黑格尔分别所提的"同害""等价"为原则，反对因为功利的目的对犯罪者施以超出犯罪行为的惩罚，避免了个人自由被过分地进行限制和剥夺，基于人的自由保护将惩罚控制在合理的限度和范围之内。①

四 "以教统罚复归人的自由"的内在要求

教育矫正价值取向"以教统罚复归人的自由"有着丰富和深刻的内涵。本书认为，"以教统罚复归人的自由"价值取向内在要求体现于教育矫正各维度上价值取向的渗透，包含法律制度顶层设计、教育矫正内容与方式、教育矫正模式的选择和教育矫正管理与环境等。其中，法律制度顶层设计方面，涉及由报复性走向恢复性正义取向，由轻罚宽放走向宽罚严管取向；教育矫正内容与方式方

---

① 邱兴隆：《报应刑的价值悖论——以社会秩序、正义与个人自由为视角》，《政法论坛》（中国政法大学学报）2001年第2期。

面由身体规训走向生命关怀取向；教育矫正模式选择方面由整体控制走向个别化矫正取向；教育矫正的管理与环境由隔离孤立走向社会化矫正取向。

(一) 从报复性走向恢复性正义

罪错少年教育矫正价值取向"以教统罚复归人的自由"的一大要求就是要实现报复性取向走向恢复性正义取向，推进威慑取向向警示取向转变。矫正与相应制度的威慑功能主要来自对犯罪人个体的威慑以及社会公众潜在犯罪人的威慑。基于人性趋利避害的心理，罪错所带来的后果对其自身的损害如果大于罪错对其所带来的利益，则容易产生对罪错行为的抑制，个人自动放弃罪错行为。因而在刑罚史上，威慑论曾发挥着较大影响，该理念认为刑罚愈是严厉，威慑作用就愈大，重刑主义正是以此为旗帜而长存。然而，我们知道火炉碰不得，然而300℃火炉所产生的威吓作用并不比200℃火炉要大多少。刑罚对个体的震慑往往体现在行刑前与行刑后，真正促使罪错少年犯罪行为的因素很大程度上是逃避惩罚的侥幸心理。犯罪往往不是经过理性选择的结果，在罪错少年的案例中，就存在着不少过失罪错、激情犯罪等。这也验证了刑罚的个别震慑效果有限，而刑罚严厉性可能激发更加严重的罪错行为，比如，死刑在某种程度上引发了恶性故意杀人的现象。一般震慑有立法、司法震慑之分。尽管立法与司法确实对社会民众带来了一定威慑的效果，然而当前社会民众对权利的追求使得刑罚的严厉性可能丧失人心，刑罚的严厉难以保障公民的安全和信任，当人们看见严酷的刑场惩罚时，会感受到一种自己面临这种惩罚的恐惧感与不安全感。严刑酷法的滥用同样容易造成公众的敌意，公众体验到一种暴力的威胁。古今中外历史和研究也证明了着迷于重刑威慑的消极后果[1]，当前对罪错少年的处遇当引以为鉴。尤其是在当前人的权

---

[1] Home Office of UK, *Tougher Regimes in Detention Centers: Report of an Evaluation by the Young Offender Psychology Unit*, London: HMSO, 1984, p.11.

利意识觉醒的新世纪，过去一些微不足道的权利剥夺或侵犯的现象，现今则受到了越来越多的重视，刑罚的轻缓化已受到了广泛的认同，尤其是少年犯罪轻刑化具备了源远流长的社会心理基础。那些把人的生命、身体等作为对象的刑罚和矫正理念已逐渐不被接受，人们将受刑人权利的丧失视为了一种惩罚。刑罚不再是引发人极度恐怖的敌对之举，而是带有警示作用的教育之举，轻缓的刑罚使人的自由受限或失去自由。刑罚谦抑理念是通过最为经济的惩罚获得最大的刑罚效益，而重刑报复理念违背了刑罚发展趋势与谦抑基本原则。

防止唯报复性取向论，转变少年刑事司法政策理念重视事后反应能力即惩罚性而弱化教育性，忽视有效的事先预防的功能的弊病。对于情节较轻的少年罪错事件，以教代刑，尽可能地进行教育和转化，给予暴力行为实施者改过自新的机会；涉及违法犯罪者，以教统刑，根据法律法规进行治安拘留，送工读学校接受特殊形式的教育。对于带有严重不良行为的少年虞犯，要细化相关的法律规定，将虞犯行为和轻微违法行为进行合理区分。构建少年虞犯司法制度，真正体现宽严相济原则，保障对具有违法犯罪危险性的少年进行及时的教育矫正，实现尽早干预。在保护处分理念下建立特殊的教育矫正、社会保护和司法干预制度，预防少年虞犯、低龄触法少年因多种不良行为的不断积累，最终给社会带来更大的危害，走上违法犯罪道路。[①] 慎用对罪错少年的追惩性的惩罚，追惩性与保护性惩罚理念的区别在于，针对的对象和手段不同，追惩性惩罚理念注重针对违法犯罪的行政与刑事的措施。此外，促进对罪错少年的限制从隔离式转向管束式。隔离主要指将罪错少年进行监禁，在设施之内进行，对其人身自由进行限制。

恢复性正义取向强调是多维目标的实现，一方面能够对罪错少

---

① 吴海航、黄凤兰：《日本虞犯少年矫正教育制度对我国少年司法制度的启示》，《青少年犯罪问题》2008年第2期。

年进行教育和矫正,同时能够修复对受害人的伤害;另一方面,恢复正常的社会秩序,修复受损的社会关系①,这是对传统报复性取向的巨大超越。由报复性走向恢复性正义取向应当重视教育矫正两种模式,分别是惩罚模式和教育模式。惩罚模式的司法处遇主要是依照法律精神和规定对罪错少年采取一定的惩戒性措施,包括限制自由、处以罚金、赔偿损失等。而教育模式关注罪错少年的不良心理与行为的教育和矫正,偏向于以保护,帮扶其顺利回归社会。②而教育矫正恢复性正义取向更加贴近教育模式,与少年司法的保护为主、惩罚为辅的理念相适应。

(二) 从轻罚宽放走向宽罚严管

当前对罪错少年教育矫正的取向多主张宽严相济,这其实针对的是"严打"时期在惩罚取向上的反思和调整。尤其是刑罚理念的变革以及以人为本、保护儿童等思想的深入人心,世界各地在宽与严之间更加偏向于放宽,通过刑罚的轻缓化来实现对罪错少年的特殊保护,当然,中国同样如此。但是,也应当看到,片面地重视宽容和慎刑取向,而放松相关的强制性教育干预措施和保护性管束,必然造成大量带有不良行为和严重不良行为的少年继续地在社会活动,这无疑需要社会多方福利保障和支持。但是在当前中国社会福利体系不健全的环境中,对罪错少年进行有效的教育矫正和社会防卫成为了一件艰难的事情,其后果和风险是严重的,一方面难以保障少年自由成长;另一方面也给社会带来了较高的风险。③ 因此,针对当前"宽"与"严"的这种矫枉过正,势必不能一味地再主张轻罚理念、片面注重宽松,而忽视对其必要的管教和干预。

罪错少年教育矫正价值取向"以教统罚复归人的自由"的一大

---

① 李燕:《未成年人社区矫正制度的现实困境与障碍突破》,http://article.chinalawinfo.com/ArticleFullText.aspx?ArticleId=98120,2016年11月29日。
② 段炼炼、毕宪顺:《问题青少年教育矫正管理的三重境界——兼论问题青少年矫正的困境》,《东岳论丛》2014年第7期。
③ 邬凡敏、王群:《"宽罚严管"的少年刑事司法政策》,《河北法学》2010年第1期。

要求在于要由片面从宽和轻罚的取向走向宽罚严管、宽容不纵容的取向。罪错少年与受害人都是法律政策需要保护的对象，必须既强调教育的预防作用，也不能忽略对其的适当惩处；既立足于罪错少年与成年人的不同进行特殊保护，又预防过度纵容的倾向。罪错少年教育矫正需要重塑宽严相济、宽罚严管的取向。修订和完善对罪错少年保护的相关法律法规，将"以教统罚促进人的自由复归"作为基本的价值导向，既要调整少年刑事责任制度，平衡自由和责任的关系，可引入恶意补足年龄制度对极端恶性行为进行惩戒，扭转片面从宽的取向，防止因年龄低而逃避责任，自由异化为肆无忌惮和随心所欲；又要调整少年司法实践和教育矫正价值取向中片面从轻取向，一味强调保护和自由，改变缺乏对少年虞犯和低龄触法少年必要的惩罚干预和强制性教育矫正措施而对其一放了之的现状。

宽罚严管取向关注对罪错少年的行为进行一定的约束和限制，在宽容理念基础上加强重点管束，一般在社会中进行，仅对罪错少年的活动时间、空间场所进行一些限制，比如国外的宵禁、监视居住等。[①] 关注保护性惩罚，重点对吸毒、身体或精神带有疾病的人进行强制性的控制、治疗、帮助等，还包含着对无人监管的少年进行交易与生活安置等。需要明确的是，以保护为取向的惩罚与限制不能够以苦役或者羁押为导向，而要以保护和宽容为根基。

(三) 从身体规训走向生命关怀

对罪错少年教育矫正是一门充满生命关怀的艺术，复归人的自由价值取向要求矫正的内容和方式由身体规训走向生命关怀取向。从罪犯改造手段来看，管理、教育、心理咨询和劳动成为了对罪错少年进行教育矫正的重要手段。这些矫正手段的利用均不是仅作为技术而存在，而是艺术的美的存在。首先，教育的手段是管教人员与对象心灵的沟通和对话，通过对教育方式和方法的艺术性设计，

---

① 汪进元：《人身自由的构成与限制》，《华东政法大学学报》2011年第2期。

摆脱了苍白无力的说教,转化为灵魂的塑造和升华。其次,心理咨询更是"助人自助"的创造性活动,体现心灵对话的艺术,以高贵的灵魂来感染待拯救的生命。再次,劳动是人类改造自然、创造美好生活的基本手段,劳动对罪错少年的矫正和教育能够发挥重要作用,转变其好逸恶劳的劣根性,帮助其成为自食其力的劳动者。这几大教育矫正的手段并非割裂的,而是相互联系、相互影响的统一整体。教育是教育矫正的主导,心理咨询成为了教育矫正的动力,劳动改造是教育矫正的扎实基础,而管理构成了教育矫正的重要保障。去技术性的过程是影响人行动的重要方面。① 这四者只有实现艺术性的和谐统一,教育矫正才能真正达到化丑为美的境界,实现真正的人的自由。此外,立足于教育矫正成效,教育矫正为社会提供的是顺利社会化的合格公民,以教育感化人为根本宗旨。因而,教育矫正承担着将丑陋、邪恶转化为美好、高贵,充满着艺术的美,发出耀眼的光芒。②

对罪错少年进行教育矫正不能完全依靠刚性身体规训,必须配合柔性的教育与引导,重塑刚柔并济理念。现代监狱理论、现代行刑思想以及少年司法历来强调人道主义伦理精神,注重对少年的保护,这也成为了少年刑罚改革的基本原则与发展方向。对罪错少年教育矫正也要彰显人本理念,弘扬人性化思想,增强教育矫正对罪错少年的感化,逐步运用温情对其进行感化,不断转化其对抗、怀疑、偏激等心理,引导其认识到自身错误,逐步向行为的正当合法化靠近。刚与柔是一对矛盾,在实际操作中往往难以平衡和兼顾。对"刚"的过度追求,容易将罪错少年视为动物性的人,其合理的需求易受忽视;对"柔"的过度强调,又容易使矫正中惩罚性的偏离甚至丧失。所以在刚与柔之间求得一个平衡点,是自由与秩序价

---

① [美]乔恩·威特:《社会学的邀请》,林聚任等译,中国法制出版社2012年版,第92页。

② 贾洛川:《罪犯改造的美学意义思考》,《河南社会科学》2013年第7期。

值取向平衡的一大表现,是实现"以教统罚复归人的自由"价值取向的必然要求,这也是教育矫正实践中的一个难点所在。①

从身体规训走向生命关怀取向,要把握"身""心"的规律。人的身与心是不可分割的统一整体,但二者也存在着差异。身体所产生的行为往往是外显、可见的机体活动,容易被观察和了解,而人的心所表现的思想、心理活动等形式则是内隐的、不可见的,难以被观测。心支配着身体的行动,人的一切身体行动被心所掌控,即西方心理学所说的"人的行为受潜意识支配"。二者相互依存,互相产生影响,心成为了身体行为的内在根据,而身体行为是心的外在表现。心指导身体,而身体完成心的活动。② 身体和行为的管控和约束背后心理学理论根据是行为主义,重点强调外显的行为习得,忽视个体内在的隐性变化。身体管控的过程往往是一种简化的程序,未能充分认识到教育矫正是复杂性而非简单化、是艺术性而非技术性、是丰富性而非单一性的特质。此外,身体的管控将人视为驯服的对象,而非完整性的个体,通过对身体和行为的机械控制,压抑人的内在情感体验。③ 人行为背后的心理以及身体里面的灵魂受到了忽视,基于人的自由、为了自由、走向自由的教育矫正价值追求变成了难以实现的海市蜃楼。因而,要从身体管控、行为的控制理念转向行为与人格心理塑造的统一。综合行为主义和人本主义的理念,看到教育矫正的对象作为人的自由存在,引导其感受矫正和教育中的个人价值,适度创造自主选择机会,重视平等对话与交互性的交往,培养其社会性发展,基于心灵觉醒塑造主体人格,增强自我选择、自主行动、自我负责、自我醒悟、自我转变的

---

① 骆群:《罪犯应否改造、能否改造、如何改造》,《河北法学》2012年第9期。
② 徐志远:《思想与行为:思想政治教育学的逻辑起点》,《中国青年政治学院学报》2004年第2期。
③ 彭钢:《从行为控制、认知加工走向人格构建——三种不同的教学发展观在教学改革现实中的具体考察》,《教育理论与实践》2000年第3期。

能力。① 尽管外部控制并非唯一的矫正，也存在不少弊端，但因噎废食并非明智之举。要引导关注点由外向内，内外兼顾，为自我矫正留下更大的空间，关注个体行为背后心理的运行机制、过程及规律，挖掘个体内部的矫正潜能。②

（四）从整体控制走向个别化矫正

对罪错少年的教育引导要回归到人的真实状态，充分地尊重少年个性发展，满足其个性发展需要，这是对这些失落的灵魂进行引导和救赎的根本前提。这种对人的充分尊重以及人的需要的满足具体体现在，停止批量化大规模地生产，少年不是一个个机器零件，不可用同一个模子去制造，而要关注少年个体的身心发展的差异性，根据少年具体的心理与行为问题，因材施教，引导和帮助迷失的孩子们找到自己，促进个人成长，让生命绽放出独特的色彩。教育活动应根据这个理念呈现丰富、动态功能。此外，少年人性的回归往往是在具体的生活和学习过程中实现的，学校、家庭和社会共同构成了少年的现象场，对罪错少年进行教育和引导，必须立足于其所处的生活，在生活中因势利导，进行关怀与教育。③

实现由整体控制向个别化取向进行转变，关键点涉及罪错行为分层级矫正干预教育理念。通常来说，罪错少年人身危险性越低、行为严重程度越弱，矫正和干预的层级越低。低层级的干预和教育对象为一般不良行为少年，由于这类教育矫正对象的人身危险性相对较低，行为较轻，因而要偏重教育，并且给予的自由度要较大。教育主体通常由不良行为少年密切相关的人构成，往往由家庭成员和亲属承担，其中以父母或其他监护人为主要人员，而不良行为少

---

① 彭钢：《从行为控制、认知加工走向人格构建——三种不同的教学发展观在教学改革现实中的具体考察》，《教育理论与实践》2000年第3期。

② 段炼炼：《青少年犯罪预防与矫正——以道德思维理论为基础》，博士学位论文，鲁东大学，2015年。

③ 靖国平、周贵礼：《追求生命智慧：让教育踏上幸福之路》，《教育研究与实验》2008年第3期。

年所在的学校也是对其进行一般性干预和教育的主体。必须强调的是，家庭的干预和教育成为了对少年不良行为矫正的基础性主体，家庭的干预和教育发挥着最为直接性的影响，其他层级干预的主体，比如学校、社会组织、政府、司法机构可以借由对家庭教养方式的指导、对监护职责履行的监督、对家庭条件的帮扶实现对少年罪错行为的矫正、干预和教育;① 中等层级的干预和教育对象为严重不良行为少年、不良行为屡教不改、家庭监护缺少、脱管失管少年等，主体通常由政府、家庭、学校、社会共同组成，与低层级干预不同的是，该层级强调政府的介入、管理、监督。社会组织、志愿者广泛地参与教育、干预、帮扶;高层级的矫正对象为犯罪少年，必须通过司法的介入，凸显国家机器的作用。一是以自由为基，注重秩序取向的非监禁取向。避免自由过度，放任自流，强化保护处分。二是以秩序为基、追求自由取向的监禁矫正。避免教育矫正规训化。以秩序为基、追求自由取向的监禁矫正只能适用于那些严重违法犯罪、恶习难改并有较大人身危险性、对其他个体与社会秩序存在较大的潜在性威胁的罪错少年。

　　由整体控制走向个别化取向，需要把握分层分类的标准，可以根据少年的罪错行为性质、罪错少年主观恶性以及罪错行为性质与动机进行综合考量，也可以通过人格的测评与分类。基于少年作为人的复杂性，偏向教育矫正自由与秩序的任何一方面都不恰当，因此要综合罪错的类型、心理人格特质、人身危险性等因素，根据综合性的分类标准，结合多学科观点，构建立体化教育矫正的模式，促进教育矫正价值体系的建立。② 构建分阶段、分层、分类立体化教育矫正理念，关注少年多方面需要，基于需要构建契合的教育矫正模式。马斯洛提出需要层次理论启示我们每一个个体自身所缺少

---

① 曹艳春、戴建兵:《基于多维风险指数的农村留守儿童风险预警和分级干预机制研究》，《东北大学学报》（社会科学版）2016 年第 5 期。

② 张昕航:《探索劳教科学分类矫治体系研讨会综述》，《法学杂志》2003 年第 3 期。

的需要是不同的，因而适合于他的教育矫正也应当是不同的，要具体地去看，克服单一化、整齐化、一刀切。立足于具体的人，将人作为一个真实而又不断发展的特别生命体。

（五）从隔离孤立走向社会化矫正

少年罪错尤其是犯罪问题作为一种复杂的社会问题，其形成的影响性因素也是复杂多元的，所以对罪错少年的教育矫正价值取向的选择也应该基于社会综合性视野，多管齐下，采取广泛的社会预防措施。需要运用社会学的相关理论，基于社会良性运转和多主体协同治理的思路，结合社会系统与人的行为的复杂性进行综合治理。德国著名刑法学家李斯特提出："最好的社会政策就是最好的刑事政策"。针对当前少年罪错案件，尤其是愈演愈烈的校园欺凌和校园暴力事件，想要从根源上进行教育矫正和治理，根本在于制定综合性社会政策，优化少年成长的环境，给予特殊少年以特殊保护。① 通过运用社会学理论从社会环境、社会支持系统、社会政策制度和社会文化、刑事法律等方面来帮助罪错少年进行教育矫正。

跟任何一种精神疾病及社会病态的情形一样，我们也可以从少年罪错行为背后找出许多的成因，其中包括了个人的特性及疾病、家庭病理、社会生活环境与文化变异等各种因素。② 教育矫正是一个系统工程，不能单独由社会主体的任何一方进行承担，发挥家庭、学校、社会和司法的力量，多方共同对少年进行教育矫正。尤其是在中国，每个家庭的知识文化水平差距较大，有许多父母自身缺乏正确的生命意识和生命价值，更不用谈对孩子进行教育矫正；另外，社会也存在着诸多丑恶的现象，完全由社会担负起教育矫正的责任，自然也是不合实际的。所以，教育矫正更加需要重视社会化取向，充分地依靠各方教育，发挥学校的作用，社会和家庭为教育矫正创造良好的环境。

---

① 高晓莹：《论少年犯罪的社会预防政策》，《学术论坛》2010年第12期。
② 林宪：《青少年虞犯行为的形成》，《健康世界》1985年第110期。

少年处于身心发展以及社会化发展的关键阶段，惩罚性、监禁性、强制性地使之与社会进行隔离，切断与社会、家庭、学校的联系，将对其带来社会化正常发展的严重障碍，破坏其情感的健康发展。虽取得了表面上秩序控制的短期成效，但背离了教育的本质和初衷，造成讽刺性后果。伴随人道主义思想、多元价值观等的涌入，个性化教育、教育矫正的社会化、开放化等理念和模式的推进，矫正方法的不断摸索，矫正者与矫正对象关系的变化，采用传统封闭孤立的矫正理念势必与未来教育矫正改革的发展趋势不相符合，和教育矫正的人本、个性、生成等理念背道而驰。① 联合国《少年司法最低限度标准规则》（即《北京规则》）强调尽可能减少未成年人的监禁机会。教育矫正最终目的是帮助矫正对象重获自由，教育矫正是一个有序、个性化、创造性的活动，将社会化取向渗透于教育矫正过程的各环节。

第四节 "以教统罚复归人的自由"的边界与限度

教育矫正自由的限度既来自矫正活动本身的要求，同时又来自教育矫正作为社会活动的要求。就前者而言，自由要有利于教育矫正的效果需要，就后者而言，教育矫正自由要兼顾对社会的影响。石中英教授提出的内在限度与外在限度②对教育矫正自由的限度问题有所启示。教育矫正自由的内在限度覆盖着诸多内容，比如，矫正人员作为受社会或国家委托的专业人员，在教育矫正中不能将个人的观点、价值偏好等作为宣传对象向受矫正者进行宣传；当在教育中提及个人观点的时候，矫正人员需要通过客观口吻进行阐述，禁止强迫教育对象将自己的观点视为神圣的、唯一正确的思想；矫正人员在组织与管理过程中，要符合罪错少年身心发展的客观规

---

① 裘指挥、张丽：《学校社会规范教育存在的问题及对策》，《教育研究》2010 年第 10 期。
② 石中英：《教育哲学》，北京师范大学出版社 2007 年版，第 229 页。

律，把握自由的科学内涵，适应教育的基本规律；教育矫正过程中，不以谋求个人私利为目的。教育矫正自由的外在限度同样包含着多方面内容，例如，选择教育矫正方式、方法时，避免单方面的灌输与机械式的训练，给矫正对象部分独立思考的时间和空间；进行矫正实验或其他科学研究时，要遵循科学实验的伦理规范，不能侵犯矫正对象的尊严与权益等。[1] 总之，自由的限度在于，不损害他人权利为原则，不能脱离外在规则与内在自律的限制。

一 以公共意识坚守为原则，不损害他人和社会利益

人作为一个种群是一种群居性动物，教育矫正自由的限度需要服务于人的集体利益，只有这样，才能令最多数人信服，能够达成共识。基于整体的价值判断才能够达到为人信服的矫正效果，对人类有害的标准和行为，不管怎样都算不上善行。教育矫正自由的限度需要以公共利益为根据，教育矫正中"人的自由"本体价值以他人和社会权益保障为原则。个体只是社会中的一个成员，个人要对整个社会负责。自由是处于社会中的自由。教育矫正自由边界的根本性质是社会性尺度。

自由的边界问题是社会规范体系中十分重要的部分，也是一个人判断自己与社会关系的标准，从个人的角度来看，判断原则最初多半建立在利己的考量，对自己有利的就被认为是对的，对自己不利的往往被认为是错的。这种利己主义被认为是每个人人性的一部分，绝大部分人自觉不自觉地从自身利益来对外界的是非对错进行判断。但是，社会学家认为利他心理和行为也是一种普遍的社会心理现象。人类作为群居性动物，心理上会有利他倾向，懂得帮助别人、为他人付出。我们的社会需要寻求一种有利于社会稳定，实现美好生活的原则。当社会中的个体认可的与其他个体一致，规则逐

---

[1] 石中英：《教育哲学》，北京师范大学出版社2007年版，第229页。

渐形成了。我们需要为社会的美好生活设定每个个体相应的责任和义务，形成一种社会秩序。① 所以，考量教育矫正自由的边界问题，也要立足于社会大众，照顾最大多数人的利益，服务社会规则和秩序。

二 以社会公平正义为准则，平衡加害人与受害人保护

对罪错少年进行教育矫正中，自由要以公平和正义为基本的原则。正义是人类的最高追求，从古至今最永恒的一种努力的方向。如果一个社会失去了正义，那么教育矫正也将失去它的合法性。罪错少年在矫正过程中不能无限制地得到保护，也不能绝对地追求行为的自由化，因为他们的身份特殊，因自身的罪错行为给他人带来了伤害或者给社会带来了危害。只有对其进行相应的惩处或相关强制性的措施才能危害社会的公平正义，通过正义的伸张平复被害人的心理。因而罪错少年权利的享受，不能侵犯他人合法权益，一旦侵犯了，需要惩罚和干预的介入，通过最少化的惩罚以实现公平正义和秩序的维护，同时捍卫人的自由。②

只有合乎公平正义原则的自由才是具有理性的。对罪错少年自由的保护和宽容需要符合正义原则。如果为了自由而破坏了法律的尊严，打乱了社会秩序，甚至损害他人自由权利的享受，就会丧失民众的认同。③ 失去正义根基的自由注定是难以真正实现的。

正义不仅着重不法者和被害人的利益均等，还注重对不法者的惩罚公平。惩罚和教育矫正正义还包含着程序的正义，从教育矫正对象的确立到实施，再到评估解矫的全过程，保障应有的权利和义务得以落实，注重矫正中的人道。程序正义是一种过程正义。程序

---

① 韩东屏：《道德准则、道德范畴、道德原则——论道德规范系统的层级结构》，《河南师范大学学报》（哲学社会科学版）2011 年第 3 期。
② 杨锦芳：《探寻刑罚伦理价值目标》，《学术探索》2011 年第 3 期。
③ 陆丹：《法治中国：自由的正义与限度》，《齐鲁学刊》2017 年第 2 期。

正义和教育矫正自身内容正义一样重要，需要公平合理，要求教育矫正的相关规则（比如刑事法律制度、管理规定等）在制定与运用的过程中（比如对矫正对象施以刑罚、各种处遇措施的裁决等）具备程序上的正当性。不合理、不公正、恣意妄为等均是程序正义的对立面。程序正义对罪错少年进行合理的处遇从而保障教育矫正的合法性和所做决定的正确性。罗尔斯是程序正义的推崇者，他提出"自由优先""差异"两大正义原则。[1] 与边沁、波斯纳等人将程序视为"达到目的的手段"不同，罗尔斯看到了程序本身的独特意义，构建出纯粹的程序正义体系，程序正义在人们内心以及教育矫正实践上帮助人们信服程序所做的决定。[2] 因而正义要作为教育矫正秩序价值取向的边界。

三　以规则和伦理道德为标准，遵循法律边界和基本底线

教育矫正处于文化价值多元化社会环境中，每个人对自由的边界具有不同标准。基于对自由的不同理解，各种研究问题层出不穷。当代人们还有没有明晰自由底线，因而频频出现为了个人利益的追逐而突破底线的情况。[3] 在价值多元化时代，教育矫正自由的限度在多元中要遵循一定的底线，守住最低标准。

道德具有层次之分，最低的层次和要求应该是促使社会正常维系下的规范，比如，不得伤人性命，不得危害国家利益，不得危害公共安全等。再高的层次是为了提高人类生活，令社会更美好的一些规范，比如帮助他人，尊老爱幼等。法律是最低标准的道德，法律红线不容触碰。法律对人提出最低限的要求，很多时候一个人的自由行为尽管不违法，却是有违道德规范的，道德是一种具有普适性的、更高层的追求和要求。自由要以法律作为最低标准，具有诸

---

[1] ［美］罗尔斯：《正义论》，何怀宏等译，中国社会科学出版社1988年版，第80—83页。
[2] 曹刚：《法律的道德批判》，江西人民出版社2001年版，第56页。
[3] 张鹏：《道德评判与制度设计》，《道德与文明》2012年第6期。

多可量化的标准，需严守法律的基本底线。道德和法律拥有共同起源。① 我们知道法律与道德的不同在于，法律是一种强制性措施，保障个人的自由和权利，维护着社会的秩序，法律以道德为基础。而道德更具有灵活性，范围更广。如果连法律的这种最低要求都不能达到，就更不要谈其他的道德规范和标准了。教育矫正自由的限度需要坚守平等与公平的原则，以法律为底线和不可触碰的边界，法律面前人人平等。自由准则和底线神圣不可侵犯，道德和法律要为自由划定合理的疆界，这是自由的边界，也是对自由的一种守护。此外，虽然在现实情境中时常有违反道德但不违法的情况，但是通常来讲，违背法律多数是违反了道德。因此，法律与道德从根本上是相通的，严守法律这条底线至关重要。

四 以秩序为基本保障和要求，实现矫正与社会有序运行

教育矫正秩序不论对教育矫正实践还是对罪错少年来说发挥着基础性、保障性的作用，教育矫正的秩序是人自由成长的前提，秩序是人的自由复归价值实现的基本要求。混乱、失序、无序的教育矫正状态是难以保障其实践的正常开展，因而教育、感化、矫正罪错少年，促进其自由成长难以实现。尤其对于转型时期的我国，面对法律制度的变革以及罪错少年思想和行为的剧烈变化，构建良性运行的教育矫正秩序成为了破解人的行为失范的基本要求和前提条件。

教育矫正"人的自由复归"价值取向的实现需要依靠正义、秩序的社会。因为教育矫正实践并非单一的个体或机构就能够进行，而是充满着错综复杂。教育矫正是社会系统中的一个子系统，要依赖于和服务于社会，涉及的犯罪治理和预防等问题直接与社会发生着千丝万缕的联系，只有社会实现良性的运转，才能保障教育矫正

---

① [美]庞德：《法律与道德》，陈林林译，中国政法大学出版社2003年版，第36页。

的正常运行以及教育秩序的形成。比如，中华人民共和国成立初期，社会秩序基本由计划性的秩序构成和维护，对教育矫正的制度供给有限，这种高度统一的秩序运行模式不可避免地带来了教育矫正对秩序的过度强调，而造成自由和秩序的失衡。再比如，近年来中国社会由伦理道德、风俗、良心、观念意识等形成的自生秩序的混乱，也深刻地影响着教育矫正的价值选择和实践。总之，教育矫正的秩序只有在良性的社会秩序中，才能逐步形成有序发展的稳定局面。尤其是，针对当前中国社会转型期所带来的各领域的深刻变化以及由此带来的理念、结构、体制机制等层面的失序现状，教育矫正秩序价值的实现更需要依靠社会的良性运行才能得以实现。

（一）教育矫正自由与秩序的冲突

人在教育矫正中的价值追求并非纯粹的个体活动，而是一种涉他性的行动，在教育矫正价值实现过程中，人需要遵循客观的规律，受到相应的规制，这时候教育矫正的价值实现过程就进入了社会的范畴。人在社会化中往往交织着理性与本能的矛盾、秩序与失控的冲突，在矛盾激荡中进行成长。理性和秩序是通过外在环境和教育不断进行塑造的，并不断地进行内化，积淀成人的自觉意识和行动模式；而本能却是与生俱来，贴近人的生物性的，本能有时甚至是多数时候对秩序进行了破坏，而秩序重点和难点在于对人的天生本能进行规制。教育矫正过程中充满着自然人的本性本能同社会人的理性之间的冲突。教育矫正相关法律制度的确立、规则的建立和变化，均蕴含着人的本能和理性、人的自由与社会秩序的关系。过于扼杀和钳制人的自然本能忽视人性的秩序是一种非人性化、不正义的制度，不仅扼杀了人的成长，也使得制度本身缺乏合法性和合理性最终将被废弃；此外，过于发挥人的自然本能，不仅不利于满足人的需要，同时破坏社会的关系，带来秩序的混乱。因此，教育矫正自由与秩序的冲突，实质体现为人的本能和理性的冲突、自然人与社会人的冲突，是教育矫正的权利与权力性格的矛盾。

人和社会矛盾的机理在于，秩序的发展变化在人对环境超越中悄然发生，人个性的变化也是通过环境的影响。人和社会在矛盾中共生共存，并且共同创造着价值。通过人的本能与理性发展、人的自由个性与社会发展的矛盾和相互贯通，促进人自身的进一步发展，维护社会公平、正义和秩序，推动着教育矫正和社会有序而生动地运行。在这个前提的影响、制约下，教育矫正实践中自由价值与工具价值的矛盾机理得以展现。

自由与秩序的冲突背后体现了教育矫正中诸多错综复杂的矛盾关系，归结起来是个人和社会（个体和群体）的矛盾。教育矫正价值追求和价值判断需要由主体做出，当个人对某件事物进行价值判断的时候，不可避免地带有相对性。价值判断主体自身并非孤立的个体，而是复杂社会中的人。教育矫正价值追求中，人既基于自然法则和规律，同时又适应社会的基本规则，深受人的自然属性和社会属性的二重作用。人既受自然属性的驱动，同时受社会属性的调节，在自然性和社会性的张力中发展。个体的人和群体的人在某一历史时期和社会形态下，在自然性与社会性的双重作用下，总是干扰着教育矫正过程中的价值选择、价值追求和价值判断，影响着教育矫正自由价值与工具价值的相互关系。

自由与秩序的矛盾构成了教育矫正的主要矛盾。这一矛盾甚至成为了人的活动和社会运行的永恒矛盾。虽然在不同的人类历史发展阶段与不同的社会形态中，它们的侧重点和呈现形式有别，教育矫正与自由秩序的内涵也存在较大的差异，但价值的冲突和协调带有客观的、历史的继承性与规律性。价值的冲突尽管困扰着人类，然而它却激发和推动着人类不断地采取行动，积极地进行价值矛盾的解决。而矛盾的解决与冲突的调解则使教育矫正被赋予新的内容，进而推进教育矫正获得了丰富的意蕴，教育矫正实践活动也在人与社会的冲突和矛盾中不断地获得相应的进化和发展。

倘若对于自由不加以把握，掌握不了自由价值与工具价值的限度，损坏自由与工具价值的兼容性，就极易带来教育矫正价值的冲突，如果人只考虑到自身的权利和利益，而对外在工具（比如牲口、机器等）不管不顾，对其存在和运转的基本规律不加重视，那么工具价值难以充分发挥，人类发展史就出现过惨痛的教训，人发挥自身主体性、能动性的同时，给自然界乃至整个生态系统带来了毁灭性的影响。人需要的满足、主体性的发挥、自由价值的实现，如果失去了一定的底线和限度，就可能带来消极的、破坏性的作用。这需要引起我们足够的反思，克服主体价值或工具价值的异化。①

（二）教育矫正自由与秩序的连通

1. 自由与秩序存在连通的内在机理

确实，在现实教育矫正实践中，对于自由与社会秩序，我们更容易关注二者的对立，倾向于看到或感悟到社会秩序对罪错少年个人自由进行约束、限制、惩罚与控制的一面，看到罪错少年个人"自由"对社会带来的混乱、麻烦与破坏，而较少关注二者连通的内在机理，少能认识到二者之间相互依存、相互关联、相互保障的另一面。笔者通过文献资料的整理分析和研究，始终感到自由与秩序二者之间实质上存在着不少依存和连通的可能，并且二者的这种内在关联有着较强的驱动力，自由和秩序存在一定的内在机理，推动它们原先的紧张状态发展成为连通的状态，激活了人与社会二者的博弈共进，从而保证了教育矫正与社会生活既拥有一定的秩序性，又能给罪错少年自身个性发展留下一定的自由空间，必须探寻关联罪错少年自由与秩序连通的内在机理。根据王丽琴（2008）关于自由与秩序关系的观点，具体地说，罪错少年教育矫正中自由与秩序的连通，一方面体现于秩序的"向自由性"；另一方面反映于

---

① 张云霞、崔越峰：《内在价值、工具价值、系统价值辩证关系初探》，《河南师范大学学报》（哲学社会科学版）2011年第2期。

罪错少年自由的"合秩序性"。①

第一，秩序的"向自由性"。

教育矫正的秩序应以罪错少年的自由尤其是精神自由为标准，损害罪错少年作为人的自由的教育必不可能持久存在，也并非我们所追求。秩序的向自由性，表明罪错少年的个人自由并非固定的，也不能通过预先设定让秩序维护者去遵照执行。秩序可能对罪错少年的身体、选择、社会交往、言论、行为等自由带来了一定的限制，但从秩序的规律、发展特征以及形成过程看，好的秩序一定是给予了罪错少年足够的自由的秩序，不好的秩序则不管形式如何，阻碍罪错少年的人格独立。秩序的向自由性更多意指一种倾向性表达，尽管未能形成一套固定标准，然而却充满着张力，时刻提醒着矫正工作者，罪错少年的个人自由是基本的权利，不容侵犯，同时更成为了一种应然性的境界、一种理想追求，激励我们持续地探索。在教育矫正实践中，或许我们难以清晰而准确地界定和表述出什么样的教育矫正实现了罪错少年的自由，然而我们却能够通过教育矫正者与罪错少年的精神面貌和生命状态有所察觉、有所感悟，从而推断出其共同经历的教育秩序状态以及矫正工作者与矫正对象的自由状态。归根结底，教育矫正秩序价值取向的向自由性源于构成社会和教育秩序的主体是鲜活的生命个体，无论是教育矫正对象还是罪错少年都是向往着自由并且人人生而自由，倘若失去了这一前提，即使再有秩序的教育矫正、再安全的社会，都是一种无视人的存在的教育矫正，都是一种非人性的社会，显然这样的秩序并非是我们所追求的理想。

作为教育矫正运行规制的法本身是自由的存在方式。黑格尔认为法并不像人们所理解的、仅作为限制性的规定，带有极强工具色彩的法同样具有"向自由性"，自由是法的重要理念，黑格尔的法

---

① 王丽琴：《为了学生的精神自由——教学秩序之思》，博士学位论文，华东师范大学，2008年。

哲学是关于人的自由的系统化学说。法同时保障了人的自由权利，此外，法本身存在着客观性的规律和现实性的内容，真正的法是自然之法。法的规定需要遵循客观规律性而非人的主观任性。任性之法并不是真正的自由，尽管法律和制度带有强烈的工具性色彩，然而法律并非为了人一时的方便或兴起才制定的，制度本身并非权宜之策，而是人自身自由存在的本质性规定。法有着"向自由性"，自由是法的一大价值。教育矫正法律和制度的设计带着这种"向自由性"而产生和运行，并非人类满足自身非本质性目的的主观发明，而是立足于人自由本性，为了人的自由，表达人自由的内在价值。①

总之，秩序为人的生存和发展营造了不可或缺的环境，个人带着本能的感性冲动和社会发生着千丝万缕的联系，秩序既是自身运行的保障，也是矫正对象发生成长变化的良好环境。在社会化中，人的个性逐步地被塑造，自由精神逐步得以彰显；自然人的本能冲动逐步地成长为理性的社会人。

第二，自由的"合秩序性"②。

罪错少年教育矫正自由价值取向同时也具有合社会秩序性的属性，人的自由可在社会中生存和发展，脱离了社会的人不是完整的人，离开了社会的自由也非真正的自由。不遵守国家法律法规、破坏社会秩序的罪错少年，从本质上来说并不是自由的。自由不等于不受任何制约、不依靠任何强制手段。由社会所提供的各种教育矫正的相关政策、制度与规则对实现罪错少年个人自由而言，也是必需的。罪错少年的自由总是在一定的社会规则和社会秩序中实现的，社会秩序的状态和运行将直接、间接影响着罪错少年自由的实

---

① [英] W. T. 斯退士：《黑格尔哲学》，鲍训吾译，河北人民出版社1987年版，第338—341页。
② 王丽琴：《为了学生的精神自由——教学秩序之思》，博士学位论文，华东师范大学，2008年。

现，毫无社会秩序可言的教育矫正的状态，矫正工作者与罪错少年其实也已无自由可言，教育矫正自由价值无实现的可能。当罪错少年将自由错误理解为不受约束、无所顾忌、随心所欲、肆意破坏社会秩序时，不仅社会中的其他个体丧失了受尊重、享受自由的权利外，这些罪错少年本身也失去了向善、追求幸福与自由的权利。罪错少年真正的自由必然是合社会性的，是一种充分融入社会、支持社会的自由。

教育矫正秩序实现是其成功的一大体现，是必要非充分的一个条件。人的自主性并非完全丧失，人带着价值认识，对社会提出要求，追求价值的实现，这就必然要超越现实的环境。人一方面处于社会现实中，另一方面又超越于现实。人的行动带有纳入和遵循秩序以及构建秩序的双重任务，与此同时，社会秩序一方面对个体个性化进行排斥，另一方面又对带有普遍性个性特征的人进行包容。

犯罪治理作为社会治理的重要组成部分，犯罪治理中同样存在着自由价值取向，把教育矫正与犯罪的治理结合起来看，容易分析出犯罪治理和教育矫正的价值取向、规训教育等概念是相互关联的，而犯罪治理自由价值和自由教育相挂钩。这里面深刻反映出其内在价值上存在相互契合和渗透的地方。犯罪治理的秩序价值取向关注法律、司法制度、刑罚执行等规范性要求，其理念内涵和价值旨归均和教育相契合，并且二者都需要自由的参与。

2. 自由与秩序具备共生的社会性基础

教育矫正的存在是为了满足人的需求。教育矫正自身的功能与属性，对人和社会带来了多重价值。一方面，社会的存在和延续需要通过个体的自由、有序与幸福，使之得以维持和接续；人的生存和发展，也需要社会的秩序、正义、公平的保障，以达到内心的平和，实现身心平衡。另一方面，更需要通过发掘人的积极能动性，实现心灵的自由，同时创造性地对现有社会秩序加以改造和变革，促进人类社会发展。因此，教育矫正自由与秩序无须对抗，二者是相通的，共存于人与社会的生存和全面发展的过程之中，是不同阶段的不同功能手段，是不同场域和学科立场的具体回应。自由与秩序的协调存在着共生的社会性基础主要体现在社会政治条件。教育矫正在不同的社会政治制度下存在着实质性的差别。西方资本主义国家的社会治理、社会控制、教育矫正其根本目的在于培养服务于资本主义意识形态的、能够服从国家支配的工具，为了满足资本主义霸权的目的。维护资本主义统治阶级的利益，必然使得西方对犯罪人的处遇与矫正不可避免地要依靠于秩序的追求，依靠于福柯所说的"规训"，虽然西方社会对个人自由也大力提倡，但是往往形式高于实质，在自由与工具价值取向上终究存在着难以调和的矛盾，社会的制度和意识形态基本决定了其不可能实现真正的自由，充其量是形式自由而实质规训。

社会主义政治体制并非仅为少数统治阶级的利益服务，而是为广大人民群体和社会的整体福利服务，根据的出发点和落脚点都是人民的利益，具有明显的优越性。人民是国家的主人，国家、社会与个人不存在根本利益的矛盾，其需要和诉求从大方向上是不冲突的。尽管在整体与局部上也会存在着部分矛盾，但这些矛盾并非根本性矛盾，随着生产力进步和社会发展，能够得到解决，最终消融。就社会主义社会内部而言，通常不存在以规训为特点的秩序至上以维护政治统治的必要性，我们正致力于构建社会主义和谐社会，因而从根本上说，教育矫正在自由与秩序的融合中存在着非对抗的社会政治环境，甚至还有着较肥沃的土壤，成为调和二者的重要条件和基础。[①]

3. 自由与秩序冲突的调节方式

自由与秩序的平衡是教育矫正合目的性的基本指向。尽管从人和社会生存和发展的意义上，教育矫正的自由与秩序具有相通性，

---

① 董雅华：《论思想政治教育的规训性与解放性——一种对思想政治教育特性的哲学探究》，《东南大学学报》（哲学社会科学版）2014年第2期。

但是，自由与秩序对教育矫正的实践确实会有不同的侧重点和结果。教育矫正过程中自由和秩序的冲突通过各种调节来保证价值实现过程的正常运转。自由与秩序冲突的调节主要包括自动调节和制度调节。

第一，自动调节机理。

一是人的自发调节。自由与秩序的自动调节始于教育矫正中人对自身的理念、行为选择的自我调节和自我评价。尽管人是处于社会中的人，秩序的形成需要人的行动不能违背社会有序化，因而需要社会规范对人的行为进行一定的约束，然而人的行为却是复杂、充满着多样性的，人行为的所有方面不可能都有明确而细致的规范，并且规范对人的行为的规制也难以同控制机器一般，在日常的工作与生活中多数情况下人的行为的自由与社会秩序的一致性必须依靠人的自我调节和自我控制，而这种自我规制的能力是人在成长过程中逐步地培养和塑造出来。人从出生起为了适应外在的环境，接受着各种行为习惯的训练，一步步地习得人类的语言、规则和文化，逐渐成为了社会的重要成员，人在自由成长中逐渐将外在社会规范内化为人的观念意识和行为模式，并自发地对自身的行为活动进行着调节。教育矫正中人的自我评价和自动调节，对于其实践的有序运行是至关重要的。教育矫正活动的有序运行，基本的表现就是保持其整体性，而教育矫正主体通过自我评价和彼此之间的相互评价以争取各种评价的某种协调一致又是基础。

二是系统的自动调节。教育矫正自由与秩序的自动调节机理，尽管从本质上表现于人的自发调节之中，但更重要的方面，则是从系统、结构中表现出来的自动调节，指在保持原结构的前提下，通过不断获取、加工新的价值信息，构成有序结构以适应评价对象、环境的变化。教育矫正内外各要素是统一的、整体的系统。一方面它们之间存在互相依存、互相支持的关系，自由与秩序相互关联；另一方面自由与秩序又存在互相竞争、矛盾对立、互相排斥的关系，或者说，各子系统之间、自由与秩序之间存在着非线性的相互作用，而这种相互作用是不对等的，充满了复杂性。教育矫正自由与秩序在复杂性系统中具有非对称性、非均衡性。这样一来，这种相互作用也就经常造成偏离社会评价活动正常有序运行的要求的状况。教育矫正为了维持其秩序运行，就要通过自动调节去抑制和消除各种偏离现象，使教育矫正实践活动保持一定的有序结构和状态。

自由与秩序冲突的自动调节机理的运行是在教育矫正过程中实现的。自由与工具价值取向在教育矫正的过程中实现有机地运行，在教育矫正中，呈现的是自由与工具两种状态的交替，存在相互连接的关系，成为了相互融合的嵌入式过程，在教育矫正中发挥着联动、协同的效应。此外，人的成长以及成长中问题的矫正，通常是以规范为起点，通过思想观念的转化、行为的训练，帮助其习得社会的知识以及培养规范的意识，随后进行的是以自由为范式的批评性教育，帮助其具有理性，能够创造性地解决自身与社会发展中的问题。自由和工具是教育和矫正过程的有机分解和衔接。[①]

需要注意的是，不能把自由价值与工具价值冲突的自动调节理解成一种无一定指令的调节，而是说这种指令已经内化于个人或社会之中，内化于教育矫正价值追求的实践过程中，而且由于反复进行，形成了自动反应。所以自动调节不是无目的的活动，反而是实现教育矫正价值追求的实践。还需要指出的是，自由与秩序自身的自动调节尽管是不可缺少的、重要的，但却不是唯一的、绝对的，因为并非教育矫正的任何一个主体面临复杂的内外环境都有能力进行协调，教育矫正自由价值与工具价值有时难以进行自动调节。这就意味着，自由价值与工具价值冲突的调节是一个系统，还需要其

---

① 董雅华：《论思想政治教育的规训性与解放性——一种对思想政治教育特性的哲学探究》，《东南大学学报》（哲学社会科学版）2014年第2期。

他调节手段。

第二，制度调节机理。

自由与秩序冲突的缓解与自由边界的设立不能单纯依靠自动调节，还必须通过制度的调节。制度调节可以被看成是一种非自动的调节，制度包含着相关的规则与程序。制度通过以组织为存在的形式，在组织运行中内外部不断发生着信息的交换，教育矫正要实现整体运行的高效和有序，必须借由制度的调节，协调自由和秩序的冲突。当制度反复地被运用形成固定运行程序，通常最终通过规则的形式固定下来，在制度和规则章法中实现自由和秩序冲突的调节。制度通过规则对人的行为和教育矫正实践进行调控。

制度调节归根结底是凭借着章法对教育矫正实践活动进行强行规范，使之符合良性运行的要求。以规则为依据，矫正采取奖励和惩罚等措施对符合法律和社会规范行为进行激励和肯定，对破坏社会秩序、违背社会良性运行、违反公平正义的行为给予惩罚和压制，实现教育矫正工具价值，保障社会的正常运转。制度和规则本身反映了社会的价值观和教育矫正的价值追求，是价值层面的实体化。其中，价值观成为制度的基础，对制度设计发挥引领性的影响；而制度是价值观的具体化，是价值观与价值实践的重要中介，制度保障与维护价值观。因此价值观外化为规则和制度，同时制度和规则又成为了自由与工具冲突调节的重要手段。

从国家层面看，尤其是对国家刑罚来说，制度调节直接体现在法理的调节。法具有强制性，需要被遵守，是调节自由与秩序冲突的重要机理，是保障教育矫正实践运转的有效机制。教育矫正在制度和法律的规范下开展，法律规则和制度设计相结合有助于促进教育矫正自由和秩序的和谐统一，发挥其最大的功能，以实现促进少年自由成长和社会秩序稳定的目标，推进教育矫正系统本身，教育矫正与法律、社会、学校、家庭等其他系统的协同。制度调节尽管具有维护教育矫正的开展和社会秩序的稳定性特质，但制度调节和自由秩序的稳定协调同时是动态和发展的。①

在制度调节下实现教育矫正自由的边界确立。教育矫正具有丰富的价值内涵。事实上，无论将教育矫正价值取向偏向于个人还是社会，都需要遵守合理的边界，均离不开主体发展性的教育。教育矫正要适时调整理论路线与实践策略，关注教育矫正的外在价值导向问题的基础上，引导和帮助罪错少年自主做出选择（而不是在秩序价值取向的扭曲误导下，进行限定与强迫），以符合人的身心发展规律、不违背社会利益的方式，开发少年自身的心理自愈能力，帮助其厘清精神的迷雾，实现生命的逐步蜕变，从而达到教育矫正自由与秩序调节的有机融合。②

社会由个人组成，社会的秩序、安全、公平、正义等状态的实现是由个体行为秩序化形成。只有通过无数社会个体行为的秩序化，才能推进整个社会秩序化的实现。个体行为的秩序化有助于整个社会思想与行为实现有序的建构，形成稳定和谐的社会局面。由于秩序、安全、正义等是人类理念层面上的追求，他们也为人的自由设定了边界；而人是现实的、鲜活的，寻求自由成为人的本性。规则所建构的秩序与人的自由二者始终处于一定的磨合之中，这同时成为了教育矫正自由与秩序平衡的困境，边界和自由的二元矛盾正是人生的趣味所在，持续地追逐和协调个体生命对于自由的向往，以之为本，并在自由发展当中孕育出对于规则和边界的尊重，兼顾秩序实现和维系，并把自由和边界整合在成熟的生命内部，这才是对罪错少年进行矫正与教育所要追求的生命状态。

总之，教育矫正自由价值目标内涵丰富，需要通过一定的逻辑，厘清其层次性，构建起基于自由和秩序互动关联的教育矫正价值体系。价值目标体系中，难免存在着价值目标的冲突问题。当自

---

① 陈新汉：《社会评价论》，上海社会科学院出版社1997年版，第220—224页。
② 曾晓强、张大均：《心理健康教育及其研究的方法论反思——兼谈"人在环境"的方法论价值》，《心理科学》2008年第4期。

由与秩序发生冲突时，何种优先，教育矫正不同阶段、不同层次、不同类型，其对应的自由与秩序该如何平衡，以实现总体价值的最大化，这些都成为了复归人的自由价值追求不可回避的问题。

第五节 "以教统罚复归人的自由"确立的必然性

内在于实践中，又超越实践，构成了对罪错少年教育矫正的两个基本维度。教育矫正的基本理论尤其是价值论的研究通常带有深刻的批评性和反思性。尽管对罪错少年教育矫正价值取向的研究并非指向其实践中的某一具体问题，而是提供一种新的思考方式，是对罪错少年教育矫正的一种新思维，重在转变理念、提升境界，促进教育矫正根本性变革。它非但不是空想和谬论，相反，对罪错少年教育矫正所构建的蓝图是引领其向更高层次提升又扎根于其现实的设计。"以教统罚复归人的自由"价值取向的确立存在着充分的根据，是基于教育矫正的逻辑起点——人；具备扎实的理论基础和现实依据，同时契合传统积淀和未来趋势。

一 理论基础

以教统罚复归人的自由价值取向的确立具有扎实的理论基础，包含着人学思想、教育论、社会学、道德论、心理学、法学等思想和理论。

（一）人学基础：人的特性论说

关于人的讨论，从古代就开始了，比如孟子、荀子关于性善与性恶之争，告子持"不善不恶"观点。人性成为了跨越不同学科疆界的研究课题，并且是一个根本性问题。[①] 从根本上来说，人的根本特性叫人性，既包含自然属性也包含社会属性，包含自主、独

---

① ［英］莱斯利·史蒂文森：《人性七论》，袁荣生、张蕖生译，商务印书馆1996年版，第203页。

立、超越,人是现实存在的,同时具备无限的发展潜力,自主性和创新性构成人的核心品质。① 教育本质与源头就在于遵从人的本质。尽管教育具有社会本位的目的取向,带有社会性的一面。事实上,教育真正要达到的目的在于培养能够自我塑造也能影响社会发展的独立个体。当我们面临所谓的"问题孩子"的时候,我们不得不承认,现实的教育还不是那么完美,教育不再是人性生成的"异化"力量。罪错少年教育矫正"以教统罚复归人的自由"价值取向的确立是基于罪错少年"作为人"的特点提出的。

1. 人的自然和社会属性与人的自由全面发展理论

马克思主义关于人的属性的阐述为教育矫正"人的自由复归"价值取向的确立提供了人性论根据。首先,马克思主义提出人具备自然属性与社会属性。马克思主义提出,前提基础涉及人的自然本能,是人所固有的。但是与动物不同的是,人是能动的自然存在物,自然性是人生存和发展的基础。同时,人是社会中的人,人还具有社会属性。社会性是人的本质属性。社会性往往在人与人的交往中逐渐产生的。社会性是在自然属性基础上经过后天形成的,是自然属性的进化与升华,并对人的自然属性产生深刻影响,对其产生制约,使其渗透着社会性。人的社会性决定了人的自由追求不可能脱离一定的社会规范和约束而走向极端。人的社会属性使人具有极大的受动性和能动性。这也成为了人自由追求的重要动力。② 人就是在自然性和社会性的双重作用和影响下塑造而成。关于人的本质马克思主义提出过"劳动和实践、人的社会关系的总和、人的需要"等观点。人的存在和发展离不开社会。实现人自由复归的理想要进一步整合现实、必然、精神本质。"人的存在是个体性的存在也是类存在物的存在。"顺利完成再社会化,以此服务于社会的秩

---

① 鲁洁:《道德教育的期待:人之自我超越》,《高等教育研究》2008年第9期。
② 王勤、陈金海:《人生哲理》,浙江大学出版社1992年版,第35页。

序和发展，实现教育矫正工具价值。①

马克思主义关于人的自由全面发展学说同样是教育矫正"人的自由复归"价值取向确立的基础，是其认识论基础。根据马克思主义哲学，社会和人的生存与发展兼具稳定性和变化性，运动和静止各自发挥着自身的功能。人与社会的全面发展，客观上保障着教育矫正自由价值的实现。②事物有"绝对运动"和"相对静止"的一面，在一定的历史背景和社会环境下，社会的运行以及人的心理发展规制总是遵循着一定的原则、特征和规范，自由则基于"绝对运动"的客观规律，根据马克思主义哲学，需要追寻自由，实现突破，不断适应事物未来的种种变化。

2. 人的自我关怀与生存美思想

针对现代主体深受知识与权力的奴役、人成为了不自由的人的现象，福柯创造性地提出了"斗争解放"的观点，将斗争划分为局部斗争以及生存美学两种形式。前一种形式意指反对屈从，反对受奴役。福柯提出传统社会中整体的斗争并不能帮助人解放自我，因而并不赞同整体斗争，而强调局部斗争。针对具体的事务，通过多种形式进行反奴役和反规训。但局部斗争往往由知识分子担任中坚，虽然他们具备专业知识，相比普通人更加能够掌握各种斗争形式的相关运作，但是知识分子代表统治阶级利益，容易受到统治阶级的个别击破。因而，福柯又提出了生存美学，通过人自身的创造，将人与生活雕刻为艺术品③，人能够做自己的主人。现代的人是力图塑造和改变自身的人，所以人能够成为他想要成为的。借由人的发明、创造等作品，人和时间相分离了，得到了主体生命的永恒。追求一种生命的永恒，从而创造出对罪错少年教育矫正自身的

---

① 《马克思恩格斯全集》（第42卷），人民出版社1979年版，第96页。
② 董雅华：《论思想政治教育的规训性与解放性——一种对思想政治教育特性的哲学探究》，《东南大学学报》（哲学社会科学版）2014年第2期。
③ Foucault, M., "On the Genealogy of Ethics: An Overview of Workin Progress", Foucault, M. & Rabinow, P. Eds., *The FoucaultReader* Harmondsworth: Penguin, 1991, pp. 372 – 340.

一种"生存美学",方能转变教育矫正对人的规训。

福柯主张回到"以伦理为导向"的教育。对自己的关怀与对他人的关怀相比,要处于绝对优先地位。因此,我们要回到真正的自我教育、自我修复、自由选择、自由创造,教育矫正实践需要注重多元化与个性化,帮助人学会自我关心。① 只有充分尊重矫正对象的主体性存在,重视人的自由精神,在道德规范与法律规定的秩序范围内确认和保护罪错少年的自由权利,开发人的内在潜能,回归人的自由天性,并给予和拓展其自我改善、自我发展的权利,教育矫正的内容才可能真正被罪错少年内心所接受,社会共同生活的基本准则才可能被罪错少年逐步认同,并由此发展出自由的个体,提升人的生命层次,由此实现的秩序才是教育矫正所期待的结果。

3. 人性的生成性观点

预成性人性观将人的本质视为一种先天的存在,充满着先入为主和一成不变。比如中国古代孟子就认为人天生是善良的,善成为了人的天性,人从出生之日起就有同情、善良、关爱等本质。② 而荀子则有截然不同的看法,提出人天生是恶的,出生后就带有自私、好利等本性。③ 尽管二者大相径庭,然而背后的思维却是相近的,均认为人性是先天预成的。西方基督教的"原罪"概念也有类似的人性观。人的本质是固有的、必然的,一出生就带有某种本质,并且这种天生的本质伴随着人一辈子,能够通过人的过去预测到人的未来。人的发展深受本质影响和决定,如果一个人脱离了既定的本质,违背了"规律",那么这个人会被当作异类受到边缘化。④

这种观点将人的本质视为固定不变的,通过预先为人设定基本

---

① 刘新龙、徐瑞:《论教育主体的生成与消亡——基于福柯的后现代主义主体解构观》,《当代教育论坛》2012年第5期。
② 《孟子》,牧语译注,江西人民出版社2017年版,第254页。
③ 《荀子》,团结出版社2017年版,第269页。
④ 罗祖兵:《生成性人性观及其教育意蕴》,《高等教育研究》2013年第5期。

的属性，逐步让人符合这种设定。因此，这一观点不可避免地存在着诸多不足。首先，这一观点忽视人的积极能动性。既然人的本质是固定的，人对此难以改变，只能想方设法地符合这种本质，人的行为就是本质的体现和反映，这也就否定人的创造力和自觉性。其次，这一观点忽略人的生成性。排斥了人的多样化可能，忽略了人的其他特性，把完整的、丰富性的人变成了一个"畸形的"片面的人。这种独断势必将扼杀人的天赋、独特个性，人的自由成长受阻，复归人的自由将不可能。最后，这一观点忽视人的无限可能性。人被设定成一个固定对象，具备了规定性，难以进行自我的超越。另外，这一观点并没有为人的本质问题找到答案，未能理解人的复杂性，它将关注点限定于人的本质究竟是什么，将人预设和固化了，难以平息理论争论，忽视了人的生成问题。因此，这一观点尽管也在谈人的基本问题，然而逐步地使人深受束缚，甚至逐渐地"被消失"了。[①]

这种观点背后的思维方式在教育矫正上的危害在于，基于人性预设对矫正对象的思想和行为改变进行实践，向着预先设定的目标逐步地努力和靠近。因这种人性预设具有普遍性，不可避免地就会出现对不同个体矫正实践着同一套目标。整个实践过程近似标准化的生产。罪错少年也被视为小成人，对其教育的标准是以成人为准的，这一过程中，罪错少年的自由天性难以得到尊重，个体的千差万别同样难以兼顾，甚至被当成了"麻烦"进行极力地遏制，试图去解决。依靠固有规律对人进行塑造和改造，教育矫正对象不自觉地成为了被程序化所操控的"机械物"。这样的教育矫正实质是一种标准式的对"产品"的"维修"，带来了罪错少年个性成长机会的丧失。成人世界将自身的愿望和理想投射于罪错少年上，朝着成人设计和期望的方向进行成长，容易造成个体的需要、诉求被忽

[①] 罗祖兵：《生成性人性观及其教育意蕴》，《高等教育研究》2013年第5期。

视，人被扭曲成为"安分守己"者。此外，长期在命令规训下，丧失选择的能力，实质是对其创造的剥夺。更为关键的是，这一过程中，罪错少年难以承担其对自身、他人与社会的责任。丧失了自由就相当于丧失了对其行为的责任。在预成性人性观下的罪错少年是无个性的具有固定本质的人，基于这一人性观的教育矫正同样是失败甚至是毁灭性的。这也注定了罪错少年教育矫正价值取向的确立并不能在其指导下进行，需要进行人性观的转变。①

生成性的人性观则刚好与之相反，它基于发展的眼光，认为人的本质并不是一成不变的、固定的，而是生成性的、发展性的。不同个体也存在着巨大差异，因而人类并不共享着相同的本质，而是充满着丰富性和多样性，这是充分对个体人尊重的一种观点。管理学提出了经济人假设，而后又出现了多种阐述人的本质的观点，比如社会人、决策人假设等，新的观点仍在持续不断地出现，这也能说明人本质的复杂和不恒定。复杂人假设就提出人性并不能简单地归为一种属性，"经济人""文化人"等提法都是片面和偏颇的，事实上，人是多样的、生成的，而且深受周围环境影响。此外，哲学家们也对人的固定本质进行了猛烈的抨击，比如，尼采、弗洛伊德等人。后现代主义哲学思潮更是强烈地反对本质主义观，他们提出要实现人向生活的回归，走向现实的世界，推进人向"生成"的根本性转变。这也成为了现代哲学区别于传统的根本性标志。存在主义哲学家萨特就提出过"存在先于本质"②。对于人的生成性，兰德曼认为人相比动物需要较长时间的发育和学习方可以步入成熟，这也为人的教育带来了契机、创造了条件。③ 此外，人能够接受到更为丰富的环境刺激，因此能够超越动物，具备更多开放发展

---

① 罗祖兵：《生成性人性观及其教育意蕴》，《高等教育研究》2013年第5期。
② [法]让·保罗·萨特：《存在主义是一种人道主义》，周煦良、汤永宽译，上海译文出版社2012年版，第32页。
③ [德]米夏埃尔·兰德曼：《哲学人类学》，张乐天译，上海译文出版社1988年版，第4页。

的能力，人也因此有了文化性。总之，人并不是结果，也非沿着预定的方向进行生长，而是一个逐步走向结果的过程，处于自我生成和完善的旅途。①

生成性人性观是一种人性建构主义而非本质主义，追逐个体生命自由成长的无限可能，必须谨慎地对少年的"问题行为"下判定。罪错少年是成长中的人，是成长中的具有较大可塑性的人，因而其逐步实现自由复归的过程是一个教育成长的过程。作为自我发展中的人，人的生命构成了教育矫正的根本，不断地朝着人的自觉自由状态生长。少年的特殊阶段有着自身的成长规律，遵从着自我发展的节奏，是一种特殊的生命成长。一方面儿童天性未泯，充满着探索的欲望和无限的想象力，是灵动、生动、有趣的自然生命体；另一方面，成熟、老到，有着与其年龄不相匹配的思维和行为，不少犯罪少年已成为了"少年爸爸"或"少年妈妈"。罪错少年正是处于矛盾复杂的成长变化时期，拥有着无限的发展可能性。②

(二) 教育论依据：教育规律论

教育规律论认为，教育的存在和发展遵循着两条基本的规律。二者关系可表述为"受制约并为之服务"③，教育矫正作为教育的一种特殊类型和形式，具备教育存在的客观规律性，同样符合教育的外部关系规律。一方面，教育矫正受社会制度所制约，尤其是刑事司法政策和制度。哪些人必须强制性接受教育矫正、矫正的时长、解矫等相关的程序都是由法律所规定。尤其在监禁矫正中，一切的矫正措施和手段都受到法律制度所制约。这是教育矫正"受制约"的一面，应当作为前提。教育矫正受传统文化、现实国情、国际惯例、法律道德等因素的制约。另一方面，教育矫正还有"为之

---

① 罗祖兵：《生成性人性观及其教育意蕴》，《高等教育研究》2013年第5期。
② 缪学超：《幼儿园公共仪式的教育人类学研究》，博士学位论文，湖南师范大学，2016年。
③ 潘懋元：《潘懋元高等教育学文集》，汕头大学出版社1997年版，第143页。

服务"的一面,这是努力的方向和外在的目标。司法部文件和领导人讲话多次提到"首要标准",极其强调重新犯罪率。教育矫正要帮助矫正对象顺利回归社会,为社会培养和重新塑造合法公民,降低犯罪率和再犯率,维护社会秩序,保障社会和谐、稳定、安全,这契合了教育矫正的工具价值取向。

教育遵循着一定的发展规律。教育具有自身的特点、价值与规律,教育要立足于培养全面发展的人。这给教育矫正的启示在于,教育矫正需要着眼于自身的特性和规律,为了人的教育而努力。教育的这两条规律是互相关联、相互作用的辩证统一关系,二者不可偏废,均需要得到遵守。基于马克思主义唯物辩证法,内外部规律的关系可以表述为,"外部规律的运用受到内部规律的制约,教育工具价值的实现要受到其本体价值的影响;内部规律是外部规律的基础。教育工具价值依靠和通过本体价值的实现而实现"[①]。

教育矫正不能是一种"封闭式""孤岛式"的教育,只考虑人的自我完善与个人价值而不顾社会的诉求;矫正帮助人回归社会,成长转化也不能只将视角落在教育矫正自身范围内,还必须考虑到社会的效益、法律政策和各种社会制度条件。教育的价值历来有个人本位价值论还有国家社会本位价值观之争,前者认为教育的价值反映在人的自身发展和完善,而后者体现在国家利益和社会利益中。过去习惯将人和教育视为生产与阶级斗争的工具,后来人的价值受到了重视和凸显。以马克思主义理论为指导思想,教育矫正作为一种特殊教育,其对人的重新塑造要受到来自社会各方面因素的制约,包括国家财政投入、社会各界支持、舆论道德影响等。

教育的外部规律要通过内部规律来实现。只从社会系统中的各因素进行考量,着眼于社会的政治、经济、文化等看教育,忽视人之根本,教育就失去了存在的合法性基础。只有着眼于人的教育,

---

① 潘懋元:《潘懋元高等教育学文集》,汕头大学出版社1997年版,第143页。

才能发挥教育的外在功效。教育矫正复归人自由价值取向，要通过教育矫正内部规律实现，教育矫正对社会的服务和贡献，终究要靠教育矫正中的人来进行。如果教育矫正不能实现对人的重新塑造，帮助其获得新生，那么想要实现社会秩序的长久稳定和维系是不可能的。

（三）社会学根据：新童年社会学的观点

与传统儿童认识论不同的是，新童年社会学将儿童作为主体的人，赋予了儿童应有的地位，充分尊重儿童权利，彻底地反对以成人为中心，提出儿童"行动者"身份。儿童要成为自身的积极建构者，参与自身文化的构建。早期人类社会是没有儿童这一概念的，人们将孩子当成了成年人的"缩小版"。儿童作为一个独特个体并未受到应有的重视，在中世纪，7岁以下的幼童甚至被当成了小动物。直到17—18世纪，儿童和童年才逐步被人们所注意。根据新童年社会学的观点，儿童作为社会参与者能够积极地构建自身的文化，赋予了事物新的意义，并创造性地参与到成人的社会生活之中。[1]

传统儿童观认为，相比成人"文化"的存在，儿童是一种"自然"的存在，简单、不似成人的"复杂"，儿童是一种发展中的人。[2] 成人与儿童被分为了理性与非理性、成熟与不成熟、有能力与无能力等。而新童年社会学批评了此种一分为二的观点，提出童年是一种结构性的存在，是社会系统的一个基本的单元。尽管对于儿童自身来说，它仅仅是个短暂的过渡阶段，但是对社会来说是持续性的一个独立结构存在，儿童和成人一样都是社会的重要组成部分。新童年社会学认为儿童的研究需要立足于儿童本身，成人立

---

[1] ［美］威廉·A. 科萨罗：《童年社会学》，程福财译，上海社会科学院出版社2014年版，第5页。

[2] Michael Wyness, *Childhood and Society: An Introduction to the Sociology of Childhood*, Hants: Palgrave Macmillan, 2006, p. 119.

场下对儿童的研究不可避免地受成人逻辑的影响①，难以更加深入地探寻儿童与童年的奥秘。只有着眼于儿童和童年独特的文化，才能真正地开展儿童的研究。

（四）道德论基础：存在主义伦理观

首先，存在主义道德哲学观基于存在先于本质，提出自由选择是人的权利。存在主义充分地尊重人的中心地位，认为人是由自身的行为进行定义的，因而人的本质是具体的、个别的，并不存在普遍性的本质。人并不是通过外在的力量来定性，相反，人是自由的存在，是每个人都有的，并且这种自由是绝对的自由，并没有强制的标准，不受任何外在的东西所限制，也不服从于除了人自身的任何外在的命令。人唯独以自由选择为根本依靠。其次，存在主义所强调的自由选择往往同责任的承担有着密不可分的联系。自由与责任是相互统一的概念。选择与行动是自由的表现，人在享受自由的同时需要为自己的选择和行为负责。比如，萨特强调绝对的自由和绝对的责任，并没有什么东西能够限制人进行自由选择，自由的选择是无条件的。② 因而存在主义教育哲学观要求人首先要清楚地认识到自己是什么，并且根据自己的存在承担起责任。人的自由和责任既是对于人自身同时也是对他人、对作为存在方式的世界承担其相应的义务与责任。因此，作为存在主义自由观的核心元素，选择和行动造就了意义，人的自由权利、所做出的选择以及承担的责任是相关联的，这些元素促进了自由从虚无状态走向真实状态，存在主义所强调的自由并非恣意妄为，而是一种负责的自由选择。③ 存在主义关注具体的人并表达人自己内在的意识，强调教育的"内向

---

① 王友缘：《童年研究的新范式——新童年社会学的理论特征、研究取向及其问题》，《全球教育展望》2014年第1期。
② ［法］让·保罗·萨特：《存在主义是一种人道主义》，周煦良、汤永宽译，上海译文出版社2012年版，第24页。
③ 李江婵：《存在主义的自由选择观及其对学校德育的启示》，《现代教育科学》2011年第2期。

性"。存在主义哲学视野下的教育要以人为基础，教育任务重点和实践活动的核心在于学习，教育的价值追求在于帮助受教育者学习自由选择。教育工作的核心是人，着眼于具体的、个别的人，要使人成长为一个合理的人，注重教育对象个性的培养；教育关系是一种独特形式的人和人的关系①；教育过程是不断生成的过程，不断进行超越，达到人的自由生成。②

此外，格林、康德等人也有过与存在主义道德哲学流派类似的观点，他们对人的权利问题进行过论述。格林提出权利是"一个出于自我意识的本性对自己的内在能力与才能的愿望"；而康德提出："必须将人作为目的而不是手段和工具来对待"。③ 康德基于人道原则论述了将人视为手段对待，就相当于将人当作缺乏内在价值的人来对待，人就没有价值可言，仅变成了工具性的存在。因此，"以教统罚复归人的自由"价值取向的确认本身是尊重人的内在主体性价值，克服了将人作为手段和工具，符合普遍的道德准则。想要引导罪错少年学会尊重其他个体的生命，离不开道德论的指导。④

（五）心理学召唤：临时性人格论与人本主义心理学观点

1. 临时性人格理论的观点

心理学多项研究均证明了个体的人格是一个与外界环境作用的复杂过程，比如，埃里克森把个体的人格成长划分为八个各具特点的不同阶段，并且人在各阶段发展过程中都面临着不同的任务⑤。如果完成得好，那么人就靠近积极特质这一边，如果完成得不理想，那么这个人的人格就偏往消极特质，人格发展就处于两端之

---

① 傅统先、张文郁：《教育哲学》，山东教育出版社1986年版，第362页。
② [德] 雅斯贝尔斯：《什么是教育》，邹进译，生活·读书·新知三联书店1991年版，第69页。
③ [德] 康德：《实用人类学》，邓晓芒译，重庆出版社1987年版，第1—4页。
④ 汪勇：《理性对待罪犯权利》，中国检察出版社2010年版，第48—49页。
⑤ [美] 杰瑞·伯格：《人格心理学》，陈会昌等译，中国轻工业出版社2004年版，第78—82页。

间。教育的重要任务也在于努力引导人从消极特质一端走向积极特质。根据埃里克森的观点，12—18岁，人处于少年发展阶段，尤其是11—13岁男女生的青春期，心理上更是面临着诸多的突变。因此这个阶段的主要任务在于防止自我统合危机，能够平衡个体内部的心理与外界环境的关系，使得个体的人格和心理的发展处于稳定状态。如果少年的自我统合完成得不好，那么容易偏往消极一端。这个时期的人格特质往往具有临时性，而罪错少年恰好处于这一人生发展的特殊阶段，人格的成长存在很大不稳定因素，未完全成形，容易因为外界环境的影响而出现行为的罪错。也正因人格的这一特性，少年容易被教育和矫正，具备可塑性。通常来说，临时性人格重点体现在，首先，是少年人格具有过渡性特点，这是一个由幼稚的童年阶段逐步向成熟的成人阶段成长的过程，脱离了幼稚，但是又不够成熟。少年心理的依赖性也日益消退，更具有独立性，但又不能完全独立。到了14—18岁的心理断奶期，身心更是存在很大混乱，人格在这一阶段将发生质变。一直到18岁以后就慢慢趋向稳定了。其次，临时性人格体现在其不稳定性上。少年处在过渡、躁动不安的阶段，身心都面临很大变化，精神分析将这一时期视为骚动的时期，个体受到性冲动影响，容易产生诸多情绪情感方面的问题和痛苦。罪错少年的人格结构不稳定，既有自我的发展和进步的积极方面，又有偏激、情绪化等不足。最后，临时性人格还体现在可塑造性。12—18岁是人一生中人格发展的最重要、最关键的阶段，教育在这一时期发挥着重要作用，能够有助于个体发展积极特质，避免划入消极人格特质的一端。①

2. 人本主义心理学观点

人本主义心理学继承和发展了亚里士多德从潜能到实现的哲学思想，然而人本主义心理学流派与亚里士多德分别通过不同的术语

---

① 张桂荣、宋立卿：《违法犯罪未成年人矫治制度研究》，群众出版社2007年版，第62—63页。

和概念论述人的自由与自我实现。比如，人本主义心理学家罗洛·梅就强调通过自由、爱、创造等层面，实现个体的健康人格。罗洛·梅在《创造的勇气》中提及发展真实的自我。① 人本主义心理学派罗杰斯与马斯洛坚信人的本性是善良的，人如同自然界的植物，在充足的雨露阳光下，能够健康成长。同样的道理，人唯有处于爱、接纳、关怀的环境中，才能够逐步发展出健康人格，自主地成人。罗杰斯甚至提出无条件的积极关注，心理咨询过程中强调"感同身受""共情"。而马斯洛"需要层次说"尤其是自我实现的观点更成为了人本心理学人格理论的依据。②

人本主义心理学强调基于需求的满足而逐步地往上走，实现塔尖的目标即自我实现，个体在目标的追求中体验到意义，最终经历高峰体验而达到自我实现。③ 根据人本主义心理学观点，罪错少年的教育矫正需要尊重其个体的需要，帮助其提升自我的成就感，激发其动机。罪错少年作为人的存在，是一个复杂的系统结构，是实践的能动者，在教育中发挥创造性的重要一方。在问题行为矫正过程中，教育矫正者是一定社会要求的遵从者和表达者，按照社会的标准，组织问题行为教育矫正和改造活动，在教育矫正过程中起着主导作用。罪错少年潜移默化地发生着改变，这一过程符合生命发展的自然规律。

（六）法学的基石：教育刑理论与刑罚谦抑思想

教育刑理论源自犯罪学家李斯特的思想。李斯特是刑事社会学家的卓越代表，他强调刑罚对人的教育和改造功能，帮助人复归社会，追求对罪错少年设计一种人性化的教育矫正制度。自 19 世纪

---

① ［美］罗洛·梅：《创造的勇气（罗洛·梅文集）》，杨韶刚译，中国人民大学出版社 2008 年版。
② 黄汉青：《人本心理学的哲学架构初讨——自我实现说的哲学基础》，《人文社会学报》2002 年第 1 期。
③ 陈侣安：《破除"无动力世代"行为学派、认知心理学与人本主义之理论分析——运用于表演艺术课程教学实务》，《舞蹈教育》2014 年第 12 期。

后期，教育刑理论、刑罚个别化的思想逐步在欧洲世界得以兴起和传播，对世界其他地区产生了深远的影响，推动各国少年刑事司法政策的改革。刑罚个别化理论强调人的罪错行为是其个性的产物。每个个体的自身情况存在着较大的差异，即使对于同一犯罪类型，也会因为个体的因素而存在着很大差异，刑罚重点要根据犯罪人对社会的人身危险性。这一思想与报应刑基于人的侵害程度有着很大的不同，因此它们在量刑和行刑上存在着本质上的差异。刑罚个别化注重对犯罪人的自身情况进行综合性评价，立足于不同个体的特殊性，尤其关注其人格的评估，注重刑罚的效益，重视对其的处遇必须基于其人身危险性，重视对其进行教育和矫治，猛烈地抨击报应主义惩罚论以报复、惩罚作为唯一的目的。随着科学技术的发展，人们越来越能够认识到少年和成年人在身心方面的差别，少年儿童并不是"小大人"，而是与成人有着本质上的差别。罪错少年身心的发展性，对社会规范缺少明确的认知，还未习得社会的行为模式和价值观念，有别于成年人犯罪的主观恶性，多数也并不存在真正的犯罪人格，而是一种形成性的人格状态，往往人身危险性较低，人格不稳定，罪错行为状态具有不稳定性和临时性。因此刑罚个别化理论追求的是对罪错少年进行教育矫治，通过特殊化、个别化的刑罚帮助他们回归社会。[①] 这一理论承认了人的差异性，重视在处遇和矫正的实践过程中对人的个别化的处理，它实质是罪刑均衡主义理念的具体体现，同时也彰显了人道主义的精神。刑事古典学派将关注点放在了已然之罪，而实证学派推动了刑罚处遇从原先的惩罚、报复、震慑转向了矫正，并且在犯罪预防上从原来的一般预防逐步向个别预防进行转变。关注人而不是行为成为犯罪预防的关键点，立足于个别化的对象，采用不同矫正手段和策略对其进行教育和干预。刑事政策基于不同的犯罪原因，矫正基于不同的个体

[①] 胡春莉：《未成年人刑罚制度研究》，武汉大学出版社2012年版，第24页。

情况，这其实也体现了个案社会工作的新理念和新方式，这是一种有别于传统社会工作的新方式，针对个人以及不同家庭，提供针对性的帮助，逐步帮助人不断完善自身，助人自助。①

刑法的谦抑性和人道性理论成为了另一重要理念基础。刑法的谦抑主张通过最小的刑罚来取得最大化的效果，注重慎刑少刑，付出尽可能低的代价，而能够获取最大的效益。刑法谦抑性也成为了现代刑法的基本方向和旨趣。为了最大限度地实现对犯罪预防和治理的效果，同时又要节约刑罚成本，最好的方法在于通过教育、改造，从根本上改变人的思想和行为。我们知道，刑罚需要消耗较大的资源和成本，而国家在这一方面的资源又是相对有限的，刑罚的滥用将带来较大的负面影响，非但难以长期地控制罪错少年的违法犯罪，保障不了社会的长治久安，而且对罪错少年教育和其自由等权利的保护非常不利，结果往往浪费了不少刑事司法的运作资源，更有甚者，激发了罪错少年的重新犯罪，从而使得重新犯罪率有抬头之势，成为了社会的一大隐患，这在西方社会早有历史的教训经验。②

二 传统积淀

（一）"以教统罚复归人的自由"价值取向的确立契合中国"德主刑辅""慈幼""恤刑"等思想文化传统

中国传统儒家文化就崇尚"德主刑辅"的思想，重视"礼"在国家治理中的作用，然而对礼的重视和强调，并非是对刑罚重要作用的否定，而是在礼、德、法、刑的关系问题顺序的主张。儒家强调德和礼要优于法和刑，通过德和礼对人形成熏陶和教育，辅之以良法。"德主刑辅"理念的重要内容在于教化走在刑罚前面，这

---

① 连春亮：《罪犯改造：由同质主义到理性多元化》，《河南大学学报》（社会科学版）2010年第3期。
② 胡春莉：《未成年人刑罚制度研究》，武汉大学出版社2012年版，第24—25页。

也是其一大特点，它的人性判断是人性本善，强调对百姓进行道德的教化，不断增强对礼法的学习和遵循，来达到犯罪预防的效果，这也是古代君王仁德的重要体现，且强调统治者必须为民众做表率；对不遵从礼法、欺师灭祖之辈，需要通过刑罚进行惩罚。因此道德教化与刑罚相互配合，共同发挥着作用。周朝吸取了殷商暴政深刻的历史教训，注重对严刑酷法的适度运用，强调德治，在犯罪和刑罚问题上，采用"明德慎罚"①。孔子认为"为政以德"，只有统治者注重道德的教化，百姓才会像群星拱月一般地臣服于君王。如果仅仅通过刑罚来震慑人民，人民或许会因为惧怕酷刑而不敢犯罪，然而缺乏羞耻之心。相反地，如果通过礼和道德对人民进行教化，就能够培养起人民的羞耻之心，人民也才能臣服而不作乱。孟子继承和发展了孔子思想，同样注重道德教化，基于人性本善的观点主张通过内省来进行修身。荀子也强调礼法并用，提出"染丝说"，强调环境对人的影响，尽管他主张性恶论，但是人却可以通过教化进行转化。因此，从整体上看，儒家文化的代表孔、孟、荀在犯罪和刑罚问题上均主张先教后刑，以道德教化为先、为主。两汉时期统治者重视以德治国，在刑罚上强调慎刑，对儒家思想进行了延续，同样注重德礼为主、法刑为辅，注重对人的教化，反对量刑过重，慎用和少用刑罚，断狱宽平。②贾谊就认为用德和教治理才能使人民安乐，如果用严刑峻法则"民风哀"；董仲舒将德视为"阳"，将刑视为"阴"，主张阴阳相调。从这一历史时期往后，"德主刑辅"成为了古代封建统治阶级立法和执法的主导性理念。③

此外，中国古代历来注重对少年的保护，以慈幼、恤刑为基本的取向。《周礼》《论语》等古籍中均提到对"少者""怀之"，即

---

① 王世舜、王翠叶：《尚书译注》，中华书局2012年版，第79页。
② 陈中龙：《两汉刑罚发展的趋势——"德主刑辅"思想的落实》，《止善》2007年第3期。
③ 云剑：《"先教后刑"思想与现代犯罪预防理念的契合》，《人民论坛》2012年第11期。

重视对少年年幼者进行保护和关爱,这也是治国理政的重要原则,关系到国家昌盛和百姓的安乐。孔子终其一生周游列国,倡导以道德教化治天下。西汉董仲舒思想中也重视教化的作用。历朝历代基本上都重视对老弱病残的刑罚保护,尤其对于年幼者本着慈爱和保护的原则进行处遇,这对于当前仍有借鉴意义。《唐律疏议》是一部非常具有代表性的古代典籍,也是首部对少年保护做出系统规定的法典。

在少年刑事责任年龄的规定方面,古代就出现了通过少年的身体外貌特征进行相应衡量的办法,其中,年龄和身高成为了判定是否需要承担刑事责任的最为重要的两个标准。秦朝以身高为依据,其他时期基本上以年龄作为依据,比如《礼记》《名例律》《汉书》等古籍中均有规定,对 7 岁以下少年能够免于刑事责任。而名例律中对 7 岁以上不同年龄段与犯罪类型做出了刑事责任上的规定,类似于当前我们对少年刑事责任划分为不同阶段。因此我们也可以看出古人对少年刑事责任年龄的划分和认定实际上已经有了较高水平,也能窥见古人对少年的特殊保护。以后的历史朝代中,基本上沿用唐朝的做法。刑事责任年龄的划定本身就是出于对幼童的怜悯,体现了少年保护的早期思想。此外,古代对少年"减轻刑罚"有不少规定,比如《法经·减律》《唐律疏议·名例》《大清律例统考卷》等对减轻和免除少年的刑罚做出了明确的规定。[①] 所以我们也可以看到中国传统法典对于少年刑罚处遇的一个基本原则在于从轻和减轻,这同传统儒家的恤幼思想有着高度的契合。[②]

总之,古代其实就已出现了对少年进行干预、教育的影子,统治者重视通过教化对少年、儿童进行干预,并且将慈幼作为政治道德的重要内容。但应该指出的是,这种对少年、儿童权益的重视与西方儿童权利观还是存在较大不同的,中国传统慈幼观仍然带着封

---

① 张晋藩:《中国法制史》,法律出版社 1999 年版,第 65 页。
② 董颖:《青少年犯罪新论》,中国妇女出版社 2010 年版,第 4—7 页。

建阶级思想，父为子纲，父母、师长对少年进行严厉的惩罚、打骂现象盛行。①

（二）"以教统罚复归人的自由"价值取向的确立与世界教育矫正史上正义、秩序等价值具有高度契合性

人类对罪错少年的惩罚和矫正史表明，正义实现方式有依靠强制力的、暴力的非正义方式与规范的正义方式两种。第一种方式（非正义方式）又可分为不运用法律的暴力和运用法律的暴力。"不运用法律的暴力"主要存在于古代封建社会，这种方式通常表现为简单粗暴的镇压和被迫的服从，缺乏法律和规则，不尊重法治。运用法律的暴力方式主要指通过粗暴方式，利用法强制性地进行惩罚，实现社会有序化，维护社会秩序。相比第一种方式，进步之处在于开始凸显法的作用，但是这种教育矫正所追求的惩罚和秩序充斥着暴力和专制，难以保证其公平、公正、合理，与现代民主法治的精神背道而驰，是一种非正义之举。监狱、警察是维护秩序和镇压民众的工具，比如在奴隶制社会，统治阶级通过奴隶制的法来实现社会控制和秩序的绝对维护，鲜明地凸显了在法的作用下秩序的暴力实现，这种现象同样存在于封建社会，法西斯残暴的统治也存在着恶法，依法统治充满着暴力、血腥和残忍的色彩。教育矫正工具价值的这种实现方式实质在于对人作为法与教育的主体的否定，这样的价值追求过程成为了践踏人权、违背自由权利、灭绝人性的实践，终究难以广泛地深入人心，势必会被人类历史所放弃，被新的实现方式所取代。这些危害统治、泯灭人性的法作为秩序的暴力实现方式曾经给人类带来了巨大的痛苦、伤害，惨痛的历史也逼迫人类为社会民主文明的实现而努力。另外一种方式是规范的正义方式，充分发挥法的规范作用。帮助社会成员遵守良法，使其行为符合法定行为模式，法规范和指引着人的行动范围，发挥着教育

---

① 何海澜：《善待儿童——儿童最大利益原则及其在教育、家庭、刑事制度中的运用》，中国法制出版社 2016 年版，第 175 页。

和评价的重要功能,不推崇单独的暴力方式,将法的制裁作为规范的重要补充,并保障规范功能的实现。规范方式所构建的秩序是良善、正义的秩序,符合现代民主法治社会的发展方向,代表着人类文明的进步,契合了人的基本权利,因而是一种自由的秩序,当然,这种方式唯有通过民主和法治才能得以存在。

暴力方式与规范方式的差异之处并非是依靠暴力还是规范的问题,而在于二者所强调的侧重点有异。第一,暴力方式所形成的秩序并非意味着完全抛弃了法和规则的规范,而在于暴力方式尤其重视法和规则的制裁作用,将暴力方式作为达到法的秩序价值的主导性方法,甚至于不顾人权的让渡,忽视人性,因而即使这种暴力"有法可依",极易发生畸变使得法的意义和作用不复存在,暴力变得无法无天、缺乏规制。第二,规范方式所形成和构建的秩序价值,并非表示完全放弃法的制裁功能,反对其强制力和威信,而在于它强调法和规则的规范作用,扭转强权和暴力的弊端,认为教育矫正秩序实现的主导性方式在于规范。所以任何脱离了规范、单纯依靠暴力方式所构建和维系的秩序,充满着反动的色彩,必须坚决进行否定,现代民主法治社会必须将其摒弃。①

1. 与正义价值的契合性

正义早就被哲学家柏拉图视为判断善恶的基本原则,正义被视为"安分于自身职责,分工明确",通过"优秀善来达到正义"②。卢梭曾指出,评判行为好坏的其中一个重要标准和原则是人灵魂深处的正义。③ 由于正义本质在于公平和公正,强调每个人付出与所得的平衡,因而它能够作为一把判断善恶的标尺,是道德的基本准则,用来衡量善的标准。正义也成为了惩罚的一条重要准则。惩罚

---

① 卓泽渊:《法的价值论》,法律出版社2006年第2版,第47页。
② 岳海涌:《柏拉图正义学说》,人民出版社2013年版,第13页。
③ [法]让·雅克·卢梭:《爱弥儿——论教育》(下卷),李平沤译,商务印书馆1983年版,第414页。

以正义为基本立场。正义对惩罚产生制约性的影响，推动惩罚"其所应得"朝着更加公平合理的方向发展。报应主义所倡导的"以眼还眼、以牙还牙"，需要坚守道德的立场，才能避免纪律惩罚的走偏，促进正义公平价值追求的实现。从根本上说，惩罚并非一种"以暴制暴""以恶治恶"，目的不在于体罚罪错少年给其造成身体或心理的痛苦，教育才是其本义，惩罚以尊重罪错少年人格尊严、维护其身心权利为基础，惩罚是为了帮助和引导罪错少年从思想上意识到自身错误，能够改正自己不良行为，预防其行为变得更加严重最终走向违法犯罪的地步。惩罚必须立足于爱，爱是教育的重要基础，惩罚也应当从爱和关怀出发，真正关心罪错少年身心的成长。惩罚要遵守"尊重罪错少年"的道德立场，罪错少年虽然在思想上稚嫩，行为上存在过错，但其人格仍需要得到尊重，其基本尊严和合法权益仍需要得到保护，禁止在惩罚中通过暴力体罚侮辱罪错少年。惩罚需要让罪错少年体会到宽严相济的爱，惩罚并非管理者故意刁难自己。惩罚重在推进罪错少年的自省，实现顿悟，方法可以是多样的，包括口头批评、训诫、某些权利的剥夺与丧失、处罚等。"以教统罚复归人的自由"是教育和管理的重要保障，然而它并非开展教育和管理实践的唯一根据。[①] 需要跳出规则本身的桎梏，创新惩罚方式，以实现解放与发展自由的人为价值旨趣。

惩罚作为教育的一种手段，其存在必须建立在正义基础之上。惩罚只有坚持一定的准则，坚定正义立场，才能取得良好的效果。这表现了惩罚制度的道德规制，从根本上说，道德和制度有相同之处，功能和内容上存在着相互支持、相互融合的关系。因此，惩罚制度需要正义的支持，否则在实践中极易受到舆论的攻击以及人们心理的抵触，导致制度推行困难，最终受到废弃。同样的，正义也必须依靠制度来实现，一个完全依靠自觉的世界只能是"乌托邦"

---

① 吴永胜：《教育惩罚三题：澄清、追问及重构——基于无立场分析的伦理学视角》，《现代教育管理》2013年第7期。

似的想象，对罪错少年的行为规范和教育矫正不能单纯依靠罪错少年的自觉，而要辅之以相应的制度进行规制，因此，惩罚制度需要结合人性的特点，从罪错少年道德发展的现实问题出发。此外，从本质上说，教育是涉及人的德行养成的教育，与正义密不可分，教育矫正活动可以称得上是充满着正义的实践。惩罚制度需要坚持正义立场。历史表明，惩罚的正义考量不管对于罪错少年道德发展还是社会道德进步无疑都具有深刻的影响。想要促进个体德行成长，不可忽视惩罚的正义性问题。[①] 亚里士多德提出正义的一个基本形式在于惩罚的平等[②]，对违法犯罪的社会成员进行矫正以恢复对法的追求，不因其社会地位，对所有人一视同仁。对罪错少年的教育矫正要由法进行启动，尤其是对犯罪矫正应由法定的矫正机制进行，以及对不公、伤害实行救济等。

2. 与秩序价值的契合性

教育矫正作为刑罚的执行方式是法律秩序维系和良性运行的重要制度，对社会秩序修复、重构和维护同样具有保护性的功效，是不可忽视的一种工具价值。但教育矫正秩序价值追求有其边界，秩序价值的追求也必须控制在一定限制内，以正义为准则，要在正义、公平的范围内，契合于公共之善。正如美国托夫勒所言，秩序分为两类：一是社会必要秩序，它是一种现代刑法所要保护的秩序，也是教育矫正秩序的真意；二是剩余秩序，所谓剩余秩序是为当权者谋取私利的手段，[③] 不利于社会公众幸福和社会的发展进步，是刑法和教育矫正所要摒弃的。因而对于刑罚制度也好、教育也罢，要尽可能通过最小化的秩序争取人的最大自由和幸福。如果过

[①] 许慧霞：《高校学生惩戒制度的道德困境及其超越》，《教育发展研究》2014 年第 11 期。
[②] [古希腊] 亚里士多德：《尼各马科伦理学》，苗力田译，中国社会科学出版社 1990 年版，第 9 页。
[③] [美] 阿尔温·托夫勒：《权力的转移》，刘江等译，中共中央党校出版社 1991 年版，第 486—489 页。

度地强调秩序，造成秩序"剩余"，是有悖于正义要求。①

秩序的形成和维持不能离开权力的运行，而任何权力的运行方式都不应该绝对化，否则容易造成权力的极端性，产生权力腐化、权力滥用现象；因此，教育矫正权力尤其是监禁性的强制矫正权力的运作，需要受到必要的规范，比如来自法律制度的规制以及伦理道德的约束等。道义、正义和善为教育矫正法律制度与个人行为的正当性、合理性划定一个框架，并提供必要依据与衡量的标准，是秩序的边界所在。②

人们学习语言，必须掌握它的基本语法。同样，罪错少年教育矫正所追求的一个合法的社会秩序也必须符合某些普遍的规范与基本原则，教育矫正秩序价值取向不单单要符合人们对自由和正义规范的期待，同时可以对个体与集体构成有效的规约。教育矫正的秩序价值追求与道义、正义与善存在背离和契合的二重性。尽管一个偏法律制度，一个偏伦理对人的作用。③ 尽管如此，二者存在着内在契合性。博尔坦斯基与塔夫洛特将社会秩序理解为一种"证明体制"，这种证明体制包含着：人民投身于社会提供的目标和价值，觉得生活富有意义。秩序中充满着自由、民主、幸福、正义、解放等；提供公平与正义的评价标准以及检验机制，证明秩序能够实现公共的善，这也是最为重要的。④ 这就构成了罪错少年教育矫正秩序的逻辑道义，指用以证明教育矫正所追求秩序的合法性、合理性，使得教育矫正秩序价值追求中涉及的原则、价值和规范符合正义，契合于公共之善。

---

① 谢望原：《刑罚价值论》，中国检察出版社1999年版，第227页。
② 吕宗麟：《政治权力与法律正义的关联性释析》，《岭东通识教育研究学刊》2010年第4期。
③ 汪行福：《现代社会秩序的道义逻辑：对中国改革价值取向的思考》，复旦大学出版社2013年版，第3页。
④ Boltanski, L., Thevenot, L., *On Justification. The Economies of Worth*, Princeton: Princeton University Press, 2006.

三 客观现实

"以教统罚复归人的自由"价值取向的确立是对罪错少年犯罪预防和矫正客观现实进行回应和突破的必然要求。

第一，人的自由复归价值取向确立是对罪错少年教育矫正与犯罪预防外部控制难以常保实效性的省思。长久以来，对罪错少年的犯罪预防的一大重要价值取向在于，维护社会的安全、和谐与稳定，犯罪预防为了控制和治理犯罪现象，降低犯罪率和再犯率。通过惩罚和矫正，补偿和维护受害人权益，保护社会的正义和公平。然而在教育矫正和犯罪预防中，罪错少年个人自由和权利的保护未受到同等的重视。事实上，遏制犯罪、维护社会安全与保护个人的基本权利（自由）二者之间是辩证统一的关系，个人权利和自由一旦超越了社会安全稳定，极易造成破坏性的后果，对其他社会成员的合法权益和自由造成损害。此外，重视犯罪预防的外部控制，维护社会长治久安基本目的在于为更多人的更高权益与自由提供空间，对人的合法权益和自由的实现提供坚实保障。所以犯罪预防的价值追求在于一方面注重犯罪的外部控制，降低犯罪率；另一方面注重犯罪的内部控制，为公民的个人生命权利和自由的实现而努力。前者是犯罪预防的外在价值，后者则为内在价值。走出犯罪预防过分关注外部控制，对减少犯罪、维护社会安全目标过分偏向的误区，强调犯罪预防中的人的自由复归价值取向，对于犯罪预防的实践具有指导性意义。

第二，人的自由复归价值取向确立是对不自由个体所带来的暴力伤害犯罪现象的忧思。少年犯罪背后的一个重要的原因就在于责任的缺失，长期以来，家长、教师、社会各界习惯性地关注少年的学习成绩，但是对他们的人格培养显得极其缺失，带来不少少年对他人责任的淡漠。当前的少年大多数是独生子女，以自我为中心，个人自由至上是当今犯罪少年普遍存在的一个核心问题，也是他们的一个性格缺陷，他们凡事都想着自己的欲望和利益，一味地为己，却不顾他人的要求，自私自利，随心所欲，自控能力低，自己想着做什么就做什么，他们把自己禁锢在自我的、狭小的世界里，缺乏与人交往的能力，不懂得如何与别人共处，不懂合作，大多数存在人际交往障碍，导致了一些少年在面对挫折时候，往往采取令成人难以想象的极端方式来解决问题，视他人如草芥，不懂得尊重和承担责任，将破坏、报复作为解决问题的唯一办法。一系列的少年违法犯罪案件反映了不少犯罪少年做事情比较随意，往往只强调自身利益，缺乏责任感，没有公德意识，当自己和别人产生矛盾的时候，首先想到的是他人如何对不起自己，想着打击报复，并且不会对自己的行为负责，容易做出极端的选择，对他人生命随意践踏。

四　未来趋势

"以教统罚复归人的自由"价值取向的确立符合未来罪错少年教育矫正和少年司法改革精神与方向。

（一）"以教统罚复归人的自由"价值取向的确立与未来矫正改革思路"教育提前干预"相适应

我国确立了对少年刑罚"教育、感化、挽救"的方针以及"教育为主、惩罚为辅"[①]的原则。作为一种严厉的、带有震慑性的法律制裁，刑罚无疑给触犯刑法的少年带来较大的痛苦以及不少消极影响。罪错少年的身心发展还处于成长阶段，具有较大可塑性。加之作为不成熟的生命个体，其对刑罚的承受能力和适应能力、对自由受剥夺的忍受程度都远低于成年人，罪错少年身心的不成熟性和发展性均决定对其进行的刑罚要适度和谨慎，此外，少年社会化发展还未定型，同样处于发展阶段，监禁性惩罚措施会中断

---

① 康均心：《我国少年司法制度的现实困境与改革出路》，《中国青年研究》2008年第3期。

其社会化的正常发展，阻碍其顺利向社会的回归，所以对于少年的惩罚性、监禁性的措施应当少用或者不用，从宽处罚，通过其他替代性措施对其进行惩戒，重视对其自由和权利的保护，禁止简单粗暴地以惩罚来震慑和预防犯罪，而要承担起更多挽救、改造和教育罪错少年的责任。① 随着宽严相济理念、儿童福利理论、国家亲权思想在少年刑事司法和罪错少年犯罪预防的引入，罪错少年刑事司法改革侧重保护、教育的原则，从恢复性司法、非监禁处遇、社会工作在少年司法的介入、犯罪记录封存与消除等政策中可见。教育矫正"人的自由复归"价值取向的确立与这些理念和基本原则是相适应的。

教育矫正"以教统罚复归人的自由"价值取向的确立适应了罪错少年再社会化目标，避免了片面强调秩序对罪错少年身心的消极影响，降低监禁矫正的适用，推进行刑与矫正的社会化。鉴于少年罪错行为源于先前的教育和成长中自由与秩序的偏差而带来的行为失序，对社会规则和秩序的破坏，通过强调对罪错少年的感化促进其自由成长，加强教育和帮扶，帮助其复归社会，最终落实重获自由、融入社会的目标。教育矫正"以教统罚复归人的自由"价值取向的确立强调教育矫正社会化，帮助游离于社会之外的罪错少年免于接受监禁矫正，扭转了对其处遇和矫正因追求秩序将其投入和他们身心承受能力不相适应的惩罚的误区，避免他们对规则和秩序的逆反心理被强化而再次重新走上违法犯罪的道路；推进罪错少年保持与社会的联系，亲身体验自己的罪错行为对被害人自由等权利的侵害以及对社会秩序造成的破坏性后果，对自己的行为负起责任，从而培养改恶从善的自省能力，将外在规则转化为自觉行动，以实现教育矫正的最终目的。②

---

① 邬凡敏、王群：《"宽罚严管"的少年刑事司法政策》，《河北法学》2010 年第 1 期。
② 张德军：《从理念重塑到制度构建——我国未成年人社区矫正的现实困境与完善路径》，《山东社会科学》2016 年第 10 期。

(二)"以教统罚复归人的自由"价值取向的确立与未来少年刑事司法改革方向相一致

"以教统罚复归人的自由"价值取向的确立契合了双保护原则。所谓双保护原则是指刑事司法要重视对个人和社会的双重保护,不但要保护作为未成年少年的加害人,同时要保护被害人的基本权益,保护社会的利益。少年刑事司法改革必须坚持对罪错少年与社会保护的合理兼顾,不可偏废。教育矫正中强调"人的自由复归"价值追求契合了"既要保护罪错少年,同时要保障社会公众、维护社会的安全、稳定"的双向保护原则。

首先,契合了刑罚改革宽缓化方向,符合行刑社会化潮流。"以教统罚复归人的自由"价值取向的确立蕴含着刑罚人道主义精神,强调现代刑罚改革的恢复性方式,采用缓和的矫正,转化罪错少年的不良行为,重视对其自由权利的保护,引导其学会自主成长,逐步向自由社会复归;维护个体尊严和自由的权利,契合了现代刑罚改革的基本理念,符合其改革的方向。注重矫正措施的人性化,通过平衡教育矫正的人的主体地位和外在的规制,既帮助矫正对象规范思想和行为,又塑造了其自由个性,克服由于外在强制规训而带来的人的被动服从弊端。①

其次,契合了恢复性司法在少年刑事司法引入的趋势。有助于正确利用刑罚进行犯罪预防,对违法犯罪人员实行刑罚,具有惩罚犯罪、保护受害人利益、维护社会公平正义等功能,但我们不可能利用刑罚消除已经发生的犯罪行为,刑罚更多利用"以血还血、以牙还牙"的手段,带给犯罪人员惩罚、训诫与震慑,对于犯罪心理和行为的干预不足,基于人本身的教育矫正效果有限,因此,我们进行犯罪预防时,不仅要关注惩罚对遏制和预防犯罪的震慑功能,还要重视对人的主体地位的尊重、对个人自由和权利的保护、对罪

---

① 张德军:《从机构监禁到社区矫正——关于一种短期自由刑的改革构想》,《山东社会科学》2014年第7期。

错少年的教育、矫正、关怀、改造，引导其自律和自由。教育矫正的刚性的"权力"性格只有与"权利"性格相结合，才能从根本上发挥犯罪预防和促进人的发展的作用。

再次，契合未来以教代刑、保护处分政策完善的趋势，推动罪错少年刑事司法的改革。少年刑事司法政策对于罪错少年的犯罪预防、处遇、惩罚和教育矫正等方面发挥着直接的影响，也是其重要保障。当前我国少年刑事政策还有待完善，刑事政策对犯罪的外部控制关注多，对个人权益保护关注不足，特别是对于社会弱势群体的保护、教育、帮扶仍有较大的改革空间。例如，在案件审讯阶段屡屡存在侵犯犯罪嫌疑人合法权利的现象，犯罪严打政策遭受是否违背"罪行适应"的拷问。因此，在教育矫正和犯罪预防中确立"人的自由复归"价值本体，有助于结合"人的教育"相关理念，推动人性化、个性化少年刑事司法的改革和完善。

最后，契合未来少年刑事司法的福利性质，有助于罪错少年权利保护。从犯罪大预防的角度来看，对于罪错少年的教育矫正有助于从根本上预防其再犯罪，真正地通过人的自主自律能力的培养降低重复犯罪率，对于罪错少年的自由权利的尊重和保护不仅仅是一种恩惠，是人道主义精神的体现，也是国家的责任和义务，对罪犯进行教育矫正实则是对犯罪的特殊预防，教育和矫正要立足于罪犯的基本权益。在对罪犯进行教育、改造、矫正的过程中，重视人的主体地位，培养起自主自律精神，帮助其更好地回归自由社会，这不仅是刑罚的任务与刑事司法改革的方向，也是罪犯作为人的基本权利。[①] 在监禁矫正执行中因过度强调秩序而使得罪错少年失去了自由，承受着来自外在或自我的标签限制。教育矫正自由与秩序的平衡，充分重视"人之为人"的基本权利，维护人的独特性，尊重人的自由天性，有助于帮助其降低监禁处遇的负面影响，凸显在矫

[①] 刘华、郭松岩：《简析犯罪预防的几个认识误区》，《中共太原市委党校学报》2004年第5期。

正过程中的自由精神，使罪错少年对自己的行为负责也为他人和社会负责，具有十分重要的意义。

　　法学家克莱尔布林提出存在两种不同取向的少年权利观：一是少年儿童的解放观；二是少年儿童的保护观。保护观强调少年儿童和成人的区别，少年不同于成人富有理性和自主能力，所以尽管少年具备人之为人的基本权利，然而因其身心的幼稚，还需要通过国家亲权和父母亲权，为了他们的最大利益而做出决定，这种观点认为少年儿童的福利和权利并不能通过他们自身决定，因为其并不具备这样的能力，而要通过外在强力来实现对其的保护。而解放观则持相反的观点，强调少年权利并不是依附于父母，也不是私人"财产"，而是具有自主能力，法律不能根据年龄来认定谁具有某种权利、谁不具有，这是非常随意的。虽然少年不具备完全的理性和能力，但是这并不能成为否定其自主选择和自主思考的理由。①

---

　　① Breen, C. , *Age Discrimination and Children's Rights: Ensuring Equality and Acknowledging Difference*, Leiden: Martinus Nijhoff, 2005, pp. 5 – 6.

第 五 章

罪错少年教育矫正价值取向的实现进路

罪错少年教育矫正价值取向及其实现始终要面临着应然的价值追求与实然的价值实现的关系问题，二者之间是辩证统一。第一，对罪错少年的教育矫正价值的实现并不能在理念层面，而是必须落实到实践中，并且其实践同样是对现实的选择，而非虚无缥缈的构想。第二，实然的价值实现和应然价值诉求是相互对应的。缺乏了价值追求的理想，不能指导教育矫正的实践，难以达到价值的实践与实现。离开了理想追求，实际的价值实践难以开展，同时对教育矫正的价值判断就显得非常困难。总之，在教育矫正价值追求过程中，理想和现实往往存在着一定的距离，理想所追求的价值取向不通常由现实给予，而教育矫正的现实给予也并非都是理想所追求的，有时是背道而驰的。[①] 在教育矫正实践中，探究平衡教育与惩罚的价值关系的实现机制，实现教育矫正的有效运行，达到价值取向的和谐平衡，实现"以教统罚复归人的自由"，是罪错少年教育矫正实践的必然选择。[②]

[①] 陈新汉：《社会评价论》，上海社会科学院出版社1997年版，第217—218页。
[②] 王治高：《自由与秩序——学校制度文化建设价值取向研究》，博士学位论文，华中师范大学，2015年。

第一节　罪错少年教育矫正价值取向实现的制度优化

价值的实现归根结底在于通过制度的合理设计与安排加以保障。制度通常包含着要求成员共同遵守的、较为稳定系统的、引导人依照规程办事的规制体系，同时包含着更广泛的政治、经济等规制体系，覆盖着整个社会系统的相关运行规则。对于社会活动的基本准则与社会成员的基本要求与规定，制度中也包括从事实践活动所需要的程序、模式、条件等，常被称作"机制"。我们知道，组织作为一个系统能够存在，根本在于其具备一套明确的运行规则，对系统产生一定的协调、约束、规范等功效。运行规则作为制度的一种体现，需要得到系统中每一要素与系统成员的遵守。此外，制度以组织系统为对象，发挥着协调组织关系的职能。制度和组织往往是相互关联的，世界上并不存在缺乏制度的组织，也不存在虚无的、缺乏组织依托的制度。教育矫正价值实现需要借由制度的重构和规则、文化的进一步整合，将罪错少年同化为秩序化的人。教育矫正价值取向的实现要求教育矫正中相应的管理制度和规范也随之进行改革，制度设计有助于为教育矫正实践和个体行为的塑造提供保障性条件，因而要着力建构良善和正义的制度，规范罪错少年的行为。

教育矫正制度分广义教育矫正制度与狭义教育矫正制度，前者面向广义上的教育矫正实践，重点指"人从事教育矫正实践活动需要共同遵守的规则体系以及相应的运行程序等，由此所形成的体系总和"，包括各种风俗习惯、管理制度、体制机制等丰富的内容；而后者特指国家和地方政府对教育矫正的各种法律制度、规章制度的总和。教育矫正制度的设计和安排来源于教育的价值观念，价值抉择，教育内容、方法、手段的选择，并为各方面的落实提供坚实的保障。比如，工读学校是具有特色的一种制度化的实践活动。①

一　规制国家公权力膨胀，保护少年自由免受损害

法对于国家刑权力发挥着制约的作用，能有效规范国家公权力的滥用，引导其合理使用。现代社会是民主和法治的社会，在罪错少年矫正领域同样需要重视对权力滥用的制约，对权力进行必要的限制，除了用理性限制权力的滥用②，教育矫正的法律制度成为了预防权力滥用误用的有力手段。教育矫正是通过法定权力运行下才显出其秩序，才能保障矫正实践有序地开展。矫正的权力是法定的，如果超越了法定的形式或内容，均是一种对权力的滥用，势必带来权力运行的失序，影响教育矫正的无序，从而对社会秩序产生消极性的、破坏性的影响。因而教育矫正秩序价值的实现必须对权力进行一定的限制，有一般性的权力制约同时还包含着特殊性的制约。前者主要指法对权力滥用的一般性、普遍性的预防，后者指出现权力滥用情况时法的纠正和引导策略，使权力回归理性使用。因此，我们可以看到，法对教育矫正权力的制约机制是保障和实现人自由的一大凸显，也是教育矫正自由与秩序价值发挥的重要保障，通过对国家权力制约与权力运用的监督，对个人权利的保护，实现良性的秩序。③ 对国家公权力形成有效规制，避免刑罚对少年个人权利的损害，保护"消极自由"。

（一）倡导父爱主义立场，平衡谦抑主义和工具主义

刑法谦抑主义以自由价值取向为先导，注重对人的自由权利保障，推崇刑法要发扬谦抑的精神，正确处理刑法与其他法律之间的关系，用其他方法来替代刑罚，比如通过经济等其他行政处分，反

---

① 罗崇敏：《教育的逻辑》，北京师范大学出版社2013年版，第61页。
② ［英］卡尔·波普尔：《猜想与反驳》，傅季重译，上海译文出版社1986年版，第65页。
③ 卓泽渊：《法的价值论》，法律出版社2006年第2版，第43页。

对立法中的犯罪化倾向，不主张通过刑法特别是重刑控制犯罪；而刑法工具主义以犯罪控制与稳定秩序、惩罚与正义等价值取向为定位，其中，刑法的基本立场在于其是维护社会秩序的工具，带有"功利化"的色彩。尤其是在社会犯罪率居高不下、矫正效果不佳、重新犯罪率高、社会治安和秩序不稳定或者国家特殊时期，必须提高刑罚的地位对犯罪人进行"严打"，推崇重刑主义。在少年刑事司法政策中，谦抑主义与工具主义各自都面临着自身的局限、现实的难题以及潜在的风险，片面追求单一取向均会带来教育矫正的诸多问题，这就需要我们基于"自由人的实现"这一根本追求探寻一条刑法上的折中路径。谦抑主义较为重视人的自由权利的保障，注重刑法的自由价值取向，而工具主义立足社会，推崇秩序价值追求。应该说，现代刑法同时具有人的自由保障与社会秩序维持的双重机能，这与教育矫正带有本体与工具双重价值相契合。

刑法的基本方向是兼顾个人和社会，寻求符合自由保障又适应秩序维护的模式，在谦抑和工具之间寻找到新的出路，这就要求倡导和坚持刑法父爱主义。刑法父爱主义（又称家长主义）是来自西方的主张，该理论认为，刑法要本着慈爱和责任的精神，像父亲对待自己的子女一样，国家为了公民的个体利益，出于善意，在某些特定领域可以限制公民的自由，预防其进行自我伤害，而不顾及公民个人意志，因而带有"强制性"色彩。国家对公民的自治与自由的强制性介入和干预，旨在维护公民自身的利益，就如同父亲对子女的爱，尽管是一种强制的爱，但出发点是良善和关爱的。《罗马法》所倡导的"善良家父"就是一种父爱主义的立场，当前我国刑法对罪错少年的干预、矫正、教育要本着引导少年更大自由和保障少年自身利益的精神，禁止刑法出于部分利益集团而对公民自由大肆干预。

谦抑主义和工具主义的平衡要求在涉及罪错少年的立法中，必须根据其身心发展的规律以及罪错行为的特征，利用法律对其教育、矫正、犯罪预防和治理进行科学和有效的规制。及时总结和反思国内外少年司法实践以及教育矫正的成熟经验和深刻教训，始终坚持对罪错少年教育和保护为主导的原则，围绕着宽严相济原则，回归教育基本立场，理性立法、科学执法，慎用刑罚。在犯罪控制的工具性目标追求中，更要充分地保障对罪错少年的特殊保护，给予其人文关怀，保障其合法权益，尽量避免单纯剥夺其自由权利的惩罚方式，改监禁刑为其他替代措施。只有这样，才能既保障少年自由成长，又实现社会防卫目的。当前社会是由国家、社会和公民共同构建和有机参与的多元社会，因而在少年刑事司法中，必须转化二元对立的思维模式，推进教育矫正和犯罪治理的多元化，基于刑法父爱主义的基本立场，平衡谦抑主义和工具主义，更加注重人的自由权利的保障，以非犯罪化为优先、犯罪化为基本保障，有机地实现刑法的自由保障机能、规制机能和秩序维护机能的统一，更好地保障教育矫正价值取向的实现。建立起"教育和矫正优先"与"刑罚处罚保障"并存的模式，构建立法的民主机制，并且吸引少年参与到立法中来，听取其对自身权益保障的意见，立法要兼顾少年的意志。

　　谦抑主义和工具主义的平衡要求对罪错少年慎刑，坚持刑罚人道主义立场。人道主义有源远流长的传统，古今中外的历史人物或著作均有所提及，比如古代中国就出现了《易传》关于天道和人道的论述，《礼记》《中庸》《周易》等出现过类似的词句，孔子提出"仁者爱人"，古代普罗泰戈拉认为"人是外物的尺度"，然而这些思想不可避免地带有历史的局限性，人道主义思想不能形成一股具有普遍影响的社会思潮。人道主义作为社会思潮起源于14世纪文艺复兴，在这么一个"人"被发现的时期中，在反对封建主义，重归人的主体地位的运动中，人道主义发挥了重要影响。人道主义的核心思想是重视人的价值，保护人的自由权利，将人视为价值，尊重人的生命，追求自由、平等、公平、博爱、幸福。人道主义刑罚同样充满着人性的色彩，将人视为人对待，反对残酷的肉刑，要求人基于内心良知而出现良善行为。刑罚要本着慈悲和仁爱的精神，重视对人的保护。刑罚不应该给罪错少年以过多痛苦。对于封建时期刑罚的极度残忍，给人带来了极大痛苦，古典学派进行了猛烈的抨击，推崇刑罚的人道主义。贝卡利亚提出刑罚本质是痛苦，因此痛苦也是不可避免的，但这需要一定的限度，刑罚不能给犯罪人带来过多痛苦，要坚守正义和公道。刑罚人道主义要求在对罪错少年进行处遇时，要谨慎用刑，改革刑罚种类以及体系，由死刑、肉刑向自由刑转变。[①]

（二）设计个性化刑罚裁量制度，满足特色化实践要求

一个国家的刑罚裁量制度是否健全，是其文明程度和民主水平的重要标志，事关国家刑罚目的的实现，因此，对罪错少年的教育矫正要在刑罚个别化的指引下，探索适合其身心发展特征的个性化刑罚裁量制度和刑罚方法，推进教育矫正的个别化。根据联合国《少年司法最低限度标准规则》的精神和要求，尽可能减少对罪错少年的监禁矫正，保护其生存、自由等权利，探寻替代性措施，增加少年幸福。以缓刑为例，缓刑因其适合慎刑、提高刑罚效益、避免监禁带来的不良影响、帮助罪犯回归社会等优势，在世界各国中广泛运用，国际社会在少年司法中尤其注重将其适用于少年犯的处遇，因而作为在少年司法中最早产生的缓刑制度，本着对少年保护，这一制度毫无疑问对少年犯的处遇严于成年人。对于那些初次犯罪、轻微犯罪、偶然犯罪、过失犯罪、基本无再犯风险或重新犯罪风险低的罪错少年，要尽可能地适用缓刑，尝试"附条件不起诉""以教代刑"等方式方法，采取宽容的、个性化的刑罚措施，减刑与假释的条件要在法律许可范围内逐步放宽，明确对少年犯罪不适用累犯制度，进一步改革社区矫正个别化的教育和辅导。当在

---

① 包雯：《21世纪刑罚价值取向研究》，知识产权出版社2006年版，第56—58页。

罚与不罚的两难抉择中，尽可能采用不予刑罚处罚的原则对其进行教育和感化。① 此外，借鉴境外经验，建立非监禁刑罚和矫正制度，比如美国对犯罪少年非监禁刑的适用包括转处、家庭监禁、电子监控、保护观察、训练营与罚金并科等②；日本则有保护观察制度③；英国包括罚金、缓刑、社区服务、宵禁令、电子监控、赔偿以及警告等④。可以说，外国在罪错少年的非监禁刑规定上不仅内容多而且细致。

构建宽严相济的刑事司法政策。加害者与受害人都是法律政策需要保护的对象，必须既强调教育的预防作用，也不能忽略对其的适当惩处；既立足于罪错少年与成年人的区别进行特殊保护，给予其改过自新的机会，也预防过度纵容的倾向。"以教统罚复归人的自由"价值取向的回归必须坚持宽严相济的法律刑事政策，平衡加害人与被害人自由权利的关系，需要注重既发挥法律政策对少年加害人的关怀、保护和教育的功能，引导其自由成长，又维护法律权威，兼顾被害人的权利，公正地对待加害人和受害者双方，实现自由与公平正义的平衡。

（三）基于国家、社会与个人利益平衡，建立恢复性司法制度

刑事司法制度要平衡政治国家和公民社会的关系，基于人、社会、国家关系调整，争取社会利益和人的利益的最大化。善治的过程实质就是权力逐渐下放，由国家转向社会，注重人的权益，人民有权力参与治理。人在国家权力机器面前，能够有效参与的过程，并且是以政府的法制化为基础的，依法规制自由，它有赖于公民自

---

① 巫修社：《刑罚处罚与刑事处遇措施的逻辑展开——以我国少年刑法规范为例》，《河南社会科学》2007年第4期。
② 吕征：《美国犯罪少年的刑罚替代措施》，《青少年犯罪问题》2006年第5期。
③ 吴海航：《中日未成年人违法犯罪司法保护制度比较》，《北京师范大学学报》（社会科学版）2005年第4期。
④ 王运生、严军兴：《英国刑事司法与替刑制度》，中国法制出版社1991年版，第73—75页。

愿的合作、责任意识和对权威的自觉认同。从这个意义上说，刑事司法政策要抛弃一元化的价值取向，兼顾人的自由与责任、国家的权力与义务，体现国家、社会与个人利益并重。关键在于，规范国家刑罚权以预防国家权力的滥用以及刑事司法的专断性和随意性，保障对违法犯罪人员的处置均在社会秩序容忍的框架下进行，实现国家通过合理、有序、合法的方式维护社会秩序。① 任何人超越了社会秩序的底线，将被视为对法律的越轨、对社会秩序的破坏，将遭受到法律惩罚。然而，刑法并不能自我实现，如果仅根据法律条文就可以履行刑罚权力，那极易引发权力专制，其实质是通过一种"不合法"甚至是暴力的秩序进行维护，自由的人和自由的社会就无从谈起。如果刑罚权力受到滥用，对社会公民可任意、随意地进行逮捕、审批或判刑，缺乏相应的约束和监督机制，同样是对秩序的严重隐形破坏，其消极后果不亚于那些触犯了刑法的社会秩序破坏者。因此，这必然要求以程式化方式对破坏社会秩序底线的人进行处罚，法与规则不仅适用于社会公众，同样适用于执法者，必须保障人人遵照规则，遵守法律，规范执法行为，与此同时保障国家刑罚权的有序运转，实现社会良性秩序的真正实现。②

坚持保护社会和保障人权结合。人权是人存在的基本权利，每个人应该受到人之为人的对待，人权代表着权利及其规则、原则，其中，自由权是人权的重要组成部分。《国际人权法》《国际刑事法院公约》等法律文件的颁布，为人权的保障提供了重要的法律依据，这也成为了少年刑事司法的重要准则。人权的保障是现代社会文明的标志，人权是评价国家主权行为伦理价值的标准，一个国家如果没能尽到保护人权的责任，就难以具有行为上的合理性与合法性。法律对人权价值的关注始于清朝末期，中华人民共和国成立

---

① 杨宇冠：《论刑事司法制度的基本价值目标：自由与秩序》，《广东社会科学》2012 年第 2 期。

② 同上。

后，中国法律由学习西方大陆法系转向借鉴苏联模式，表现为政治工具主义法律理念和实践，到了 20 世纪末，人权问题真正获得了正当性。1998 年《公民权利和政治权利国际公约》的签署，成为了一个标志性事件，作为重要决议在国际社会人权保护中发挥着引导性作用并产生了积极的意义。当然，刑事司法政策的人权保护错综复杂，涉及多方面内容，布满了多重关系。尤其对于受害人和加害人同样作为社会公民而存在，不仅要尊重和保护被害人的人权，还要尊重与保护涉罪少年的人权，二者不可偏废。所以对罪错少年的刑事处遇政策与矫正制度的价值取向必须兼顾加害人与被害人、社会的保护以及人权的保障等关系。扭转仅将刑事政策视为专政手段的局面，惩罚和人权的保护相结合，一方面，刑事制度要通过对违法犯罪的惩罚，不断修复被破坏的社会关系，消除因犯罪带来的消极后果；另一方面，要维护人的基本权益，保护人不受随意刑罚侵害，避免无辜者受罚、刑过于罪而产生的不公正。因此，要适当弱化其专政工具色彩，注重基本人权的维护和保障，保护社会与个人的权益要成为刑事司法的终极诉求。[①]

国家、社会与个人利益的平衡可通过恢复性司法制度的建立和完善推进。恢复性司法来自英文单词 restorative justice。从词源来看，re - 带有"重新回到先前状态"的含义，以填补、修补、归回原样等概念为核心。因此，restorative 同样带有此种含义，特点在于恢复事物的原有状态。恢复性司法中强调人的责任，然而，同报应主义中的责任含义有所区别，恢复性司法反对报应式的正义，强调加害人通过适当的措施对其犯罪行为承担责任，因而恢复性司法倡导的责任是一种更高层次、内涵更为丰富的责任标准，是一种积极的责任和积极的自由。罪错少年作为加害人不是被动地接受报应主义式的惩罚，也不仅仅被训诫就简单了事，而是受到宽恕和鼓

[①] 杨立：《浅议我国刑事政策的价值理念和价值取向》，http：//www.docin.com/p - 1438707548.html，2015 年 7 月 8 日。

励，基于自由和责任平衡，勇于承担责任去修复其罪错行为对受害人和社会秩序造成的伤害，弥补受害人的权益，修复受损害的社会关系，促进罪错少年向社会复归。可见，恢复性司法的责任是罪错少年主动对受害人与社会承担的，充分注重和肯定了人的主体性，与其在传统的刑事司法系统中被动地对国家承担责任有着本质性的区别。此外，在恢复性司法中，承担责任的方式通常是真诚地向受害人道歉、对受害人进行补偿以抚慰其身心的伤害、进行谈判和解、从事自愿服务等，有异于刑事司法程序中接受刑罚这一责任承担形式。①

（四）逐步推进非监禁化矫正，落实行刑社会化，完善社区矫正制度

罪错少年教育矫正复归人自由的价值追求要推行行刑社会化，通过开放性的社区，强化对其保护处分，尽可能不限制或剥夺其人身自由，比如可以采取保护管束、训诫、保护观察、恢复性社会服务、生活辅导等形式。比如，责令其参与一定时数的社会义务服务，对破坏的社会关系进行修复，并通过专职人员指导和监督，对社会服务进行有效规范。通过保障罪错少年能够在一定场所进行一定时数的、对社会有益的义务服务，避免因过度自由放任而使得社会教育矫正流于形式。旨在使罪错少年通过社会服务的形式为自己的行为负责，培养其责任与自由意识，对社会秩序造成的损害进行补偿，并在实践社会服务中、在修复与社会关系的过程中，逐步建立社会责任感，增强独立自主、自立自强的人格意识，促使其顺利向主流社会回归。社会服务有助于避免因罚金刑对少年的监护人的"连坐"，同时有效地避免了监禁矫正对罪错少年自由成长的消极影响。然而，需要注意的是，社会服务易流于形式，缺乏相应规制，运行实效性弱，必须依靠一定的机构对运行秩序进行严格的监督，

---

① 张知博：《修复式司法初探——以少年司法制度为中心》，《法令月刊》2016年第4期。

保障其真正有序地执行。此外，对于责令严加管教要给予足够重视，并通过法律制度进行刚性规范，避免因规定笼统而难以实行。可通过缴纳一定保证金或者强制家长进行亲职教育，对家长的管教职责进行监督，也可以通过假日或者其他休息时间进行辅导。作为一种辅导性措施，假日生活辅导基于罪错少年的生活情境和体验，引导其更好地学习积极自由及向社会复归和融入的能力，对教育矫正具有一定的功效。

二 规制少年非理性"自由"，依法引导自由和责任

规制罪错少年个人非理性"自由"，依法引导其为自身行为负责，促进"积极自由"形成，关键在于完善法律责任体系。少年刑事责任制度的不健全、不良行为矫正相关法律政策的缺位，使罪错防治经常陷入"管不了"的境地，当前我国法律对于罪错少年大多数情况下难以形成有效的约束。

因此，当前对罪错少年的教育矫正关键点在于修订和完善少年保护的相关法律法规，规制个人非理性"自由"，依法引导其为自身行为负责，促进"积极自由"形成。尽管我们需要基于自由保护的原则调整少年刑事责任制度，可引入恶意补足年龄制度对极端恶性行为进行惩戒，防止因年龄低而逃避责任，肆无忌惮伤害他人；但同时我们不能忽视少年司法实践中片面从轻，缺乏对罪错少年必要的强制性教育矫正措施，一放了之。与此同时，针对少年罪错进行专门立法，惩治罪错行为，对其进行教育干预，保障未成年学生的人格权与合法权益的实现以及权益救济的推进。[①] 转变少年刑事司法政策重视事后反应能力即惩罚性，忽视有效的事先预防的功能，对于情节较轻的事件，尽可能地进行教育和转化，给予暴力行为实施者改过自新的机会；涉及违法犯罪的，根据法律法规进行治

---

① 储殷：《当代中国"校园暴力"的法律缺位与应对》，《中国青年研究》2016 年第 1 期。

安拘留，送工读学校接受特殊形式的教育。

（一）刑事责任年龄不宜降低，引入恶意年龄补足制度

在我国当前的少年刑事司法实践中，刑事责任年龄是对罪错少年进行处遇的重要依据和一大标准。部分罪错少年在刑事责任年龄的保护下，免除刑事处罚，保障了其自由的权利。比如，未满14周岁的少年，是不负刑事责任的，已满14周岁未满16周岁，除非实施了故意杀人、抢劫、投毒等8种重罪，否则一般不会将其判为犯罪，并且刑事司法实践中因对其进行保护，不会采取过于严厉的惩罚，通常是不起诉或者缓刑等温和的手段，大部分被免于刑罚，因而不少低龄触法少年通常受不到强有力的矫正，也难以对其形成警醒，演变为了日后更加严重的破坏秩序的行为。刑事责任年龄并非立法者随意制定出的数字，而是基于教育学、社会学、医学、心理学、文化学等多学科，结合历史传统和国际惯例制定的一个合理适用年龄幅度。针对此种弊病，建议吸收和借鉴西方发达国家的先进做法，增强对低龄触法少年、少年虞犯等惩处，适当偏向秩序价值取向。引入和尝试恶意补足年龄制度，即如果未成年少年具有主观恶意，并且他的心智水平能够区分和辨别对错，却执意触法，即使其年龄未达到刑事责任年龄，但基于自由与责任的平衡原则，仍然可以对其追究相应的刑事责任。要进一步改变刑事责任年龄的僵化规定，引导低龄触法少年、违警少年、虞犯少年为自己的行为负责。恶意补足年龄制度是应对当前少年犯罪低龄化趋势而引入的创新性举措，有助于帮助缓解部分犯罪少年具有严重主观恶意但因年龄限制未受到任何惩处，而使得刑罚公平价值难以实现的问题，体现了刑法对潜在的犯罪少年的威慑力，有助于刑法秩序价值的发挥，帮助遏制犯罪行为发生。恶意补足年龄制度中对犯罪少年主观恶意也必须进行明确，制定合法程序，细化其判断标准，使之有法

可依、有章可循。①

（二）健全虞犯制度，预防教育与矫正干预一体化

从少年罪错转化情况看，有调查显示，犯罪前曾有过不良行为的比例高达95%，其中，曾在学校或其他场所打架斗殴的占77%，沉迷于电脑游戏的占91%，经常旷课的比例为68%，经常携带管制刀具的占63%②，由此能看出不良行为往往成为犯罪的"前奏"。罪错少年教育矫正制度的优化需要增强对少年虞犯的关注，我国理论界在20世纪末就提出过设立少年司法的"虞犯"概念，加强对其进行及时的干预、必要的救助，加强对其进行收容、教育。然而，这些学者的呼吁并未受到足够重视。因此，对于经常违反校规校纪的少年虞犯，要明晰和完善相关的法律规定，构建少年虞犯司法制度，规限少年的非理性自由，保障对具有违法犯罪危险性的少年进行及时的、尽早的教育矫正和有力干预。建立特殊的教育矫正和司法保护制度，引导其对自身行为负责，预防少年因多种不良行为的不断积累，最终给社会带来更大的危害，走上违法犯罪道路。③法律制度设计要推进低龄触法少年与少年虞犯由"保护"旗帜下自由放任向有力规制转变。

我国针对少年虞犯的教育处分体系由收容教养、工读教育等组成，然而相当不完善，存在诸多问题，收容教养基本上已经"形同虚设"，因而必须强化工读教育制度。工读教育要回归教育和感化的根本宗旨，强化学校的行政，避免其异化为单纯行政处罚而脱离了教育的根本属性。④ 工读教育作为矫正和挽救严重不良行为、轻

---

① 许锋华等：《论校园欺凌的法制化治理》，《教育研究与实验》2016年第6期。
② 李劢、洪欣、葛丹清：《罪错青少年法制教育现状与完善》，《中国青年政治学院学报》2014年第6期。
③ 吴海航、黄凤兰：《日本虞犯少年矫正教育制度对我国少年司法制度的启示》，《青少年犯罪问题》2008年第2期。
④ 王丽娟：《我国未成年人罪错处分体系构建》，《南京大学学报》（哲学·人文科学·社会科学版）2009年第5期。

微违法犯罪少年的特殊学校，在教育与矫正不良行为少年与预防未成年人犯罪方面发挥过重要影响。我国关于未成年人的法律法规对工读学校均做出过相关的规定，比如《义务教育法》第 20 条、《预防未成年人犯罪法》第 36 条以及《关于办好工读学校的几点意见》等法律法规。① 工读学校的办学定位是，对严重不良行为少年进行专门的教育矫正的学校，它有别于普通学校以文化知识学习为主要任务，而是通过教育、劳动等实现不良行为的转化和犯罪的预防，其着力点应当放在"矫正"，有别于普通学校的"教育"。

在不良行为少年的群体里，尽管个别少年经过教育"自愈"了，对社会的危害性较低，然而还存在相当一部分严重不良行为少年就不能一味地强调保护。单纯依靠说服和温情的感化已难以奏效，容易滑向对其进行纵容，但当前对其的强制性教育相关政策制度始终处于缺位状态。因此，必须依法对少年加强有效管理，建立不良行为教育矫正制度。对严重不良行为少年的强制性教育矫正，利用强制手段对罪错少年自由放任行为进行有效的规制，可以改革工读教育，创新工读学校办学模式，接受一定的强制管教，基于自由人权之保障，对罪错少年进行不良行为的矫正。

通过虞犯制度的建立和完善，实现预防教育与矫正干预一体化，这种大矫正观是世界刑罚发展的潮流和趋势。从世界各地的实践看，刑罚逐步地走向了非监禁、轻缓化、社会化，这其实也体现了社会对犯罪尤其是少年罪错的包容，以及对人的关照和尊重。处遇和矫正的一体化逐步地扩大矫正这一概念的范围，逐步往前延伸，将"预防教育"吸纳进入矫正体系之中，往后延伸，关注社会的回归和融入的教育帮扶。进一步推动设施内与设施外矫正的一体化，构造矫正体系，打通预防教育和矫正干预的对接，对于构成犯罪的少年的矫正需重点发展和完善社区矫正来增强教育的色彩以弥

---

① 张振锋：《对中国工读学校法律定位的再思考——以美国替代学校为参照》，《中国青年研究》2017 年第 2 期。

补和克服设施内矫正的缺陷。①

（三）建立监护监督与强制性亲职教育制度

通过父母的有效规制和责任的履行引导罪错少年走上自由的有序化成长之路。强化罪错少年父母或其他监护人的责任，提高履行父母职责的能力，监督其加强对罪错少年的教育、保护、监管，转变"生而不养、养而不教"的局面，引导其加强责任意识，只有负责任的父母才能养育出富有责任心的"自由少年"。强制性亲职教育的关键在于，引导罪错少年父母正确履行教养职责，学习职责履行的正确方法，通过教育学、心理学等知识和技能的学习，加强对罪错少年的家庭保护，对其进行不良行为的教育和矫正，强化少年违法犯罪的家庭预防和矫正功能。② 对于强制性亲职教育需要通过法律达到平衡权力，完善制度的效果，将侦查权限交于公安部门，审判权限分配给人民法院，监督权交给检察机关，通过这些专门部门来保障强制性亲职教育的审批权限规范和法律化。可将强制性亲职教育的决定程序模式设为，公安机关进行调查取证，人民检察院尤其是未检部门作为原告起诉，罪错少年监护不力的监护人作为被告，由人民法院做出裁决，对接受亲职教育的时长和方式进行依法判决，通过人民检察院依法进行监督，保障和监督判决真正地得以实施，最终由司法行政机关、妇联、共青团组织社工具体地进行执行，社会公益组织与公众进行参与。

政府要担负起协助未成年少年的父母或监护人教导子女的职责，通过立法，分阶段进行指导。首先是婚前教育阶段，定期举办青年男女婚前的指导，学习家庭的各种知识，为下一代子女的养育和教导做好准备，规定准备结婚双方必须接受一定时数的教育，并

---

① 连春亮：《罪犯改造：由同质主义到理性多元化》，《河南大学学报》（社会科学版）2010年第3期。

② 游涛、张莹：《以强制性亲职教育问责教养失职监护人——罪错未成年人监护人法律责任探究》，《预防青少年犯罪研究》2015年第1期。

且合格之后才能拿到结婚证。其次是准父母教育阶段，妇女怀孕待产期间必须接受相应的育儿知识和技能的学习，合格之后表明自身有能力肩负起未来对子女的教养和监护的职责，才能获取政府对母子的法定照顾。再次是正式亲职教育阶段，对于合法生育的子女给予生活方面的补助，帮助困难家庭抚育子女，设置托儿机构、亲职咨询和辅导机构等福利性机构，指派学前教育学、心理学、儿童发展学等学科领域专业人员进行指导，更好地对子女进行照顾、教养。①

（四）立法完善学校的惩戒制度

世界不少国家已在中小学校园设置校园警察，比如美国有三成以上的学校派驻了校园警察，这些学校中多数为中学。校园警察通常扮演着教育者、法律顾问、执法人员三重身份，是维护校园秩序稳定、预防校园内学生违法犯罪、帮助不良行为少年的重要人员构成。校警在维护学校秩序和安全发挥了特殊的功效，除了他们的专业性之外，更为关键的因素在于校园警察拥有法律赋予的执法权，因而具有较强的合法性和权威性。我国部分地区尝试过校园警察制度的引入借鉴，然而总体上尚处于起步试点的发展阶段，发展不成熟。

针对中小学校园安全问题凸显尤其是校园欺凌问题，对严重不良少年的教育矫正，从学校制度设计方面建议借鉴国外校园警察制度的成功经验，在重点地域与学校设置校园警察，专门负责学校安全、预防违法犯罪，参与对校园严重不良行为少年的惩戒和矫正工作。除了引入校园警察这一外来权威力量外，必须赋予学校以及教师必要的惩戒权力，增强对严重不良行为少年的管教刚性，尤其是明确教师的权威，赋予教师惩戒权，改变当前中小学教师普遍存在的对严重不良行为少年不敢管、管不了等状况。我国现行的法律法

---

① 陈丽丽：《我国农村地区留守儿童亲职教育研究——以四川省绵阳市为例》，硕士学位论文，四川师范大学，2014年。

规对中小学教师的惩戒权尚未明确,加上教育民主化理念的大力倡导,社会公众、媒体舆论对体罚与虐待学生明确禁止和严重声讨,导致了教师的教育惩戒权难以得到有效发挥,客观上造成了教师对少年不良行为的纵容,难以真正采取措施其对进行惩戒和管教。

正是教师缺乏了法定的惩戒权,带来了教师权威受损,少年学生严重不良行为得不到震慑和有效管教,同时也难以发挥教师在少年学生不良行为矫正与犯罪预防中的职责。建议通过完善教育相关法律法规,细化学校管理规定,赋予中小学教师必要的惩戒权,明确教师具有哪些教育惩戒权,如何行使权力,并通过立法明晰学校与学生的关系,规定教师对不良行为少年学生行使惩戒权的边界以及对其进行惩罚的法定程序,依法保障惩戒权力的合理使用,同时预防权力的滥用,提高学校和教师进行教育矫正的权威性。与此同时,必须健全学校纪律处分权的运行。纪律处分是当前学校对少年学生进行管理和教育的一种方式,① 尤其是对少年学生不良行为进行惩罚的重要手段,然而实践中的处分对于不良行为少年的教育矫正常常缺乏权威性,难以达到惩罚的真正目的,对于预防与矫正不良行为少年的效果有限。建议在建立和完善国家刑法,以及健全少年刑事司法层面矫正干预措施与制度的同时,考虑校纪处分和工读教育之间的衔接关系,完善惩戒权和纪律处分权的运行机制,为学校惩戒和校纪处分装上必要的"牙齿",增强惩罚的教育效果。

第二节　罪错少年教育矫正价值取向实现的机制构建

教育矫正是为了帮助个体进行自我的修正和超越,实现个人自由成长,因而从根本上说是个体的自主抉择、自由行动的教育构建过程。所以教育矫正从根源上在于人之为人的自我实现。但是,在

---

① 颜湘颖、姚建龙:《"宽容而不纵容"的校园欺凌治理机制研究——中小学校园欺凌现象的法学思考》,《中国教育学刊》2017年第1期。

教育矫正过程中复归人的自由价值取向的实现，涉及教育矫正内部多种要素、不同环境的彼此联系，教育矫正存在着内外部环境的交互制约。推进教育矫正的有序运转，实现教育矫正价值，不仅要通过教育矫正的内生动力机制，同时要包含教育矫正的外生动力，因而进一步地探究教育矫正自由秩序价值实现的机制，尤其是研究内部驱动、外部推动以及内外联动的机制成为了不能忽视的内容。

一 内部驱动机制

（一）个体自我调节机制

迪尔凯姆将自主或自决视为道德心理的一大要素。康德在道德和教育的讨论中经常谈及理性与自律等。[①] 事实上，这些均涉及个体的自我调节机制。个体的自我调节是基于外在环境而对自身进行及时的监控和调整，能够通过反思逐步地将自身的自由行为控制在与外在协调的限度内，平衡个人的自由与责任。自我调节表现于教育矫正全过程，是罪错少年个体改变和成长的一大重要标志，而自我调节来源于罪错少年自身的内在需要。古希腊哲学家、教育家苏格拉底着眼于通过人自身内在美德的挖掘和启发而产生善行，提出著名的"产婆术"，其实质也是着重于人内在的需求，促进自我调节机制的形成。

自我调节机制是一种相对稳定的、将自我保持在某种状态下并且不受外界干扰的机制。当个体的内部状态或者行为和先前设定的目标状态二者间存在差异的时候，个体能够启动自我调节机制，进一步地修正和调整自己，以符合先前设定的目标状态。自我调节机制注重和强调人可以自主、主动地对自身的认知和行为进行改变。[②] 一个自由的个体应该是具备较强自我调节能力的人。自我调节机制具备四大特征：一是意识自主性和建构性，是一种积极自主的过

---

① 徐萍萍：《关于自律内涵的道德哲学辨析》，《道德与文明》2014 年第 3 期。
② 谢志伟：《自我调节学习理论之探究》，《课程与教学》2003 年第 3 期。

程，而不是被动地接受外在的变化；二是控制的可能性，个体能够自我监控、自我感知、能够对自身的思想与行为进行调整和控制；三是有一个原先目标或规则、标准，个体能够基于此进行调节；四是自我调节机制，是个体自身与行为之间的中介因素。① 通过个体自我调节机制促进社会规则逐步地内化为个体的行为，个人的发展从根本上来说，是社会道德和规范逐步内化的过程。这一内化过程通常分为外在阶段、内在阶段与超越阶段，社会外在的道德伴随着人类社会实践而逐渐地进行着变革，外在道德被个体吸收与内化，成为了个体道德，同时个体进一步地超越了社会道德。因而，由外到内再进行超越，这基本符合人的认识的基本规律，与个体道德发展规律基本吻合，成为个体道德的基本方向。②

（二）权利启蒙与强化机制

立足"权利优先"培养负责任的公民。权利和责任是一对相互联系、相互作用的关系，少年作为社会成员的一分子，正成长为积极的、负责任的公民，因而教育矫正需要在权利和责任之间求得平衡。二者的平衡需要认识到"权利优先"。启蒙思想家们极力倡导天赋人权，人生来就带有上天所赋予的自由权利，尊重人的权利也成为了现代社会的重要标志，所以权利和责任的平衡应是以权利为优先。

罗尔斯在《正义论》提出了自由、机会平等、差异三大原则，"自由、平等"与"差异"是社会正义的基础，"自由、平等"保障了人的自由和平等的权利，"差异"则在自由权利的前提下维护社会的基本公平和正义。而且自由平等应该是优先于差异原则的，同时自由优先于平等。从这里可以很明显地看出罗尔斯强调的是自

---

① Pintrich, P. R., "The Role of Goal Orientation in Self-regulated Learning", In M. Boeakaerts, P. R. Pintrich & M. Zeidner, Handbook of Self-regulation, SanDiego: Academic Press, 2000, pp. 452-494.

② 李奎：《自我公民教育研究》，北京理工大学出版社 2012 年版，第 9 页。

由权利的基础性。在自由权利与责任关系问题上，中国传统的伦理道德历来强调责任，国人的个人自由权利意识相较西方缺乏历史的积淀。传统教育极力推崇个体对群体、君王、国家的责任和义务，强调个人让位于集体，自由退让于责任。在封建统治时期，人本身的自由权利在君主面前更是被熟视无睹。在当前对罪错少年的教育矫正中，对个体的忽视、对个人自由权利的漠视仍广泛存在，我们的教育矫正正努力地培养社会和国家的顺民。我们的矫正和教育在培养少年的独立和自由人格、培育权利主体性等方面，尚有很长的一段路要走。在个人权利和自由意识不断唤醒的现代社会，权利已成为广受呼吁和关注的公众话题，继续忽视人的权利诉求是非正义的，也是不可能实现的，对罪错少年的矫正和教育要立足"权利优先"，充分尊重其作为人的独立自由权利，引导其认识自身享有的权利，也明确享受权利所要履行的基本责任和义务。

需要沿着"权利觉醒"的道路，转变传统教育矫正中"无权利"的观念，肯定权利的基础，充分尊重与保障罪错少年的基本权利，使教育矫正从对社会和国家的责任与义务一边倒转向权利与责任的关系平衡。对"权利优先"理念的倡导并不意味着对个人责任的否定，权利和责任是相互关联的统一体，同时又相互依存，二者均不能脱离了彼此而独立存在。之所以强调"权利的基础性和优先性"，是基于当代中国权利意识较为淡薄的历史与现实，是自由人培养的先决保障，是立足于天赋人权在理论与逻辑上的合理性。但是，个人自由权利与责任是统一的，强调权利的基础、优先和倡导自由，也要坚持责任的培养，因而对罪错少年的教育矫正应当是一种在自由权利为基础的前提下培养少年的责任意识和责任能力，引导其勇于承担的实践，只有培养出有责任的人才能算得上真正的自由人培养。赛亚·伯林提出过"积极自由与消极自由观、积极公民与消极公民观"。"消极自由是免于被……的自由，尽可能免除外在障碍，而积极自由是追求更高自由，能够积极主动地去行动"。过度强调消极自由，可能培养出放任而缺乏责任意识的消极公民，而限制的滥用可能又极易造成社会成员被迫在强权、高压控制的黑暗下生活。柏林提出要在消极和积极公民之间寻求平衡，当前我们对罪错少年的教育矫正不能仅将消极公民作为其培养的目标，因为消极公民强调个人权利的保障、个人自由不受束缚，而对于公民个人积极作为与担当关注不足，难以顾及社会责任的培养和承担。教育矫正要培养出积极承担社会责任的积极公民，首先反对强权压迫，争取个人权利，但同时强调个人权利和社会福祉的统一，个人要积极地投入社会的公共性福利创造中，推进个人和社会的共进。综上所述，权利优先成为了教育矫正中个人权利和责任平衡的一个基本准则，包含了个人自由权利诉求，也涵盖个人责任的承担，教育矫正是二者实现内在平衡的系统。教育矫正就是要帮助少年重新塑造其个人权利和责任的意识，尤其是强化其责任的意识和履行责任的能力，权利和责任的交织共同完成帮助罪错少年再社会化的目标诉求。①

二 外部推动机制

（一）情境互动机制

情境意为人在日常的生活与学习过程中所碰到的境遇，这种现实既包含着自然和社会的宏观环境，比如，气候、资源、环境、社会文化等，这些对人的生存、对少年成长、对少年罪错行为都能产生巨大作用，并且对其的作用往往又是无形的、渗透式的。因而这种宏观环境所构建的"情境"成为了重要教育元素和土壤，是对罪错少年进行教育矫正的重要条件。而另一种类型的"情境"是指罪错少年日常中碰到的具体情况，可以是一种突发的事件、一种情绪等。人的实践活动以及每一个行为的选择，均是立足于具体的情境

---

① 叶飞：《"权利优先"抑或"责任优先"——对当代公民教育价值取向的反思》，《高等教育研究》2012 年第 3 期。

之中。教育矫正中重视情境互动机制的构建，有助于帮助罪错少年将内在的自控、自律等品质落实在具体的实践中，从而逐步地进行固化，深化其对教育矫正内容的进一步理解和感悟。情境机制的建立需要兼顾教育矫正对象的切身情况，综合其身心发展的特征，使得情境符合其思维发展特征，例如，可以将教育矫正对象带到敬老院、儿童福利机构、偏远欠发达地区，诱发其对他人的怜悯心和同情心，提高其社会责任意识；还可将其带到监狱、未管所等矫正专门机构，通过聆听罪错的悔罪和忏悔，帮助唤醒其内心良知，从根本上预防其违法犯罪。教育矫正情境机制的建立成为了矫正过程和矫正价值实践的重要环节。①

（二）外部监控机制

建立监控机制，从道德层面说，主要是建立来自外部的监控，是一种道德的他律机制。他律是与自律相对的概念，人的行为深受外部影响，他律机制重点体现为一种对社会的依附，尤其是受"重要他人"的影响。在心理学看来，不同于自律作为一种自我独立需要出现，他律更多是社会依附和个人归属的心理需要。一个人依靠自我的力量不可能独立完成所有的事情，难以达到自我实现，需要求助于他人、依附于社会。教育矫正自由价值的实现首要步骤是通过他律机制的建立，增强外生的动力，再逐步地由外转内，实现真正的自律和自由。即便是对自由极度推崇的罗尔斯本人也谈到，为了体验人自身不具备的优点，需要归属感，通过与他人建立连接，向他人寻求帮助。② 托马斯主张"建立以他律为基础的社群感"。比如，失去了家庭和学校重要他人的监护，人很容易脱离了正常的轨道，而通过其他非正常方式证明自身的存在，证明方式包括拉帮结派、追求时髦、整容等，因此与自律相较，归属感应处于优先

---

① 张澍军、王立仁：《论德育过程的内化机制》，《社会科学战线》2003年第2期。
② ［美］约翰·罗尔斯：《正义论》，何怀宏等译，中国社会科学出版社2001年版，第30页。

地位。

（三）行为奖惩机制

行为奖惩机制的理论根基在于行为主义。对于教育矫正对象的反馈，采取奖励与惩罚机制和相关措施能有效地对其行为进行调整或激励。行为主义的理论基础为斯金纳的强化理论。斯金纳提出"操作条件反射"，通过强化对老鼠、鸽子等动物的行为训练，借由正负强化等成功控制它们的行为。在他看来，人同动物并无太大的区别，人的何种行为会继续保持，何种行为会消失，取决于行为所产生的后果。人采取了行为的结果是得到奖励还是惩罚，对行为有着直接性的影响，培养人的行为习惯只需要通过奖惩的手段就可以实现。根据行为主义的基本程序建立的行为奖惩机制要求管教人员通过规则的制定和颁布，监督执行，再辅之以奖励、表扬以及批评惩罚。比如对于违规者采取扣分、警告、关禁闭等措施。对表现优秀者进行口头表扬、加分、减刑等。

三 内外联动机制

（一）要素整合互动机制

教育矫正系统蕴含着价值观、规则、制度等构成性的要素，为我们进一步把握教育矫正价值的抽象性根本特点提供了重要的思路，从根本上来说，教育矫正系统内外联动的重要特点在于教育矫正过程的有序、发展的稳定和关系的协调。第一，教育矫正过程中遵循着要素整合协同有序的运行逻辑，不同教育主体和教育矫正过程的不同要素形成一种有序的状态，教育矫正过程中管教人员能够基于规则做出行动抉择，但这种自主抉择和行动是建立在法律制度所构建的规制基础上，根据理性选择教育矫正的行动模式。第二，教育矫正发展呈现较为稳定的状态，体现着一种事物运动的相对静止，代表着教育矫正在特定的时期和阶段中具有较为一致的、相对固定的模式。稳定性构成了秩序的重要前提和基础，代表着规则的合理稳定和结构的稳定。当然这种稳定并非绝对的,而是在一定条件下的相对稳定状态。第三,教育矫正过程中关系协调,不同主体之间的关系得以理顺,教育矫正的相关法律制度和规则能够相互配合,克服了因规则的不同而带来行为混乱和失序,此外,教育矫正中教育和刑罚等关系协调,矫正中的显性规则和隐性文化之间的冲突和矛盾能够得到有效调节。总之,关系协调代表着教育矫正中涉及的多要素相互配合、协同共进,这是教育矫正秩序的判断标准与存在的依据。①

（二）内外秩序协调机制

构建教育矫正内外良性协同联动机制需要把握的关键点有,教育秩序同社会秩序一样,参照哈耶克观点一共可划分为两种基本的类型：一种类型是外部秩序,又称人造的秩序,此种秩序难以达到复杂性要求,同样难以被人的有限理性创造出来；与之存在着本质区别的另一类型是内部秩序（又译为自生秩序、内生秩序、内发秩序等）。② 内发秩序是社会运行的核心秩序,唯有当内发秩序在最少规则约束的情况下能够被社会成员遵循,内发秩序才能得以存在并持续地运行。但是在实际社会生活中,规则的破坏和失序的情况时常发生,内发秩序并非得到所有社会成员的遵守,所以,为了保证我们的社会规范能够受到遵守,政府的强制力是必要且重要的。换言之,秩序多以事物可预期性作为呈现,而事物是否能够按照人们预期方向发展很大程度上受到社会成员是否自觉遵守规则的影响。然而,需要认识到,每一个社会成员都能具备内发秩序规则终究是个永远也不可能实现的幻想,国家正是在此基础上产生,为社会成员指定规则,并且当有人破坏规则时对其进行裁判与相应处置,保障个体的基本权利,保证社会的有序运行,因此,秩序价值取向多

---

① 朱芝洲等:《职业教育秩序：本质与价值分析》,《职教论坛》2013年第19期。
② ［英］哈耶克:《法律、立法与自由（第1卷）》,邓正来等译,中国大百科全书出版社2003年版,第54—58页。

关注对社会整体稳定和安全状态的维护，刑罚制度视野下秩序价值取向具有以下多重含义。

由规则和制度为基础的计划秩序与意识、观念为基础的内生秩序的结合。教育矫正秩序的形成既包括计划秩序的建立又包含自生秩序的形成，二者相互配合，共同建构，逐步形成。自生秩序是基于长期的矫正实践而逐渐地自发所形成的内在规制，通常指社会风俗习惯、思想观念、行为惯性、规范伦理等要素，自生秩序能够对教育矫正制度所构建的计划秩序的不足进行一定程度的弥补。二者均成为了教育矫正秩序整合的基础，共同为教育矫正有序建构和稳定运行发挥作用。通常来说，计划秩序对于任何社会、任何机构的运行都是不可或缺的，甚至可以说几乎所有的实践活动都需要由制度所构建的计划秩序，但是自生秩序在整合功能方面具有更强的力量。只有将计划秩序和自生秩序进行有机地融合，达到共生共荣，有效连接起内在耦合机制，才能推进教育矫正的有序发展，促进罪错少年行为回归秩序化和自由化的状态。

（三）"规约＋关怀"协同机制

教育矫正方式融合规约和关怀。规约更多体现的是法治的理念，而关怀彰显的是德治的思想。法治和德治缺一不可，相辅相成，对罪错少年行为习惯的改变、规范的学习和遵守有深刻影响。法治取向的教育矫正重点在于建立健全刑事政策、各项管理制度、考核机制、奖惩规定，德治取向的教育矫正强调通过思想转化、心理秩序等手段进行改造和教育，借鉴思想政治教育、道德教育、法制教育等方法，多种手段相结合，或通过典型案例对罪错少年进行思想的启迪和教育，或通过生活实际情境，渗透道德教育，养成良好的道德习惯，或通过管教人员的言传身教，对罪错少年起到良好示范。①

---

① 王家军：《规约与关怀：当代师德建设的伦理冲突及价值选择》，《江苏高教》2006年第2期。

规约与关怀的关系为，规约是基础，关怀是关键，外在的法律规则要服从于内在的道德评判。关怀强调对罪错少年的尊重与包容，注重对其自由的保护。尊重本身是一种包容，是自由人所传达出的素质与能力，是一种对他者的包容，充分尊重他者的他性。关怀同时是自由人的一种存在方式，表现出对世界其他生命体的同情、怜悯和关心，关怀成为了人的自由生命。规约、惩罚和尊重、关怀一样，均是教育矫正的重要手段。教育矫正重教育和惩罚二者不可偏废。规约、惩戒就是要告诉不良行为少年，犯了错误，违反了规则和纪律，就必须付出相应的代价，人必须为自己的行为负责。

"规约 + 关怀"培育机制是一种社会需求和个人需求相结合，融合他律和自律的机制。教育矫正既然体现了社会的客观要求，因而不可避免地需要他律，同时需要依靠教育矫正对象的自觉性和主动性，因而也不能脱离罪错少年的自律。教育矫正要有机地将反映社会需求的他律与个人需求的自律结合起来，并且是一个逐渐由他律走向自律的过程、一个逐步强化自律养成的进程，反映了罪错少年自身身心的发展和成熟。所以，教育矫正的内容需要具备社会向度，体现国家和社会的目标诉求，同时要看到教育矫正终极追求在于将外在规范内化为少年的自觉行动，帮助其养成良好的人格。对人的塑造是内在的，需要自足于教育矫正对象的自觉，因而，自律成为了教育矫正的方向和最终诉求。[①]

第三节 罪错少年教育矫正价值取向实现的策略选择

对罪错少年教育矫正自由价值实现的探究，是对教育矫正价值诉求的一次再认识，是价值哲学在实践中的反思，是由理想到现实

[①] 王家军：《规约与关怀：当代师德建设的伦理冲突及价值选择》，《江苏高教》2006年第2期。

的必由之路，也是对教育矫正过程的重新考量。教育矫正价值哲学的践行最终要依靠价值实现活动的开展，因而对教育矫正价值问题的谈论不能脱离其实践向度。让每一名少年茁壮成长，要注重教育矫正，并把它作为立德树人的一个重要环节，"自由复归"是教育矫正的一种境界、一种理念，当我们对当前教育矫正问题进行深刻反思的时候，要对教育矫正的策略选择进行及时改革、创新。

一 教育矫正内容重视生命体验与心理教育，重塑自由灵魂

（一）融合个体生活体验

怀特说过："要理解惊人的实践，需要联系其日常生活模式来认识"。[1] 针对当前教育矫正忽视少年个性差异的现状，在实践其价值取向的过程中对罪错少年的道德和法制教育缺少对不同个体生活体验关注，用统一的教育模式以及相同的目标、整齐划一的考核标准去衡量教育矫正的效果，磨灭了罪错少年的个性发展。教育矫正对象在这种模式中感受到的不是受尊重的愉悦感，而是沉重的负担。遵循罪错少年的独特性是教育矫正一大根本原则，也是教育矫正实践必须遵循的基本规律，由于每个罪错少年的成长环境以及个性品质都不同，我们在对不良行为少年进行教育矫正的过程中，要基于个体的生命体验和生活情境丰富教育矫正内容，为每一名少年的自由成长提供教育。

将教育矫正的重要内容——道德教育、法制教育、生命教育、心理咨询与辅导等融入学科教学中，对不同学科知识进行充分的综合性利用，来帮助少年学生学习如何应对生命困惑，重视生活体验，充分地体验生活情境，参与各种活动，让教育能够感动少年这一群年轻的生命，震撼他们的心灵，把教育融入生命体验中。因此，教育矫正的内容必须通过引导罪错少年正确认识自身，"有自

---

[1] ［美］威廉·富特·怀特：《街角社会》，黄育馥译，商务印书馆2012年版，第7页。

知之明",帮助其寻找到适合自己的路,需要将外在的规则教育和行为的塑造与内在的修养、人格的完善相结合。能够在外在规制遵循和内化的基础上,追逐心灵的自由成长,自主地成就和创造生命的价值。① 教育矫正内容的选择要重视自由灵动内在养成,增强教育矫正内容的"向人"性。比如,广东省英德市未成年人社会观护帮教基地对涉罪少年的教育矫正重视开设各类课程,比如,日常生活礼仪、传统文化、国学、艺术等,课程内容贴近生活。南京市建宁中学、北京市海淀工读学校、昆明市金殿中学等专门学校同样开设了诸多贴近现实生活的各类课程。

教育矫正要注重少年真实的生命体验,强调生命体验的表达,因为人作为现实中的个体,对抽象事物的认识是通过经验获得的。同样的,少年要认识生命、理解生命、珍爱生命,就需要把自身投入到生命的各种体验中,逐渐对体验感悟、反思和内省,此外,人对自我生命的认识和理解主要借由表达在内心进行再现,表达本身是一种体验、一种创造、一种接近于生命的活动,因此,可以说,表达与体验二者为人类认识自我、他人的生命,为理解生命的深刻内涵提供了前提和基础,帮助少年不断追寻生命的提升和完整。②

因此,需要把教育矫正和真实的生活世界相互结合、互相融入,生活世界的合理性积极元素要借鉴和引入教育矫正中。罪错少年教育矫正当立足于生命的需要和生活的体验,立足于人性,从社会生活实践出发,主张通过生命感化生命,通过挖掘生命精神内核点亮罪错少年生命的希望,通过创建和谐的环境对其进行熏陶和感染,把生活世界中美好、纯良的元素根植于少年内心深处,让少年感受到生活的美好和丰盛,对社会富有正义感。在生活化的教育内容感化下培养对他人的爱和关怀的能力。通过切身生活环境的真实

---

① 孙刚成、田玉慧:《自由教育视域下的基础教育改革取向》,《教学与管理》2014年第36期。
② 任春茂:《从生命哲学思想管窥当代中国儿童生命教育》,《教育评论》2015年第5期。

教育素材培养正确的是非观,引导其积极向善。唯有如此,生活世界和教育矫正内容才能真正地融合,生命化道德教育和道德化生命教育相得益彰,构建起罪错少年丰富的生命世界,扫清生命的灰暗,唤醒心中的生命之善、生命之美。①

(二) 注重内容的层次性

基于人性的复杂性和多维性,对罪错少年的教育矫正内容重构要坚持多元中的分层,人性包含着共性、社会性、个性三个维度,因而教育矫正内容也需要对这三个维度进行体现,教育矫正内容同样需体现出层次性。第一,从少年教育矫正内容的微观层面来看,以是否有利于个体的生存、发展和完善为标准,教育内容必须符合人自由天性与自由人回归的基本方向;第二,从教育矫正内容的中观层面看,以是否有利于群体利益与群体发展为标准,每一个群体中都存在特定的道德标准,对人的行为进行约束,少年行为不能损害其他个体的利益,要符合群体的基本利益要求;第三,教育矫正内容的宏观层面立足于更大更广的群体,以是否有益于社会进步以及人类发展为标准,与国家和民族相对应。这三个层次的标准彼此之间并非相互独立,而是辩证统一,不同层次划分帮助个体对自身行为有标准可以遵循,也能够评价他人的行为,使得个体和社会发展联系起来了,并且基于标准性与灵活性相平衡的原则,进一步提高罪错少年教育矫正内容的实用性,提高矫正内容的适切性,使得教育更加具有可操作性。承认教育矫正内容的层次就是承认行为由较低层次逐步向高层次发展的规律,就是承认教育矫正价值取向由秩序价值逐步向外拓展的规律,就是承认罪错少年个体发展差异以及个体行为发展的阶段性。② 比如,安徽阜阳颍东区社区矫正就推出了菜单式的服务项目,社区矫正对象能够根据"菜单"进行自主

---

① 肖川、陈黎明:《生命教育:内涵与旨趣》,《湖南师范大学教育科学学报》2013年第4期。

② 胡丽聪:《论新时期道德评价标准问题》,硕士学位论文,长春师范大学,2014年。

的选择，挑选个人感兴趣、适合于自己的矫正项目，在对社区的公益劳动和服务等教育矫正内容中更加具有针对性和灵活性，用更加弹性的内容对矫正对象进行教育和帮扶。

（三）强化心理健康教育

在心理咨询中，价值中立和价值干预之争是一直以来就存在的问题。应该说，价值中立是心理咨询的一大基本原则、关键策略以及心理咨询行业的伦理道德要求、心理咨询师基本职业操守，历来受到了广泛提倡。价值中立要求心理咨询师对受访者不作任何价值评判，也不将自己的价值观强加给来访者，充分地理解、尊重其价值观，因而有助于来访者敞开心扉，建立平等的关系。然而如果不顾现实具体情况，始终高举价值中立也并非合理。应当将价值中立作为一种价值干预的策略，尤其是对于罪错少年，身心发展还不成熟，不少少年甚至出现错误的、歪曲的价值观，从而导致行为的越轨，因而，价值的干预和引导是非常必要的。要把价值干预作为教育矫正中心理咨询的常态，对其进行适当的引导，帮助其建立积极的主流价值观。当然，价值的干预和引导不是直接的灌输和干涉，而是间接、隐蔽的渗透，重点在于引导其进行自我辨识，能够实现领悟和转变，这样的价值干预和引导并非单纯满足社会秩序维护的需要，而是立足于人性、尊重人的教育。① 价值中立代表着教育矫正心理咨询的基本态度和客观立场，但要认识到价值的中立并非最终目的，而是价值干预的一种手段、策略和重要环节，中立是为了实现合适的干预和引导。价值干预是教育矫正心理咨询中一种不同程度的价值渗透与影响的过程，也是一种教育的引导方式。中立并非无所作为、放任自流，而是一种对罪错少年的积极期待。价值中立与干预有着共同的目标追求。总之，价值中立和价值干预是相互统一、密切配合的，将二者有机结合起来，是罪错少年教育矫正

---

① 潘柳燕：《论心理健康教育中价值问题处理的基本原则》，《湖北社会科学》2014年第2期。

"以教统罚复归人的自由"价值取向实现的重要途径,是一种必然趋势,有助于从不同罪错少年个体的人格特质、心理特点、心理与行为状况出发,对其采取针对性的价值应对方式,运用咨询、矫正、教育、干预等处理方法,基于"人的自由复归"目标追求,以便更好地进行价值的引导和适度干预,从而促进罪错少年个体生命的自由成长发展。

二 教育矫正手段凸显个人内省与关系修复,实现积极自由

(一) 凸显内省自律,促进对规则的自我内化

第一,引导罪错少年内省。所谓内省,是内心的反省,着重人的心理对其行为的反思、醒悟、检讨。借由心灵反省,调控自身行动。从古至今,内省法是锻炼道德品质,认识自身不足并自我改正,提升修养和境界的重要方式。内省的修养之法成为了古人修身养性的常用方式,构成了中国传统文化的重要组成。中国漫长的历史长河中出现许多思想文化流派,各自通过思想体系、价值结构构建出迥异的修身养性之法,但儒家内省法成为了中国传统主导文化的重要内容。以孔孟为代表的儒家思想中就出现不少关于内省的观点,比如,孔子提倡学习、思考和反省,主张君子必须通过反省自躬进一步地学习和修身,所谓"吾日三省吾身""有过则改""见贤而内自省也"。孟子继承了孔子的学说,对"内省"也有类似的言论,他提出"思则得之""反身而诚"等至今仍成为许多人的座右铭。孟子是教育"内发论"的典型代表,认为人是通过内心追求来获得知识、美德,而不是向外追求,因为仁、义、礼、智本来就是蕴藏于人的内心,教育要通过反求诸己将四端进行扩充。荀子尽管未明确提出内省,但他对心的修养极为强调,治乱在于心之所可,通过人心的修养,达到自律、免受外在制约。董仲舒强调"内视反听",通过内省达到修身的目的,不断体认本心,行为是否合乎正义,不在于评判他人,而在于反思和改正自我。魏晋时期王弼

提出只有人心能定，才能体悟虚无道德精神。郭象突出"坐忘"，与外界隔绝，达到物我两忘的境界。李翱也强调人处于绝对虚静境界，如同明镜一般清明宁静、无虑无思。程颐、程颢提出人要能明理，需要通过内心去体悟"理"，道德需要通过内心自省获取，提出过瞑目静坐、整日像泥塑人一样修养。陆九渊也强调养心而自得，通过静坐猛省，通晓天下之理。王阳明与孟子类似，认为一切知识和道德都是内心本来就有的，不需要向外追求，而是达到人的内心体认，进行顿悟。魏源继承了宋明陆王学派观点，将心视为天上的神君，"口耳鼻目身无一不受其支配，听其命令"，因而要求人"终日自反"，达到"外敬内静"。通过历代伟大思想家的观点可以发现，内省法对中国古代社会影响巨大。尽管内省未能逃脱唯心主义的窠臼，但内省在中华民族的国人心态和民族精神的塑造和养成上带有很深的烙印。[1] 福柯在《惩罚的温和方式》中认为，单纯的隔离和自我反省难以实现惩罚和矫正的目的，宗教规劝同样不能一蹴而就，必须持续不断地进行。[2] 因而，教育矫正方式的完善，重点要通过内省激发人的自愈功能，这是一种人生而俱来的功能，以实现人的内在稳定与平衡的机制。内省有助于修复人和调整人自身，实现身体层面和内在层面的疗愈。

第二，培养罪错少年的自我控制能力。未管所、工读学校等矫正机构作为制度化、规范化的集体教育空间，为了有效地对罪错少年进行管理，达到矫正目标与教育效果，自然需要设置一套系统的规范，来规约少年共有的身体经验，对其进行合理、有效的引导。虽然从根本上说，教育含有引导、教化、塑造等含义，然而，教育矫正就暗含着管教人员处于主导地位而矫正对象处于被动地位。而

---

[1] 曾钊新、李建华：《德性的心灵奥秘——道德心理学引论》，辽宁人民出版社1992年版，第21—25页。

[2] ［法］福柯：《规训与惩罚——监狱的诞生》，刘北成、杨远婴译，台北桂冠出版公司2003年版，第140页。

工读学校是教育和矫正不良行为少年的专门性机构,这种教育矫正是有目的、有计划的系统活动,因而工读学校组织自身就蕴含着将违反规定的人强制性地约束在规定的空间里,进行规范的重新学习、行为的规范性塑造。教育矫正所要塑造的少年是规范性的、给定的。① 通过对罪错行为的规范性矫正实践,帮助罪错少年逐步发展出自我控制与自我规定的能力,这也是行为规范、塑造以及教育矫正的真正要义。

第三,发展理性,增进对自身问题思考和解决的能力。促进罪错少年能够根据理性思考自己所面临的困境式问题,比如,自身行为给他人和社会带来何种消极影响,如何改善与他人相处的矛盾,以及如何才能自我成长、何以更好地彰显人生的意义等问题。引导其独立自主地思考,实现内省和顿悟的过程有助于罪错少年提高问题解决能力,还训练了内省和醒悟的能力,真正地有助于教育矫正的效果。理性的培养和自主能力的训练不是靠管教人员构思的几个问题就能形成的,抽象的说教非但不能达到效果,反而容易带来抵触情绪。它应该产生于罪错少年的生活实际,根据人的自由精神,基于罪错少年自身需要,增加切身问题和人生困惑的解决。理性的发展、问题思考和解决能力的养成离不开环境和教育,身处自由宽容的社会环境中,方可以激发出少年的生命潜能,获得真正的自由,否则难以彰显自由之精神,无法发挥罪错少年的主体力量,教育矫正的"自由复归"价值诉求难以得到真正实现。②

第四,允许罪错少年选择行为并承担责任。罪错少年在自身人生困顿之际,需要学习如何选择行为并承担责任。而这种行为选择和责任承担的能力必须培养并具备相应的能力。随着身心成长和成熟以及活动空间的拓展,他们将拥有越来越广泛的自由选择权力,

---

① 胡春光、董泽芳:《规范还是规训?——对中小学行为规范教育的反思》,《教育学术月刊》2013年第7期。

② 周围:《自由教育:为了理性的人》,《教育探索》2008年第10期。

享受的自由度也越来越大。但是，自由与责任是相依相伴、共存共在的，享受自由的同时也要承担一定的责任，为自己的自由选择和自由行为负责，平衡自由和责任的关系，这是复归人自由的根本要求。回归人的自由精神，是教育矫正"自由复归"价值追求的关键所在，所以管教人员既要鼓励和允许一定的自由，但关键在于培养责任，以责任来规制自由的异化和保障自由的享有。通过理性和自制培养推进责任意识和能力的塑造，提升自由和责任的平衡能力。但是对于一个选择能力和责任意识尚未发展健全的少年来说，教育矫正必须在具体的方法上进行引导，杜绝自由过度而导致放任。通过提供给他们独立思考的空间和机会，鼓励其对自身行为进行反省，引导其学会如何自由地做出选择并使生活变得有意义，当然这并非直接告知答案，而要基于具体情境提高问题解决能力、增强主动承担的意识。尤其对自我控制力较低、道德责任感不强的个体加强个别指导，引导他们如何选择行为与承担责任，享受到真正自由。[①]

（二）立足关系修复，引导对社会的积极作为

人与人、人与社会关系的正确处理是教育矫正的重要内容，对罪错少年进行教育矫正，并实现其价值追求，需要进一步促进个人的社会化，教其学会正确处理人和人、人和社会的关系。人的自由状态不能脱离其他个体，更不能脱离了社会。个体作为一种社会化的存在，与社会有着绕不开的关联性，其生命发展历程实质上是社会化的过程。人的罪错行为的一大重要标准在于社会的危害性。人自由实现的过程是逐步与社会关系融洽和谐的过程。罪错少年教育矫正中复归人的自由价值取向的实现同样需要立足于"关系"本身，关注到社会。社会化的过程是推进个体通过社会化学习，逐步学习社会的各种规则、习俗、行为习惯，将其自然地内化，逐渐适

[①] 周围：《自由教育：为了理性的人》，《教育探索》2008年第10期。

应社会生活的规范和要求，遵守法律法规，能够依照社会规范为人处事的过程。少年的罪错很多情况与"其自身和他人的关系问题"有关，比如人际的冲突矛盾引发的暴力伤害，也与"其自身和社会的关系"相关，比如缺乏社会责任感而任由自我自由为所欲为。自由复归的过程也是个人思想观念和行为方式不断向社会标准靠近，提高人的社会责任感，学会履行社会责任，对社会中的其他个体和群体给予关怀的过程。罪错少年的教育矫正唯有通过重新社会化，才能更加顺利地融入社会生活中。少年只有在社会中生存和发展，其生命才会更加富有意义，反之，社会化发展受阻，他们对社会生活的适应和融合将面临困难。少年通过社会化逐步地走向人与社会和谐的自由状态，需要习得人类的生产、生活、文化经验，掌握社会生活的技能，具备社会公德，并积极作为，能够根据社会要求承担起自身所需的社会责任，达到自由与责任的平衡，成为对班级、对家庭、对社会、对国家、对人类有益的成员。

罪错少年教育矫正价值取向的实现，要立足于少年人际关系，教其学会处理与他人的关系，促进人际关系的和谐。人通过和他人互动进一步对自我进行深入的理解，他人就如同一面镜子。[1] 在与人进行社会交往的过程中，少年的生存、成长与他人发生着互动，人的爱恨情仇也与人际交往密不可分。人的自由状态应该是自我与他人、自我与社会和谐的一种状态，因而关键要教育其学会沟通、学习人际交往，平衡个人自由和他人自由的关系，掌握与他人进行健康交往的能力，妥善处理人际关系中的冲突和矛盾。如美国的E-QUIP矫正项目注重社会关系的修复。更有迈瑞豪（Marahall）、万连（Vallian）、琼斯（Jones）等一批学者通过研究发现，沟通、角

---

[1] ［美］乔恩·威特：《社会学的邀请》，林聚任等译，中国法制出版社2012年版，第124页。

色互换、模仿优秀者待人接物等在罪错少年教育矫正中的作用。①此外，少年人际关系不能脱离对他人的关怀、包容，教育矫正要帮助少年学会关怀、主动关心其他社会成员，对于别人的苦难具有同情之心，感知自身行为给他人带来的伤害，能够学会同情弱者。充分尊重人与人之间的差异性和多样性，学习和他人共处的能力，协调个体享受自由与履行责任的关系。②健康、和谐的人际关系有助于大大减少暴力伤害行为，实现少年自身与其他个体的真正自由。

罪错少年教育矫正价值取向的实现，要加强社会责任感培养，促进积极自由的形成。尽管当前对教育矫正的理念、内容、方法进行了积极的探索，积累了不少经验，但是教育矫正并没有融入社会交往当中，在教育矫正的实践过程中，教育矫正的观念滞后，少年责任意识较为薄弱，一遇到挫折或者打击就产生偏激行为，伤害他人或自己的生命。我们的整个社会还没有形成重视平等和自由的集体观念，各级各类教育机构对教育矫正缺乏应有的认识、对教育矫正不够重视，观念上的滞后成为了当前对少年开展教育矫正的一大拦路虎。开展教育矫正、提高少年的生命自觉是教育回归自由本性的需要，是教育矫正题中应有之义。例如，在矫正过程中投入情感，给予其心灵的温暖和慰藉；引导罪错少年进行内心的体悟，吸收传统文化的内省、领悟等境界，达到感化的功效。比如对于部分暴力攻击型的罪错少年，让其领养小动物、认领花草，通过对小动物或花草的精心呵护，激发出其关怀生命的本能，体悟到生命的可贵，能够从内心深处真正热爱生命。在现实的矫正中，有不少未管所利用亲情感化，重个别教育，这正是刚柔并济理念的表现。

---

① 徐肖东、李凤奎：《未成年犯不良交往矫正项目研究》，《犯罪与改造研究》2018年第4期。

② 冯建军：《生命教育与生命统整》，《教育理论与实践》2009年第22期。

三　教育矫正模式推进分层分类与注重适切，满足个体需求

（一）增强矫正的针对性和多样性，构建分类分阶段矫正体系

任何现代监狱都不可能不对犯人进行矫正，只不过是矫正的方法与手段不同罢了。当急于讨论矫正是不是有效时，人往往忽略了一个矫正方法是否科学的关键问题。美国约瑟夫·罗格斯提出矫正方法可做如下分类：第一类是对任何犯罪人都没有效果的矫正方法；第二类是只对一些犯罪人有效果的方法；第三类是对某类犯罪人具有特殊效果的矫正方法；另外还有部分诸如"天生犯罪人"的罪犯根本不可能得到改造，与矫正方法毫不相干，这可视为第四类。在中国监禁矫正中绝大多数矫正方法具有严格的强制性，矫正对象几乎丧失能够自由选择的机会。如果根据约瑟夫·罗格斯的观点，那些对任何犯罪人都没有效果的矫正计划/方法或那些只对一部分人有效果对其他人无效的矫正计划/方法，如果强迫所有罪犯去无条件地接受，那么矫正非但没有效果，甚至可能得到适得其反的后果。因此，对再犯风险相对较低的犯罪少年应当考虑适度地放宽矫正的方案，适度向矫正的自由价值取向倾斜，但是对那些矫正效果较理想的犯罪少年要创造条件赋予其更多选择权，例如在其休息期间，扩大其在科学文化学习、职业技术教育、文体娱乐、亲情会见等方面的自主权，少年犯罪人既能够选择这些教育矫正项目的相关内容以及相应的形式，也可以选择部分不参与。对于部分已经掌握职业技能的犯人，并且其犯罪行为与职业技术并无直接关联，不一定必须强制性地要求其接受职业技术培训。

建立分类型矫正体系。惯犯、累犯、顽固分子、人格障碍类矫正对象，要以秩序为基。可以根据罪错少年的人身危险性进行分类，对于监禁矫正处遇的犯罪少年，在量刑后、收押前，需要根据科学的心理和行为测评的程序，对犯罪少年的心理做一次评估，重点关注其人身危险性的高低，以及对矫正的态度，将其进行不同级

别的分类，根据不同类型对其的戒备强度有所不同，一般来说，对于犯罪少年其戒备程度不宜过高，但是还是需要再进一步细化，以推进行刑和矫正工作的秩序性，便于对犯罪少年开展个性化矫正。在当前犯罪少年监禁矫正机构中人力、精力、物力、财力还不是特别充足的现实下，如无法实现个案矫正，但最起码也必须努力推进分类矫正的落实，但是分类矫正必须基于对矫正对象的评估科学性、把握的准确性基础上，这无疑需要工作人员的专业性。对矫正对象怎样进行合理分类和个别化改造成为了世界性难题，德国李斯特的观念或许能为我们指明一个基本的方向，"矫正可以矫正者"，然而时至今日，仍缺乏一种被理论所证明或实验研究所验证的可操作性模式对哪部分矫正对象是能够矫正的，而哪部分是不能矫正的进行区分。

　　明晰分阶段矫正体系，构建以规制为基的强制矫正—消极自由（免于……的自由）—积极自由（主动做……的自由）三阶段矫正系统，促进由强制矫正到自觉教育转变。进一步提高对犯罪少年监禁矫正的方案适切性。世界不论哪个国家或地区都不存在一套适用于所有人的万能矫正方案，因而各国家和地区积极开展个案矫正、分类矫正等实践探究。犯罪少年矫正方案需克服刻板化的矫正和规训模式，适切性关键反映在矫正方案的针对性、个性化和多样性等方面，基于自由人的培养必须针对犯罪少年个体的不同情况，立足于其罪错的具体表现和程度进行量体裁衣。有研究提出"梯形结构"矫正项目体系：首先，采用教育性和非监管性的矫正项目，保护自由，侧重预防；其次，当矫正无效或人身危险性较大时，采用不限制人身自由的监管性的矫正项目；最后，针对矫正无效或人身危险性高的对象，采用在一定时间内限制人身自由的矫正项目。[①]

[①] 王顺安、甄宏：《试论我国未成年犯社区矫正项目体系之构建》，《青少年犯罪问题》2005年第1期。

(二) 建立预防、惩罚、矫正一体化模式，兼顾一般和特殊

功利主义惩罚论中的预防论，又存在一般预防论与特殊预防论之分。其中，一般预防论将视线聚焦在规则违犯者以外的群体，使其遵纪守法；特殊预防论则强调对规则违犯者再一次破坏规则的防范，将关注点由过去转向了未来，重视个别化的惩罚。① 现代意义的惩罚理念已不再是单纯的报复惩罚、罪责相当等惩罚理念，而是将报应主义、一般预防主义、特殊预防主义相结合的惩罚理念。人本、民主、平等、公平、正义等成为了现代社会和现代法的基本精神和最终追求，人的自由问题被提高到了重要的地位，著名法学家陈弘毅教授一针见血地提出："现代法是维护人的尊严，尊重人的价值，保护人的权利的法。"② 惩罚的个别化是以人为基调的，展示了对个体的人格尊重，以少年自身为本，多了一份人性关怀，改变了"差生""坏孩子"等观念，而把目光由惩罚罪错少年的外在行为转移到内在心理，这就意味着惩罚个别化和教育个性化具有人性终极关怀的道德根基。惩罚和教育的个别化是以特殊预防为内容的。特殊预防论指导下惩罚个别化追求的是人和教育价值的彰显。③ 惩罚成为了一种理性的富有意义的措施，是对报应主义的极大超越。个别预防的代表人物李斯特曾言："矫正可以矫正者，不可矫正者不使危害"。④ 有必要对罪错少年进行个性化惩罚和矫正。少年处于身心发展以及社会化发展的关键阶段，惩罚性、监禁性、强制性地使之与社会进行隔离，隔离与社会、家庭、学校的联系，将对其带来社会化正常发展的严重障碍，破坏其情感的健康发展。虽取得了表面上的秩序和暴力控制的短期成效，但背离了教育的本质和

---

① 刘晓山：《报应论与预防论的融合与分配——刑罚正当化根据新论》，《法学评论》2011年第1期。
② 陈弘毅：《法治、启蒙与现代法的精神》，中国政法大学出版社2013年版，第13页。
③ 林树锦：《试论再犯罪预防与刑罚执行的个别化》，《商业经济研究》2010年第25期。
④ 邱兴隆：《个别预防论的源流》，《法学论坛》2001年第1期。

初衷,造成讽刺性后果。① 对不良行为与严重不良行为少年进行心理、危险性因素的评估,对其进行分类教育,尝试个别化矫正,成为了世界各国对罪错少年进行教育矫正的重要实践与发展趋向,各国的教育矫正项目充满着个性化、多样化的色彩,并始终在教育矫正中发挥心理测评、评估报告的作用。针对不同教育矫正对象设置个性化的矫正方案,针对不同心理与行为,通过精细化、科学化的流程设计对其进行学习辅导、职业培训,基于对人自由的充分尊重进行心理治疗以及情感感化、文化熏陶、行为控制等教育矫正活动,最大化地提高罪错少年教育矫正的效果,帮助人实现自由复归。②

四 教育矫正管理引导自我管束与适度开放,助推复归社会

罪错少年教育矫正"以教统罚复归人的自由"价值取向的实现,在管理上既要扭转虞犯和触法少年的自由放任,又要破解"规训"监禁环境下自由成人的悖论。

(一) 重视保护性管束,强化国家监护

教育矫正管理的改革要推动片面宽待松管向宽罚严管转向,扭转虞犯、违警和触法少年的自由放任,落实国家亲权,强化监护。重视国家亲权,加强对罪错少年的监护。国家亲权包含着直接和间接的干预两种,重点在于通过国家公权力对少年、儿童进行保护和干预,转变罪错少年脱管、失管的状态。第一种是国家直接发挥和承担少年儿童监护人的权力和职责,对少年进行直接监督和保护,这是直接干预;另一种是国家通过强制力对少年的家庭尤其是其监护人进行有力的约束,引导监护与被监护关系,确保罪错少年实现

---

① 姚建龙:《转型社会的青少年犯罪控制——以"全国重点青少年群体教育帮助和预防犯罪试点"为例的研究》,《社会科学》2012 年第 4 期。
② 郭晓红:《未成年犯罪人社区矫正的路径选择——以社会控制理论为视角》,《法学杂志》2014 年第 7 期。

利益最大化，这是间接干预。国家公权力对私法领域的干涉，离不开法律法规的规制，同时国家对罪错少年的监护问题进行间接干预，依法通过公权力对家庭和亲情的介入，需要通过对罪错少年监护机制的完善督促少年、儿童父母责任的履行，实现国家公权力和家庭秩序自我运行的平衡，保障罪错少年得到妥善的安置和管教，契合实际地保障罪错少年的权益。① 尤其受中国传统家庭伦理影响，国民重视家庭、亲情的心态强烈，因而国家权力强制介入必须非常慎重，规范公权力介入的范围，对权力进行有效监督，限制公权力，合理干预私域，预防权力的肆意扩张。总之，国家亲权面临着法律制度与人伦道德的双重障碍，所以国家公权力不能触碰伦理的底线，基本原则在于儿童利益最大化，违背了这一基本准则，国家公权力有必要介入和干预，并且对这一原则违背越严重，其介入的深度和干预强度就越强。②

对罪错行为轻微的加害人，那些带有强制性、惩罚性监禁处遇措施，尤其是针对在校中小学生校园欺凌和暴力犯罪的预防和矫治中更应慎重使用，特别是对于有不良行为但尚未达到违法犯罪严重程度的少年更加要严禁使用。在教育矫正实践中工读教育当进行谨慎与合理的适用，对严重不良行为的少年进行矫正。③ 但是，这并不意味着对罪错少年放任不管，而要建立健全对罪错少年管束和保护的制度。通过《未成年人保护法》《预防未成年人犯罪法》等法律法规进一步细化公安部门对少年罪错行为的处分权力，公安部门有权对少年进行训诫、责令其赔礼道歉，必要的时候要赔偿受害者的损失，并且对屡教不改者要严格监管，进一步提高训诫的有效性，在监管期间，可适度使用宵禁等措施，配合学校管理、家长和

---

① 张善斌、宁园：《论未成年人监护的价值理念——以国家干预及其尺度为视角》，《武汉理工大学学报》（社会科学版）2016 年第 6 期。
② 同上。
③ 姚建龙：《转型社会的青少年犯罪控制——以"全国重点青少年群体教育帮助和预防犯罪试点"为例的研究》，《社会科学》2012 年第 4 期。

社区志愿者力量对不良行为少年进行教育和违法犯罪预防。①

完善对罪错少年的管束保护。对于行为上已构成犯罪，但未达刑事责任年龄，不适用刑罚的触法少年以及主观恶性不大、人身危险性较低的犯罪少年等可探索和改革少年转处措施，尝试以教代刑，管束保护制度既能够对严重不良行为或者低龄触法少年给予足够重视，对其扭曲的自由进行有效的规制，又有助于避免刑罚对罪错少年的过于严厉惩罚以及过度的苛责，违背少年自由成长的价值取向。必须以规制扭转自由放任，加强责任意识和自律品质的培养。可尝试建立宵禁管理，到一定时间段未成年人不能在外面闲逛，例如晚上 11 点到凌晨 5 点禁入制度、罪错少年交往限制、传媒管理等。② 保护监督考察工作重视对儿童的权益保护，既需必要的、适度的国家亲权，又要社会的广泛参与，交由社会专门机构来实施，吸纳社会力量参与。③

（二）平衡管理双方关系，转变消极惩罚

教育矫正的过程是逐步建立起矫正对象和矫正人员契约式的过程。管理者不是传统刑罚下的惩罚者，也不光承担执行者或者管教者的角色，更要发挥其教育者、帮助者和引导者的功能，作为"心灵工程师"④ 而存在。管理中双方可以采用契约式的管理理念和方式。犯罪学家边沁就曾倡导在矫正管理中实行契约式的管理。后有研究者甚至还提出过契约刑。在更早以前，人们就已认识到矫正对象参与到矫正的实践中，与矫正人员共同研究和制定契合自身的矫正方案，帮助矫正对象进一步地知晓对自己的矫正方式方法、内

---

① 陶丹丹：《未成年人不良行为的成因与矫治》，硕士学位论文，南京信息工程大学，2012 年。
② 关新苗：《〈江苏省预防未成年人犯罪条例〉立法研讨会综述》，《预防青少年犯罪研究》2016 年第 5 期。
③ 沈玉忠：《建构与完善：中国未成年人保护管束制度》，《预防青少年犯罪研究》2015 年第 4 期。
④ ［苏联］米·依·加里宁：《论共产主义教育和教学》，陈昌浩、沈颖译，人民教育出版社 1979 年版，第 186 页。

容、计划等,有条件的矫正机构可以提供个性化的菜单供矫正对象选择。矫正目标的制定也并非是矫正人员的"独断",而是在契约式管理理念下,通过协商、交流共同设计,再结合国家相关的法律制度的规范,最终出现刚性、强制性的矫正内容与柔性、个性化内容相结合的结果,这一过程同样伴随着对矫正方案的动态调整,根据矫正对象的进度、个人方方面面的情况,及时进行修正和调整。① 卢梭说过:"社会契约要解决的根本问题在于让联合体中的人能够像以往一样自由"。②

教育矫正过程注重管教人员主导性和罪错少年主动性相统一。实现罪错少年教育矫正"复归人的自由"的价值追求,需要注重管教人员与罪错少年二者之间的关系。管教人员在教育矫正中起着主导性作用,但是,管教人员主导作用必须通过罪错少年内在发挥。缺乏了罪错少年主动性,教育矫正效果无法保障,而缺乏了管教人员的主导,罪错少年的主动性容易失去引导,因而二者均不可缺少,相互促进,自发秩序往往不是人为设计的,不带有目的性的存在,而是人遵循基本规则或者在与规则的互动中自然而然所形成的相对均衡状态。与建构秩序对命令指导以及规则限制的双重强调不同的是,在自发秩序中,规则制定后,秩序自发、自然地确立,一般不需要命令的强制和指导,因而它并非刻意的安排、规划和设计,而是一种在规则的牵引下自发互动的平衡状态。③

平衡管理双方关系、转变消极惩罚、走向保护性管束引领关键在于,管教人员作为重要管理者需要做出相应的调整。需要细心的观察和耐心的等待,而后在其本身秩序发展的基础上给以指导帮助。遵循教育矫正对象内在秩序,需要注重管教过程中的民主沟

---

① 于爱荣:《四维矫正激励——基于未成年犯的视角》,中国长安出版社 2009 年版,第 47 页。
② [法] 让·雅克·卢梭:《社会契约论》,李平沤译,商务印书馆 2011 年版,第 23 页。
③ 李世荣:《简单了解海耶克:论海耶克思想体系的自由与规则》,《政治与社会哲学评论》2006 年第 19 期。

通、及时对规则文化进行合理调整，这一过程是传统与创新冲突博弈的结果。教育矫正既要遵循传统的根基，把握好秩序价值取向，同时要根据新时代、新情境适时进行调整、改变和创新。管教中新的规则需要尊重少年成长的需要。对于少年的尊重体现在教育矫正中成人与少年的沟通、互动与理解，贯穿在针对少年的规则制定、实施和修改调整的全过程。矫正对象的沟通态度是被动的，在传统教育语境下，是属于弱势和被动群体。基于"以教统罚复归人的自由"价值取向的教育矫正改革要平衡管理双方关系，允许教育矫正对象表达自己的合理诉求。在少年参与的规则制定中，一方面体现出广泛的民主和公平；另一方面是锻炼少年责任意识和独立思考、判断能力的有利时机。在管教中如违背了规则，管教人员应该通过观察，与少年沟通，分析其违规行为的原因是什么、规则是否合理。平等的沟通是规则为其所自觉遵守的桥梁，由此，我们才能真正提高教育矫正的效果，培养罪错少年成长为拥有自由与理性的自我。

（三）强制与灵活相结合，引导自我管理

犯罪少年与普通人群都具备亲社会性，大多数少年犯具有强烈的精神需求，比如人格尊严受到尊重、进行正常人际交往等，因而教育矫正不能忽视其精神需求，要充分地尊重其基本需要，允许其进行自我管理。矫正要凸显再社会化、亲社会心理和行为的培养，不能仅仅为了惩罚，要进一步帮助其学习社会交往、职业技术、文化学习，增进其亲社会的能力。机构矫正受封闭、隔绝的环境影响，硬件条件方面存在较大劣势，因此改革犯罪少年监禁式教育矫正需要适度扩大管理弹性，引导其参与到自我管理中。日常管理在教育矫正中发挥重要影响，作用于矫正的效果以及监管的效益。对再犯风险相对低的少年犯，借鉴国外开放和半开放式监狱，扩大其自主权，甚至还能允许其到附近社区中参加工作。当前我国正在往分类监管、分类个性化矫正方向改革，在监禁环境中，适当提高少年犯日常管理自主权,在生产劳动、文化学习等方面提高自治权,以便帮助其回归社会。① 可以通过对社会生活场景的模拟,比如超市、远程视频会见、网络等,帮助少年犯学习社会交往,修复其人格,帮助其顺利回归正常社会。

军事化管理强度应适合少年身心,避免走向异化。在我国的监狱等其他矫正机构中历来相当强调队列训练、内务卫生管理,强化军事管理,在当前仍受到广泛地使用。对接受监禁矫正的犯罪少年来说,接受队列训练、内务整理等成为了其贯穿矫正始终的一项活动。在军事化管理中,作为矫正的对象,犯罪少年必须绝对地服从、无条件地接受,并将遵守和服从程度视为其矫正态度的重要体现。然而,军事化管理在罪错少年的日常矫正行为过程中的改造作用有待考证,尤其是对部分再犯罪风险较低或者没有再犯风险的罪错少年甚至可能带来消极影响。对于高强度的军事化管理,要进行改革,适当弱化其在矫正中的地位,给予犯罪少年适度的自主管理权,有助于活跃矫正环境的氛围,提高矫正对象的主动性、积极性和自觉性。

重新审视规则,制定合理的管理准则。比如,南京女子监狱对矫正对象的教育和管理首创"诚信银行",通过其行为表现分数的增减,引导矫正对象进行自我管理。当前我们的管理和惩罚制度的构建,需要重新审视和思考规则。对于规则的合理性与合法性需要重新衡量,如果一套规则体系不合理,那么很显然我们并不能单纯地服从于它,而要进一步讨论、修正和完善。② 规矩不仅仅作为游戏规则而存在,它背后反映的是关于惩罚的价值诉求和文化信念。③ 福柯权力理论认为,规则维护特定的权力体系,如果它自身立不住

---

① 刘崇亮:《罪犯改造自治权论》,《当代法学》2016年第3期。
② Yanyan Zhang, Chuansheng Chen, Ellen, "Greenberger Knowles Eric D. 3 A. Cross-Cultural Study of Punishment Beliefs and Decisions", *Psychological Reports*, 2017 (1), pp. 5 – 24.
③ 许家馨:《公义与怜悯——鲁益师的刑罚观》,《校园》2015年第1期。

脚，那么就很有可能危及整个秩序系统，如果规则是非正义的甚至是充满着暴力和压迫的色彩或者是不公平的，那么社会的公正、人道就得不到彰显。所以管理制度一方面要坚守既有的秩序，同时要允许违规违纪的罪错少年能够有自我申述、辩说的机会，维护罪错少年的合法权益。此外，规则制度和管理规定的制定阶段要吸纳罪错少年参与，比如规则的制定，可以通过让全体成员参与讨论和制定，最终确定让罪错少年欣然接受的规则，这也是现代民主、法治社会的精神体现。在规则的制定和执行中，要重新看待管教人员的权威，惩罚与管教人员权威具有绕不开的关联，很多时候，惩罚主要依靠管教人员来执行，管教人员扮演着维护正义、主持公道、协调罪错少年矛盾的角色，对罪错少年负有管教的职责。因而，管理制度的建立和完善需要重新思考和规限管教人员权威，以防其受到误用或滥用，要界定管教人员权威的边界，权威的合法强制性不应沦为一种权力的暴力。①

引导罪错少年在共同体中博弈生成规范。规范是在行动中生成并得以运用的，关键在于在共同体中通过协商、博弈方式实现。共同体以协商、尊重为前提，通过成员情感的共同维系，共享资源，共同参与管理，承担后果。管教人员引导下罪错少年适时参与、共同协作和适度自治是共同体存在的基础。罪错少年在充满尊重、自由、秩序的共同体氛围中才能逐步改正恶习，养成独立的人格特质。在共同体中，罪错少年是在场者和参与者，罪错少年在管教人员的引导下能够适度地参与到规制的制定以及事务管理中。管教人员一方面要以超越于罪错少年群体之上的姿态指导罪错少年的行为，另一方面作为共同体成员而存在。在共同体中，规范成为了成员间共同的认识和理解，罪错少年正确遵守和维护规范。在共同体中，罪错少年逐渐明确共同体成员允许进行的行为以及被禁止哪些

---

① 李真文：《重新检视教育上惩罚运用的正当性》，《教育实践与研究》2008年第3期。

行为；引导罪错少年参与部分内部管理规范的制定，自主地解决内部矛盾和冲突，基于人的主体性保护在共同的生活实践中生成规范，并且逐步地认识规范，理解自由与规范的关系，最终能够将外在的规范进行内化，自觉遵守规范和运用规范，促进罪错少年由他律走向自律，[①] 这是走向自由人的关键一步。

（四）适度增进开放管理，助推复归自由

开放式处遇存在多种不同形式的制度，比如陈碧红对罪犯开放式处遇制度的探讨可以为罪错少年监禁矫正所借鉴：（1）学习释放制度，白天能够到普通学校进行学习，接受正常的普通教育，晚上再返回矫正机构，创造条件使其逐渐地融入社会，接触正常群体，并且在相对宽松自由的社会环境下学习知识与技能。（2）归假制度，减少长期监禁的弊端，适当增强开放式，通过假期，帮助向正常社会生活复归，通过引导他们回归家庭生活，用亲情和家庭温暖进行感化。（3）周末拘禁制度，工作日矫正对象参与正常的社会生活，周六、周天进行监禁矫正，减少对自由的剥夺程度，增进矫正对象同家庭、学校、社会的正常联系，既对其进行了警示和惩罚，同时能够不阻断其正常的社会关系。[②] 通过封闭或半封闭式的矫正，对罪错少年进行保护处分，但是与社会矫正不同的是，这种保护处分仍是以专门机构为重要的执行载体，带有一定惩罚性和痛苦性。作为一种机构性的保护处分，仍带有拘禁性质，不可能免除矫正中对身体的管控，人身自由多数是受限的。

对行为已达犯罪程度的少年，可推进行刑的社会化，基于自由复归的取向进一步促进教育矫正的开放性。近年来，国际社会广泛地认识到对违法犯罪少年的惩罚、管理和矫正要向带有轻缓性、保护性的方向发展，由监禁向社会化转向，同时是国际社会少年司法改革的一大方向，是对犯罪少年处遇与矫正的一个趋势。我国经过

[①] 裘指挥、张丽：《学校社会规范教育存在的问题及对策》，《教育研究》2010年第10期。
[②] 陈碧红：《对矫正教育社会化的思考》，《职教论坛》2009年第23期。

多年社区矫正制度试点探索，应该说积累了一定的经验，尽管社区矫正仍面临着不少问题和发展的困境，但它在罪错少年的教育矫正和推进社会复归等方面的效果却是不容忽视的。对犯罪少年实行社区矫正有利于保护少年免受监禁刑罚的消极影响，基于保护、人道等精神，推动宽严相济少年刑事司法制度改革，破解因少年监禁而带来的诸多有碍于"自由复归"的影响，有利于节省社会资源，吸纳社会各界参与、关心少年的成长和保护，增强教育矫正的效益。比如，美国在20世纪60年代末兴起了一种发动公民和社区力量积极参与犯罪预防的邻里守望项目，调动社区资源来监控和报告可疑的或者具有犯罪风险的行为。① 社区的教育矫正关键在于提高教育矫正的效果，增强工作的实效性，社区矫正机关对罪错少年及时疏导其不良心理，对其自我封闭、敌对、自由散漫、责任意识薄弱等进行转化。引入社区矫正志愿者对其进行"一对一式"的监督、教育、帮扶和管理，不断增强对少年犯教育矫正的针对性，从而保证教育矫正的效果。②

五 教育矫正环境强化观护帮扶与隔阂破除，维护自由成长

第一，改善家庭教养环境，促进社会融合。对少年教育矫正，强化观护帮扶与隔阂破除，维护自由成长，由社会所构筑的教育情景极其重要，由教育者与受教育者在生活的自然情景和活动中渗透教育矫正，更加能够对少年的成长服务，少年教育矫正不能仅仅落到学校一方的身上，校内和校外的社会机构、家庭均有相应的职责。引导罪错少年的父母重视教育矫正，充分利用各种契机对孩子渗透教育矫正，提高珍爱自己、他人、自然界其他生命的意识，帮助孩子从小能够认识规则、遵守规则，在规则的限度内让自己的生

---

① 刘建宏：《犯罪干预与预防评估系统回顾研究》，人民出版社2015年版，第144页。
② 杨鸿台：《预防与矫治准老年人违法犯罪的社会政策订制与立法完善》，《犯罪研究》2014年第3期。

命活得更加自由、更有意义。家长可以通过生活中的案例对孩子进行引导和教育，帮助他们树立正确的自由观、责任观和规则观，还可以利用孩子与他人的冲突分歧进行教育矫正，引导孩子正确处理好与其他自由个体的关系，能够与不同个体和谐共处，在这一过程中，切忌将家长意志强加给孩子，教育方式避免简单粗暴。

第二，优化社区和学校环境，改善社会文化氛围。罪错少年深受生活和学习环境的影响，在教育矫正中加强学习与生活社区文化环境的建设和管理就显得非常重要，需要增进学习、生活社区环境的统筹管理。学校环境的优化重点在于，深化教育体制改革，推行素质教育，纠正对智育的一边倒，促进少年的德智体美劳全面发展，反对"唯分数是举"功利主义教育取向，转变对学业困难少年的忽视与歧视，降低学校边缘学生与老师和同学的敌对情绪，注重生命教育、法制教育、道德教育，预防和矫正青少年学生暴力、攻击等不良行为，修复校园恶少断裂的"社会腱"，通过化解各种消极因素的影响作用，引入教育矫正积极因素，以加强依恋、提高认同、巩固信念，改变其长期以来受排挤、被孤立的状态，帮助他们能够迅速回归主流社会。特别是对于寄宿制学校，应注重生活环境的改善，强化管理，妥善处理矛盾，消除危险性因素，改善少年彼此之间的人际关系，创造和谐的生活环境，保障少年身心免受侵害。对于社区环境的优化，政府管理部门坚决取缔影响少年教育矫正的不良因素，比如网络暴力文化、暴力色情影视作品，防止这些不良文化腐蚀少年的思想，进而使教育矫正流于形式，不能取得实质性效果。社会各组织、各机构有责任和义务为罪错少年提供一个有利的外部环境，社会公益组织、各级各类学校、科研单位等要经常举办教育矫正为主题的活动，做好宣传工作，通过主题演讲、图片展示、竞赛等丰富多彩的活动向少年一代渗透教育矫正，帮助其树立积极的自由观念。对于那些具有一些心理或行为问题的少年，社会应给予更多的宽容和关爱，积极引导和教育，避免其越走越偏，最终走向违法犯罪道路，通过对不同个体的接纳，为他们进行一堂生动鲜活的教育矫正课。借鉴国外经验，比如美国政府倡导地方对罪错少年进行社区干预，许多城市随之开展对罪错少年的预防干预计划，形成有效的社区模式。美国国会从立法入手，制定《社区预防未成年人犯罪的规定》《未成年人学校的安全保护规定》以及"增加城市社区警力，确立24小时巡逻制"等规定。[①]

第三，构建社会支持网络，增强矫正的福利性质。罪错少年教育矫正的社会支持、社会服务和社会控制的整合，需要专业的方法、专业的人才和专业化的运作，所以，在完善相关管理规范基础上，注重管理规范的科学性、实效性，增强规范的可操作性，完善配套措施，在对罪错少年进行教育矫正、对受害者进行援助的社会服务中引入社会工作专业方法，强化社会服务和社会管理功能。罪错少年作为社会成员，当教养不当出现不良行为以及受到欺负和侮辱时，需要得到相应的教育和心理帮助，避免更大社会问题的出现。建立社会工作职业制度，积极培育社会工作专业化组织和专业人才，通过开展社会服务，不断提高社会关爱罪错少年成长的氛围，增加社会的和谐与稳定，为教育矫正提供坚实的社会支持网络，是一项紧迫和必要的工作。[②] 因此，要加强社会服务和教育辅导，在社区中依靠社会组织，引入社会力量，创造义务劳动、社区公益等机会，帮助有不良行为的少年进行社会化教育。此外，依托于社会矫治力量，加强对罪错少年的社会帮教，尝试"一对一式"教育辅导，加强对家庭教育的指导以及心理健康辅导。通过教育服务、心理辅导、情感支持，帮助缓解罪错少年的学习、生活和人际等压力，降低其相对剥夺感。

---

① 窦衍瑞：《论未成年人犯罪国家干预法律理念的更新》，《广西社会科学》2017年第10期。

② 曾培芳：《我国青少年犯罪预防和矫正理论与实践模式的整合——以社会控制与社会支持为视角》，《江西社会科学》2007年第12期。

参考文献

一 著作

［1］常淑芳：《论教育自由》，中国社会科学出版社2016年版。
［2］常宇刚：《城镇化视域下的犯罪问题研究》，法律出版社2019年版。
［3］陈宝友：《监狱行刑理性论》，法律出版社2014年版。
［4］陈理宣：《教育价值论》，四川大学出版社2003年版。
［5］陈兴良：《刑法哲学》，中国政法大学出版社2004年版。
［6］戴相英：《未成年人犯罪与矫正研究》，浙江大学出版社2012年版。
［7］董淑君：《刑罚的要义》，人民出版社2004年版。
［8］冯建军：《当代道德教育的人学论域》，福建教育出版社2015年版。
［9］冯建军等：《教育哲学》，武汉大学出版社2011年版。
［10］高莹：《矫正教育学》，教育科学出版社2006年版。
［11］高莹：《现代矫正组织管理概论》，法律出版社2010年版。
［12］郝英兵：《刑罚正当性根据研究》，西南政法大学出版社2019年版。
［13］侯东亮：《少年司法模式研究》，法律出版社2014年版。
［14］贾馥茗：《教育的本质》，北京联合出版公司2016年版。
［15］贾洛川：《罪犯教育学》，北京大学出版社2016年版。

［16］贾洛川：《罪犯劳动改造学》，中国法制出版社 2010 年版。

［17］贾洛川：《罪犯生命精神荒原开发研究》，上海社会科学院出版社 2008 年版。

［18］金生鈜：《规训与教化》，教育科学出版社 2006 年版。

［19］李家成：《关怀生命：当代中国学校教育价值取向探》，教育科学出版社 2006 年版。

［20］李双元、李娟：《儿童权利的国际法律保护》，武汉大学出版社 2016 年版。

［21］刘若谷：《引领与成长——低龄触法未成年人教育矫正研究》，人民出版社 2019 年版。

［22］刘铁芳：《走向生活的教育哲学》，湖南师范大学出版社 2005 年版。

［23］路琦：《工读教育研究》，社会科学文献出版社 2019 年版。

［24］罗大华、何为民：《犯罪心理学》，浙江教育出版社 2002 年版。

［25］吕耀怀：《越轨论——社会异常行为的文化学解析》，中南工业大学出版社 1997 年版。

［26］马凤岐：《教育——在自由与限制之间》，中国工人出版社 2001 年版。

［27］苗雪红：《儿童精神成长论》，上海三联书店 2016 年版。

［28］邱兴隆：《关于惩罚的哲学：刑罚根据论》，法律出版社 2000 年版。

［29］渠敬东等：《自由与教育：洛克与卢梭的教育哲学》，生活·读书·新知三联书店 2012 年版。

［30］任海涛：《校园欺凌法治研究》，中国政法大学出版社 2019 年版。

［31］邵峰：《越轨与救赎：未成年犯的教育改造》，社会科学文献出版社 2019 年版。

［32］王道俊、郭文安：《主体教育论》，人民教育出版社 2005 年版。

［33］王立峰：《惩罚的哲理》，清华大学出版社 2006 年版。

［34］王伟：《法治：自由与秩序的平衡》，广东教育出版社 2012 年版。

［35］吴宗宪：《监狱学导论》，法律出版社 2012 年版。

［36］吴宗宪：《未成年犯矫正研究》，北京师范大学出版社 2012 年版。

［37］吴宗宪：《西方犯罪学史》（第 4 卷），中国人民公安大学出版社 2010 年版。

［38］夏卫民：《罪犯改造学》，重庆出版社 1992 年版。

［39］谢望原：《刑罚价值论》，中国检察出版社 1999 年版。

［40］杨建朝：《自由成"人"：人性视角的教育精神》，中央编译出版社 2013 年版。

［41］姚建龙：《青少年犯罪与司法论要》，中国政法大学出版社 2014 年版。

［42］姚建龙：《权力的细微关怀》，北京大学出版社 2010 年版。

［43］姚建龙等：《矫正学导论——监狱学的发展与矫正制度的重构》，北京大学出版社 2016 年版。

［44］于阳：《刑罚适应性及其实现问题研究》，法律出版社 2019 年版。

［45］于志刚：《论犯罪的价值》，北京大学出版社 2007 年版。

［46］袁诚编：《中国监狱矫正论坛——践行改造宗旨视野下教育改造创新研究》，东南大学出版社 2019 年版。

［47］袁林：《未成年人严重不良行为矫治机制研究》，法律出版社 2017 年版。

［48］翟中东：《矫正的变迁》，中国人民公安大学出版社 2013 年版。

［49］张远煌：《中国未成年人犯罪的犯罪学研究》，北京师范大学出版社 2012 年版。

［50］章恩友、姜祖桢：《矫治心理学》，教育科学出版社 2008 年版。

［51］赵国玲：《未成年人司法制度改革研究》，北京大学出版社 2011 年版。

［52］赵志宏：《未成年人违法犯罪处置措施研究》，群众出版社 2011 年版。

［53］周凌：《理论犯罪学：犯罪归因之心理学视角》，厦门大学出版社 2019 年版。

［54］周兴国：《教育与强制——教育自由的界限》，福建教育出版社 2012 年版。

［55］朱久伟、姚建龙：《上海市青少年社区服刑人员教育矫正的理论与实践》，法律出版社 2012 年版。

［56］［俄］尼古拉·别尔嘉耶夫：《人的奴役与自由》，徐黎明译，贵州人民出版社 1994 年版。

［57］［法］米歇尔·福柯：《规训与惩罚》，刘北成、杨远婴译，生活·读书·新知三联书店 2007 年版。

［58］［德］康德：《康德说道德与人性》，高适编译，华中科技大学出版社 2012 年版。

［59］［美］弗朗西斯·福山：《大分裂——人类本性与社会秩序的重建》，刘榜离等译，中国社会科学出版社 2002 年版。

［60］［美］富兰克林·齐姆林：《美国犯罪未成年人的矫正制度概要》，高维俭译，中国人民公安大学出版社 2006 年版。

［61］［美］罗森海姆等：《少年司法的一个世纪》，高维俭译，商务印书馆 2008 年版。

［62］［美］乔恩·威特：《社会学的邀请》，林聚任等译，中国法制出版社 2012 年版。

[63] [美] 斯蒂芬·E. 巴坎:《犯罪学:社会学的理解》,秦晨等译,上海人民出版社 2011 年版。

[64] [美] 特拉维斯·赫希:《少年犯罪原因探讨》,吴宗宪等译,中国国际广播出版社 1997 年版。

[65] [美] 亚历克斯·梯尔:《越轨社会学》,王海霞等译,中国人民大学出版社 2011 年版。

[66] [英] F. A. 哈耶克:《自由秩序原理》,邓正来译,生活·读书·新知三联书店 1997 年版。

[67] [英] 伯林:《两种自由的概念》,载陈晓林《公共论丛》(第 1 集),生活·读书·新知三联书店 1995 年版。

[68] [英] 伯林:《自由论》,胡传胜译,译林出版社 2003 年版。

[69] [英] 马丁·因尼斯:《解读社会控制:越轨行为、犯罪与社会秩序》,陈天本译,中国人民公安大学出版社 2009 年版。

[70] [英] 穆勒:《论自由》,马文艳译,华中科技大学出版社 2016 年版。

[71] Frederic P. Miller. *Labeling Theory* Saarbrücken: Alphascript Publishing, 2009.

[72] Jacob Wilson, *Self-Control*, New York: Courier Publishing House, 1898.

[73] Larry, J. S. & Brandon, C. W., *Juvenile Delinquency: Theory, Practice, and Law* (12th Edition), Boston: Cengage Learning, 2014.

[74] Larry, J. S. & Brandon, C. W., *Juvenile Delinquency: The Core* (6th Edition), Belmont: Wadsworth Publishing, 2016.

[75] Robert, A. & Timothy, B., *Juvenile Delinquency: Causes and Control* (5th Edition), New York: Oxford University Press, 2014.

[76] Kristin, B. & Richelle S. S., *Juvenile Delinquency in a Diverse*

Society (2nd Edition), New York: SAGE Publications, Inc., 2016.

[77] Farringtom, D. P., A. R. Piquero & W. G. Jennings, *Offending from Childhood to Late Middle Age: Recent Results from the Cambridge Study in Delinquent Development*, New York: Springer, 2013.

[78] Greenwood, P. *Evidence-Based Practice in Juvenile Justice: Progress, Challenges, and Opportunities* New York: Springer. 2013.

[79] Arnold Binder, Gilbert Geis and Dickson Bruce, *Juvenile Delinquency: Historical, Cultural, Legal Perspectives*, London: Macmillan Publishing Company, 1988.

[80] Charles H. Shireman and Frederic G. Reamer, *Rehabilitating Juvenile Justice*, New York: Columbia University Press, 1986.

[81] James O. Finckenauer, *Juvenile Delinquency and Corrections: The Gap between Theory and Practice*, Cambridge: Academic Press, 1984.

[82] Challon, M., Walton, T., *Juveniles in Custody.* London: Her Majesty's Inspectorate of Prisons, 2004.

[83] Cara H. Drinan, *The War on Kids: How American Juvenile Justice Lost Its Way* (1st Edition), Oxford: Oxford University Press, 2017.

[84] Steven M. Cox, Jennifer M. Allen, Robert D. Hanser, *Juvenile Justice: A Guide to Theory, Policy, and Practice*, New York: SAGE Publications, 2017.

二 学术期刊

[1] 安继民:《论儒道互补的秩序自由最简关系》,《中州学刊》2013年第12期。

［2］安曦萌：《自由、法治与秩序重构——读哈耶克自由秩序原理》,《理论界》2013年第7期。

［3］包利民、罗勇：《两种自由与道德的理由》,《道德与文明》2018年第1期。

［4］蔡宝玺：《人"'道'的自由"与客体化世界秩序》,《贵州社会科学》2012年第9期。

［5］陈碧红：《对矫正教育社会化的思考》,《职教论坛》2009年第23期。

［6］陈晨：《从工读学校名称变化透视工读教育的定位与价值》,《中国青年研究》2015年第2期。

［7］陈晨：《空间与秩序：对工读学校教育现状的反思》,《华东师范大学学报》（教育科学版）2014年第1期。

［8］陈成文、孙嘉悦：《社会融入：一个概念的社会学意义》,《湖南师范大学社会科学学报》2012年第6期。

［9］陈广春、熊和平：《书包的形制与教育规训》,《全球教育展望》2015年第12期。

［10］陈金花、卢世林：《"遭遇"的人学意蕴及其教育应对》,《教育理论与实践》2017年第13期。

［11］陈仁、杨兆山：《为了"属人"的幸福：教育的人性伦理与启蒙性格》,《南京社会科学》2017年第6期。

［12］陈仁等：《通向作为自由的幸福——教育的伦理规定及其启蒙诉求》,《广西社会科学》2017年第6期。

［13］陈伟：《教育刑与刑罚的教育功能》,《法学研究》2011年第6期。

［14］陈希：《教育刑理念下我国少年司法体系的完善》,《中州学刊》2017年第6期。

［15］程晨、薛忠祥：《从相关到本身：教育价值取向的应然》,《当代教育论坛》2016年第2期。

[16] 邓江凌、张文彬：《法律价值上的博弈论问题研究——以自由和秩序为例》，《科学经济社会》2011 年第 3 期。

[17] 杜尚荣、施贵菊：《论学校教育价值取向及其实现路径——源自"淘宝大学"的教育反思》，《黑龙江高教研究》2013 年第 5 期。

[18] 段炼炼、毕宪顺：《塑造与改造：教育与司法的共同命题》，《理论学刊》2014 年第 9 期。

[19] 段炼炼、毕宪顺：《问题青少年教育矫正管理的三重境界——兼论问题青少年矫正的困境》，《东岳论丛》2014 年第 7 期。

[20] 方蕾蕾：《道德教育的使命：对人之依附性生存的超越》，《中国教育学刊》2017 年第 6 期。

[21] 冯海英、李江源：《教育秩序：教育制度建设的价值追求》，《清华大学教育研究》2009 年第 5 期。

[22] 冯建军：《向着人的解放迈进——改革开放 30 年我国教育价值取向的回顾》，《高等教育研究》2009 年第 1 期。

[23] 高照明：《论洛克自由思想的基本要素》，《南京社会科学》2011 年第 7 期。

[24] 贡太雷、苏春景：《服刑未成年人教育矫正与人权保障》，《中国特殊教育》2019 年第 10 期。

[25] 古瑞华：《治理未成年人犯罪的新思路——兼论〈违法行为教育矫正法〉对刑法功能缺陷的弥补》，《人民论坛》2011 年第 17 期。

[26] 郭明：《改造：现代刑罚的迷误及其批判——兼及刑罚范式革命与制度变革的思考》，《环球法律评论》2005 年第 5 期。

[27] 郝彩虹：《现代社会的社会秩序、个体自由与社会控制——基于对部分社会学经典文献的分析》，《社科纵横》2016 年第 6 期。

[28] 何雪莲：《"这是为你好"——论教育规训的隐秘机制》，《教育发展研究》2013 年第 24 期。

[29] 何云峰、胡建：《论中国当下的道德自由层次》，《探索与争鸣》2012 年第 12 期。

[30] 侯艳芳：《刑罚轻缓化趋势及其价值基础研究》，《河南大学学报》（社会科学版）2008 年第 4 期。

[31] 侯清荏、许华孚：《监狱矫治教化人员之规训权力运作与惯习实践》，《犯罪与刑事司法研究》2009 年第 13 期。

[32] 胡君进：《论教育规训中的身体》，《教育理论与实践》2018 年第 4 期。

[33] 胡友志、冯建军：《教育何以关涉人的尊严》，《教育研究》2017 年第 9 期。

[34] 黄立：《刑罚的伦理价值》，《中国人民公安大学学报》（社会科学版）2008 年第 2 期。

[35] 季海菊：《多元化背景下现代教育价值取向的哲学思考》，《南京社会科学》2007 年第 12 期。

[36] 贾洛川：《对青少年罪犯实施"人文化矫正"的断想》，《青少年犯罪问题》2012 年第 1 期。

[37] 贾洛川：《监狱行刑与青少年罪犯尊严保障》，《青少年犯罪问题》2013 年第 1 期。

[38] 贾洛川：《试论监狱行刑的善恶选择》，《河北法学》2012 年第 5 期。

[39] 贾洛川：《罪犯改造的美学意义思考》，《河南社会科学》2013 年第 7 期。

[40] 姜涛：《在秩序与自由之间：刑法父爱主义之提倡》，《江淮论坛》2015 年第 1 期。

[41] 蒋桂莲：《生产视域下加强青少年道德教育问题研究——以道德需要的培养为中心》，《河南社会科学》2012 年第 5 期。

[42] 靳玉乐、李叶峰：《论教育自由的尺度及实现》，《高等教育研究》2015年第4期。

[43] 雷云：《教育哲学三题：对象、主题与地位》，《东北师大学报》（哲学社会科学版）2016年第3期。

[44] 李茂生：《少年犯罪的预防与矫治制度的批判——一个系统论的考察》，《台大法学论丛》2000年第2期。

[45] 李长吉、贾志国：《教育价值研究三十年》，《浙江师范大学学报》（社会科学版）2012年第2期。

[46] 李长伟：《血气教育的消逝与校园欺凌的发生》，《西北师大学报》（社会科学版）2018年第1期。

[47] 连春亮：《罪犯改造：由同质主义到理性多元化》，《河南大学学报》（社会科学版）2010年第3期。

[48] 梁栋：《我国社区矫正教育的几个问题——以社区矫正教育对象和内容为例》，《科学经济社会》2015年第4期。

[49] 刘行五：《青少年街头抢夺犯罪之研究——以台南地区为例》，《犯罪学期刊》2009年第1期。

[50] 刘宏达、许亨洪：《高校违纪大学生矫正教育的路径创新》，《教育研究与实验》2015年第4期。

[51] 刘建：《人本主义教育哲学的反思与回归》，《教育发展研究》2017年第6期。

[52] 刘军豪、岳伟：《论教育哲学的人学意蕴及其转向》，《教育研究与实验》2017年第5期。

[53] 刘睿：《自由与强制的有机统一——康德论未成年人规则意识培养》，《教育学报》2019年第1期。

[54] 刘涛：《未成年人犯罪惩罚与矫正的系统理论考察》，《当代青年研究》2017年第2期。

[55] 刘铁芳：《走向整全的人：个体成长与教育的内在秩序》，《教育研究》2017年第5期。

[56] 刘通：《论教育作为人的正义》，《华东师范大学学报》（教育科学版）2018年第1期。

[57] 刘政：《惩罚性与恢复性并重的社区矫正制度重塑》，《江西社会科学》2017年第12期。

[58] 龙敏：《秩序与自由的碰撞——论风险社会刑法的价值冲突与协调》，《甘肃政法学院学报》2010年第5期。

[59] 龙文懋：《"自由与秩序的法律价值冲突"辨析》，《北京大学学报》（哲学社会科学版）2000年第4期。

[60] 马焕灵：《论高校学生管理中自由与秩序的限度》，《教育研究》2011年第3期。

[61] 乔元正、孙俊兰：《自由与秩序之间——走向共同治理的大学管理研究》，《高等教育研究》2015年第9期。

[62] 邱兴隆：《报应刑的价值悖论——以社会秩序、正义与个人自由为视角》，《政法论坛》2001年第2期。

[63] 苏春景、王陵宇：《问题青少年教育矫正管理的新探索》，《教育研究》2017年第10期。

[64] 苏春景、杨虎民：《双预机制视角下问题青少年教育矫正的原则与路径》，《中国特殊教育》2017年第10期。

[65] 孙立红：《论报应主义刑罚的积极价值》，《环球法律评论》2015年第5期。

[66] 孙显蔚：《从古典自由主义到新自由主义——洛克和罗尔斯自由观念评析》，《教学与研究》1999年第10期。

[67] 王鉴：《教育规训：批判与反思》，《教育科学研究》2009年第1期。

[68] 王利荣：《论行刑教育化》，《法律科学》（西北政法学院学报）1999年第2期。

[69] 王利荣：《罪犯改造的价值与冲突》，《法学研究》2001年第1期。

［70］ 王满生:《未成年人附条件不起诉制度的实施与完善》,《甘肃社会科学》2019 年第 4 期。

［71］ 王啸:《自由与自律:康德道德教育思想研究》,《北京师范大学学报》(社会科学版) 2008 年第 1 期。

［72］ 王雅丽:《"规训真的是一种恶吗"——教育规训的伦理学分析》,《湖南师范大学教育科学学报》2016 年第 2 期。

［73］ 王兆璟、刘莉:《论洛克自由至上主义的公民教育思想》,《河南师范大学学报》(哲学社会科学版) 2010 年第 3 期。

［74］ 王者鹤:《夸美纽斯与赫尔巴特教育"秩序观"之比较分析》,《学术交流》2014 年第 9 期。

［75］ 王志远、杜延玺:《我国违法未成年人刑事政策检讨——"教育"与"惩罚"之间的良性协调》,《中国青年研究》2016 年第 2 期。

［76］ 韦龙方:《国小教师正向管教对校园学童霸凌防治之影响因素》,《台湾教育评论月刊》2017 年第 8 期。

［77］ 吴海航、黄凤兰:《日本虞犯少年矫正教育制度对我国少年司法制度的启示》,《青少年犯罪问题》2008 年第 2 期。

［78］ 吴海航:《街头辅导与少年商谈:日本不良少年矫正教育的启示》,《中国青年研究》2010 年第 4 期。

［79］ 吴启铮:《恢复性司法视域中的少年暂缓起诉》,《河北学刊》2012 年第 2 期。

［80］ 吴元发:《教育自由的复归之路》,《教育发展研究》2011 年第 19 期。

［81］ 吴芝仪等:《台湾戒治所实施矫正教育之现况与问题分析——以嘉义戒治所为例》,《犯罪学期刊》2006 年第 1 期。

［82］ 吴宗宪:《论监狱法的修改与完善》,《中国社会科学院研究生院学报》2010 年第 1 期。

［83］ 吴宗宪:《论美国犯人的法律权利》,《中国刑事法杂志》

2007年第6期。

［84］吴宗宪：《试论非监禁刑及其执行体制的改革》，《中国法学》2002年第6期。

［85］吴宗宪：《试论未成年犯矫正的基本原则》，《青少年犯罪问题》2010年第1期。

［86］武良军：《触法少年行为矫治的惩罚性及其实现路径》，《青年研究》2018年第1期。

［87］武掌华、夏新华：《论洛克自由思想的逻辑路径》，《海南大学学报》（人文社会科学版）2015年第2期。

［88］席小华：《国外社区预防和矫正少年犯罪的实践与启迪》，《中国青年研究》2004年第11期。

［89］肖建国、王立仁：《"问题大学生"矫正教育方法研究》，《学术论坛》2012年第12期。

［90］肖姗姗：《少年司法之国家亲权理念——兼论对我国少年司法的启示》，《大连理工大学学报》（社会科学版）2018年第4期。

［91］肖绍明、扈中平：《教育人性化的个体价值取向》，《教育研究》2010年第9期。

［92］肖玉琴等：《认知行为团体矫正对未成年犯暴力风险水平的影响》，《中国临床心理学杂志》2019年第1期。

［93］谢青松：《论刑法对自由的追求》，《中南民族大学学报》（人文社会科学版）2005年第S1期。

［94］谢望原：《作为刑罚价值的自由》，《法学研究》1998年第4期。

［95］徐宗胜：《刑罚目的二律背反问题新解》，《甘肃政法学院学报》2019年第1期。

［96］薛忠祥：《20年来我国教育价值取向研究述评》，《教育科学研究》2009年第11期。

[97] 颜正芳:《儿童青少年校园霸凌经验和心理健康之关连性》,《台湾精神医学》2010 年第 1 期。

[98] 杨飞云:《论人性视角下的教育自由及其启示》,《河南大学学报》(社会科学版) 2011 年第 4 期。

[99] 杨浩英、冯文全:《教育:自由的实践》,《教育理论与实践》2012 年第 13 期。

[100] 杨建朝、易连云:《论成"人"视域中的认识论教育自由》,《高等教育研究》2013 年第 12 期。

[101] 杨宇冠:《论刑事司法制度的基本价值目标:自由与秩序》,《广东社会科学》2012 年第 2 期。

[102] 姚建龙、李乾:《论虞犯行为之早期干预》,《东南大学学报》(哲学社会科学版) 2017 年第 3 期。

[103] 姚建龙:《美国少年司法严罚刑事政策的形成、实践与未来》,《法律科学》(西北政法大学学报) 2008 年第 3 期。

[104] 姚建龙:《青少年犯罪研究之学科化:回顾与反思》,《青少年犯罪问题》2009 年第 3 期。

[105] 姚建龙:《远离辉煌的繁荣:青少年犯罪研究 30 年》,《青年研究》2009 年第 1 期。

[106] 姚建龙:《转变与革新:论少年刑法的基本立场》,《现代法学》2006 年第 1 期。

[107] 姚建龙:《转型社会的青少年犯罪控制——以"全国重点青少年群体教育帮助和预防犯罪试点"为例的研究》,《社会科学》2012 年第 4 期。

[108] 叶飞:《"权利优先"抑或"责任优先"——对当代公民教育价值取向的反思》,《高等教育研究》2012 年第 3 期。

[109] 叶浩生:《身体的教育价值:现象学的视角》,《教育研究》2019 年第 10 期。

[110] 余玉花:《徘徊在自由与伦理之间——走出教育自由悖论的

阴影》,《探索与争鸣》2014 年第 4 期。

[111] 翟进:《从失范到紧张:青少年越轨行为研究的衍变及本土化视角》,《社会科学研究》2012 年第 3 期。

[112] 张楚廷:《论教育哲学》,《高等教育研究》2016 年第 1 期。

[113] 张良驯:《对工读学校"去工读化"现象的研讨》,《中国青年研究》2016 年第 4 期。

[114] 张旅平、赵立玮:《自由与秩序:西方社会管理思想的演进》,《社会学研究》2012 年第 3 期。

[115] 张千帆:《实现自由与秩序的良性平衡——对流浪乞讨问题的宪法学分析》,《中国法学》2004 年第 4 期。

[116] 张小虎:《宽严相济刑事政策的精髓与我国刑罚体系的补正》,《江苏社会科学》2019 年第 5 期。

[117] 张学强、张军历:《重塑教育的人文价值:老子哲学思想的启示》,《西北师大学报》(社会科学版)2018 年第 2 期。

[118] 张学强:《德化与刑罚之间——理学社会教育中德主刑辅策略的基础探析》,《西北师大学报》(社会科学版)2003 年第 6 期。

[119] 张誉馨、王海涛:《中国少年司法制度价值理念的确定:一个社会学角度的思考》,《社会科学战线》2016 年第 1 期。

[120] 张智辉:《刑法改革的价值取向》,《中国法学》2002 年第 6 期。

[121] 郑祥:《实施宽严相济政策与罪犯改造创新》,《东南学术》2007 年第 6 期。

[122] 周国斌、李颖辉:《"育人为本"教育理念的人学意蕴与实践策略》,《教育科学》2017 年第 3 期。

[123] 周丽丽、于伟:《弗莱雷论儿童的有限境况和自由教育》,《教育学报》2019 年第 5 期。

[124] 周维功、周宁:《道德自由何以可能?》,《江淮论坛》2017

年第 4 期。

[125] 周晓露、徐晓军:《教育规训的内隐化和扩大化》,《教育研究与实验》2013 年第 4 期。

[126] 自正法:《未成年人社会观护体系的实证考察与路径重塑》,《北京理工大学学报》(社会科学版) 2019 年第 5 期。

[127] Bradley, K., "Juvenile delinquency and the Public Sphere: Exploring Local and National Discourse in England, c. 1940 – 69", *Social History*. 2012, 37.

[128] Burke, L., "No Longer Social Workers: Developments in Probation Officer Training and Education in England and Wales", *Social Work Review*, 2010, 9 (3).

[129] Carver, L. J. & H. M. Laura, "Democracy and the Challenges of Correctional Education", *Journal of Correctional Education*. 2016, 67 (1).

[130] Cheng, J. S., Ottati, V. C., Price, D. E., "The Arousal Model of Moral Condemnation", *Journal of Experimental Social Psychology*, 2013 (49).

[131] Flash, K., "Treatment Strategies for Juvenile Delinquency: Alternative Solutions", *Child and Adolescent Social Work Journal*. 2003, 20 (6).

[132] Friedmman, D. A., "Public Health Regulation and the Limits of paternalism", *Connecticut Law Review*, 2014, 46 (5).

[133] Hodges, K., etc. "Recidivism, Costs and Psychosocial Outcomes for a Post-arrest Juvenile Diversion Program", *Journal of Offender Rehabilitation*, 2011 (7).

[134] Jason, T., "Carmichael, Punishing Juvenile Offenders as Adults: An Analysis of the Social and Political Determinants of Juvenile Prison Admissions across the United States", *Sociological*

Focus, 2011, 44 (2).

[135] Komen, M., "Dangerous Children: Juvenile Delinquency and Judicial Intervention in the Netherlands", *Crime, Law and Social Change.* 2002, 37 (4).

[136] Lacey Schaefer, "Correcting the Correctional Component of the Corrections Officer Role: How Offender Custodians Can Contribute to Rehabilitation and Reintegration, *Corrections*, 2018 (1).

[137] Lazarges, C. & J. P. Balduyck, "Response to Juvenile Delinquency: Report to the French Prime Minister European", *Journal on Criminal Policy and Research.* 1998, 6 (4).

[138] Leitch, D. B., "A Legal Primer for Special Educator sin Juvenile Corrections: From Idea to Current Class Action Lawsuits", *Journal of Correctional Education.* 2013, 64 (2).

[139] Leone, P. E. & W. P. Cichon, "Education Services in Juvenile Corrections: 40 Years of Litigation and Reform", *Education & Treatment of Children.* 2015, 38 (4).

[140] May, J., Osmond, K. & Billick, S., "Juvenile Delinquency Treatment and Prevention: A Literature Review", *Psychiatric Quarterly.* 2014, 85 (3).

[141] McDaniel, S. "A Self-Determination Intervention for Youth Placed in a Short-Term Juvenile Detention Facility", *Journal of Correctional Education.* 2015, 66 (3).

[142] Peters, C. M., "Social Work and Juvenile Probation: Historical Tensions and Contemporary Convergences", *Social work*, 2011, 56 (4).

[143] R. Ruddell & G. L. Mays, "Transferring Pre-Teens to Adult Criminal Courts: Searching for a Justification", *Juvenile and*

Family Court Journal, 2012 (4).

[144] Roger Smith, "Developing Restorative Practice: Contemporary Lessons from an English Juvenile Diversion Project of the 1980s", *Contemporary Justice Review*, 2011 (4).

[145] Roxana Willis, "Three Approaches to Community in Restorative Justice, Explored Through a Young Person's Experiences of a Youth Offender Team in England", *Restorative Justice*, 2016, (4).

[146] Rush, P., "The Government of a Generation: The Subject of Juvenile Delinquency", McLaughlin, E., Muncie, J. & Hughes, G. ed. *Youth Justice: Critical Readings*. New York: SAGE Publications, 2002.

[147] Sarnecki, J. & F. Estrada, "Keeping the Balance Between Humanism and Penal Punitivism: Recent Trends in Juvenile Delinquency and Juvenile Justice in Sweden", *International Handbook of Juvenile Justice*, 2006.

[148] Strohminger, N., Lewis, R. L., & Meyer, D. E., "Divergent Effects of Different Positive Emotions on Moral Judgment", *Cognition*, 2011 (119).

三　学位论文

[1] 蔡春:《在权力与权利之间——秩序自由主义教育研究》,博士学位论文,华南师范大学,2004年。

[2] 曹化:《秩序与自由的碰撞——风险社会背景下的刑法基本价值研究》,博士学位论文,华东政法大学,2013年。

[3] 褚惠萍:《当代大学生生命教育研究》,博士学位论文,南京师范大学,2014年。

[4] 董大全:《罪犯思想教育社会化研究》,博士学位论文,南京

理工大学，2019年。

[5] 贡太雷：《惩戒·法治·人权——关于社区矫正制度的法理研究》，博士学位论文，西南政法大学，2014年。

[6] 韩军芳：《中国当代罪犯思想教育若干问题研究》，博士学位论文，上海大学，2015年。

[7] 侯小丰：《自由的思想移居——自由的概念史与社会史》，博士学位论文，吉林大学，2013年。

[8] 胡志军：《刑罚功能新论》，博士学位论文，山东大学，2011年。

[9] 黄延峰：《未成年偏差行为者社会化矫正研究》，博士学位论文，西南政法大学，2016年。

[10] 李国莉：《未成年人刑事案件社会调查制度研究》，博士学位论文，吉林大学，2015年。

[11] 李季：《少年违法犯罪与少年司法体系——少年违法犯罪的政策分析》，博士学位论文，中国政法大学，2007年。

[12] 李家成：《关怀生命——当代中国学校教育价值的新取向》，博士学位论文，华东师范大学，2002年。

[13] 李墨一：《回到教育本身——儿童哲学的后哲学视角省思》，博士学位论文，东北师范大学，2019年。

[14] 李述永：《家长关怀与少年成长》，博士学位论文，华中师范大学，2012年。

[15] 林琼玉：《少年矫正学校课程演变之研究——以明阳中学为例》，硕士学位论文，台中教育大学，2015年。

[16] 刘丽君：《教育惩罚研究》，博士学位论文，东北师范大学，2015年。

[17] 刘若谷：《低龄触法未成年人教育矫正研究》，博士学位论文，鲁东大学，2017年。

[18] 刘亚敏：《寻找教育学的力量——中国教育学规训权力的

"呈现"与反思》，博士学位论文，华中科技大学，2013年。

[19] 吕绍弘：《中辍生对于中介教育措施认同度之研究——以香港群育学校为参照》，硕士学位论文，台北教育大学，2014年。

[20] 梅文娟：《少年刑事政策研究》，博士学位论文，西南政法大学，2015年。

[21] 孟庆楠：《初中道德与法治校本课程开发研究——以D中学生命教育课程为个案》，博士学位论文，东北师范大学，2019年。

[22] 皮永生：《获得和参与：教学价值取向研究》，博士学位论文，西南大学，2016年。

[23] 齐姗：《自由之人如何养成？——教育思想史的视角》，博士学位论文，华东师范大学，2019年。

[24] 桑志坚：《超越与规训——学校教育时间的社会学研究》，博士学位论文，南京师范大学，2012年。

[25] 唐大宇：《刑事司法多元发展的示范与契机——以少年司法之研究为核心》，博士学位论文，中国政法大学，2009年。

[26] 滕召军：《暴力电子游戏对青少年道德认知的影响》，博士学位论文，西南大学，2018年。

[27] 王军魁：《自由价值论》，博士学位论文，中共中央党校，2015年。

[28] 王敏：《矫正基本原理研究》，博士学位论文，西南政法大学，2010年。

[29] 王晴：《从"教化"到"培育"》，博士学位论文，华东师范大学，2011年。

[30] 王治高：《自由与秩序——学校制度文化建设价值取向研究》，博士学位论文，华中师范大学，2015年。

[31] 吴宗宪：《罪犯改造论——罪犯改造的犯因性差异理论初

探》，博士学位论文，中国政法大学，2006年。
[32] 谢晶：《正念教育的价值及其实现》，博士学位论文，华中师范大学，2019年。
[33] 谢新峰：《新时代学生思想政治教育目标系统建构研究》，博士学位论文，东北师范大学，2019年。
[34] 宿大伟：《基于康德"三大批判"的教育人学研究》，博士学位论文，山东师范大学，2019年。
[35] 许其勇：《论现代刑法的自由精神》，博士学位论文，华东政法大学，2013年。
[36] 薛惠：《服刑人员思想矫正研究》，博士学位论文，华中师范大学，2013年。
[37] 薛忠祥：《当代中国教育的应有价值取向研究》，博士学位论文，山东师范大学，2009年。
[38] 杨岱蓉：《矫正教育教师教学经验与教学信念之研究——以戒治所教师为例》，硕士学位论文，台湾中正大学，2006年。
[39] 杨帆：《我国监狱服刑人员权利研究》，博士学位论文，武汉大学，2012年。
[40] 杨建朝：《自由成"人"：人性视角的教育精神》，博士学位论文，南京师范大学，2012年。
[41] 杨明宏：《教育管理的人性逻辑——教育管理人学论纲》，博士学位论文，西南大学，2011年。
[42] 杨新慧：《刑事新派理论与少年法》，博士学位论文，西南政法大学，2016年。
[43] 杨颖东：《失衡与反拨——我国学校教育价值取向的偏差反思和调整》，博士学位论文，华东师范大学，2014年。
[44] 杨再勇：《心灵的教育：培养"完整的人"的内在向度》，博士学位论文，苏州大学，2014年。
[45] 姚建龙：《福利、惩罚与少年控制——美国少年司法的起源

与变迁》，博士学位论文，华东政法学院，2006 年。

［46］叶春弟：《论监狱功能的边界》，博士学位论文，华东政法大学，2014 年。

［47］张爱军：《从行为规训到德性养成：学校德育范式变革研究》，博士学位论文，南京师范大学，2016 年。

［48］张璇：《中国少年司法制度建构的相关问题探讨——以美国少年司法制度为借鉴》，博士学位论文，中国政法大学，2011 年。

［49］张忠斌：《未成年人犯罪的刑事责任研究》，博士学位论文，武汉大学，2005 年。

［50］曾东：《教育与人的现实生命——对教育人文价值基础的哲学反思》，博士学位论文，吉林大学，2008 年。

［51］周兴国：《教育自由及其限度》，博士学位论文，南京师范大学，2007 年。

四　网络文献

［1］ GOV. UK. "Community sentence：treatment and programmes", https：//www. gov. uk/community - sentences/treatment - and - programmes，2015 - 10 - 05.

［2］ Keith, H., "Goodnews：FewerandFewerYoungPeopleareGetting Incarcerated", TheWashingtonPostwebsite, https：//www. washingtonpost. com/news/wonk/wp/2017/10/03/good - news - fewer - and - fewer - young - people - are - getting - incarcerated/? utm_term = . 160892946b101，2017 - 10 - 03.

［3］ Loeber, R. & David, P. F., "From Juvenile Delinquencyto Adult Crime：Criminal Careers, Justice Policyand Prevention", Oxford Scholarship Online, http：//www. oxfordscholarship. com/view/10. 1093/acprof：oso/9780199828166. 001. 0001/acprof -

9780199828166, 2012 – 09.

[4] London CRC Probation, "Offending behaviour programmes", http://www.londoncrc.org.uk/what – we – do/offending – behaviour – programmes/, 2016 – 02 – 01.

[5] Ministry of Home Affairs, "Juvenile Delinquents: Juveniles Arrested", SingaporeGovernmentwebsite, https://www.msf.gov.sg/research – and – data/Research – and – Statistics/Pages/Juvenile – Delinquents – Juveniles – Arrested.aspx, 2017 – 04 – 04.

[6] National Research Council & Institute of Medicine, "Juvenile Crime, Juvenile Justice", Washington, D.C.: NationalAcademyPresswebsite, https://doi.org/10.17226/9747, 2001.

[7] Skills Funding Agency, "Education and Training in England: Offenders' Learning and Skills Service", https://data.gov.uk/dataset/7fa27a31 – 3c84 – 464d – 8c97 – 7c9c755c697e, 2013 – 07 – 19.

后 记

《罪错少年教育矫正的价值取向及其实现》从 2015 年底构思起，历时三年完稿，后又经两年深化拓展与修改完善，终于到了出版阶段，着实不易。几年前我开始对青少年犯罪问题有一些关注，对罪错少年教育矫正也逐渐有了一些思考，慢慢地，我意识到，罪错少年教育矫正不仅是一种特殊的教育实践活动，更是一种价值追求。教育矫正实践中出现的方向性迷惘促使我思考这样一个深层次的学理性问题：最为根本的价值取向是什么与如何实现。这一具有本体论深度的诘问，无疑是处在多学科复杂境域中的罪错少年教育矫正理论研究必须自觉应对和担承的艰巨使命。作为罪错少年教育矫正的基础和核心，价值取向深刻影响着教育矫正实践的目标定位、内容选择、效果评价等，左右其改革的方向。因此，价值取向重构与实现的研究对破解罪错少年教育矫正理论与实践中的诸多迷茫困惑至关重要。唯有明晰罪错少年教育矫正的价值取向才能确立起自身合法存在的根本依据和价值旨归。所以本书是我多年来思考青少年犯罪及教育问题的一个阶段性总结，也是 2019 年度教育部人文社会科学研究青年基金项目"国家亲权理念下校园欺凌教育干预体系的构建研究"（项目批准号：19YJC880112）的重要研究成果。

书稿撰写期间，我几乎断绝了所有与外界的联系、交往，把自己封闭起来，过着一种与世隔绝的生活，心慢慢沉淀下来。在那段日子里，也许我失去了很多，比如身体的亚健康状态、家人陪伴和天伦之乐的奢望、娱乐享受的丧失；但也收获了很多，学习和科研的磨砺促使我蜕变成长。感谢自己，多次在艰难困苦中坚持下来，穿越荆棘走到了今天；在无数孤独寂寞和迷茫中，始终坚守着信念，努力拼搏。书稿即将出版之际，心中更加充满感慨，当然，更多的是浓浓的感激之情。

研究的开展与书稿撰写离不开恩师毕宪顺教授的指导。毕老师严谨的治学态度、深厚的学术造诣、广阔的胸怀和格局以及对学生慷慨无私的关怀，始终是我学习的榜样，老师的指导常使我获益良多。"高山仰止，景行行止，虽不能至，然心向往之"，老师的宽容和智慧常令我由衷地敬佩和尊重。恩师对我的指导和影响之大，怎样言说都表达不尽。同时我有幸得到师母胡玉华老师的诸多帮助和关怀。祝福最敬爱的恩师和师母身体健康，每天开心幸福。

感谢一直以来指导、支持、帮助和关心我的人。在郑淑杰教授、苏春景教授、张济洲教授、张香兰教授、孟维杰教授、范秀英教授、于大水教授、姚建龙教授、吴宗宪教授、章恩友教授、姜爱东局长等老师的指导、帮助和影响下，我对学术逐渐热爱，也有了攀登学术高峰的勇气。感谢王陵宇、魏雪峰、孙本洁、曲卫玲等老师的无私付出，各位老师的包容和关怀照顾，帮助我顺利完成书稿的撰写。感谢博士同学滕洪昌、赵茜，同窗学习奋斗的岁月留下了许多美好的回忆；同时书稿写作过程中，我有幸获得了众多老师、师兄师姐、朋友们的无私帮助。在段炼炼、徐淑慧、孔海燕、刘若谷等师兄师姐的帮助下，我得以顺利取得研究需要的资料。苏春景、张济洲、张香兰、孟维杰、姚建龙、张夫伟、赵凤娟、杨倩、段炼炼、张维红、李景华等师友对构思、写作、修改等提出了许多宝贵的意见。法院、检察院、未管所、司法局等机关诸多领导与干警给予我支持和帮助，在写作中帮忙提供诸多案例，使我深受启迪，在此表示真挚的感谢！

感谢单位所有领导和老师的关怀与支持，集美大学学科建设经费出版补贴帮助本书顺利出版。

感谢所有关心、帮助、支持我的亲人、师友与同学。中国社会科学出版社给予了大力支持，在此一并表示诚挚的感谢！感谢我的父母，焉得谖草，言树之背，养育之恩，无以回报。父母都是地地道道的农村人，吃苦耐劳、朴实，为了家庭和子女吃了很多苦，辛劳了一生。父母的殷切期望和教导，才让我走到了今天。希望父亲母亲永远健康平安、少操点心。感谢姐姐的陪伴，祝愿姐姐幸福。

青少年犯罪涉及多学科的理论基础，罪错少年教育矫正研究又是一个理论性、实践性很强的研究领域，加之水平有限，书中必有很多错误、失误和谬误之处。恳请广大读者，尤其是教育学与刑事司法领域的学术专家和实务专家多多包容并给予批评指正。